원문에 토를 달고 번역하고 주와 해설을 붙인

碧巖錄 4

원오극근 저 · 석지현 역주 해설

민족사

碧巖錄
[4]

일러두기

1) '할(喝)'은 '큰소리 지르다', '꾸짖다'는 뜻으로 '갈'이라고 읽어야 한다. 그러나 우리나라 선가(禪家)에선 전통적으로 '할(許葛切)'로 읽어왔다. '일갈(一喝)'의 경우도 '일할'로 읽었다. 숙고 끝에 우리 귀에 낯익은 '할'의 발음을 그냥 따르기로 했다.
2) 《벽암록》의 각 칙(則)에는 원래 제목이 없었다. 각 칙마다 제목을 붙인 것은 후대의 일이다. 그런데 이 각 칙의 제목이 판본마다 달라서 독자를 혼란스럽게 하고 있다. 그래서 이 책에서는 각 본을 대조한 결과 가장 표준이 되는 《벽암집종전초(碧巖集種電鈔)》(1994년)의 각 칙 제목을 택하기로 했다.
3) 이본(異本) 대조 중 《촉본(蜀本)》과 《복본(福本)》은 《벽암록》 주석서인 《불이초(不二鈔)》와 《종전초》를 참고했다. 왜냐하면 이 두 판본은 유실되어 없기 때문이다. 《일야본(一夜本)》은 스즈키(鈴木大拙)의 교정본(1942년)을 참고했다. 그리고 문맥이 통하지 않는 곳의 의문제기는 《암파문고신본(岩波文庫新本)》(1997년)을 참고했다.
4) 순서는 원문 → 번역 → 해설 → 이본대조 순으로 배열했다.
5) 번역 가운데 (   ) 안의 문장은 문맥의 원활한 흐름을 위해 앞뒤 문장이 연결되도록 역자가 임의로 집어넣은 것이다.
6) 번역은 착실하게 원문을 따랐다. 그러나 직역만으로 그 뜻이 통하지 않는 곳은 부득이 우회적인 뜻 번역을 시도할 수밖에 없었다. 이 경우 직역을 한 다음 (   ) 안에 뜻 번역을 써넣었다. 또한 문장구조가 워낙 복잡한 곳은 그냥 뜻 번역만을 시도했는데 이런 경우는 극히 드물다.

7) 《벽암록》 원전에는 수시(垂示)의 단락구분이 없다. 그러나 보다 선명한 뜻 파악을 위해서 번역에서는 편의상 수시를 다시 ㉠, ㉡, ㉢ …… 식으로 세분했다.
8) 본문 문장의 흐름을 보다 분명하게 파악하기 위해서 각 칙의 문장(본칙의 평창과 송의 평창)을 그 흐름에 따라 세분했다.
9) 귀에 익은 선어(禪語)들은 굳이 한글의 발음법칙을 따르지 않았다.
   ㉑ 자노적(這老賊, 한글 발음법칙을 따르자면 '자로적'이 된다.)
10) 《벽암록》 100칙 가운데 다음에 열거하는 칙들은 원전에서 '수시'가 없다.
   제6칙, 제14칙, 제18칙, 제26칙, 제28칙, 제30칙, 제34칙, 제36칙, 제44칙, 제48칙, 제52칙, 제58칙, 제64칙, 제67칙, 제71칙, 제72칙, 제78칙, 제80칙, 제83칙, 제93칙, 제96칙
11) 본서에서 사용한 기호 및 부호는 다음과 같다.
   【　】 각 칙 안에서의 내용별 구분(수시, 본칙, 본칙의 평창, 송, 송의 평창) 표시.
   ◎ 해설 속의 본칙과 송의 표시.
   △ 해설 속의 착어(본칙 착어, 송의 착어) 표시
   (← 본문의 이본대조 가운데 참고사항이나 좀더 구체적인 예문 표시.
   (　) 원문 속의 착어(본칙 착어, 송의 착어) 표시.

차 례

제1권 : 제1칙~제20칙 수록   제3권 : 제46칙~제75칙 수록
제2권 : 제21칙~제45칙 수록   제4권 : 제76칙~제100칙 수록

- 일러두기 ··· 5

제76칙 _ 단하, 승에게 묻다〔丹霞問甚處來〕································· 9
제77칙 _ 운문의 호떡〔雲門答餬餅〕·· 28
제78칙 _ 16보살성자의 목욕〔十六開士入浴〕······································ 40
제79칙 _ 승이 투자에게 묻다〔投子一切聲〕·· 55
제80칙 _ 승이 조주에게 묻다〔趙州孩子六識〕···································· 73
제81칙 _ 약산의 화살〔藥山射塵中塵〕·· 96
제82칙 _ 승이 대룡에게 묻다〔大龍堅固法身〕·································· 115
제83칙 _ 운문의 고불과 노주〔雲門露柱相交〕·································· 132
제84칙 _ 유마의 불이법문〔維摩不二法門〕·· 146
제85칙 _ 동봉 암주와 호랑이〔桐峰庵主大虫〕·································· 169
제86칙 _ 운문의 자기 광명〔雲門有光明在〕······································ 188
제87칙 _ 운문의 약과 병〔雲門藥病相治〕·· 203
제88칙 _ 현사의 중생제도〔玄沙接物利生〕·· 219

제89칙 _ 운암이 도오에게 묻다〔雲巖問道吾手眼〕 ……… 247
제90칙 _ 지문의 반야체〔智門般若體〕 ……… 274
제91칙 _ 염관의 무소 뿔 부채〔鹽官犀牛扇子〕 ……… 291
제92칙 _ 세존이 어느 날 법상에 오르다〔世尊一日陞座〕 ……… 312
제93칙 _ 대광, 너울너울 춤추다〔大光師作舞〕 ……… 325
제94칙 _ 능엄경의 한 구절〔楞嚴經若見不見〕 ……… 336
제95칙 _ 장경의 삼독에 대한 법문〔長慶有三毒〕 ……… 352
제96칙 _ 조주의 세 마디 말〔趙州三轉語〕 ……… 371
제97칙 _ 금강경의 한 구절〔金剛經輕賤〕 ……… 398
제98칙 _ 천평 화상의 두 번 실수〔天平和尙兩錯〕 ……… 425
제99칙 _ 숙종 황제, 충국사에게 묻다〔肅宗十身調御〕 ……… 450
제100칙 _ 파릉의 취모검〔巴陵吹毛劍〕 ……… 474

- 후서(後序) _ 관우무당〔關友無黨〕 ……… 494
- 중간원오선사벽암집소〔重刊圜悟禪師碧巖集疏〕 ……… 497
- 발(跋) _ 비구정일〔比丘淨日〕 ……… 500
- 후서(後序) _ 비구희릉〔比丘希陵〕 ……… 502
- 발(跋) _ 풍자진〔馮子振〕 ……… 504

第 76 則
丹霞問甚處來

단하, 승에게 묻다

【垂　　示】

垂示云「細如米末하고 冷似氷霜이요 宻塞乾坤하고 離明絶暗이라 低低處觀之有餘하고 高高處平之不足이라 把住放行이 總在這裏許라 還有出身處也無아 試擧看하라」

【수시번역】

㉠ 가늘기는 쌀가루〔米末, 분말가루〕 같고 차갑기는 얼음과 서리 같다. 천지에 가득 찼으나 밝음〔明〕을 떠났고 어둠〔暗〕을 끊었다.

㉡ 낮고 낮은 곳은 그것을 볼 수 있는 여지가 있으며 높고 높은 곳은 그것을 평탄하게 고를 수가 없다.

㉢ 파주(把住)와 방행(放行)이 모두 여기에 있나니 출신처(出身處, 초월한 곳)가 있는가. 시험삼아 거론해 보라.

【수시해설】

세 마디로 되어 있다.

첫째 마디(㉠) : 우리의 본성에 대한 언급이다.

둘째 마디(㉡) : 높고 낮음이 없기 때문에 그 높낮이에 전혀 영향을 받지 않는 우리의 본성에 대하여 말하고 있다.

셋째 마디(㉢) : 이 본성의 상반적인 두 가지 특성(파주 → 부정적인 면, 방행 → 긍정적인 면)이 가장 잘 나타난 것이 바로 본칙공안임을 말하고 있다.

【本　則】

〔本則〕擧 丹霞問僧호대「甚處來오」(正是不可總沒來處也라 要知來處也不難이로다) 僧云「山下來니다」(著草鞋入你肚裏過也나 只是不會[1]라 言中有響譖含來[2]라 知他是黃是綠가) 霞云「喫飯了也未아」(第一[3]杓惡水澆라 何必定盤星고 要知端的가) 僧云「喫飯了니다」(果然撞著箇露柱하야 卻被旁人穿卻鼻孔이라 元來是箇無孔鐵鎚로다) 霞云「將飯來與汝喫底人이 還具眼麽아」(雖然是倚勢欺人이나 也是據款結案이라 當時好掀倒禪床이라 無端作什麽오) 僧無語라(果然走不得이로다 這僧若是作家면 向他道호대「與和尙眼一般이라하리라」) 長慶問保福호대「將飯與人喫하니 報恩有分이어늘 爲什麽不具眼고」(也只道得一半이니 通身是아 遍身是아 一刀兩段이로다 一手擡一手搦이로다) 福云「施者受者二俱瞎漢이니라」(據令而行이라 一句道盡이니 罕遇其人이로다) 長慶云「盡其機來, 還成瞎否아」(識甚好惡아 猶自未肯이니 討什麽碗고) 福云「道我瞎得麽아」(兩箇俱是

---

1) 只是不會 = 只不知(福本).
2) 譖含來(3字) = 譖譖含含(福本).
3) 一 = 一當作二 然諸本皆作一 評中亦有二字之義(不二鈔).

草裏漢[4]이니 龍頭蛇尾로다 當時待他道호대「盡其機來, 還成瞎否아하야」只
向他道호대「瞎이라하면」也只道得一半이라 一等是作家가 爲什麽前不搆村하
고 後不迭店고)

【본칙번역】

단하(丹霞)가 (어떤) 승에게 물었다. "어디서 왔는가."
    온 곳을 전혀 모른다는 건 말이 안 된다. 온 곳을 알고자 한다면 또한 어렵지
    않다.
승이 말했다. "산 아래서 왔습니다."
    신을 신은 채로 그대의 오장육부 속으로 들어가 돌아다니고 있는데도 그걸
    모르고 있다. 말이 예사롭지가 않으니 말 밖의 뜻을 암시하고 있다. 익은 건
    지 설익은 건지 도대체 알 수가 없다.
단하가 말했다. "끽반요야미(喫飯了也未, 식사는 했는가)."
    첫 번째〔第一杓〕구정물을 끼얹고 있다. 저울 눈금(언어)만을 지킨다 해서
    어찌 물음의 핵심을 간파할 수 있겠는가.
승이 말했다. "이미 먹었습니다."
    과연 (눈이 멀어서) 돌기둥에 (머리를) 부딪는군. 되려 옆 사람에게 콧구멍
    을 꿰이는 꼴이 되었다. 원래부터 (이 승은) 무지몽매했었다.
단하가 말했다. "자네에게 식사를 대접한 사람이 눈(안목)이 있던가."
    세력을 등에 업고 사람을 얕잡아보는 듯하지만 실은 자백서를 근거로 판결
    문을 작성하고 있는 중이다. 그 당시 (이 승이) 선상을 뒤엎어 버렸어야 한
    다. 엉뚱하게도 무슨 짓을 하려는 건가.
승은 아무 말이 없었다.
    과연 달아나지 못하는군. 이 승이 만일 작가종사였더라면 저(단하)에게 이

---

4) 兩箇俱是草裏漢(7字) = 본문 '二俱瞎漢' 뒤에 있다(福本).

렇게 말했어야 한다. "화상의 눈과 똑같습니다."
장경(長慶)이 보복(保福)에게 물었다.
"장반여인끽 보은유분 위십마불구안(將飯與人喫 報恩有分 爲什麼不具眼, 사람에게 식사 대접하는 것은 대단한 공덕인데 뭣 때문에 눈(안목)이 없다고 했는가)."

  또한 절반만을 말했을 뿐이다. 통신(通身)인가 편신(遍身)인가. 일도양단이다. 한 손으로 들어올리고 또 한 손으론 내리누르고 있다.

보복이 말했다. "식사를 대접한 사람[施者]이나 식사 대접을 받은 사람[受者], 둘 다 모두들 눈먼 놈들이다."

  정령(正令)을 시행하고 있다. 한 마디로 다 말해 버렸다. 이런 사람 만나기 쉽지 않다.

장경이 말했다. "(자네에게) 최선을 다해서 말하고 있는 내가 눈멀었단 말인가."

  무슨 잘잘못을 안단 말인가. 스스로도 인정하지 못하고 있다. (배가 부른데) 또 무슨 밥그릇을 찾고 있는가.

보복이 말했다. "(그렇다면) 내가 눈이 멀었단 말인가."

  둘 다 모두 번뇌망상의 풀 속에 떨어진 놈들[草裏漢]이다. 용두사미다. 당시 저(장경)가 "최선을 다해서 말하고 있는 내가 눈멀었단 말인가"라고 말하자마자 저(장경)에게 "눈멀었다"고 말했어야 한다. 그러나 (이런 식으로 말했더라도) 절반밖에 말하지 못한 것이다. (두 사람이) 모두 작가종사인데 무엇 때문에 진퇴양난의 지경에 빠져 있는가.

【본칙과 착어 해설】

◎ "어디서 왔는가." 단하가 그를 찾아온 승에게 던진 물음이다. 이 승의 수행 정도를 탐색해 보기 위한 낚싯밥이다.

 △ 온 곳을 ~ 어렵지 않다. 도착한 곳이 있다면 출발한 곳이 있다.

그러므로 출발 지점을 모른다는 건 말이 안 된다. 단하의 입장에서 본다면 이 승의 출발 지점을 알기란 그리 어렵지 않다. 왜냐하면 단하가 물은 곳과 이 승의 출발 지점은 결코 다르지 않기 때문이다. 자, 그렇다면 이 두 곳이 왜 다르지 않단 말인가. 벗이여, 이를 간파하라.

◎ "산 아래서 왔습니다."   단하의 물음에 대한 이 승의 대답이다. 대답이 심상치가 않다.

△ 신을 신은 채로 ~ 모르고 있다.   단하는 이미 이 승의 전체를 간파해 버렸다. 신을 신은 채로 이 승의 오장육부 속을 샅샅이 뒤지고 다녔다. 그런데도 이 승은 지금 단하의 전술전략을 전혀 알아차리지 못하고 있다.

△ 말이 ~ 암시하고 있다.   '어디어디서 왔다'고 분명하게 말하지 않고 이 승은 그저 막연하게 '산 아래서 왔다'고 말하고 있다. 그러므로 이 승의 말 속에는 깊은 뜻이 들어 있는 것같이 생각된다.

△ 익은 건지 ~ 알 수가 없다.   말로만 봐선 이 승의 안목이 대단한 것 같다. 그러나 또 어떻게 보면 이 승은 전혀 안목이 없는 것도 같다. 익은 건지 설익은 건지 아직은 전혀 알 수가 없다.

◎ "끽반요야미(喫飯了也未, 식사는 했는가)."   단하의 두 번째 물음이다. 이 승의 경지를 좀더 정확하게 탐색해 보려는 단하의 공격이다.

△ 첫 번째(第一杓) ~ 끼얹고 있다.   문맥의 앞뒤를 볼 때 착어의 '첫 번째(第一杓)'는 '두 번째(第二杓)'로 고쳐야 한다. "어디서 왔는가"라는 단하의 첫 번째 물음이 바로 이 승에게 '첫 번째 구정물을 끼얹는 행위'다. 그리고 "끽반요야미"라는 단하의 이 두 번째 물음은 이 승에게 '두 번째 구정물을 끼얹는 행위'이기 때문이다. 《종전초》에서는 "두 번째 구정물을 끼얹고 있다(第二杓惡水澆)"로 바로잡고 있다. 《불이초(不二鈔)》에서도 "'두 번째 구정물을 끼얹고 있다'가 맞다"고 주장하고 있다(一當作二 然諸本皆作一 評中亦有二字之義).

△ 저울 눈금(언어)만을 ~ 간파할 수 있겠는가.   단하의 이 물음을 단지 '식사는 했는가(끽반요야미)'라는 인사말로만 이해해서는 안 된다. 단

하는 지금 이 승이 안목이 있는지 없는지 그것을 탐색해 보려고 이런 식의 질문식 활구를 던지고 있다.

◎ "이미 먹었습니다."　　이 승은 그만 단하의 두 번째 미끼에 덜컥 걸려들고야 말았다. 단하의 말에 놀아나고야 말았다.

△ 과연 ~ 무지몽매했었다.　　이 승은 단하의 참뜻을 전혀 간파하지 못하고 있다. 오히려 단하의 올가미에 걸려들고야 말았다. 이 승은 원래부터 안목이 전혀 없었던 것이다.

◎ "자네에게 식사를 대접한 사람이 눈(안목)이 있던가."　　단하가 이 승에게 던진 세 번째 물음이다. 단하는 이미 이 승의 수행 정도를 속속들이 간파했으므로 이런 식으로 이 승을 질책하고 있다. '자네에게 식사 대접을 한 사람 역시 자네처럼 안목이 전혀 없는 놈이군' 이라는 뜻이다.

△ 세력을 등에 업고 ~ 있는 중이다.　　단하는 지금 이 승을 얕잡아보고 이런 식의 말을 하고 있는 것 같다. 그러나 단하의 이 질책은 동시에 이 승이 전혀 안목이 없다는 것을 결론짓는 말이기도 하다.

△ 그 당시 ~ 버렸어야 한다.　　이 승이 만일 조금이라도 안목이 열렸더라면 즉시 역습으로 나왔어야 한다. 단하의 선상을 그냥 뒤집어엎어 버렸어야 한다.

△ 엉뚱하게도 ~ 하려는 건가.　　이 승이 전혀 안목이 없다는 것을 알았다면 단하는 그 즉시 이 승을 박살내 버렸어야 한다. 봉(棒)이나 할(喝)을 휘둘렀어야 한다. 그러나 단하는 한발 물러서서 방행의 전략을 펴고 있다. 또다시 이 승에게 물음을 던지고 있다. 죽은 놈을 또 한 번 죽이려 들고 있다. 단하는 왜 이런 전략을 쓰고 있는 건지 도무지 알 수가 없다.

◎ 승은 아무 말이 없었다.　　이 승은 단하의 세 번째 공격에 완전히 박살나 버리고 말았다. 말문이 꽉 막혀 버리고 말았다.

△ 과연 달아나지 못하는군.　　이 승에겐 단하의 세 번째 공격을 막아 낼 힘이 없었다. 그래서 그냥 풍비박산이 나 버리고 말았다.

△ 이 승이 만일 ~ 똑같습니다."　　이 승을 대신해서 원오가 반격을

시도하고 있다. 기사회생의 역습을 펴고 있다.

◎ 장경(長慶)이 보복(保福)에게 물었다. "장반여인끽 보은유분 위십마 불구안(將飯與人喫 報恩有分 爲什麼不具眼, 사람에게 식사 대접하는 것은 대단한 공덕인데 뭣 때문에 눈(안목)이 없다고 했는가)."   본칙공안은 전반부와 후반부로 구성되어 있다. 이 앞부분까지가 전반부요, 여기 이 대목부터는 후반부다. 장경은 지금 전반부에서의 단하의 세 번째 물음을 근거로 또 다른 공안을 보복에게 제시하고 있다.

△ 또한 절반만을 말했을 뿐이다.   파주(把住)적인 굽이침은 전혀 없고 여기 오직 방행(放行)적인 의문부호만 있기 때문이다.

△ 통신(通身)인가. ~ 일도양단이다.   그러나 장경의 이 반문식 활구는 하나의 물음으로 볼 때 더도 덜도 아닌 알맞은 가락이다. 그러면서 동시에 그 본래 자리를 송두리째 그대로 드러내고 있다.

△ 한 손으로 ~ 내리누르고 있다.   장경의 이 반문식 활구는 한편으론 상대(보복)를 탐색하려는 것이요, 또 한편으론 자기 자신의 견해를 피력하려는 것이다. '한 손으로 들어올린다'는 것은 자신의 견해를 피력한다는 뜻이요, '한 손으론 내리누른다'는 것은 상대를 탐색하고 있다는 뜻이다.

◎ "식사를 대접한 사람(施者)이나 식사 대접을 받은 사람(受者), 둘 다 모두들 눈먼 놈들이다."   장경의 물음에 대한 보복의 대답이다. 그러면서 동시에 보복 자신의 경지를 드러낸 대목이다.

△ 정령(正令)을 ~ 쉽지 않다.   보복은 지금 파주의 입장에서 자신의 견해를 말하고 있다. 동시에 이 대목은 보복 자신의 활구라는 것을 벗이여, 잊지 마라.

◎ "(자네에게) 최선을 다해서 말하고 있는 내가 눈멀었단 말인가."   장경의 반문이다. 활기가 전혀 없는 이 구절은 다분히 시비조다.

△ 무슨 잘잘못을 ~ 찾고 있는가.   이 정도로 했으면 장경은 보복의 수행 정도를 충분히 간파했다. 그런데 왜 또 탐색전을 펴고 있는가.

◎ "(그렇다면) 내가 눈이 멀었단 말인가." 장경을 향한 보복의 반문이다. 역시 시비조로 나오고 있다.

△ 둘 다 모두 ~ 용두사미다. 장경의 반문과 보복의 응수가 아주 시비조다. 처음 공안(후반부)의 시작은 장중했었다. 그런데 그만 끝에 와선 이런 식으로 말싸움이 되어 버렸으니 이거야말로 용의 머리에 뱀의 꼬리가 아닐 수 없다.

△ 당시 저(장경)가 ~ 빠져 있는가. 장경과 보복, 이 두 사람은 모두 일가를 이룬 거장들이다. 그런데 무엇 때문에 지금 시비조로 나오고 있는가. '깨달았다' 거니 '깨닫지 못했다' 거니 이런 식의 새우 다툼을 하고 있는가.

【評　唱】

[評唱]鄧州丹霞天然禪師는 不知何許人이라 初習儒學하고 將入長安應擧할새 方宿於逆旅러니 忽夢白光滿室이라 占者曰「解空之祥이로다」偶一禪客하니 問曰「仁者何往고」曰「選官去니다」禪客曰「選官何如選佛고」霞云「選佛當往何所오」禪客曰「今江西馬大師出世하니 是選佛之場이라 仁者可往하라」遂直造江西하야 才見馬大師하야 以兩手托幞頭脚(一作額)이어늘 馬師顧視云「吾非汝師라 南嶽石頭處去하라하니」遽抵南嶽하야 還以前意로 投之라 石頭云「著槽廠去하라」師禮謝하고 入行者堂하야 隨衆作務를 凡三年이라 石頭一日에 告衆云「來日剗佛殿前草하리라」至來日하야 大衆各備鍬鋤剗草라 丹霞獨以盆盛水하야 淨頭於師前跪膝이어늘 石頭見而笑라 便與剃髮하고 又爲說戒하니 丹霞掩耳而出이라 便往江西하야 再謁馬祖할새 未參禮하고 便去僧堂內하야 騎聖僧頸而坐라 時大衆驚愕하야 急報馬祖하니 祖躬入堂하야 視之曰「我子天然이라하니」霞便下禮拜曰「謝師賜法號라하니」因名天然이라 他古人天然은 如此穎脫하니 所謂選官이

不如選佛也라《傳燈錄》中에 載其語句라

【평창번역】

  등주(鄧州)의 단하천연(丹霞天然) 선사는 어느 곳 사람인지 확실치 않다. 처음(젊은 시절)에 유학(儒學)을 익혔는데 장차 장안(長安)에 가서 과거시험에 응시하려고 했다. 그래서 여관에서 잤는데 문득 흰 빛〔白光〕이 방안에 가득 차는 꿈을 꿨다. (이상하여) 점치는 이(를 찾아갔더니 이렇게) 말했다. "공(空)의 이치를 깨달을 수 있는 상서로운 징조입니다." (그 뒤에) 한 선객(禪客, 참선 수행자)을 만났는데 (선객은 그에게 이렇게) 물었다. "선생께선 어디로 가는 길인가."
  단하가 말했다. "(과거에 급제하여) 관리로 등용되려고 가는 길입니다."
  선객이 말했다. "관리로 등용되는 것이 어찌 부처로 등용되는 것만 하겠는가."
  단하가 말했다. "부처로 뽑히려면 도대체 어디로 가야 합니까."
  선객이 말했다. "지금 강서(江西)에 마대사(馬祖道一)라는 분이 계시는데 거기가 바로 부처를 뽑는 곳일세. 선생께서 (직접 그곳으로) 가면 되네." (그래서 단하는) 곧바로 강서로 가서 마대사를 뵙자마자 두 손으로 두건 끈을 받들어 올렸다. (그러자) 마대사는 (단하를) 돌아보면서 말했다. "나는 자네의 스승이 아니다. 남악(南嶽)에 있는 석두(石頭希遷, 700~790)에게 가거라." (그래서 그는) 급히 남악(의 석두)을 찾아가서 마대사에게 하던 식대로 했다. (그러자) 석두는 말했다. "방앗간으로 가거라." 그는 (석두에게) 절을 한 다음 행자당(行者堂)으로 들어가서 대중을 따라 3년 동안 맡은 바 소임에 충실했다.
  석두는 어느 날 대중들에게 (이렇게) 말했다. "내일 법당 앞의 풀을 깎을 것이다." 다음날이 되자 대중들은 각각 삽과 호미를 들고 나와 (법당 앞의) 풀을 매었다. 그런데 단하만이 홀로 대야에 물을 가득 담아 들고 와서 머리를 깨끗이 감은 다음 석두 앞에 한쪽 무릎을 꿇고 앉았다. 석두는 (이를) 보고는 (말없이) 웃은 다음 (그의) 머리를 깎아 주고 계(戒)를 설(說)해 줬다. (그러자) 단하는 귀를 막고 나가서 (그 길로) 곧바로 강서로 가서 다시 마조를 뵈었다. 그런데 마조를 뵙기도 전에 승당으로 들어가서 (승당) 안에 있는 문수보살상의 목에 걸터앉아 버렸다. 그때 대중들은 깜짝 놀라서 급히 (이 사실을) 마조에게 알렸다. (그러자) 마조는 몸소 승당 안으로 들어와서 이 모습을 보고는 (이렇게) 말했다. "나의 아들은 천연(天然, 천진무구)이로다." (그러자) 단하는 즉시 내려와서는 (마조에게) 절하며 말했다. "법호(法號)를 주신 데 대하여 스승님께 감사드립니다." (이렇게 하여 그의) 이름을 '천연(天然)'이라고 부르게 된 것이다. 저 옛사람 (단하)천연은 이렇듯 뛰어난 데가 있었으니 이른바 관리에 뽑히는 것이 부처에 뽑히는 것만 같지 못했던 것이다. 저 《전등록(傳燈錄)》에 (그가 남긴) 말들이 실려 있다.

【평창해설】

본칙공안의 주역인 단하에 대한 언급이다. 단하, 그는 천성적으로 선승의 기질을 갖고 태어난 사람이다. 그런 그의 특성이 이 대목에서 비교적 자세하게 언급되고 있다.

【評　　唱】

直是壁立千仞이니 句句有與人抽釘拔楔底手脚이라 似問[5]這僧道 「什麼處來오」僧云「山下來니다하니」這僧이 却不通來處하니 一如具眼하야 倒去勘主家相似라 當時若不是丹霞댄 也難爲收拾[6]이라 丹霞

---

5) 似問 = 似佗問(福本).

卻云「喫飯了也未아하니」 頭邊은 總未見得하니 此是第二回勘他라 僧云「喫飯了也라하니」 懵懂漢이 元來不會라 霞云「將飯與汝喫底人이 還具眼麼아하니」 僧無語라 丹霞意道호대 與你這般漢飯喫하야 堪作什麼오 這僧若是箇漢인댄 試與他一箚하야 看他如何하리라 雖然如是나 丹霞也未放你在라 這僧이 便眼眨眨[7]地無語라 保福長慶은 同在雪峰會下하야 常擧古人公案商量이라 長慶問保福호대 「將飯與人喫하니 報恩有分이어늘 爲什麼不具眼고하니」 不必盡問公案中事하고 大綱借此語作話頭하야 要驗他諦當處라 保福云「施者受者二俱瞎漢이라하니」 快哉라 到這裏하야 只論當機事니 家裏[8]有出身之路라 長慶云「盡其機來還成瞎否아」 保福云「道我瞎得麼아하니」 保福意謂「我恁麼具眼與你道了也니 還道我瞎得麼아라」 雖然如是나 半合半開라 當時若是山僧인댄 等他道「盡其機來還成瞎否아하야」 只向他道호대「瞎이라하리라」 可惜許로다 保福이 當時若下得這箇瞎字댄 免得雪竇許多葛藤하리라 雪竇亦只用此意頌이라

【평창번역】

  (이처럼 단하는) 그 기상이 험악하기 이를 데 없었나니 (그가 내뱉은) 한 구절 한 구절 속에는 사람들의 번뇌망상을 뽑아 버리는 수완이 있었던 것이다.
  이를테면 (본칙공안에서) 이 승에게 (다음과 같이) 물어본 것과 같다. "어디서 왔는가."
  승은 말했다. "산 아래서 왔습니다." 이 승이 온 곳을 밝히지 않았으니

---

6) 也難爲收拾 = 也收他不得(福本).
7) 眨眨(2字) = 瞎(蜀本).
8) 家裏 = 句中(蜀本). (← 蜀本 쪽의 문맥이 순조롭다(岩波文庫本).

마치 안목이 있어서 되려 주인(主人, 단하)을 점검하려 드는 것과도 같다. 그 당시 만일 단하가 아니었더라면 수습하기가 아주 어려웠을 것이다. (그러나) 단하는 되려 (이렇게) 말했다.

"끽반요야미(喫飯了也未, 식사는 했는가)."

첫 번째 물음에서 (이 승의 정도를) 간파하지 못했기 때문에 두 번째 물음으로 저(이 승)를 점검하고 있다. 승은 말하길 "이미 먹었습니다"라고 했으니 이 어리석은 친구가 원래부터 (단하의 말뜻을) 몰랐던 것이다. 단하는 말했다. "자네에게 식사를 대접한 사람이 눈(안목)이 있던가."

승은 아무 말이 없었다. 그런데 단하의 이 물음 속에는 다음과 같은 의미가 내포되어 있었던 것이다. '그대에게 식사 대접한 이런 친구를 도대체 어디에 써먹겠는가.'

이 승이 만일 안목이 있었더라면 저(단하)에게 일격을 가해서 저(단하)가 어떻게 나오는가를 봤을 것이다. 비록 그렇긴 하나 단하는 또한 그(이 승)를 놔주지 않았다. 그래서 이 승은 그만 눈이 휘둥그레져서 아무 말 못 하고 있었던 것이다.

보복(保福)·장경(長慶)은 설봉(雪峰)의 문하에 같이 있었는데 언제나 틈만 나면 옛사람들의 공안을 거론하여 평하곤 했었다.

(어느 날) 장경이 보복에게 물었다. "장반여인끽 보은유분 위십마불구안(將飯與人喫 報恩有分 爲什麼不具眼, 사람에게 식사 대접하는 것은 대단한 공덕인데 무엇 때문에 눈(안목)이 없다고 했는가)."

(장경은) 본칙공안의 자초지종을 모두 물을 필요가 없었다. (본칙공안 속에서) 이 구절만을 빌려 (새로운) 공안을 만들어서 저(보복)의 경지를 점검하고자 했던 것이다. 보복은 말하길 "식사를 대접한 사람〔施者〕이나 식사 대접을 받은 사람〔受者〕, 둘 다 눈먼 놈들이다"라고 했으니 통쾌하기 이를 데 없다. 여기 이르러서는 다만 지금 직면해 있는 문제만을 거론할 뿐이니 가리(家裏, 《촉본》에는 "보복의 이 구절 속〔句中〕"으로 되어 있다.《촉본》을 따라야 문맥이 통한다)에 해탈의 길〔出身之路〕이 있다. 장경은 말했

다. "(자네에게) 최선을 다해서 말하고 있는 내가 눈멀었단 말인가." 보복
은 말했다. "(그렇다면) 내가 눈이 멀었단 말인가." 이 보복의 말에는 다음
과 같은 뜻이 내포되어 있다. '나는 이런 안목이 있기 때문에 그대에게 말
한 것인데 (그렇다면) 내가 눈이 멀었단 말인가.'

　그렇긴 하나 (보복의 이 말은 직설적이 아니라) 다분히 암시적이다. 만일
산승(원오)이 (보복이)라면 저(장경)가 "(자네에게) 최선을 다해서 말하고
있는 내가 눈멀었단 말인가"라고 하자마자 즉시 "할(瞎, 눈멀었다)"이라고
했을 것이다. 참 애석하다. 보복이 만일 이 '할(瞎)' 자를 사용할 줄 알았
더라면 설두의 이 많은 잔소리를 들을 필요가 없었을 것이다. 설두 역시
이 뜻(원오와 같은 입장)에 입각하여 송을 읊고 있다.

【평창해설】

　본칙공안의 전반부에서 보는 바와 같이 단하의 활구는 그 기상이 험악
하기 이를 데 없으며 동시에 엉뚱하기 이를 데 없다. 그래서 그 말의 핵심
을 간파해 내기가 여간 어렵지 않다. 본칙공안(전반부)에서 단하가 그를
찾아온 승에게 질문을 던졌다. 그래서 이 승은 대뜸 '산 아래서 왔다' 고
대답했는데 이 대답이 심상치가 않았던 것이다. 이 승이 되려 단하를 탐색
하려 하고 있다. 그러자 단하는 정말 엉뚱하게도 "끽반요야미(喫飯了也
未, 식사는 했는가)"라고 물었다. 그러자 이 승은 그만 단하의 올가미에 걸
려들고야 말았다. 올가미에 걸려든 이 승을 단하는 다시 한 번 후려쳤고
이 승은 그만 풍비박산이 나 버리고야 말았던 것이다. 본칙공안은 이렇게
하여 단하의 일방적인 KO승으로 끝나 버렸다. 그런데 그후 얼마가 지나
서 장경이라는 선승이 단하의 이 공안을 근거로 또 다른 공안을 만들어 보
복에게 물음을 던졌는데 이 부분이 본칙공안의 후반부다. 장경의 물음과
보복의 대답은 정말 멋진 한판이었다. 그러나 장경의 두 번째 공격은 전혀
박진감도 없고 질서도 잡히지 않았다. 그리고 여기 맞선 보복의 반격 역시

볼 만한 것이 없다. 그래서 이를 지켜보던 원오는 보복을 대신하여 자신이 장경을 반격하고 있다. '할(瞎)'자의 깃발을 높이 들고 장경의 진영 깊숙이 돌진해 들어가고 있다. 돌진해 들어가며 기염을 토하고 있다. 그러나 원오는 모르고 있다. 이제 머지않아 자신이 제2차대전 당시 스탈린그라드에서 포위된 독일군 신세가 된다는 것을 전혀 모르고 있다.

【頌】

〔頌〕盡機不成瞎이나(只道得一牛이니 也要驗他[9]過라 言猶在耳라) 按牛頭喫草로다(失錢遭罪로다 半河南이요 半河北이니 殊不知傷鋒犯手라) 四七二三諸祖師가(有條攀條니라 帶累先聖이라 不唯只帶累一人이로다) 寶器持來에 成過咎라(盡大地人換手搥胸이니 還我拄杖來하라 帶累山僧也出頭不得이니라) 過咎深하야(可煞深이니 天下衲僧跳不出이라 且道深多少오) 無處尋이니(在你脚跟下나 摸索不著이라) 天上人間同陸沈이로다(天下衲僧一坑埋卻이라 還有活底人麼아 放過一著[10]이로다 蒼天! 蒼天!)

【송번역】

최선을 다했고 (또한) 눈멀지도 않았으나
　　다만 절반만을 말했을 뿐이다. 또한 저(보복)를 점검하고자 했다. 아직도 (그 말이) 귀에 쟁쟁하다.
(죽은) 소의 머릴 눌러 풀을 먹이(는 꼴이 되었)네
　　설상가상이다. 절반은 황하의 남쪽이고 절반은 황하의 북쪽이다(입장이 분명치 않다). 칼날이 상하고 손이 다친 걸 전혀 모르고 있다.

---

9) 要驗他(3字) = 없음(福本).
10) 放過一著 = 착어 '摸索不著' 다음에 있다(福本).

인도의 스물여덟 분, 중국의 여섯 조사들께서
> 법조문에 있으면 거기 준해야 한다. 앞서 가신 성인들께 누를 끼쳤다. 다만 (장경) 한 사람에게만 누를 끼친 게 아니다.

보기(寶器, 心印)를 전해 주고 받은 것이 되려 허물이 되었네
> 온 세상 사람들이 통탄할 일이다. 그 주장자를 나(원오)에게 다오. 산승(원오)에게 누를 끼쳤을 뿐 아니라 또한 (산승마저) 꼼짝 못하게 해 놓았다.

그 허물이 깊어
> 정말 (잘못이) 말할 수 없이 깊으니 천하의 수행자들은 예서 단 한치도 벗어날 수가 없다. 자, 일러 보라. (그 허물이) 얼마만큼 깊은가.

(寶器를) 찾을 곳이 없나니
> 그대들 발아래 있으나 찾지 못하고 있을 뿐이다.

천상(天上)과 인간이 모두 맨땅에서 침몰해 버렸네
> 모든 수행자들을 한 구덩이에 파묻어 버렸다. (예서) 살아난 사람이 있는가. (이미) 한 수 늦었다. 아이고, 아이고.

【송과 착어 해설】

◎ 최선을 다했고 (또한) 눈멀지도 않았으나/ (죽은) 소의 머릴 눌러 풀을 먹이(는 꼴이 되었)네　　장경은 최선을 다했고 보복 역시 눈멀지도 않았으나 결국 이 두 사람은 쓸데없는 말싸움을 한 꼴이 되어 버렸다. 그것은 마치 '죽은 소의 머릴 눌러 억지로 풀을 먹이려는 짓'과도 같았다.

△ 다만 절반만을 ~ 쟁쟁하다.　　장경은 방행의 입장으로 한 걸음 물러서서 보복에게 '최선을 다해서 ~ 눈멀었단 말인가'라고 반문을 던졌다. 그러나 장경이 만일 파주의 입장에 서서 보복에게 불호령을 내렸더라면 본래 자리는 송두리째 드러나 버렸을 것이다. 그러나 애석하게도 장경은 파주의 전략을 쓰지 않았다. 그래서 결국 절반만을 말한 꼴이 되고 말았다. 그러나 장경의 이 말(최선을 다해서 ~ 눈멀었단 말인가)은 보복을 점

검하려는 낚싯밥이었음을 알아야 한다. 언제 들어도 신선하기 이를 데 없는 그런 말임을 알아야 한다.

△ 설상가상이다. ~ 전혀 모르고 있다. 그런 장경에게 응수하고 있는 보복은 어떤가. 겉으로 보기엔 장경을 제압한 것 같지만 그러나 그 입장이 참으로 애매모호하다. 왜냐하면 무조건 일방적으로 파주의 극단을 치닫고 있기 때문이다. 정말 안목이 있어 이러는지 아니면 막무가내로 이러는지 그것을 분명하게 알 수가 없다. "식사를 대접한 사람이나 식사 대접을 받은 사람, 둘 다 모두들 눈먼 놈들이다"라고 말한 보복이야말로 전혀 모르고 있다. 지혜의 칼날이 상하고 자신의 손이 다친 것을 전혀 모르고 있다. 지금 자신이 파주의 극단에 떨어져 있는 것을 전혀 모르고 있다.

◎ 인도의 스물여덟 분, 중국의 여섯 조사들께서/ 보기(寶器, 心印)를 전해 주고 받은 것이 되려 허물이 되었네 파주의 극단을 치닫고 있는 보복의 입장에서 본다면 인도의 28대 조사들과 중국의 6대 조사들이 마음의 등불〔寶器, 心印〕을 전해 주고 받은 것 그 자체가 허물이 된다.

△ 법조문에 ~ 끼친 게 아니다. 석가모니 부처님에게서 → 가섭 → 아난으로 전해진 심인(心印)의 전통을 우린 무시해선 안 된다. 보복은 지금 이런 심인의 전통을 모두 무시해 버리고 있다. 앞서 가신 조사들에게 누를 끼쳤을 뿐 아니라 자신을 깨우쳐 주기 위하여 최선을 다하고 있는 장경의 노파심마저 사정없이 짓밟아 버리고 있다.

△ 온 세상 사람들이 ~ 꼼짝 못하게 해 놓았다. 이 심인의 전통을 보복은 모두 무시해 버렸으니 온 세상이 통탄할 일이다. 그래서 원오는 보복을 향해 이렇게 외치고 있는 것이다. "자네 대신 내가 장경에게 응수할 테니 그 검을 내게 넘겨라." 뭇 사람들에게 빛을 주는 그 '심인의 전통'을 박살내 버렸으니 보복이여, 원오인들 어찌 해볼 도리가 없구나.

◎ 그 허물이 깊어/ (寶器를) 찾을 곳이 없나니/ 천상(天上)과 인간이 모두 맨땅에서 침몰해 버렸네 보복의 입장에서 본다면 (인도와 중국 역대 조사들의) 그 허물이 너무 깊어 보기(寶器, 심인의 전통)를 도저히 찾을 수

없게 됐다. 그래서 결국 이 우주 안에 있는 모든 생명체들이 영적인 파멸의 지경에까지 이르게 됐다. 그러나 이는 어디까지나 보복 자신의 극단적인 입장에서의 일이다. 사실인즉 역대 조사들이 보기(寶器)를 주고받은 것은 허물에 앞서 거룩한 전통임을 알아야 한다. 전해 주고 받을 수 없는 그것을 전해 주고 받음으로써 수많은 사람들이 마음의 눈을 뜨게 됐다. 파멸이 아니라 진정한 생성 발전의 길이 열리게 된 것이다.

△ 정말 (잘못이) ~ 깊은가.　　보기(寶器)를 전해 주고 받는 것 그 자체가 본질적인 입장에서 본다면 허물이지만 그러나 이 전통을 통하여 수행자들은 마침내 깨달음을 얻을 수 있었던 것이다. 만일 이 '심인의 전통'이 없었더라면 어찌됐겠는가. 수행자들은 길 표지판이 없어 우왕좌왕했을 것이다. 자, 벗이여 그대가 한번 말해 보라. 이 '심인의 전통'은 그 허물(잘못)이 얼마만큼 깊은가. 깊다면 바다보다 더 깊을 것이요, 그 허물이 전혀 없다면 또 흔적조차 없을 것이다.

△ 그대들 ~ 있을 뿐이다.　　이 심인의 전통은, 아니 마음의 등불은 어디 있는가. 이 글을 쓰고 있는 여기, 이 글을 읽고 있는 바로 거기에 있다. 문제는 너무 가까이 있어 우리가 그것을 미처 모르고 있다는 사실이다.

△ 모든 수행자들을 ~ 있는가.　　부정의 극치에 있는 보복 앞에선 모든 수행자들조차 별 가치가 없다. 아니 수행 이 자체가 웃기는 짓거리일 뿐이다. 벗이여, 보복의 이 냉소주의를 박차고 일어설 수 있는 그런 사람이 어디 있단 말인가. 보복의 이 냉소주의만 가지고는 안 된다. 그것을 뛰어넘어야 한다.

【評　　唱】

〔評唱〕「盡機不成瞎은」 長慶云 「盡其機來還成瞎否」 保福云 「道我瞎得麼니」 一似按牛頭喫草라 須是等他自喫始得이니 那裏按

他頭敎喫이리요 雪竇恁麼頌이 自然見得丹霞意라「四七二三諸祖師가 寶器持來成過咎라하니」不唯只帶累長慶이라 乃至西天二十八祖와 此土六祖가 一時埋沒이라 釋迦老子가 四十九年을 說一大藏敎하고 末後唯傳這箇寶器라 永嘉道호대「不是標形虛事㩲라 如來寶杖親蹤跡이라하니」若作保福見解댄 寶器持來가 都成過咎라「過咎深, 無處尋이라하니」這箇는 與你說不得이라 但去靜坐하야 向他句中點檢看하라 旣是過咎深커니 因什麼卻無處尋고 此非小過也라 將祖師大事하야 一齊於陸地上平沈卻이로다 所以雪竇道호대「天上人間同陸沈이라하니라」

【평창번역】

"최선을 다했고 (또한) 눈멀지도 않았다"는 구절은 장경의 말인 "최선을 다해서 말하고 있는 내가 눈멀었단 말인가"와 보복의 말인 "(그렇다면) 내가 눈이 멀었단 말인가"를 읊은 것이니 마치 (죽은) 소의 머릴 눌러 (억지로) 풀을 먹이려는 것과도 같다. 저(소)가 스스로 풀을 먹도록 해야만 하나니 왜 저(소)의 머릴 눌러 (억지로) 풀을 먹이려 하는가.
　―이렇게 읊은 설두의 송은 단하의 (말 속에 숨어 있는 그) 핵심을 (정확히) 간파한 것이다.
　"인도의 스물여덟 분, 중국의 여섯 조사들께서/ 보기(寶器, 心印)를 전해 주고 받은 것이 되려 허물이 되었다"고 했으니 (보복은) 장경에게만 누를 끼친 게 아니라 인도의 스물여덟 분 조사들과 이 땅(중국)의 여섯 분 조사들을 일시에 매장시켜 버린 꼴이 되었다. 부처는 49년 동안 일대장교(一大藏敎, 팔만대장경)를 말씀하시고 마지막에 가서 오직 이 '보기(寶器, 心印)'를 (가섭에게) 전하셨다. (그래서) 영가(永嘉)는 (이렇게) 말했던 것이다.
　"(이 寶器는) 형식적으로 (수행자임을) 과시하려고 갖고 다니는 게 아니라/ 부처님의 주장자, 그 흔적이다."

(그러나) 만일 (把住의 입장만을 고수하고 있는) 보복의 견해를 갖는다면 '보기(寶器, 心印)'를 전해 주고 받는 것 자체가 모두 허물(잘못)이 된다. "그 허물이 깊어/ (寶器를) 찾을 곳이 없다"고 했으니 이것(寶器)은 그대들께 말로 설명해 줄 수가 없는 것이다. 다만 조용히 정좌하고 앉아서 저 (설두)의 이 구절을 점검해 보라. 이미 허물이 깊거니 무엇 때문에 (寶器를) 찾을 곳이 없는가. 이는 결코 작은 잘못이 아니다. (역대) 조사들의 대사(大事 → 一大事, 깨침과 중생제도의 일)를 일제히 물도 없는 맨땅에서 침몰시켜 버린 꼴이 됐다. 그렇기에 설두는 (다음과 같이) 읊었던 것이다. "천상과 인간이 모두 맨땅에서 침몰해 버렸네."

【평창해설】

　장경은 보복을 깨우쳐 주기 위하여 최선을 다했다. 그리고 보복 역시 눈먼 봉사는 아니었다. 그러나 결국 이 두 사람의 공방전은 지리멸렬한 싸움으로 끝나 버리고 말았다. 부정의 극단에 선 보복이야말로 정말 대단하다고 할 수 있다. 그러나 이 극단주의는 방향전환을 곁들이지 않는 한 너무나 위험한 전술이다. 이 부정의 극단주의에서 본다면 역대 조사들이 서로 전해 주고 받은 '심인의 전통' 그 자체가 잘못된 것이다. 그러나 이 '심인의 전통'을 그런 식의 부정적인 시각으로만 봐선 안 된다. 자, 그렇다면 보기(寶器 → 부처가 가사와 함께 가섭에게 전해 줬다는 밥그릇. 이 부처의 밥그릇은 '心印'을 상징함)는 도대체 어디 있는가. 이건 말로 설명해 줄 수 있는 그런 것이 아니다. 벗이여, 부동의 자세로 앉아서 그대 자신의 내면을 보라. 언어 이전을 응시하라. 거기 그것이 있다. 이 우주에 충만한, 그러면서 동시에 모든 생명체 속에 가득 찬 바로 그것이 있다. 벗이여, 그대 것이며 동시에 내 것이며 우리 모두의 것인 바로 그것이…….

第 77 則
雲門答餬餅
운문의 호떡

【垂　　示】

　　垂示云「向上轉去댄 可以穿天下人鼻孔하리니 似鶻捉鳩요 向下轉去댄 自己鼻孔在別人手裏하리니 如龜藏殼이니라 箇中忽有箇出來道호대『本來無向上向下거니 用轉作什麼오하면』 只向伊道호대『我也知你向鬼窟裏作活計[1]라하리니』 且道作麼生辨箇緇素오」 良久云「有條攀條하고 無條攀例하리라 試擧看하라」

【수시번역】

　　㉠ 향상(向上, 把住)의 전략을 쓴다면 모든 사람들의 콧구멍을 꿰뚫을 수 있나니 비둘기를 잡는 매와 같다. (그러나) 향하(向下, 放行)의 전략을 쓴다면 자신의 콧구멍이 다른 사람의 수중에 있게 될 것이니 껍질 속으로 (머리와 네 발을) 숨긴 거북이와도 같을 것이다.
　　㉡ 그 가운데 문득 어떤 이가 (대중으로부터) 나와 말하길 "본래 향상과

---
1) 向鬼 ~ 活計(7字) = 親(蜀本).

향하가 없거늘 전략을 써서 뭘 하려는가"라고 반문한다면 저를 향해 (이렇게) 말할 것이다. "나는 그대가 번뇌망상을 일으키고 있다는 것을 (이미) 알고 있다."

ⓒ 자, 일러 보라. 어떻게 하면 흑백(黑白, 향상과 향하)을 (명확히) 구분할 수 있겠는가. (설두는) 조금 있다가 (이렇게) 말했다. "법조문에 있으면 거기 따르고 법조문에 없으면 판례를 따를 것이다." 시험삼아 거론해 보라.

【수시해설】

세 마디로 되어 있다.
첫째 마디(㉠) : 선지식의 높낮이에 대해서 말하고 있다.
둘째 마디(ⓒ) : 제아무리 뛰어난 수행자라 해도 선지식의 안목을 능가하긴 쉽지 않다는 것을 말하고 있다.
셋째 마디(ⓒ) : 예측할 수 없는 선지식의 전술전략은 본칙공안의 예가 그 좋은 본보기임을 말하고 있다.

【本　　則】

〔本則〕擧　僧問雲門호대「如何是超佛越祖之談이닛고」(開라 早地忽雷로다 掭)門云「餬餠이니라」(舌拄上齶이라 過也로다)

【본칙번역】

승이 운문(雲門)에게 물었다.
"어떤 것이 불조(佛祖의 경지)를 초월한 말입니까."
　　열렸다. 마른 땅에 우레가 운다. 일격을 가했다.

운문이 말했다. "호병(餬餅, 호떡)."

혓바닥이 입천장에 붙어 버렸다. (이미) 지나가 버렸다.

【본칙과 착어 해설】

◎ "어떤 것이 불조(佛祖의 경지)를 초월한 말입니까."　어떤 승이 운문에게 던진 질문이다. 물음의 기세가 여간 험악하지 않다.

△ 열렸다. ~ 일격을 가했다.　이 승이 물음을 던지는 순간 본래 그 자리는 그만 틈이 벌어져 버리고 말았다. 그러나 이 승의 물음은 마른 땅에 우레가 울고 번개가 치듯 대단한 데가 있다. 이 승은 지금 번개 같은 기습 작전으로 운문을 공격하고 있다.

◎ "호병(餬餅, 호떡)."　'호병(餬餅)'이라는 이 두 글자가 어째서 불조(의 경지)를 초월한 말이란 말인가. 벗이여, 운문의 이 두 글자 활구를 놓치지 마라. 정말 너무나 귀중한 말이요, 고마운 말이기 때문이다. 그대 만일 '호병'이라는 이 두 글자를 간파할 수만 있다면 이 세상 전체가 달려들어도 그대를 꺾을 수 없을 것이다.

△ 혓바닥이 ~ 붙어 버렸다.　말로는 도저히 이 '호병'이라는 두 글자를 설명할 수가 없다. 왜냐하면 이 두 글자는 우리의 생각이 미칠 수 없는 운문의 활구이기 때문이다.

△ (이미) 지나가 버렸다.　운문의 대답(호병) 속에는 관념의 흔적이 전혀 없다. 운문은 지금 언어의 흔적을 전혀 남기지 않고 언어를 쓰고 있다. 수면에 전혀 흔적을 남기지 않고 물속으로 뚫고 들어간 달 그림자〔水月〕처럼…….

【評　　唱】

〔評唱〕這僧問雲門호대 「如何是超佛越祖之談이닛고」 門云 「餬餅

이라하니」 還覺寒毛卓豎麼아 衲僧家問佛問祖하고 問禪問道하며 問向上向下了하면 更無可得問[2]이나 卻致箇問端이니 問超佛越祖之談이니라 雲門是作家라 便水長船高하며 泥多佛大라 便答道호대「餬餅이라하니」 可謂道不虛行하고 功不浪施라 雲門復示衆云「你勿可作了니 見人道著祖師意하면 便問超佛越祖之談道理라 你且喚什麽作佛이며 喚什麽作祖건대 卽說超佛越祖之談고 便問箇出三界하니 你把三界來看하라 有什麽見聞覺知가 隔礙著你하며 有什麽聲色佛法을 與汝可了며 了箇什麽碗고 以那箇로 爲差殊之見고 他古聖이 勿奈你何하야 橫身爲物하니 道箇『擧體全眞, 物物觀體라도』 不可得이니라 我向汝道호대 直下有什麽事라도 早是埋沒了也라」 會得此語하면 便識得餬餅하리라

【평창번역】

이 승이 운문에게 물었다. "어떤 것이 불조(佛祖의 경지)를 초월한 말입니까." 운문은 말하길 "호병(餬餅, 호떡)"이라고 했으니 머리칼이 곤두서는 것을 느끼겠는가. 수행자들이 부처를 묻고 조사를 물으며 선(禪)을 묻고 도를 물으며 향상(向上)을 묻고 향하(向下)를 물으면 (이제는 더 이상) 다시 물을 게 없나니 (이런 경우엔 다음과 같은) 질문을 하게 된다. 즉 '불조(佛祖의 경지)를 초월한 말'에 대하여 묻게 된다. (그러나) 운문은 작가 종사였으므로 상대의 정도에 알맞게 응수를 하고 있다. 그래서 즉시 대답하기를 "호병(餬餅, 호떡)"이라고 했으니 이른바 도(道)는 헛되이 행하지 않고 공(功)을 들인 것은 잘못되지 않았던 것이다. 운문은 다시 대중들에게 (이렇게) 말했다. "그대들은 (깨닫지도 못했으면서) 깨달은 체하지 말지니 조사의(祖師意, 선의 본질)에 대해서 말하고 있는 사람을 보면 즉시 불조(佛祖의 경지)를 초월한 이치를 묻곤 한다. 그대들은 도대체 무엇을 일

---

2) 無可得問(4字) = 無所可問(福本), 無可所問(蜀本).

러 부처라 하며 무엇을 일러 조사라 하기에 불조(佛祖의 경지)를 초월한 말을 하고 있는 건가. 그리고 또 삼계(三界)에서 벗어나는 것을 묻나니 그대들은 삼계를 가지고 와 봐라. 또 무슨 견문각지(見聞覺知)가 있어 그대들을 막으며 무슨 성색불법(聲色佛法)이 있어 그대들이 (이를) 깨달아야만 하며 또 무슨 밥그릇〔寶器, 心印의 진리〕을 깨달아야만 한단 말인가. 그리고 또 무엇을 특출한 견해라 하는가. 저 옛 성인(역대 조사)들께서 그대들을 어찌할 수가 없어서 몸을 굽혀 중생교화에 나선 것이니 '이 몸 이대로가 진실이며 사물마다 본질 그 자체'라고 말하더라도 맞지 않는다. 내(운문)가 그대들께 말하길 '지금 이 자리에서 이런 일(이런 경지에 이름)이 있다 하더라도 이미 손발을 쓸 수 없는 지경이 되어 버린 것이다.'"(운문의) 이 말을 안다면 그 즉시 '호병(餬餅, 호떡)'의 뜻을 알게 될 것이다.

【평창해설】

수행자들이 더 이상 물을 게 없을 때 '불조(佛祖)의 경지를 초월한 말'에 대해 묻는다. 이 질문은 말하자면 질문의 끝인 것이다. 보통 이런 질문을 받게 되면 제아무리 눈밝은 선지식이라 해도 당황해할 수밖에 없다. 그러나 운문은 산전수전 공중전까지 모두 겪은 백전노장이었으므로 즉시 '호병(餬餅, 호떡)'이라고 응수했던 것이다. 운문의 이 응수는 '부처와 조사들의 경지를 초월한 말〔超談〕'에 가장 적합한 대답으로서 그 누구도 운문과 같은 전술전략을 사용할 수 없었다. 그 자리에는 본래 어떤 언어로도 접근이 불가능하다. 그러나 우리가 너무나 뭘 모르기 때문에 조사들은 할 수 없이 우리의 눈높이로 내려와 이런 식의 응수를 할 수밖에 없었던 것이다. 우리가 만일 운문의 이 활구(호병)를 이 자리에서 깨닫는다고 가정해보자. 그렇다 하더라도 이미 한 수가 늦어 버렸다는 것을 알아야 한다. 이를 알아차린다면 그때 비로소 우린 운문의 이 말(호병)이 지닌 참뜻을 알 수 있을 것이다.

【評　　唱】

　五祖云 「驢屎比麝香(一作馬糞)이라하니」 所謂直截根源佛所印이요 摘葉尋枝我不能이라 到這裏하야는 欲得親切인댄 莫將問來問하라 看這僧問 「如何是超佛越祖之談」 門云 「餬餅하라」 還識羞慚麼아 還覺漏逗麼아 有一般人杜撰道호대 「雲門이 見兔放鷹하야 便道餬餅이라하니」 若恁麼將餬餅하야 便是超佛越祖之談으로 見去하면 豈有活路리요 莫作餬餅會하며 又不作超佛越祖會하면 便是活路也니 與麻三斤, 解打鼓로 一般이라 雖然只道餬餅이나 其實難見이라 後人多作道理云호대 「麤言及細語가 皆歸第一義라하나니」 若恁麼會댄 且去作座主하야 一生贏得多知多解하리라 如今禪和子道호대 「超佛越祖之時에 諸佛也踏在脚跟下하며 祖師也踏在脚跟下라 所以로 雲門只向他道호대 餬餅이라하니」 旣是餬餅인댄 豈解超佛越祖리요 試去參詳看하라 諸方頌極多나 盡向問頭邊作言語라 唯雪竇頌得最好니 試擧看하라 頌云

【평창번역】

　오조(五祖法演)는 말하길 "여시비사향(驢屎比麝香, 나귀 똥을 사향에 견준다)"이라 했으니 이른바 "바로 근원을 절단함은 부처도 인가 증명한 곳이요/ 잎을 따고 가지를 찾는 것(문자 해석)은 나는 능하지 않다(영가의 《증도가》)." 여기 이 속〔直截根源處〕에 이르러서는 친절한 가르침을 받고자 한다면 (사량분별을 통한) 물음으로 묻지 말아야 한다. "어떤 것이 불조(佛祖의 경지)를 초월한 말입니까"라고 물은 이 승의 질문을 보라. 운문은 말하길 "호병(餬餅, 호떡)"이라고 했으니 (운문의) 부끄러움을 알겠는가. (운문의) 낭패 (본 곳)을 간파할 수 있겠는가. 사이비들은 말하길 "운문은 달아나는 토끼를 보고 매를 풀어 놨다. 그래서 '호병(餬餅, 호떡)'이라 했던 것이다"라고 한다. 그러나 만일 이런 식으로 '호병'을 불조(의 경지)를 초월한 말로 본다면 어찌 활로(活路)가 있겠는가. '호병'이라는 분별심을 내지 말며 '불조(의 경지)를 초월한 말'이라는 분별심도 갖지 않는다면 이 것이 바로 활로인 것이다. (본칙공안은) '마삼근(麻三斤)', '해타고(解打鼓)'와 그 뜻이 같나니 단지 '호병'이라고만 말했으나 사실 (이 뜻을) 간 파하기는 쉽지 않다. (그런데) 뒷사람들은 대부분 이론적으로 해석하여 (이렇게) 말하고 있다. "거친 말과 섬세한 말이 모두 결국은 진리 그 자체로 되돌아간다." (그러나) 만일 이런 식으로 이해한다면 결국 학승(學僧)이 되어 (그의) 일생은 박학다식으로 끝나 버리고 말 것이다. 또 요즈음의 선 수행자들은 (이렇게) 말한다. "불조를 초월할 때는 모든 부처들이 (내) 발아래 짓밟힐 것이며 (모든) 조사들 또한 (내) 발밑에 짓밟힐 것이다. 그렇기에 운문은 저(이 승)를 향해 '호병'이라고 말했던 것이다." (그러나) 이미 '호병'이라면 불조(의 경지)를 초월한 것을 어찌 알 수 있단 말인가. 시험삼아 자세히 참구해 보라. (본칙공안에 대하여) 여러 사람들이 참으로 많은 송을 읊었으나 모두들 질문(불조를 초월한 말) 쪽에만 역점을 두고 있다. 오직 설두의 송만이 가장 멋지나니 시험삼아 거론해 보자. (설두는) 송에서 (이렇게) 읊었다.

【평창해설】

'불조의 경지를 초월한 말〔超談〕'에 대하여 묻자 오조법연은 대뜸 "여시비사향(驢屎比麝香, 나귀 똥을 사향에 견준다)"이라고 대답했다. 그렇다면 운문의 '호병'과 오조법연의 이 '여시비사향'은 어떻게 다른가. 벗이여, 이를 깊이 참구해 보라. 참으로 멋진 대비가 아닐 수 없다.

다시 본칙공안으로 돌아가자. 이 승의 질문에 대하여 운문은 '호병'이라고 기막히게 응수를 했다. 그런데 원오는 평창문에서 왜 "운문이 낭패(실수)를 봤다"고 말하고 있는가. 벗이여, 번갯불보다 더 빠른 원오의 이 안목을 보라. 제아무리 기막힌 전술전략을 쓴다 해도 눈밝은 선지식을 속일 순 없다. 운문의 이 활구 '호병'은 저 동산의 '마삼근(麻三斤)'과 화산(禾山)의 '해타고(解打鼓)'와 그 뜻이 서로 통하고 있다. 그러므로 이 세 개의 활구를 서로 연관지어 참구해 보는 것도 하나의 방법이라고 할 수 있다. 그러나 여기서 우리가 주의해야 할 것은 '호병(餬餅, 호떡)'이라는 이 글자풀이나 의미 해석에 매달려선 안 된다는 것이다. 말이 쉬운 만큼 그 속뜻을 간파한다는 것은 결코 쉽지가 않다. 만일 '호병(호떡)'이라는 이 두 글자의 의미 해석 쪽으로 빠진다면 우린 결국 박학다식한 학자로서 일생을 끝마치게 될 것이다. 자신이 만든 자신의 관념 속에 갇혀 누에의 신세가 되어 버리고 말 것이다. 본칙공안에 대하여 예로부터 많은 사람들이 송을 읊었다. 그러나 그 대부분이 '불조의 경지를 초월한 말〔超佛越祖之談, 超談〕'에 초점을 맞춰 송을 읊고 있다. 그러나 설두의 경우는 다르다. 설두는 운문의 대답인 '호병' 쪽에 역점을 두고 송을 읊고 있다.

【頌】

〔頌〕超談禪客問偏多하니(箇箇出來便作這般見解가 如麻似粟이라) 縫罅披離見也麼아(已在言前이로다 開也라 自屎不覺臭로다) 餬餅㘼來猶不住니(將木橛子換卻你眼睛了也로다) 至今天下有誵訛라(畫箇圓相云「莫是恁麼會[3]麼아」咬人言語니 有甚了期리오 大地茫茫愁殺人이로다 便打하다)

【송번역】

초담(超談)을 묻는 수행자들이 무척 많으니
　　수행자들마다 모두들 이런 견해를 갖고 있다. (이런 자들이) 좁쌀처럼 많다. 틈이 벌어진 걸 알겠는가

---

3) 恁麼會(3字) = 這箇(福本).

말이 나오기 이전에 있다. (이미 틈은) 벌어져 버렸다. (설두는) 자신의 똥이 구린 걸 모르고 있다.

호병(餬餅)으로 틀어막아 줘도 모르니

목환자(木槵子) 열매로 그대의 눈알과 바꿔치기해 버렸다.

지금은 (이 말이) 온 천하에 와전되었네

(원오는) 동그라미를 그리며 말했다. "(호병을) 이런 식으로 알면 안 되겠는가." 사람(운문)의 말만을 되씹고 있으니 어느 세월에 깨달을 기약이 있겠는가. 대지는 (이토록) 드넓은데 사람은 수심에 차 있다. (원오는) 즉시 (선상을) 쳤다.

【송과 착어 해설】

◎ 초담(超談)을 묻는 수행자들이 무척 많으니　'불조의 경지를 초월한 말〔超談〕'을 묻는 수행자들이 예나 지금이나 너무나 많다. 웬만큼 선 수행을 했다 하면 이런 식의 질문을 던지고 있다. 그러나 질문에도 절제가 있는 법이다. 질문이라고 해서 다 질문이 아니다.

△ 수행자들마다 ~ 좁쌀처럼 많다.　어떻게 물어야 할지를 안다는 것은 어떻게 대답해야 할지를 아는 것과 상통하고 있다. 정말로 어려운 것은 대답이 아니라 물음이다. 수행자들이여, 이 말을 뼈에 새겨라.

◎ 틈이 벌어진 걸 알겠는가　그러나 초담을 묻는 그 순간 그 본래 자리에는 틈이 벌어지고 말았다.

△ 말이 나오기 ~ 벌어져 버렸다.　언어로 표현하는 바로 이것이 그 본래 자리에 틈을 벌어지게 하는 행위다. 말을 했으니 틈은 이미 벌어지고야 말았다. 금이 가 버리고 말았다.

△ (설두는) 자신의 ~ 모르고 있다.　원오는 갑자기 창끝을 설두의 가슴에 들이대고 있다. '틈이 벌어진 걸 모르고 있다고 읊어 대는 설두 자네야말로 자신의 똥이 구린 걸 전혀 모르고 있군'이라고 설두를 힐책하고

있다.

◎ '호병(餬餅)'으로 틀어막아 줘도 모르니　운문은 이 승의 본래 자리가 틈이 나는 것을 보고는 즉시 '호병'이라는 활구로 그 틈새를 틀어막아 버렸다. 그리하여 전혀 흠집이 없는 본래의 상태로 되돌려 놨다. 그러나 이를 어찌 알 수 있단 말인가.

△ 목환자(木槵子) 열매로 ~ 버렸다.　운문은 이 승의 초담(超談)과 자신의 '호병'을 슬쩍 바꿔치기해 버렸다. 이 승이 미처 눈치채지 못하도록……. 아, 이 얼마나 기막힌 전술전략이란 말인가. 그러나 문제는 이 승이, 이 승이 아닌 우리가 이 사실을 전혀 눈치채지 못하고 있다는 이것이다.

◎ 지금은 (이 말이) 온 천하에 와전되었네　운문의 이 '호병'을 사람들은 너무나 잘못 알고 있다. '불조의 경지를 초월한 말'이라느니 '호떡'이라느니…… 이런 식으로 알고 있다. 그러나 이 '호병'의 참뜻은 전혀 그런 것이 아니다.

△ (원오는) 동그라미를 ~ 안 되겠는가."　원오는 지금 호병(호떡) 모양의 동그라미〔一圓相〕를 그려 우리를 놀려먹고 있다. 짓궂기 이를 데 없는 선지식이다.

△ 사람(운문)의 ~ 기약이 있겠는가.　'호병(호떡)'이라는 이 글자풀이만을 하고 있으니 벗이여, 그 참뜻을 어느 날에야 깨닫겠는가. 참으로 한심한 일이다.

△ 대지는 ~ 수심에 차 있다.　운문의 이 '호병'을 간파하지 못했으니 눈뜬 장님이나 다를 바 없다. 부자가 되면, 학자가 되면 뭘 하겠는가. 운문의 이 '호병' 뜻도 모르면서 고승(高僧, 큰스님)소리를 들으면 또 뭘 하겠는가. 여기 오직 쓸쓸한 가을바람만 불고 있을 뿐…….

△ (원오는) 즉시 (선상을) 쳤다.　원오는 '호병'을 송두리째 드러내 보이기 위해 느닷없이 쾅! 하고 선상을 내리쳤다. 그러나 그 순간 '호병'은 그만 산산조각이 나 버리고 말았다는 이 사실을 원오여 알겠는가.

【評　　唱】

〔評唱〕「超談禪客問偏多라하니」此語는 禪和家의 偏愛問이라 不見雲門道호대「你諸人橫擔拄杖하고 道我參禪學道라하며 便覓箇超佛越祖道理하나니 我且問你하노라 十二時中行住坐臥와 屙屎放尿로 至於茅坑裏蟲子와 市肆買賣羊肉案頭에 還有超佛越祖底道理麽아 道得底出來하라 若無하면 莫妨我東行西行하라하고」便下座하다 有者는 更不識好惡하고 作圓相하나니 土上加泥요 添枷帶鎖로다「縫罅披離見也麽아하니」他致問處가 有大小大縫罅하니 雲門見他問處披離라 所以로 將餬餠하야 攔縫塞定이라 這僧猶自不肯住하고 卻更問하니 是故雪竇道호대「餬餠𡎺來猶不住니 至今天下有譊訛라하니라」如今禪和子가 只管去餬餠上解會하며 不然이면 去超佛越祖處作道理하나니라 旣不在這兩頭면 畢竟在什麽處오 三十年後에 待山僧이 換骨出來하면 卽向你道하리라

【평창번역】

"초담(超談, 불조를 초월한 말)을 묻는 수행자들이 무척 많다"고 했는데 이 구절은 선 수행자들이 특히 좋아하는 질문이다. (다음과 같은) 운문의 말을 그대는 익히 알고 있을 것이다. "여러분은 주장자를 어깨에 메고 '나는 선 수행자'라고 으스대면서 불조(의 경지)를 초월한 이치를 찾고 있나니 내 그대들께 묻노라. 하루 24시간 속의 행주좌와(行住坐臥)와 대소변을 볼 때, 그리고 변소간의 구더기와 시장바닥의 술집과 푸줏간에 이르기까지 (이 모든 곳에) 불조(의 경지)를 초월한 이치가 있는가. 있다고 말할 수 있는 자는 나와 보라. 만일 없다면 내가 횡설수설 지껄이는 걸 방해하지 마라."(이렇게 말하고 운문은) 즉시 설법 자리에서 내려와 버렸다. (또) 어떤 이는 좋고 나쁜 것을 모르고 ('호병'의 상징으로) 동그라미〔一圓相〕를 그리나니 흙 위에 진흙을 얹은 꼴이요, (목에) 칼을 차고 (다리에는) 쇠

사슬을 차는 격이다. "틈이 벌어진 것을 알겠는가"라고 했으니 저(이 승)의 문처(問處, 질문한 곳)에 큰 틈(흠집)이 났던 것이다. 운문은 저(이 승)의 문처에 난 틈을 보았다. 그래서 '호병'으로 (그 틈을) 꽉 틀어막아 버렸다. 그러나 이 승은 그것을 모르고 또다시 질문을 했던 것이다. 그래서 설두는 (이렇게) 말했다. "'호병'으로 틀어막아 줘도 모르니/ 지금은 (이 말이) 온 천하에 와전되었네." 지금의 선 수행자들은 오로지 '호병'이라는 언어 위를 치달으며 분별심을 일으키고 있다. 그렇지 않으면 불조(의 경지)를 초월한 곳으로 치달으며 망상분별을 일으켜 이론 체계를 세우고 있다. (그러나 본칙공안의 속뜻이) 이 두 곳에 있지 않다면 필경 어디에 있단 말인가. "삼십년후 대산승 환골출래 즉향이도(三十年後 待山僧 換骨出來 卽向你道, 30년 후에 산승(원오)이 면목을 일신한다면 그때 가서 그대들께 말해 주리라)."

【평창해설】

운문의 활구 '호병'은 그 속뜻을 간파하기가 결코 쉽지 않다. 어떤 이는 손으로 (호병의 모양을 뜻하는) 동그라미〔一圓相〕를 그려 보이는데 이건 불필요한 사족에 불과하다. 이 승이 물음을 던지는 순간 그 본래 자리는 틈이 벌어지고 말았다. 그러자 운문은 재빨리 '호병'이라는 두 글자로 그 틈새를 틀어막아 버렸다. 그러나 이 승은 그것을 전혀 모르고 있다. 이 '호병(餬餅)'이라는 말을 글자풀이인 '호떡'으로 알아도 틀리고 '불조의 경지를 초월한 말'로 알아도 틀린다면 도대체 어떻게 그 참뜻을 안단 말인가. 벗이여, 여기 원오의 활구가 있다. 운문의 '호병'을 살짝 변형시킨 원오의 활구가 있다. "삼십년후 대산승 환골출래 즉향이도(三十年後 待山僧 換骨出來 卽向你道, 30년 후에 산승(원오)이 면목을 일신한다면 그때 가서 그대들께 말해 주리라)"라고 말한 원오의 활구가 있다. 원오의 이 활구를 간파할 수만 있다면 운문의 '호병'은 예서 오십보백보다.

第 78 則

十六開士入浴

16보살성자의 목욕

【本 則】

〔本則〕擧 古有十六開士하야(成群作隊有什麼用處오 這一隊不喞嵧漢이라) 於浴僧時에 隨例入浴하다가(撞著露柱니 漆桶作什麼오) 忽悟水因이라(惡水驀頭澆로다) 諸禪德作麼生會他道, 妙觸宣明(更不干別人事니라 作麼生會他오 撲落非他物[1]이니라) 成佛子住오(天下衲僧이라도 到這裏摸索不著이니라 兩頭三面作什麼오) 也須七穿八穴始得이니라(一棒一條痕이라 莫辜負山僧好하라 撞著磕著[2]이라 還曾見德山, 臨濟麼아)

【본칙번역】

옛적에 16명의 보살(성자)들이 있었다.

이 집단을 어디에 쓰겠는가. 이 한 무리의 어리석은 놈들.

(이들은) 수행자들이 목욕할 때에 줄을 따라 욕탕에 들어가 목욕을 하다가

---

1) 更不 ~ 他物(16字) = 본문 '也須七穿八穴始得' 앞에 있다. 착어 '天下衲僧' 앞에 착어 '諸佛祖師' 가 있다(福本).

2) 一棒 ~ 磕著(15字) = 본문 '成佛子住' 뒤에 있다. 본문 '妙觸宣明' 에는 착어가 없다(福本).

기둥에 머리를 부딪치는군. (이) 먹통들을 어찌하겠는가.
문득 물의 본성〔水因〕을 깨달았다.
　　구정물을 정면으로 끼얹는군.
덕 높으신 수행자들〔諸禪德〕이여, (다음과 같이 말한) 저들의 말뜻을 어떻게 알 수 있겠는가.
"부사의한 촉각의 본성〔妙觸〕을 분명하게 체험〔宣明〕하여
　　다시 남의 일에는 관여치 마라. 저들을 어떻게 알 수 있겠는가. 쳐서 떨어지는 것은 다름 아닌 (바로) 나 자신이다.
깨달음의 경지〔成佛子〕에 머물렀다."
　　모든 수행자들은 이 속에 이르러서 아무것도 찾을 수 없을 것이다. 변화무쌍하여 그 정체를 알 수 없으니 어찌하겠는가.
(우리도) 또한 철두철미하(게 이를 깨닫)지 않으면 안 된다.
　　철저하게 수행하라. 산승(원오)을 등지지 마라. 여기 부딪고 저기 걸린다. 덕산과 임제를 봤는가.

【본칙과 착어 해설】

◎ 옛적에 16명의 보살(성자)들이 있었다/ (이들은) 수행자들이 목욕할 때에 줄을 따라 욕탕에 들어가 목욕을 하다가/ 문득 물의 본성〔水因〕을 깨달았다.　《능엄경》제5권에 나오는 이야기를 설두는 지금 한칙공안으로 뽑아 오고 있다. 여러 보살들이 자신들의 깨달음의 동기를 자서전식으로 이야기하는 도중에 16명의 보살 무리가 지금 물의 본성〔水因〕을 통해서 깨달음을 얻었다고 말하고 있다. 즉 본래 자리의 액체화 현상으로서의 물, 불생불멸 불구부정(不生不滅 不垢不淨) 그 자체로서의 물의 체험을 통해서 깨달음을 얻었다고 말하고 있다.

△ 이 집단을 ~ 어리석은 놈들.　　그러나 선의 입장에서 본다면 이들(16명의 보살들)은 어디까지나 제2류일 뿐이다. 활구가 아닌 사구를 통한

교리적인 깨달음을 체험했을 뿐이다.

△ 기둥에 머리를 ~ 어찌하겠는가.　이들은 두 눈이 멀었기에 기둥에 이마를 부딪고 있다. 이런 무지몽매한 친구들을 무엇에 쓰겠는가.

△ 구정물을 정면으로 끼얹는군.　'……을 깨달았다'라고 말하는 그 순간 그 깨달음의 자리는 더러워지고 만다. 언어와 관념의 구정물로 얼룩이 져 버리고 만다.

◎ 덕 높으신 ~ 어떻게 알 수 있겠는가./ "부사의한 촉각의 본성[妙觸]을 분명하게 체험[宣明]하여/ 깨달음의 경지[成佛子]에 머물렀다."　'덕 높으신 ~ 어떻게 알 수 있겠는가'까지의 문장은 설두가 우리를 향해 던지고 있는 반문이다. 여기 '부사의한 촉각의 본성[妙觸]'이란 무엇을 말하는가. 활구로서의 촉각, 즉 '생각이나 분별심이 일어나기 이전의 본래 자리로서의 촉각'을 말한다.

△ 다시 남의 일에는 ~ 나 자신이다.　왜냐하면 스스로가 체험해야만 알 수 있는 경지이기 때문이다. 순수 촉각을 매개체로 하지 않는다면 저 본래 자리를 알 방법이 없다. 벗이여, 아무 곳이나 마구 두 손을 휘둘러 보라. 그대 손에 부딪쳐 떨어지는 것은 다름 아닌 바로 그대 자신이다. 그대의 촉각에 부딪치는 것은 모두 그대의 본래 모습이다. 그러므로 이 우주 전체가 그냥 이대로 나 자신인 것이다. 나 자신의 확장인 것이다(침묵이 엿듣는다. 말조심).

△ 모든 수행자들은 ~ 없을 것이다.　이 자리(촉각의 본성)에는 나고 죽음도 없다[不生不滅]. 더러움도 깨끗함도 없다[不垢不淨]. 그러므로 여기선 어떤 흔적도 찾을 수 없다.

△ 변화무쌍하여 ~ 어찌하겠는가.　'부사의한 촉각의 본성[妙觸]을 체험했다[宣明]'느니 '깨달음의 경지[成佛子]에 머물렀다'느니…… 이런 식으로 말하고 있으니 그 참뜻을 간파하기가 쉽지 않다. 부사의한 촉각의 본성[妙觸]은 무엇이고 깨달음의 경지[成佛子]는 또 무엇이란 말인가.

◎ (우리도) 또한 철두철미하(게 이를 깨닫)지 않으면 안 된다.　부사의

한 촉각의 본성〔妙觸〕을 이해가 아니라 분명하게 체험해야만 한다. 그래야만 비로소 깨달음에 이를 수 있는 것이다.

△ 철저하게 ~ 등지지 마라.　　그러기 위해선 죽을 힘을 다하여 정진, 정진을 해야 한다. 이어서 원오는 우리를 향해 이렇게 일침을 놓고 있다. "자, 여러분. 부디 산승(원오)의 이 말을 흘려듣지 말게."

△ 여기 부딪고 ~ 임제를 봤는가.　　우리가 철저하게 체험을 할 경우 우린 맞부딪게 된다. 가는 곳마다 본래 그 자리와 맞부딪치게 된다. 저 덕산의 봉(棒)이 어찌 부사의한 촉각의 본성〔妙觸〕이 아니겠는가. 저 임제의 할(喝)이 어찌 부사의한 청각의 본성〔妙聽〕이 아니겠는가. 보라, 이 누리 전체가 햇빛으로 가득 차 있다. 그러나 우리의 눈이 멀었기 때문에 그 햇빛을 감지하지 못하고 있는 것이다. 햇빛을 찾아 햇빛을 찾아 헤매고 있는 것이다.

【評　　唱】

〔評唱〕楞嚴會上에서 跋陁婆羅菩薩與十六開士가 各修梵行하야 乃各說所證圓通法門之因하니 此亦二十五圓通之一數也라 他因浴僧時에 隨例入浴타가 忽悟水因云「旣不洗塵하고 亦不洗體라」且道洗箇什麽오 若會得去하면 中間安然하야 得無所有하리라 千箇萬箇가 更近傍不得이니 所謂以無所得이 是眞般若라 若有所得인댄 是相似般若니라 不見達磨謂二祖云「將心來하라 與汝安하리라」二祖云「覓心了不可得이라하니」這裏些子가 是衲僧性命根本이라 更總不消得如許多葛藤이니라 只消道箇忽悟水因하면 自然了當하리라

【평창번역】

능엄회상(楞嚴會上,《능엄경》설법장)에서 발타바라(跋陀婆羅) 보살을

비롯한 16명의 보살들이 제각기 범행(梵行, 금욕 수행)을 닦을 적에 각자가 (자신이) 증득한 '원융무애한 가르침〔圓通法門〕'의 원인을 말했다. 이는(본칙공안은 이《능엄경》에 언급된) 25가지 원융무애한 능력 가운데 하나다. 저들(16명의 보살들)은 수행자들이 목욕할 때에 줄을 따라 욕탕에 들어가 목욕을 하다가 문득 물의 본성〔水因〕을 깨달았다. (그래서 이렇게) 말했다. "때도 씻지 않고 또한 몸도 씻지 않는다." 자, 일러 보라. (그렇다면 물은 도대체) 무엇을 씻는단 말인가. 만일 (이를) 안다면 아는 거기에서 그대로 편안하여 '집착 없음〔無所得〕'을 얻게 될 것이다. (이런 사람에게는) 천 사람 만 사람이라도(어느 누구라도) 가까이 접근할 수 없을 것이다. 모든 집착에서 해방된 것〔無所有〕을 '진정한 지혜에 도달한 상태〔眞般若〕'라 한다. 그러나 만일 (조금이라도) 집착〔所得〕이 남아 있다면 이것은 '사이비 지혜〔相似般若〕'다. 달마와 이조(二祖慧可) 사이에 오고 간 문답을 그대는 익히 알고 있을 것이다. 달마가 이조에게 물었다. "마음을 가져와라. 그러면 그대를 편안케 해줄 것이다."

이조가 말했다. "마음을 찾아봤지만 '이것이 마음이다' 라고 내놓을 것이 없습니다."

(―라고 했으니) '바로 이것〔不可得處〕'이야말로 수행자의 본성〔性命根本〕이다. 다시 구구하게 설명을 할 필요가 없나니 '문득 물의 본성〔水因〕을 깨달았다' 라고만 말하면 저절로 결말이 나게 된다.

【평창해설】

물이란 무엇인가. 산소와 수소의 결합이다. 그러므로 '이것이 물의 본성' 이라고 주장할 수 있는 것은 없다. 산소와 수소의 결합으로 하여 잠시 동안 물인 상태로 존재하고 있는 어떤 것, 그것을 우린 '물' 이라고 일컫고 있는 것이다. 그럼 우리 몸의 '때' 란 무엇인가. 죽은 세포다. 죽은 세포란 무엇인가. 저 본래의 것이 '죽은 세포의 상태로 있는 것' 을 말한다. 이렇게 볼 때 '물'의 불변성도 없고 '때'의 불변성도 없다. 본래의 것이 때로는 '물의 상태'로 또 때로는 '때'의 상태로 존재할 뿐이다. 그러므로 '물이 때를 씻는다'는 이 '씻는다'란 표현은 맞지 않는다. 생각해 보라. 물도 때도 이 모든 것이 본래 그 자리의 역동화이거늘 무엇이 무엇을 씻는단 말인가. 있다면 여기 오직 본래 그 자리의 걷잡을 수 없는 굽이침이 있을 뿐이다. 동사의 이 현재형(ing)이 있을 뿐이다. 불교에서의 제행무상(諸行無常)이란 바로 이를 뜻한다. 모든 사물을 독립된 하나의 개체로 보지 않고 '……의 상태로 있음[行]'으로 보고 있다. 그러므로 '……의 상태로 있는 모든 것[諸行]'은 끊임없이 변해 가고 있다[無常]. 예를 들면 여기 이 '책상'은 책상이라는 독립된 개체가 아니라 '책상의 상태로 있음(동사의 상태)'인 것이다. ……의 상태로 있는 것은 순간순간 변해 가고 있다. 물이 끊임없이 흐르듯 그렇게……. 그러므로 이 '책상의 상태로 있음'은 불을 붙이는 순간 타서 숯이 되고(숯의 상태가 되고) 재가 되어 버린다(재의 상태가 되어 버린다). 그러므로 우린 어떤 것에도 (나 자신의 이 육체마저도, '나'라는 이 에고마저도) 집착해선 안 된다. 왜냐하면 결국 또 다른 상태로 변해 가고 있는 것들이기 때문이다. 고통은, 그 고뇌와 번민은 바로 이 움켜쥐려는 생각(집착심) 때문이다. 움켜쥘 수 없는 것을 움켜쥐려는 것은 어리석은 짓이다. 오랜 습관으로 하여 축적된 무지(無知, 無明)인 것이다. 그러나 깨달은 자는 움켜쥐지 않는다. 움켜쥐려는 이 생각(집착심)으로부터 벗어났을 때 그것을 일러 '진정한 지혜의 상태[眞般若]'라 하는 것이다. 그러나 여기 아직도 타성 때문에 움켜쥐려는 생각이 남아 있다면 이건 사이비 지혜의 상태[相似般若]인 것이다. 움켜쥐려는 생각이 사라져 버린 이 상태야말로 우리의 본래 자리다. 삶도 없고 죽음도 없는[不生不滅], 더러움도 없고 깨끗함도 없는[不垢不淨] 바로 그 자리다. 그래서 본칙공안에서는 이 자리를 일러, 이 자리에의 체험을 일러 '물의 본성[水因]을 깨달았다'라고 압축하여 말했던 것이다.

【評　　唱】

　旣不洗塵하고 亦不洗體니 且道悟箇什麽오 到這般田地하야는 一點也著不得이라 道箇佛字도 也須諱卻이니라 他道「妙觸宣明, 成佛子住라하니」 宣則是顯也요 妙觸是明也라 旣悟妙觸인댄 成佛子住니 卽住佛地也라 如今人도 亦入浴, 亦洗水하야 也恁麽觸이나 因甚卻不悟오 皆被塵境惑障하야 粘皮著骨이라 所以不能便惺惺去니라 若向這裏하야 洗亦無所得하며 觸亦無所得하며 水因亦無所得하면 且道是妙觸宣明가 不是妙觸宣明가 若向箇裏直下見得하면 便是妙觸宣明이니 成佛子住하리라 如今人도 亦觸이니 還見妙處麽아 妙觸은 非常觸이라 與觸者合則爲觸이요 離則非也라

【평창번역】

　때도 씻지 않고 몸도 씻지 않는다면 자, 일러 보라. (도대체) 무엇을 깨달았단 말인가. 이런 경지〔塵體俱不洗處〕에 이르러서는 조금도 (전혀) 집착심이 없나니 '불(佛)'이란 글자를 (쓰거나) 말하더라도 또한 어긋나 버린다. 저들(16명의 보살들)이 말하길 "부사의한 촉각의 본성〔妙觸〕을 분명하게 체험하여〔宣明〕 깨달음의 경지에 머물렀다〔成佛子住〕"고 했다. '체험했다〔宣〕'는 것은 '정확히 간파했다〔顯〕'는 말이요, '촉각의 본성〔妙觸〕'은 '분명한 것〔明〕'이다. 이미 촉각의 본성을 깨달았다면 (진정한) 깨달음의 경지에 머무는 것이니〔成佛子住〕 즉 '부처의 경지〔佛地〕'에 머물게 된다. 지금 사람들도 욕탕에 들어가 물로 (몸을) 씻을 적에 역시 이런 식으로 (물의) 감촉을 느낀다. 그런데 무엇 때문에 (물의 본성을) 깨닫지 못하는가. (그것은) 모두들 감각 기관과 객관적인 경계(境界, 사물)에 미혹되고 걸려서 우물쭈물하며 머뭇거리고 있기 때문이다. 그래서 분명하게 깨닫지 못하고 있다. 만일 이 속을 향해서 씻음〔洗〕도 얻을 수 없으며

감촉도 얻을 수 없으며 물의 본성〔水因〕도 또한 얻을 수 없다면 자, 일러 보라. 이것이 '촉각의 본성을 분명하게 체험한 것〔妙觸宣明〕'인가 아닌가. 만일 여기서 즉시 간파한다면 이것이 바로 '촉각의 본성을 분명하게 체험한 것'이니 깨달음의 경지에 머물게 될 것이다.

지금 사람들도 또한 감촉을 느끼나니 촉각의 본성〔妙觸〕을 깨닫겠는가. 촉각의 본성은 일상적인 (주관이나 선입견이 뒤섞인) 촉각이 아니다. 촉감을 느끼는 주체와 (그 대상이) 결합되면 비로소 감촉을 느낄 수 있으나 (주체와 그 대상이) 분리되면 (이제는 더 이상) 감촉을 느낄 수 없다.

【평창해설】

'때'도 그 본래 자리에서 비롯됐고 '물' 역시 그 본래 자리에서 비롯된 것이다. 그러므로 '물로 때를 씻는다'는 것은 '물로 물을 씻는다'는 말과도 같고 '때를 때로 씻는다'는 말과도 같다. 그러므로 우린 물이니 때니 이런 식의 분별심을 버려야만 한다. 그리하여 그 어떤 것에도 움켜쥐려는 생각(집착심)을 일으켜선 안 된다. '깨닫는다'느니 '부처'니 하는 이런 단어마저도 움켜쥐어서는 안 된다. 우린 누구나 목욕을 한다. 물이 살갗에 닿는 순간 우린 차거나 뜨거움을 느낀다. 그런데 우린 왜 활구로서의 물의 본성〔水因〕을 깨닫지 못하고 있는가. 그것은 우리의 감각이 관념이나 선입관, 그리고 오랜 타성에 절어 있기 때문이다. 그래서 물의 본성을 있는 그대로 느끼지 못하고 있는 것이다. 느끼기에 앞서 습관적인 생각이 먼저 작동하고 있는 것이다. 그러나 우리가 만일 이 습관적인 생각이나 관념의 틀에서 벗어날 수만 있다면, 그리하여 본래 그 자리로서의 물을 체험할 수(느낄 수)만 있다면 우린 깨달음에 이를 수 있다. 기분 좋게 목욕하면서 말이다.

【評　　唱】

　玄沙過嶺타가 磕著脚指頭하며 以至德山棒이 豈不是妙觸이리요 雖然恁麽나 也須是七穿八穴始得이니라 若只向身上摸索인댄 有什麽交涉이리요 你若七穿八穴去댄 何須入浴이리요 便於一毫端上現寶王刹하며 向微塵裏轉大法輪하리라 一處透得하면 千處萬處一時透하리니 莫只守一窠一窟하라 一切處都是觀音入理之門이라 古人이 亦有聞聲悟道, 見色明心이니라 若一人悟去則故是어니와 因甚十六開士同時悟去오 是故로 古人同修同證하며 同悟同解라 雪竇拈他教意하야 令人去妙觸處會取하며 出他教眼頌하야 免得人去教網裏籠罩하야 半醉半醒하며 要令人直下灑灑落落이니라 頌云

【평창번역】

　현사(玄沙)가 비원령(飛猿嶺)을 넘어가다가 돌에 발가락이 부딪친 것이며 덕산의 봉(棒)에 이르기까지 촉각의 본성〔妙觸〕 아닌 것이 어디 있는가. 비록 그렇긴 하나 (여기) 분명한 체험이 있지 않으면 안 된다. 그러나 만일 이 육체상의 감각 기관 위에서만 (이 촉각의 본성〔妙觸〕을) 찾는다면 무슨 공감처가 있겠는가. 그대들이 만일 철두철미하게 깨달았다면 어찌 굳이 욕탕에 들어갈 필요가 있겠는가. 한 털끝 위에서 장엄하기 이를 데 없는 가람(사원)을 건립할 수 있으며 티끌 속에서 큰 진리의 바퀴를 굴릴 수도 있을 것이다. 한 곳〔一處 → 心源〕을 뚫게 되면(깨닫게 되면) 천 곳 만 곳이 일시에 뚫리리니 어느 한쪽만을 고수하지 마라. 이 모든 곳이 그냥 이대로 깨달음의 세계로 들어가는 문〔觀音入理之門〕이다. 옛사람들 또한 소리를 통해서 깨닫고〔聞聲悟道 → 香嚴擊竹聲〕, 형상을 보고 마음이 열린 일〔見色明心 → 靈雲見桃花〕이 있었다. (이처럼) 한 사람이 깨달은 것은 그렇다 치고 무엇 때문에 16명의 보살들이 동시에 깨달음을 얻었는가. 그것은 옛사람들이 동일한 수행을 했기 때문에 같이 증득했으며 같이 깨닫고 같이 알았던 것이다. 설두는《능엄경》의 이 한 구절을 이치적으로 설명함으로써 사람들로 하여금 촉각의 본성을 이해하도록 했다. (그런 다음 더 나아가서) 교리적인(경전의 해설적인) 차원을 초월하여 송을 읊고 있다. (그것은) 사람들이 교리적인 데 갇혀 반은 미(迷)한 상태로 있고 반은 깨달은 상태로 있는 것을 모면하게 해주기 위해서였다. 사람들로 하여금 바로 이 자리에서 티끌 한 점 없는 경지를 체험하게 하기 위해서였다. (설두는) 송에서 (이렇게) 읊고 있다.

【평창해설】

그러나 더 나아가서 본다면 이 세상에 촉각의 본성 아닌 게 하나도 없다. 예를 들면 현사(玄沙)가 비원령 고개를 넘어가다가 돌에 발가락이 채여 피가 흐르는 것을 보고 깨달은 이것이 바로 촉각의 본성을 깨달은 것 아니겠는가. 덕산의 봉(棒) 역시 촉각의 본성을 단도직입적으로 체험시키려는 전략이다. 그러므로 촉각의 본성을 깨닫기 위해서 굳이 욕탕에 들어가 목욕할 필요까진 없다. 보이는 것이, 들리는 것이, 그리고 내 감각에 잡히는 이 모든 것이 촉각의 본성 아닌 것은 단 하나도 없다. 그래서《능엄경》(제4권)에선 이렇게 말했던 것이다. "한 털끝 위에서 장엄하기 이를 데 없는 가람(사원)을 건립할 수 있으며 저 티끌 속에서 큰 진리의 바퀴를 굴릴 수 있다〔便於一毫端上現寶王刹 向微塵裏轉大法輪〕."

뿐만 아니라 우린 소리를 통해서 냄새를 통해서 미각을 통해서도 얼마든지 깨달음을 체험할 수가 있다. 그래서《능엄경》에선 이렇게 말하고 있다. "이 세상의 모든 소리는 그대로 깨달음으로 들어가는(관음의 세계로 들어가는) 그 근거가 된다〔觀音入理之門〕." 예를 들면 향엄이란 선승은 자신이 던진 돌맹이가 대나무에 부딪는 소리를 듣고 깨달음을 체험했다〔香嚴擊竹聲〕. 그리고 선승 영운은 또 복사꽃이 피어 있는 것을 보는 순간 깨달음을 얻었다〔靈雲見桃花〕. 그렇다면 본칙공안에서 열여섯 명의 보살들이 일시에 물의 본성을 통해서 깨달음을 얻은 것은 무엇 때문인가. 그것은 그들이 같은 수행을 같이 했기 때문이다. 본칙공안에서 설두는 일단 '촉각의 본성〔妙觸〕'이 무엇인가를 설명하고 있다. 그런 다음 그 촉각의 본성을 '지금 바로 여기'에서 깨달을 수 있도록 자극하고 있는데 이 자극적인 대목은 그의 송(頌)에서 유감없이 드러나고 있다.

【頌】

〔頌〕了事衲僧消一箇니(現有一箇라 朝打三千, 暮打八百이라 跳出金剛圈³⁾이니 一箇也不消得이니라) 長連床上展脚臥라(果然是箇瞌睡漢이로다 論劫不論禪⁴⁾이라) 夢中曾說悟圓通이라하니(早是瞌睡更說夢고 卻許你夢見이니 寐語作什麼오) 香水洗來驀面唾하리라(咄, 土上加泥又一重이로다 莫來淨地上屙하라)

【송번역】

깨달은 수행자 단 한 명이면 족하거니

    지금 한 명이 (여기) 있다. 아침에 3,000봉 그리고 저녁에는 800봉을 때릴 것이다. 모든 속박에서 벗어났거니 한 명도 또한 필요치 않다.

좌선의 자리에서 다릴 뻗고 누우리라

    과연 이 멍청한 놈이로군. 영원히 선(禪)에 대해선 (더 이상) 왈가왈부하지 않는다.

---

3) 金剛圈(3字) = 圈繢(福本).
4) 論劫不論禪 = 본문 '香水洗來驀面唾' 아래에 있다. 그리고 착어 '莫來淨地上屙' 가 이 자리에 있다(福本).

꿈속에서 '완벽한 깨달음'을 얻었다고 떠들고 있나니
　　(이) 멍청한 놈이 또다시 꿈을 들먹이고 있다. (설두) 자네나 꿈속에서 실컷 깨닫게. (이런) 잠꼬대를 해서 어쩔 셈인가.
향수(香水)에 목욕했더라도 그 얼굴에 침을 뱉으리라
　　쯧쯧, 흙 위에 또 한 번 진흙을 끼얹는군. 청결한 땅에다 오줌을 싸지 마라.

【송과 착어 해설】

◎ 깨달은 수행자 단 한 명이면 족하거니　필요한 것은 눈먼 무리의 집단이 아니라 단 한 사람의 눈뜬 이다. 단 한 사람의 깨달은 이가 필요하다. 진정으로 이 세상을 변화시키는 것은 무리가 아니라 단 한 사람의 힘이다. 벗이여, 그댄 눈먼 집단의 일원이 되겠는가, 아니면 단 한 사람(의 깨달은 수행자)이 되겠는가. 선택은 그대의 자유다.

△ 지금 한 명이 ~ 필요치 않다.　여기서의 '한 명'이란 본칙공안을 간파한 설두를 가리킨다. 오직 설두만이 깨달음의 눈으로 빛을 발하고 있다. 그러나 그런 설두마저 원오는 인정치 않고 있다. '아침에 3,000방망이, 저녁에 800방망이 매질을 하여 박살을 내 버려야 한다'고 기염을 토하고 있다. 진정으로 깨달음을 체험했다면 이제 그 어떤 것에도 속박되지 않을 것이다. 아니 그에겐 이제 깨달음마저도 더 이상 필요치 않다.

◎ 좌선의 자리에서 다릴 뻗고 누우리라　깨달은 이에게는 이제 어떤 것도 더 이상 필요치 않다. 아니 깨달음마저도 군더더기에 지나지 않는다. 그렇기에 그는 좌선의 자리에서 그대로 다릴 쭉 뻗고 편하게 눕는 것이다. 더 이상 긴장해야 할 그 어떤 이유도 없기 때문이다.

△ 과연 이 멍청한 놈이로군.　깨달음마저 초월해서 이제 더 이상 분별심이 없다. 이 분별심이 끊어진 경지의 사람을 원오는 지금 반어적으로 '멍청한 놈'이라고 일컫고 있다.

△ 영원히 ~ 왈가왈부하지 않는다.　깨달음마저 초월했으므로 이제

부터는 더 이상 선(禪)이니 진리니 따위의 말을 하지 않는다.

◎ 꿈속에서 '완벽한 깨달음'을 얻었다고 떠들고 있나니　　벗이여, 보라. 한 차원 높이 보라. 이 우주 전체가 바다에 뜬 물거품 한 개와 같으며 뭇 성인네들조차 번쩍했다 이내 사라져 버리는 번갯불처럼 덧없거늘 이 속에서 무엇을 말하고 있는가. '완벽한 깨달음' 따위를 말하고 있는가. 그것은 마치 꿈속에서 지껄이는 잠꼬대와도 같다.

△ (이) 멍청한 놈이 ~ 어쩔 셈인가.　　'설두 이 멍청한 친구가 또 꿈을 들먹이고 있군'이라고 원오는 설두에게 일침을 가하고 있다. '설두 자네나 꿈속에서 실컷 깨닫게'라고 힐책하고 있다. '도대체 이런 식의 잠꼬대를 해서 어쩔 셈인가'라고 원오는 설두를 마구 코너로 몰아붙이고 있다.

◎ 향수(香水)에 목욕했더라도 그 얼굴에 침을 뱉으리라　　조사선(祖師禪)의 입장에서 본다면 설령 향수에 목욕했더라도, 그리하여 깨달음을 얻었다 하더라도 완벽한 깨달음은 아니다. 왜냐하면 여기 '깨달았다'는 깨달음의 냄새가 아직 가시지 않았기 때문이다.

△ 쯧쯧, ~ 싸지 마라.　　진정한 깨달음의 입장에서 본다면 '깨달았다'는 이 말마저 사족에 불과하다. 흙 위에 다시 진흙을 끼얹는 격이다. 그 어떤 흔적도 없는 청결한 땅에다 마구 오줌을 갈기는 격이다. 설두는 지금 언어와 문자를 떠난 곳에다 언어문자의 쓰레기를 마구 내던지고 있다.

【評　　唱】

〔評唱〕「了事衲僧消一箇라하니」且道了得箇什麼事오 作家禪客은 聊聞擧著하면 剔起便行하리라 似恁麼衲僧이면 只消得一箇라 何用成群作隊[5]리요 「長連床上展脚臥라」 古人道호대 「明明無悟法이니 悟了

---

5) 何用成群作隊 = 用十六箇作什麼(福本).

卻迷人이라 長舒兩脚睡여 無僞亦無眞이로다」 所以胸中無一事라 飢
來喫飯困來眠이니라 雪竇意道호대 你若說入浴하야 悟得妙觸宣明이라
도 在這般無事衲僧分上에는 只似夢中說夢이니라 所以道호대 夢中曾
說悟圓通, 香水洗來驀面唾라하니 似恁麼라도 只是惡水驀頭澆하리니
更說箇什麼圓通고 雪竇道호대「似這般漢이라도 正好驀頭驀面唾니라」
山僧道호대「土上加泥又一重이라하노라」

【평창번역】

"깨달은 수행자 단 한 명이면 족하다"고 했으니 자, 일러 보라. 무슨 일을(무엇을) 깨달았단 말인가. 노련한 수행자〔作家禪客〕라면 거론하는 것을 듣자마자 자리를 박차고 일어나 가 버릴 것이다. 이런 정도의 수행자라면 단 한 명이면 그것으로 족하거니 어찌 무리를 들먹일 필요가 있겠는가. (설두는 말하길) "좌선의 자리에서 다릴 뻗고 눕는다"고 했다. 옛사람(夾山善會)은 (이렇게) 말했다. "분명히 '깨달아야 할 진리〔悟法〕' 따윈 없나니 깨닫고 나니 되려 미인(迷人)이 되었네/ 두 다릴 쭉 뻗고 잠을 자거니 거짓도 없고 또한 참된 것〔眞〕마저 없네." 그러므로 그 가슴속에는 한 물건도 없나니 배고프면 밥 먹고 피곤하면 잠잘 뿐이다. 설두의 말 속(송의 제3구, 제4구)에는 다음과 같은 뜻이 담겨 있다. '그대들이 만일 목욕하다가 촉각의 본질을 깨달았다〔妙觸宣明〕 하더라도 이 일없는 수행자의 입장에서 본다면 꿈속에서 꿈 이야기를 하는 그것과 흡사하다.' 그러므로 (설두는 송의 제3구와 제4구에서 다음과 같이) 말했던 것이다. "'완벽한 깨달음'을 얻었다고 꿈속에서 떠들고 있나니/ 향수(香水)에 목욕했더라도 그 얼굴에 침을 뱉으리라." 이와 같더라도(촉각의 본질을 분명히 깨달았더라도) 구정물을 정면으로 끼얹는 것이니 무슨 '완벽한 깨달음〔圓通〕' 따위를 말하고 있는가. 설두는 말했다. "이런 사람(향수에 목욕한 사람)이라도 그 얼굴에 침을 뱉으리라." 산승(원오)은 말한다. "흙 위에 또 한 번 진흙을 끼

없는군."

【평창해설】

진정한 깨달음은, 깨달음의 절정은 '깨달았다'는 이 생각마저 없애 버리는 경지다. 이를 옛사람은 이렇게 말했다. "가슴속에는 아무런 일도 없기에 배고프면 먹고 피곤하면 잔다〔胸中無一事 飢來喫飯困來眠〕." 이런 입장에서 본다면 본칙공안은, 본칙공안에서 '목욕하다가 물의 본성을 깨달았다'는 것은 꿈속에서 잠꼬대를 하는 것과 같다. 이런 정도의 깨달음은 아직 완전하다고 볼 수가 없다. 그래서 설두는 이렇게 말하고 있는 것이다. "설령 향수로 목욕하고 온다 하더라도 그런 무리에게는 구정물을 끼얹어야 한다."

第 79 則
投子一切聲
승이 투자에게 묻다

【垂　　示】

垂示云「大用現前에 不存軌則이요 活捉生擒은 不勞餘力이라 且道是什麼人曾恁麼來오 試擧看하라」

【수시번역】

㉠ 큰 작용이 전개될 때는 규칙 따위는 존재하지 않는다. (그리고 상대방을) 산채로 포획하는 데는 전혀 남은 힘을 쓰지 않는다.
㉡ 자, 일러 보라. 어떤 사람이 이런 식인가. 시험삼아 거론해 보자.

【수시해설】

두 마디로 되어 있다.
첫째 마디(㉠) : 선지식의 종횡무진한 전술전략에 대해서 언급하고 있다.
둘째 마디(㉡) : 본칙공안의 주역인 투자야말로 능수능란한 전술전략을 구비한 선지식임을 강조하고 있다.

【本　　則】

〔本則〕擧 僧問投子호대「一切聲是佛聲이라하니 是否닛가」(也解捋虎鬚라 靑天轟霹靂이라 自屎不覺臭로다) 投子云「是니라」(賺殺一船人이니라 賣身與你了也라 拈放一邊하니 是什麼心行고) 僧云「和尙은 莫㞑沸碗鳴聲하소서」(只見錐頭利하고 不見鑿頭方이로다 道什麼오 果然納敗缺이라) 投子便打하다(著, 好打라 放過則不可니라) 又問「麤言及細語가 皆歸第一義라하니 是否닛가」(第二回捋虎鬚나 抱贓叫屈作什麼오 東西南北猶有影響在로다) 投子云「是니라」(又是賣身與你了也라 陷虎之機也라 是什麼心行고) 僧云「喚和尙作一頭驢, 得麼아」(只見錐頭利하고 不見鑿頭方이라 雖有逆水之波나 只是頭上無角이라 含血噀人이로다) 投子便打하다(著, 不可放過니 好打라 拄杖未到折커니 因什麼便休去오)

【본칙번역】

(어떤) 승이 투자에게 물었다. "모든 소리는 부처의 소리〔佛聲〕라고 하는데 그렇습니까?"

    또한 범의 수염을 잡을 줄 아는군. 푸른 하늘에 벼락이 친다. 자기 똥이 구린 걸 모르고 있다.

투자(投子)가 말했다. "시(是, 그렇다)."

    사람을 속이고 있다. 그대들을 위해서 (투자는 자신의) 몸을 팔아 버렸다. 방행(放行) 일변도로만 거론하고 있으니 이 무슨 수작인가.

승이 말했다. "화상은 물 끓는 소리(무의미한 말)를 하지 마십시오."

    송곳 날카로운 것만 볼 줄 알았지 끝이 모난 것은 볼 줄 모른다. 뭐라 하는가. 과연 낭패를 봤군.

투자는 즉시 (이 승을) 후려쳤다.

    적중했다. 잘 때렸다. 놔줘서는 안 된다.

(승은) 또 물었다. "거친 말과 섬세한 말이 결국은 모두 근본 진리〔第一義〕로 되돌아간다고 하는데 맞습니까?"

    두 번째로 범의 수염을 잡는다. 훔친 물건을 안고 도둑의 누명을 써서 억울하다고 울부짖어 어쩔 셈인가. 사방을 다니면서 경전 공부를 했기 때문에 아직도 그 영향(습관)이 남아 있다.

투자가 말했다. "시(是, 그렇다)."

    또 그대들을 위하여 (투자는 그 자신의) 몸을 송두리째 팔아넘기고 있다. 범을 함정에 빠트리는 전략이다. 이 무슨 수작인가.

승이 말했다. "화상을 한 마리 나귀라고 불러도 되겠습니까?"

    송곳이 날카로운 줄만 볼 줄 알았지 끝이 모난 것은 볼 줄 모르고 있다. 비록 물을 거슬러 올라가는 파도의 기세는 있으나 머리 위에는 뿔이 없다. 피를 입에 머금어 사람에게 뿜고 있다.

투자는 즉시 (이 승을) 후려쳤다.

    적중했다. 놔줘선 안 되나니 참 잘 때렸다. 주장자가 아직 부러지지 않았는데 왜 더 이상 때리지 않는가.

【본칙과 착어 해설】

◎ (어떤) 승이 투자에게 물었다. "모든 소리는 부처의 소리〔佛聲〕라고 하는데 그렇습니까?" 《열반경》에 보면 "이 세상의 모든 소리는 그대로 부처의 소리"라는 말이 있는데 이 말이 사실인가를 묻고 있다. 어떤 승이 투자를 찾아와서 대뜸 이렇게 물었는데 이는 투자를 불의에 기습 공격한 것이다.

△ 또한 범의 ~ 모르고 있다.   이 승은 지금 겁도 없이 눈밝은 선지식을 공격하고 있다. 그 공격의 기세가 마치 푸른 하늘에 벼락이 치는 것과

도 같다. 그러나 이 승은 자신의 화력(火力)이 얼마나 강한지 그것도 모르면서 감히 저 막강한 투자를 공격하고 있다.

◎ "시(是, 그렇다)."　　이 승의 물음에 대한 투자의 대답이다.

△ 사람을 속이고 있다.　　어투로 봐선 투자가 지금 이 승의 물음에 곧이곧대로 대답한 것처럼 보인다. 그러나 사실인즉 투자는 이 대답을 이 승을 점검하는 미끼로 역이용하고 있다. 감쪽같은 기만전술을 쓰고 있다.

△ 그대들을 ~ 팔아 버렸다.　　투자는 지금 방행(放行)의 입장에 서서 이 승의 물음에 순순히 대답하고 있다. 자신을 적진의 한가운데로 내던지고 있다.

△ 방행(放行) 일변도로만 ~ 수작인가.　　투자의 대답(시(是, 그렇다))은 방행의 극치다. 그런데 문제는 '시(是)'라는 이 방행의 극치가 오히려 이 승을 탐색하려는 미끼라는 사실이다. 투자는 왜 봉(棒)이나 할(喝)을 쓰지 않고 이런 식으로 기만전술을 펴고 있는가. 이게 도대체 무슨 꿍꿍이속이란 말인가.

◎ "화상은 물 끓는 소리(무의미한 말)를 하지 마십시오."　　투자를 향한 이 승의 반격이다.

△ 송곳 날카로운 것만 ~ 볼 줄 모른다.　　이 승은 지금 투자가 자신의 함정에 걸려든 것만 알았지 자신이 되려 투자의 미끼에 걸려든 것을 전혀 모르고 있다.

△ 뭐라 하는가. 과연 낭패를 봤군.　　투자가 자신의 함정에 빠진 것을 보고 이 승은 즉시 반격을 했다. 그러나 이 승의 반격은 되려 투자의 기만전술에 걸려 박살이 나 버리고 말았다. 그래서……

◎ 투자는 즉시 (이 승을) 후려쳤다.　　이 승이 자신의 미끼에 걸려들자마자 투자는 이 승을 사정없이 후려쳤다.

△ 적중했다. ~ 안 된다.　　과연 투자의 기만 작전은 예상대로 적중했다. 투자의 한 방망이는 정말 꼭 필요할 때의 한 방망이였다. 투자가 이

승을 사로잡은 것은 정말 잘한 일이다. 투자가 만일 이 승을 놔줬더라면 천추의 한이 됐을 것이다. 두고두고 사람들의 웃음거리가 되고 말았을 것이다.

◎ (승은) 또 물었다. "거친 말과 섬세한 말이 결국은 모두 근본 진리[第一義]로 되돌아간다고 하는데 맞습니까?"　그러나 이 승은 자신의 패배를 인정하지 않고 두 번째로 투자를 공격하고 있다. 《열반경》(제18장 梵行品)의 한 구절을 인용하여 투자에게 물음을 던지고 있다. '이 세상의 모든 언어와 말이 '진리의 말'이라는데 이게 사실인가'를 묻고 있다.

△ 두 번째로 ~ 잡는다.　이 승은 겁도 없이 재차 투자를 공격하고 있다.

△ 훔친 물건을 ~ 어쩔 셈인가.　첫 번째 공격이 실패로 끝났는데 그게 억울하다고 두 번째의 무모한 공격을 시도하다니……. 이제 어쩔 셈인가.

△ 사방을 ~ 남아 있다.　이 승은 그저 경전의 언어풀이만을 공부했을 뿐, 언어를 초월한 체험을 한 일이 없었다. 그래서 그 언어 공부의 습관이 아직도 남아 있어 언어 이상을 넘어가지 못하고 있다.

◎ "시(是, 그렇다)."　이 승을 향한 투자의 두 번째 대답이다. 그러면서 동시에 이 대답은 이 승의 경지를 재차 점검하려는 투자의 미끼라는 이 사실을 알아야 한다.

△ 또 그대들을 ~ 수작인가.　역시 이번에도 투자는 완전히 방행의 입장에 서서 이 승의 물음에 대답하고 있다. 이 승의 함정 한가운데로 자신을 송두리째 내던지고 있다. 그러나 투자의 이 내던짐은 동시에 이 승을 자신의 함정에 빠트리려는 계략이다. 그러면 투자는 왜 이런 식의 기만전술을 펴고 있는가. 왜 정면 공격이나 역습 반격으로 나오지 않는가. 도대체 투자는 지금 무슨 꿍꿍이속을 하고 있는 건가.

◎ "화상을 한 마리 나귀라고 불러도 되겠습니까?"　이 승은 투자가 자신의 함정에 빠진 것을 보고는 이런 식으로 대들었다. 투자를 사정없이

짓밟아 뭉개고 있다.

　△ **송곳이 ~ 모르고 있다.** 　그러나 이 승은 모르고 있다. 투자가 자신의 함정에 빠진 것만 볼 줄 알았지 자신이 되려 투자의 계략에 말려든 것을 전혀 모르고 있다.

　△ **비록 몸을 ~ 뿜고 있다.** 　이 승의 공격은 정말 대단한 데가 있다. 그러나 머리 위에는 뿔이 없으니 결정적인 데서 그만 상대를 놓쳐 버리고 있다. 아니 상대에게 되려 사로잡히고 있다. 이 승은 상대(투자)를 자신의 함정에 빠트리려 했지만 그러나 상대보다 먼저 자신이 그 함정에 빠진 것을 전혀 모르고 있다. 피를 입에 머금어 상대에게 내뿜으려면 먼저 자신의 입이 피로 얼룩진다는 이 사실을 전혀 모르고 있다.

　◎ **투자는 즉시 (이 승을) 후려쳤다.** 　투자는 이 승이 자신의 함정에 빠진 것을 보자마자 즉시 이 승을 박살내 버리고 말았다.

　△ **적중했다. ~ 때렸다.** 　과연 투자의 전술전략은 예상대로 적중했다. 투자는 즉시 이 승을 박살냈는데 이건 너무나 잘한 일이다. 만일 여기서 조금이라도 주춤했다거나 인정에 끌렸더라면 극심한 혼란이 일었을 것이다.

　△ **주장자가 ~ 때리지 않는가.** 　그러나 때리는 김에 투자는 이 승을 아예 흔적조차 없이 날려 버렸어야만 한다. 아직 주장자가 멀쩡한데 왜 이 정도에서 그쳐 버렸단 말인가.―이런 식으로 원오는 지금 기염을 토하고 있다. 그러나 이는 사실 반어적으로 원오가 투자를 극찬하고 있는 대목이다.

【評　　唱】

　〔評唱〕投子는 朴實頭하며 得逸群之辯이라 凡有致問에 開口便見膽하야 不費餘力하고 便坐斷他舌頭하니 可謂運籌帷幄之中하야 決勝千里之外라 這僧將聲色佛法見解하야 貼在他額頭上하고 逢人便問하

니 投子作家라 來風深辨이로다 這僧知投子實頭하고 合下做箇圈繢子하야 教投子入來라 所以有後語라 投子는 卻使陷虎之機하야 釣他後語出來라 這僧接他答處道호대「和尚莫屎沸碗鳴聲하소서하니」 果然一釣便上이라 若是別人인댄 則不奈這僧何하리라 投子具眼하야 隨後便打하니 咬豬狗底手脚은 須還作家始得이니라 左轉也隨他阿轆轆地하며 右轉也隨他阿轆轆地라 這僧이 既是做箇圈繢子하야 要來捋虎鬚나 殊不知投子更在他圈繢頭上이로다 投子便打하니 這僧이 可惜許라 有頭無尾로다 當時等他拈棒하야 便與掀倒禪床하면 直饒投子全機라도 也須倒退三千里하리라

【평창번역】

투자(投子)는 소박하고 진실했으며 뛰어난 화술을 가지고 있었다. 그래서 (누군가가) 질문을 하게 되면 입을 여는 그 즉시 (문제의) 핵심을 간파해 버리곤 했다. 이렇듯 전혀 힘을 들이지 않고 상대방의 말을 제압해 버렸으니 '장막 속에서 전략을 짜서 천리 밖의 승리를 결정한다' 는 말은 이런 경우를 두고 하는 말이다. 이 승이 '나는 성색불법(聲色佛法, 모든 소리와 형상을 불법으로 보는 것)의 경지에 들어간 사람' 이라고 그의 이마에 써 붙여 가지고는 만나는 사람마다 (이런 식의) 질문을 했던 것이다. 그러나 투자는 작가종사(선지식)였으므로 상대방을 정확하게 간파했다. 이 승은 투자의 본심을 알고 즉시 올가미를 만들어 투자로 하여금 (이 올가미 속으로) 들어오도록 유인했다. 그래서 뒷말(화상은 물 끓는 소리를 하지 마십시오)이 있게 된 것이다. 그러나 투자는 되려 범을 함정에 빠트리는 계략을 써서 저(이 승)의 뒷말을 낚아 올렸던 것이다. 이 승이 투자의 대답을 듣고는 말하길 "화상은 물 끓는 소리(무의미한 말)를 하지 마십시오"라고 했으니 과연 (투자의) 낚싯바늘에 걸려든 것이다. 그러나 만일 (투자가 아닌) 다른 사람이었더라면 이 승을 감당하지 못했을 것이다. (그러나 투자는)

안목이 있었으므로 (이 승의) 말이 끝나기가 무섭게 이 승을 후려쳤으니 돼지나 개를 무는 (맹호와 같은) 수완은 작가종사가 아니면 사용할 수가 없다. (이 승이) 왼쪽으로 돌면 또한 이 승을 따라 왼쪽으로 돌며 자유자재로 대응하고 (이 승이) 오른쪽으로 돌면 또한 이 승을 따라 오른쪽으로 돌며 자유자재로 대응하고 있다. 이 승이 올가미를 만들어 가지고 범의 수염을 잡으려 했으나 투자가 오히려 그의 올가미 위에 있음을 전혀 몰랐던 것이다. 그래서 투자는 즉시 (이 승을) 후려쳤으니 이 승은 애석하게도 머리는 있지만 꼬리가 없었던 것이다. 투자가 봉(棒)을 잡자마자 즉시 (투자의) 선상을 뒤엎어 버렸더라면 비록 투자의 완벽한 계책이라도 또한 삼천리 밖으로 황급히 물러서지 않으면 안 되었을 것이다.

【평창해설】

투자의 전술전략은 아주 특이한 데가 있다. 상대의 공격이 개시되자마자 그 즉시 상대의 모든 전략을 간파해 버리는 이 직관력은 투자를 능가할 사람이 없었다. 본칙공안에서 물음을 던진 승은 나름대로 수행을 통해서 체험한 바가 있었다. 이 세상의 모든 소리가 부처의 소리, 즉 진리의 소리라는 이 도리를 깨달은 바가 있었다. 그래서 아주 당당하게 투자를 향해 이런 물음을 던졌던 것이다. 그러나 그 순간 투자는 이 승의 전략을 모두 간파해 버렸다. 그래서 시치미를 뚝 떼고 이 승이 던진 올가미 속으로 유유히 들어갔다. 그러자 이 승은 재빨리 투자를 낚아채 버렸다. 그러나 그 순간 투자의 방망이가 이 승의 등줄기를 후려쳤다. ……이 승은 꿈에도 몰랐던 것이다. 투자가 자신의 올가미에 걸려든 그것만 알았지 자신이 되려 투자의 함정에 빠진 것을 전혀 몰랐던 것이다. 자, 그렇다면 이 승이 투자의 함정에 빠진 그곳이 과연 어디란 말인가. 벗이여, 이를 분명히 알지 않으면 본칙공안의 암호는 절대로 풀리지 않는다. 이렇게 하여 결국 이 승은 투자에게 KO로 패배하고 말았다.

그러나 이 승이 만일 좀더 수행력과 안목이 있었더라면, 그리하여 투자의 봉이 날아오자마자 그냥 투자의 선상을 뒤엎어 버렸더라면 어찌됐겠는가. 제아무리 대단하다는 투자라 해도 급히 총퇴각을 하지 않을 수 없었을 것이다.

【評　　唱】

又問「麤言及細語가 皆歸第一義라하니 是否닛가」投子亦云「是라하니」一似前頭語와 無異라 僧云「喚和尙作一頭驢, 得麽아하니」投子又打라 這僧이 雖然作窠窟이나 也不妨奇特이로다 若是曲彔木床上老漢이 頂門無眼인댄 也難折挫他니 投子有轉身處라 這僧이 旣做箇道理하야 要攙他行市나 到了依舊不奈投子老漢何로다 不見巖頭道호대「若論戰也댄 箇箇立在轉處라하니」投子放去는 太遲하고 收來는 太急이로다 這僧當時若解轉身吐氣댄 豈不作得箇口似血盆底漢이리요 衲僧家는 一不做二不休라 這僧이 旣不能返擲하야 却被投子穿了鼻孔이로다 頌云

【평창번역】

(이 승은) 또 물었다. "거친 말과 섬세한 말이 결국은 모두 근본 진리〔第一義〕로 되돌아간다고 하는데 맞습니까?" 투자는 "시(是, 그렇다)"라고 했으니 앞의 대답과 다른 것이 전혀 없는 것처럼 보인다. 이 승은 말하길 "화상을 한 마리 나귀라고 불러도 되겠습니까?"라고 했다. (그러자) 투자는 또 (이 승을) 후려쳤다. 이 승이 (이런 식으로) 상투적인 틀을 벗어나진 못했지만 그러나 대단한 데가 있었다. 설법상 위에 앉아 계신 어르신네가 만일 깨달음의 안목이 없었더라면 이 승을 꺾기가 어려웠을 것이다. 그러나 투자에게는 전신처(轉身處, 상황을 역전시킬 수 있는 능력)가 있었던 것

이다. 이 승이 기발한 전략으로 투자의 상점을 약탈하려 했지만 결국은 투자 어르신네를 감당해 내지 못했던 것이다. 암두(巖頭)의 (다음과 같은) 말을 그대는 익히 알고 있을 것이다. "만일 법전(法戰, 선문답)을 논한다면 말 한 마디 한 마디가 그대로 전환처에 서 있어야만 한다." 투자의 방행(放行)은 아주 여유로웠으나 (일단 그가) 파주(把住)의 입장에 서게 되면 그렇게 빠를 수가 없었다. 이 승이 만일 상황을 역전시킬 줄 알고 기염을 토할 줄 알았더라면 어찌 펄펄 살아 있는 사람이 되지 않았겠는가. 수행자는 철두철미해야 한다. 이 승이 반격을 하지 못했기 때문에 되려 투자에게 콧구멍을 꿰이고 말았던 것이다. (설두는) 송에서 (이렇게) 읊었다.

【평창해설】

이 승은 도저히 자신의 패배를 인정할 수가 없었다. 그래서 재차 투자를 공격했다. 그러나 결과는 마찬가지였다. 자신의 올가미에 투자가 걸려든 것을 보고 이 승은 즉시 투자를 낚아챘다. 그러나 그 순간 자신이 되려 투자의 함정에 빠지고 말았던 것이다. 이 승은 투자를 사로잡기에 급급한 나머지 자신이 투자에게 사로잡힌 것을 전혀 모르고 있었던 것이다. 그러나 만일 투자가 아닌 다른 사람이었더라면 이 승의 올가미에서 벗어나기가 무척 어려웠을 것이다. 투자의 후퇴(방행)는 너무나 여유만만했다. 그러나 일단 공격(파주)의 입장을 취하자 투자는 전광석화처럼 빨랐던 것이다. 이 승이 예서 한 수만 더 터득했더라면, 그리하여 투자의 기습 반격을 막아낼 수만 있었더라면 이 싸움은 막상막하가 됐을 것이다. 이긴 자도 없고 진 자도 없었을 것이다. 그러나 이 승에게는 이런 수행력이 없었다. 그래서 결국 투자에게 박살이 나 버리고 말았던 것이다.

【頌】

〔頌〕投子 投子여(灼然, 天下無這實頭老漢이니 敎壞人家男女로다) 機輪無阻로다(有什麽奈何他處오 也有些子라) 放一得二하니(換卻你眼睛이라 什麽處見投子오) 同彼同此라(恁麽來也喫棒이요 不恁麽來也喫棒이라 闍黎替他[1]라도 便打라) 可憐無限弄潮人이여(叢林中放出一箇半箇니 放出這兩箇[2]漢이라 天下衲僧要恁麽去라) 畢竟還落潮中死로다(可惜許라 爭奈出這圈繢不得이리요 愁人莫向愁人說하라) 忽然活하면(禪床震動하니 驚殺山僧이라 也倒退三千里니라) 百川倒流鬧聒聒하리라(嶮, 徒勞佇思라 山僧不敢開口라 投子老漢도 也須是拗折拄杖始得이니라)

【송번역】

투자여, 투자여
　　분명하다. 천하에 이렇게 정직한 어르신네는 없다. 사람을 잘못되게 하는군.
전술전략[機輪]이 전혀 막힘이 없네
　　저(투자)를 감당할 수가 없다. 또한 그런대로 봐줄 만하다.
하나를 놓아 둘을 얻으니
　　그대 눈알을 바꿔치기해 버렸다. 어디서 투자를 볼 수 있겠는가.
저기도 같고 여기도 같네
　　이렇게 와도[放行] 한 방망이감이요, 이렇지 않게 와도[把住] 또한 한 방망이감이다. 설두 자네가 저(이 승)를 대신하더라도 즉시 후려치리라.
불쌍타, 파도타기하는 저 많은 사람들이여
　　(천하의) 총림 가운데 한 사람의 절반 정도는 내세울 수 있나니 (지금은) 이

---

1) 闍黎替他 = 上座替他喫棒(福本).
2) 兩箇(2字) 없음(福本).

두 양반을 내놨다. 천하의 수행자들이 (모두) 이런 방식(이 승과 같은 수법)을 쓰고자 한다.

마침내는 파도에 떨어져 죽고야 마네

애석하다. 이 올가미에서 벗어나지 못하는 걸 어찌하겠는가. 수심 있는 사람은 수심 있는 사람을 향해 (수심 어린) 말을 하지 마라.

(그러나) 갑자기 되살아난다면

선상(禪上)이 진동하니 산승(원오)도 깜짝 놀랐다. 또한 삼천리 (밖으로) 급히 퇴각해야 한다.

모든 강물이 큰 소리로 역류하리라

위험천만. 부질없이 곰곰이 생각만 쥐어짜고 있다. 산승(원오)도 입을 벙긋할 수가 없다. 투자 어르신네 또한 주장자를 꺾어 버려야만 한다.

【송과 착어 해설】

◎ 투자여, 투자여/ 전술전략(機輪)이 전혀 막힘이 없네   투자는 어떤 공격에도 대응할 수 있는 전술전략을 가지고 있다. 그 좋은 예가 본칙공안이다. 본칙공안에서 투자는 상대방의 함정 속으로 들어가면서 상대에게 올가미를 거는 아주 기발한 전략을 쓰고 있다. 이런 식의 전략을 쓴 선지식은 많지 않다. 제갈공명이 와서 무릎 꿇고 한 수 배워야 할 그런 전략이다.

△ 분명하다. ~ 잘못되게 하는군.   투자, 이 어르신네처럼 단도직입적이고 화끈한 선지식은 많지 않다. 그렇기에 원오는 지금 "사람들을 잘못되게 하는군"이라고 투자를 극찬한 설두를 반어적으로 치켜올리고 있는 것이다.

△ 저(투자)를 ~ 봐줄 만하다.   투자의 이 전술전략에 뉘 감히 맞설 수 있단 말인가. 설두의 (투자를 향한) 이 칭찬은 일리가 있다.

◎ 하나를 놓아 둘을 얻으니   이 승은 두 번에 걸쳐 공격을 시도했다.

그러나 투자는 하나의 '시(是, 그렇다)'자와 하나의 봉(棒)으로 이 승의 두 번에 걸친 공격을 막아냈다.

△ 그대 눈알을 바꿔치기해 버렸다.　이 승은 그러나 결국 투자에게 두 번 모두 고스란히 주도권을 빼앗겨 버리고 말았다.

△ 어디서 투자를 볼 수 있겠는가.　투자는 처음에 방행의 입장[是]에 섰다. 그러나 이 방행은 이 승을 잡기 위한 파주[棒]였다. 투자는 이렇듯 방행과 파주의 전략을 자유자재로 구사하고 있으므로 우린 도저히 그의 흔적을 찾아볼 수가 없다.

◎ 저기도 같고 여기도 같네　'저기'란 이 승의 첫 번째 공격을, '여기'란 그 두 번째 공격을 말한다. 즉 이 승의 첫 번째 공격에도 두 번째 공격에도 투자는 동일한 '시(是)'와 '봉(棒)'을 썼던 것이다.

△ 이렇게 와도[放行] ~ 또한 한 방망이감이다.　공격도, 방어도 그 어떤 전략도 투자에겐 통하지 않는다. 왜냐하면 투자는 이미 이 모든 것을 훤히 꿰뚫어 보고 있기 때문이다.

△ 설두 자네가 ~ 후려치리라.　설령 설두가 이 승을 대신하여 한 마디 말한다 하더라도 원오는 절대로 묵과하지 않겠다고 말하고 있다.

◎ 불쌍타, 파도타기하는 저 많은 사람들이여/ 마침내는 파도에 떨어져 죽고야 마네　투자에게 겁없이 대들다 박살이 나 버린 이 승의 처지를 읊고 있다. 투자를 깔아뭉개는 이 승의 말('화상은 물 끓는 소리를 하지 마십시오.' '화상을 한 마리 나귀라고 불러도 되겠습니까?')은 겁도 없이 파도타기를 하는 것과도 같다. 그리고 투자의 봉(棒)에 사정없이 얻어맞는 이 승은 파도타기를 하다가 그 파도에 떨어져(빠져) 죽는 사람과도 같다.

△ (천하의) ~ 내세울 수 있나니　그러나 투자와 같은 선지식에 맞서 이 정도로 대응할 수 있는 수행자도 흔치는 않다.

△ (지금은) 이 두 양반을 내놨다.　여기 오직 이 승이 있을 뿐이다. 착어 본문의 '이 두 양반[這兩箇漢]' 가운데 '둘[兩箇]'이란 글자는 문맥상 필요없으므로 삭제해 버려야 한다. 《종전초》와 《복본》에는 이 '둘[兩箇]'

이란 글자가 없다.

△ 천하의 ~ 쓰고자 한다.　대부분의 수행자들이 이 승처럼 자신의 수행력을 되돌아보지도 않고 선지식에게 도전장을 내고 있다. 냈다간 그만 박살이 나 버리고 만다.

△ 애석하다. ~ 어찌하겠는가.　자신의 수행력을 되돌아보지도 않고 무턱대고 선지식에게 도전했다가는 이 꼴이 된다. 선지식의 올가미에 걸려 박살이 나 버리고 만다.

△ 수심 있는 ~ 하지 마라.　원오 역시 수행자 시절에 자신의 패기만 믿고 선지식에게 대들었다가 혼쭐이 난 경험이 있었다. 그래서 원오는 지금 이 승의 처지를 공감하고 있는 것이다. 그러나 젊은 날의 실수는 아름다운 것이다. 보라, 하룻강아지가 범에게 마구 대들었다가 박살이 나 버리는 이 장면을 보라. 젊음의 이 멋진 파멸을 보라. 이런 파멸을 단 한 번도 경험해 보지 못하고 그 젊은 날이 다 지나가 버린다면 아아, 그건 너무나 억울하다. 벗이여, 지금도 늦지 않았다. 부서지는 것을 두려워 마라. 부서져 보지도 않고 어떻게 눈을 뜰 수 있단 말인가. 그건 새빨간 거짓말이다.

◎ (그러나) 갑자기 **되살아난다면**　그러나 이 승이 만일 투자의 기습을 되받아칠 수만 있다면, 죽었다가 불사조처럼 그 잿더미 속에서 되살아날 수만 있다면 어찌되겠는가.

△ 선상(禪上)이 ~ **퇴각해야 한다.**　그대여, 죽었다가 되살아날 수만 있다면 선상이 엎어지고 온 천지가 새파랗게 질려 버릴 것이다. 그러므로 누구든 급히 물러서지 않을 수 없을 것이다.

◎ 모든 강물이 큰 소리로 **역류하리라**　이 세상의 모든 강물이 울부짖으며 역류할 것이다. 아니 땅이 뒤틀리고 하늘이 새까맣게 타 버릴 것이다. 천지개벽이 일어날 것이다. 우리의 내면에서……

△ 위험천만. ~ 꺾어 버려야만 한다.　이처럼 펄펄 살아 있는 이(죽었다가 되살아난 이)에겐 누구도 가까이 접근할 수가 없다. 생각해 보라. 강

물이란 강물이 모두 역류하고 있는데 어떻게 앞으로 나아간단 말인가. 또 어떻게 뒤로 물러설 수 있단 말인가. 여기 어느 누가 감히 입을 벌려 지껄일 수 있단 말인가. 제아무리 능수능란한 전술전략가 투자(投子)라 해도 지휘봉을 꺾어 버릴 수밖에 없을 것이다.

【評　　唱】

〔評唱〕「投子 投子여 機輪無阻로다」投子尋常道호대「你總道投子實頭라하니 忽然下山三步에 有人問你道호대『如何是投子實頭處오하면』 你作麼生抵對3)오」古人道호대「機輪轉處에 作者猶迷라하니」他機輪이 轉轆轆地하야 全無阻隔이라 所以雪竇道호대「放一得二라」不見僧問「如何是佛4)이닛고」投子云「佛5)이니라」又問「如何是道닛고」投子云「道6)니라」又問「如何是禪이닛고」投子云「禪7)이니라」又問「月未圓時如何닛고」投子云「吞卻三箇四箇니라」「圓後如何닛고」「吐卻七箇八箇라하니」投子接人에 常用此機라 答這僧只是一箇是字니 這僧兩回被打라 所以雪竇道호대「同彼同此라하니」四句一時에 頌投子了也라 末後頌這僧道호대「可憐無限弄潮人이라하니」這僧이 敢攙旗奪鼓道호대「和尙莫屎沸碗鳴聲이라하고」 又道호대「喚和尙作一頭驢, 得麼아하니」 此便是弄潮處라 這僧이 做盡伎倆하야 依前死在投子句中이라 投子便打하니 此僧이 便是「畢竟還落潮中死라」 雪竇出這僧云「忽然活8)하야」 便與掀倒禪床하면 投子也須倒退三千里하

---

3) 作麼生抵對(5字) = 又如何支遣(福本).
4) 佛 = 佛法(福本).
5) 佛 = 佛法(福本).
6) 又問 ~ 云道(10字) 없음(福本).
7) 如何是禪 ~ 禪(8字) = 如何是法中法 子云 法中法(福本).
8) 忽然活 뒤에 '適來道' 있음(福本).

리니 直得百川倒流鬧㗌㗌이라 非唯禪床震動이라 亦乃山川岌崿과 天地가 陡暗하리라 苟或箇箇如此댄 山僧도 且打退鼓하리라 諸人은 向什麽處安身立命고

【평창번역】

(설두는 송의 첫 구절과 둘째 구절에서 이렇게 말했다.)
"투자여, 투자여/ 전술전략〔機輪〕이 전혀 막힘이 없네."

투자는 늘상 (다음과 같이) 말하곤 했다. "그대들은 '투자는(투자의 가르침은) 진실하다'고 말한다. (투자)산을 내려가기 세 걸음쯤에서 어떤 사람이 그대들께 묻길 '어떤 것이 투자의 진실한 곳'인가라고 한다면 그대들은 어떻게 대답할 것인가?" 옛사람(설두)은 말하길 "전술전략〔機輪〕이 종횡무진으로 전개되면 작가종사(선지식)조차도 그 핵심을 간파하지 못한다"고 했다. (이처럼) 투자의 전술전략〔機輪〕은 자유자재하여 전혀 걸림이 없다. 그래서 설두는 (다음과 같이) 말했던(읊었던) 것이다. "하나를 놓아 둘을 얻는다." 투자와 (어떤) 승의 (다음) 문답을 그대는 익히 알고 있을 것이다.

승이 물었다. "어떤 것이 불(佛)인가?"
투자는 말했다. "불(佛)."
(승은) 또 물었다. "어떤 것이 도(道)인가?"
투자는 말했다. "도(道)."
(승은) 또 물었다. "어떤 것이 선(禪)인가?"
투자는 말했다. "선(禪)."
(승은) 또 물었다. "달이 아직 둥글지 않을 땐 어떻습니까?"
투자가 말했다. "탄각삼개사개(吞卻三箇四箇, 세 개 네 개를 삼켜버렸다)."
승이 말했다. "둥글 때는 어떻습니까?"

투자가 말했다. "토각칠개팔개(吐却七箇八箇, 일곱 개 여덟 개를 토해낸다)."

(―라고 했으니) 투자는 사람을 대할 때 늘상 이런 식의 전략을 썼다. 이 승에게 대답한 것은 다만 한 개의 '시(是)'자였으니 이 승은 (투자에게) 두 번이나 얻어맞았던 것이다. 그러므로 설두는 말하길 "저기도 같고 여기도 같다"라고 했으니 (이) 네 구절로써 투자를(투자의 전부를) 읊어 버렸다.

(송의) 후반부에서 (설두는) 이 승을 읊어 (이렇게) 말했다. "불쌍타, 파도타기하는 저 많은 사람들이여."

이 승은 (투자의) 깃발과 북을 빼앗으려고 (이렇게) 말했다. "화상은 물 끓는 소리를 하지 마십시오." (그러고는) 또 (이렇게) 말했다. "화상을 한 마리 나귀라고 불러도 되겠습니까?" 이것이(이 말이) 바로 (겁도 없이) 파도타기를 한 곳이다. 이 승은 기량(伎倆, 힘)이 다해서 투자의 ('是'라는) 말 속에서 죽어 버렸다. 투자는 즉시 (이 승을) 후려쳤으니 이 승은 마침내는 파도에 떨어져(빠져) 죽고야 말았던 것이다.

설두는 이 승을 구출해 내기 위해서 (이렇게) 말했다. "(그러나) 갑자기 되살아나서 선상을 뒤엎는다면 투자 또한 삼천리 (밖으로) 급히 퇴각해야만 하나니 모든 강물이 큰 소리로 역류할 것이다." 선상(禪床)이 진동할 뿐만 아니라 높은 산, 깊은 강물과 온 천지가 갑자기 어두워질 것이다. 만일 (여러분) 각자가 이와 같다면 산승(원오)도 일단은 퇴산(退山)을 알리는 북을 칠 것이다. (이럴 때) 여러분은 어느 곳을 향해서(어느 곳에서) 목숨을 보존할 것인가.

【평창해설】

투자의 전술전략은 공격과 방어가 종횡무진으로 전개되기 때문에 그 어디에도 걸리지 않는다. 본칙공안의 경우 두 번에 걸친 이 승의 공격을 투자는 단 하나의 '시(是, 그렇다)'자로 물리쳐 버렸다. 종횡무진으로 전개되고 있는 투자의 이 전략을 가장 잘 나타낸 그 본보기로서 평창문에서는 '불(佛)', '도(道)', '선(禪)'의 세 가지 공안을 그 예로 들고 있다.

"부처가 뭣이냐"고 묻자 투자는 "부처〔佛〕"라고 대답했다. 말하자면 방어하는 쪽이 공격하는 쪽의 맨 선두에 서서 공격을 하고 있는 위장 전술이다. 부처〔佛〕를 물었는데 '부처〔佛〕'라고 대답한다는 것은 문자상으로 본다면 너무나 당연한 말이다. 그러나 활구의 입장에서 본다면 그렇지 않다. 상대의 공격력을 역이용하여 상대를 사로잡는 기만전술이다. 기만전술치고는 너무나 감쪽같은 수법이기 때문에 그 누구도 투자의 이 올가미를 좀처럼 벗어날 수 없을 것이다. '도(道)', '선(禪)'이라고 대답한 활구 역시 앞의 활구인 '불(佛)'과 같은 기만전술의 극치다. 연이어지는 두 개의 또 다른 활구 '탄각삼개사개(吞卻三箇四箇)'와 '토각칠개팔개(吐卻七箇八箇)' 역시 기만전술이다.

송의 후반부, 즉 제5구(불쌍타, ~ 저 많은 사람들이여)부터 마지막 구절까지는 투자의 기만전술에 여지없이 패하고 있는 이 승을 읊은 곳이다. '파도타기를 했다'는 것은 이 승이 겁도 없이 투자를 공격한 대목이요, '결국은 파도에 휩쓸려 생명을 잃었다'는 것은 이 승이 투자에게 두드려 맞은 대목을 말한다. 그러나 설두는 송의 제7구와 제8구에서 이 승을 다시 한 번 부축해 일으키고 있다. 투자에게 역습 반격을 시도하고 있다. 이 승이 만일 좀더 수행력과 안목이 밝았더라면, 그리하여 투자의 방망이가 날아오는 그 순간 투자의 선상을 뒤엎어 버렸더라면 어찌됐겠는가. 투자는 할 수 없이 삼천리 밖으로 총퇴각을 했을 것이다. 뿐만 아니라 이 세상의 모든 강물이 일시에 역류했을 것이다. 천지개벽이 일어났을 것이다. 만일 이런 지경이 됐더라면 원오도 일단 뒤로 물러서지 않을 수 없었을 것이다. 자, 그렇다면 이런 상황에서 어떻게 해야만 이 승의 역습 반격을 피해 목숨을 보존할 수 있겠는가. 벗이여, 이 문제를 분명하게 해결해 봐라.

第 80 則
趙州孩子六識
승이 조주에게 묻다

【本　　則】

〔本則〕舉　僧問趙州호대「初生孩子가 還具六識也無닛가」(閃電之機로다 說什麼初生孩兒子오)　趙州云「急水上打毬子니라」(過也[1])라 俊鷂趁不及이니 也要驗過라)　僧復問投子호대「急水上打毬子, 意旨如何닛고」(也是作家同驗過니 還會麼아 過也라)　子云「念念不停流니라」(打葛藤漢이로다)

【본칙번역】

승이 조주에게 물었다. "갓난아기에게도 육식(六識)의 분별 작용이 있습니까?"

　　전광석화와 같은 기(機, 기세)이다. 왜 갓난아기를 말하는가.
조주가 말했다. "급수상타구자(急水上打毬子, 급류 위에서 공을 친다)."
　　(벌써) 지나가 버렸다. 빠른 매조차 따라잡을 수 없다. 또한 점검해 봐야만

---

1) 過也 없음(福本).

한다.

승은 다시 투자(投子)에게 물었다. "'급수상타구자'란 말이 무슨 뜻입니까?"

또한 작가종사이므로 같이 점검해 봐야 한다. 알겠는가. (이미) 지나가 버렸다.

투자가 말했다. "염념부정류(念念不停流, 생각 생각이 쉬지 않고 흐른다)."

말이 많은 친구로군.

【본칙과 착어해설】

◎ "갓난아기에게도 육식(六識)의 분별 작용이 있습니까?" 어떤 승이 조주에게 던진 질문이다. 수행이 깊어지게 되면 좋다 나쁘다는 식의 분별심이 사라지는데 이 상태를 '무분별의 상태', 또는 '갓난아기의 상태'라고 일컫는다. 이 승은 지금 조주에게 이렇게 묻고 있다. "수행이 깊어져 갓난아기의 상태(무분별의 상태)가 되면 그때도 아직 그 어떤 분별심이 남아 있습니까?"

△ 전광석화와 ~ 말하는가. 이 승의 물음은 마치 전광석화와도 같이 예리하고 날카롭다. 우리의 마음은 1초에도 약 67,500번이나 굽이치고 있다. 마음〔意識〕의 흐름이 이처럼 빠른데 감히 (그것을) 갓난아기(무분별의 상태)에 비유한단 말인가. 분별의 마음이 전혀 없으려면 이 갓난아기(무분별)의 상태마저도 벗어나지 않으면 안 된다. 그래야만이 그때에야 비로소 진정한 무분별의 상태에 근접할 수가 있다. 자, 그렇다면 이제 그 진정한 무분별의 상태가 어떤 것인지 조주의 대답을 보자.

◎ "급수상타구자(急水上打毬子, 급류 위에서 공을 친다)." 글자풀이로 볼 때 조주의 이 대답은 다음과 같은 뜻이다.

'급류 위에서 공을 치면 그 공이 떨어진 흔적은 이내 사라져 버린다. 왜냐하면 공이 수면에 닿는 순간 또 다른 흐름이 그 흔적을 재빨리 지워 버리기 때문이다. 이처럼 갓난아기는 분별심이 있긴 있지만 그러나 그 흔적이 전혀 없다. 왜냐하면 그 분별심의 흐름이 너무나 세차고 미세하기 때문이다.'

그러나 조주의 이 대답은 이런 식의 문자풀이만으론 그 속뜻을 전혀 알 수가 없다. 왜냐하면 이는 언어풀이나 분별심으로는 접근이 불가능한 활구이기 때문이다.

△ **(벌써) ~ 따라잡을 수 없다.** '급수상타구자'라는 이 '급' 자를 잡는 순간 활구로서의 이 '급수상타구자'는 저만치 흘러가 버리고 만다. 이미 우리의 사정권을 빠져나가 버리고 만다. 그러므로 제아무리 빠른 매라 해도 이 활구를 잡을 수 없다. 아니 빛의 속도로도 조주의 이 활구를 따라잡을 수 없다.

△ **또한 점검해 봐야만 한다.** 조주의 이 활구는 자신이 체험한 무분별의 경지(갓난아기의 상태)를 모두 드러낸 것이다. 그러면서 동시에 이 승의 경지를 탐색해 보려는 낚싯밥이기도 하다.

◎ **"'급수상타구자' 란 말이 무슨 뜻입니까?"** 그러나 이 승은 조주의 이 활구를 간파하지 못했다. 그래서 투자를 찾아가서 이 말의 뜻이 무엇이냐고 물었던 것이다.

△ **또한 ~ 지나가 버렸다.** 투자 역시 조주와 대등한 선지식이다. 그러므로 투자도 조주처럼 이 승의 경지를 검증해 보지 않으면 안 된다. 벗이여, (이 뒤에 나오는) 투자의 말뜻을 알 수 있겠는가. '알았다'고 말하는 그 순간 그댄 이미 저만치 빗나가 버리고 말 것이다.

◎ **"염념부정류(念念不停流, 생각 생각이 쉬지 않고 흐른다)."** 이 승의 질문에 대한 투자의 대답이다. 글자풀이로 본다면 투자의 이 대답은 다음과 같다. '갓난아기에게도 생각의 흐름은 쉬지 않고 흐르고 있다. 그러나 그 흐름이 워낙 미세하고 빠르기 때문에 분별의 흔적이 미처 머물 겨를이 없다.' 투자의 이 대답은 조주의 '급수상타구자' 란 말을 좀더 이치적으로 풀이한 것이다. 그러나 벗이여, 이치적인 글귀로 감쪽같이 위장을 하고 나

타난 투자의 이 활구를 도대체 어떤 미친놈이 알 수 있단 말인가. '급수상 타구자' …… 이것이 투자의 활구라니 정말 미치고 환장할 노릇이다.

△ 말이 많은 친구로군. 원오조차도 투자의 이 변장술에 두 손을 번쩍 들고 말았다. 그래서 '말이 많은 친구' 라고 투자를 반어적으로 칭찬하고 있다.

【評　唱】

〔評唱〕此六識을 教家立爲正本이라 山河大地와 日月星辰이 因其所以生이니 來爲先鋒하고 去爲殿後라 古人道호대「三界唯心, 萬法唯識이라」若證佛地하여 以八識으로 轉爲四智하나니 教家는 謂之改名不改體라 根, 塵, 識이 是三이라 前塵은 元不會分別이요 勝義根이 能發生識하며 識能顯色分別하니 即是第六意識이라 第七識末那識은 能去執持世間一切影事하야 令人煩惱하야 不得自由自在하나니 皆是第七識이라 到第八識하야는 亦謂之阿賴耶識이며 亦謂之含藏識이니 含藏一切善惡種子라 這僧이 知教意라 故將來問趙州道호대「初生孩子還具六識也無아하니라」初生孩兒가 雖具六識하야 眼能見, 耳能聞이나 然未曾分別六塵이라 好惡長短과 是非得失을 他恁麼時總不知라 學道之人은 要復如嬰孩라 榮辱功名과 逆情順境이 都動他不得이니 眼見色與盲等하며 耳聞聲與聾等하야 如癡似兀하며 其心不動이 如須彌山이라 這箇是衲僧家의 眞實得力處니라 古人道호대「衲被蒙頭萬事休, 此時山僧都不會라하니」若能如此댄 方有少分相應하리라 雖然如此나 爭奈一點也瞞他不得이리오 山依舊是山이며 水依舊是水라 無造作하며 無緣慮라 如日月運於太虛에 未嘗暫止요 亦不道我有許多名相이니 如天普蓋하며 似地普擎이라 爲無心故로 所以長養萬物하며 亦不道我有許多功行이니 天地爲無心故로 所以長久라 若有心, 則有限齊하리라 得道之人도 亦復如是라 於無功用中에 施功用하야 一切

違情順境을 皆以慈心攝受라 到這裏하야 古人尙自呵責道호대「了了
了時無可了요 玄玄玄處直須呵라하며」又道호대「事事通兮物物明이
나 達者聞之暗裏驚이라하며」又云「入聖超凡不作聲이니 臥龍長怖碧
潭淸이라 人生若得長如此댄 大地那能留一名이리요하니」然雖恁麽나
更須跳出窠窟始得이니라

【평창번역】

이 육식(六識)을 교가(敎家, 불교학자)들은 (만물의) 주체로 삼고 있다.
산하대지와 일월성신(日月星辰)이 그것[六識]으로 인하여 태어나는 까닭
이니 올 때(태어날 때)는 제일 앞서 오고 갈 때(죽을 때)는 제일 뒤에 간다.
(그러므로) 옛사람(法眼文益)은 (이렇게) 말했다. "온 우주는 마음(의 현
현)이요, 모든 존재는 의식(의 결정체)이다."

만일 부처의 경지를 증득하게 되면 팔식(八識)이 변하여 사지(四智)가
되나니 학자들은 ('識'을 '智'로) 그 이름만 고쳤을 뿐 체(體, 識의 본질)를
고치지는 않았다. 감각 기관[根]과 감각 기관의 객관적인 대상들[塵], 그
리고 감각 작용[識], 이 셋의 결합을 통해 인식 작용은 가능하다. 감각 기
관의 객관적인 대상들[塵]은 원래 인식 능력이 없다. 감각 기능[勝義根]
이 인식 작용을 가능케 하며 이 인식 작용이 갖가지 형태와 빛깔을 분별하
나니 (이 인식작용이) 곧 제6 의식(第六意識, 第六識)이다. 제7 마나식(第
七 末那識, Manas)은 이 세상의 모든 가변적인 현상들에 집착하여 사람으
로 하여금 번뇌망상을 일으키게 한다. 그리하여 자유롭지 못하게 하나니
이것은 모두 이 '제7 마나식' 때문이다. '제8식'은 아뢰야식(阿賴耶識,
Alaya)이라 하며 또한 함장식(含藏識)이라 일컫나니 모든 선악의 종자를
보관[含藏]하고 있기 때문이다. 이 승은 (이런) 불교학(불교심층심리학)의
이치를 알았기 때문에 조주에게 (다음과 같은) 질문을 한 것이다. "갓난아
기에게도 6식(六識)의 작용이 있습니까?" 갓 태어난 갓난아기는 비록 '6

식'은 있어서 눈으로 (사물을) 보고 귀로 (소리를) 듣긴 하나 객관적인 여섯 가지 대상들〔六塵〕에 대한 완벽한 인식 능력이 없다. 그러므로 좋고 나쁘고 길고 짧고 옳고 그르고 얻고 잃음에 대해서 저(갓난아기)는 갓 태어났을 땐 전혀 알지 못한다. 도(道)를 배우는 사람(수행자)은 이 갓난아기와 같이 되고자 한다. 영화스럽고 욕되고 (부귀)공명과 역정(逆情, 내 마음에 들지 않음)과 순경(順境, 내 마음에 드는 것)이 도무지 저를 움직일 수 없나니, 눈으로 형체와 빛깔을 볼 때는 장님과 같으며 귀로 소리를 들을 때는 귀머거리와 같아서 어리석기 그지없으며 그 마음이 동요하지 않는 것이 저 수미산(높은 산)과도 같다. 이것이 바로 수행자가 진짜 힘을 얻은 곳이다. (그래서) 옛사람(石頭希遷)은 (이렇게) 말했던 것이다. "누더기에 더벅머리 세상만사를 다 놨으니/ 이때에 산승은 아무것도 모르네." 만일 이와 같다면 비로소 약간의 공감처가 있다고 할 수 있다. 비록 이 같으나 조금도 저를 속일 수 없는 것을 어찌하겠는가. 산은 여전히 산이며 물은 여전히 물이라 조작이 없으며 분별심이 없다. 저 허공을 가는 해와 달과도 같아서 잠시도 머물지 않는다. 또한 '나(해와 달)에게는 수많은 이름과 형상이 있다'고도 말하지 않나니 저 하늘과 같이 모든 것을 덮어 주며 땅처럼 모든 것을 떠받쳐 준다. 무심(無心, 분별심이 없음)인 까닭에 만물을 길러 주나니 또한 '나에게는 대단한 수행력〔萬行〕이 있다'고도 말하지 않는다. 이처럼 천지는 '무심' 인 까닭에 영원무궁한 것이다. (이 천지가) 만일 마음(분별심)이 있다면 유한할 것이다. 도를 얻은(체험한) 사람도 또한 이 같아서 공용(功用, 공로)이 없는 가운데 공용을 베풀어서 모든 위정(違情, 逆境)과 순경(順境)을 자비로운 마음으로 받아들여야 한다. (그러나) 여기(무심의 경지)에 이르러서도 옛사람(同安常察)은 스스로를 꾸짖어 (이렇게) 말했다. "깨달았다. 깨달았다. 깨달았을 땐 깨달은 것 하나 없고/ 현묘하고 현묘하고 현묘한 곳에서 가차없는 꾸지람을 들어야 한다."

  (옛사람은) 또 (이렇게) 말했다. "사물의 이치에 밝게 통달했으나/ 깨달은 이는 그 소릴 듣고 암암리에 놀란다."

(龍牙居遁은) 또 (이렇게) 말했다. "성인(의 대열)에 들고 범부를 초월했지만 (그것을) 과시하지 않나니/ 와룡(臥龍, 살아 있는 용)은 푸른 연못의 그 푸름을 두려워한다/ 인생이 만일 이와 같다면/ 이 대지(세상)에 어찌 이름 석 자를 남기겠는가." 그러나 비록 이 같다 하더라도 다시 이 함정으로부터 박차고 뛰어나오지 않으면 안 된다.

【평창해설】

이 대목에서는 불교의 심층심리학(唯識論) 전반에 관해서 언급하고 있다. 그러므로 평창의 해설에 들어가기 전에 우선 불교의 심층심리학에서 말하고 있는 마음의 오중 구조(五重構造)에 대해서 그 대강을 알아 둘 필요가 있다. 불교의 심층심리학에서는 인간의 마음을 '제6식(第六識)'이라고 지칭하고 있다. 왜냐하면 마음은 오관(五官)의 식별 작용을 총괄하고 있기 때문이다. 오관의 식별 작용이란 무엇인가.

첫째, 시각 작용(第一眼識) : 이 시각 작용은 우리의 눈[眼]이 색깔과 형태[色境]를 대상으로 하여 일으키고 있는 분별 작용이다. 즉 마음(제6식)이 시각적인 분별 작용으로 일시적인 전환을 하고 있는 상태를 말하는 것이다.

둘째, 청각 작용(第二耳識) : 이 청각 작용은 우리의 귀[耳]가 소리[聲]를 대상으로 하여 일으키고 있는 분별 작용이다. 즉 마음(제6식)이 청각적인 분별 작용으로 일시적인 전환을 하고 있는 상태를 말하는 것이다.

셋째, 후각 작용(第三鼻識) : 이 후각 작용은 우리의 코[鼻]가 냄새[香]를 대상으로 하여 일으키고 있는 분별 작용이다. 즉 마음(제6식)이 후각적인 분별 작용으로 일시적인 전환을 하고 있는 상태를 말하는 것이다.

넷째, 미각 작용(第四舌識) : 이 미각 작용은 우리의 혀[舌]가 맛[味]을 대상으로 하여 일으키고 있는 분별 작용이다. 즉 마음(제6식)이 미각적인 분별 작용으로 일시적인 전환을 하고 있는 상태를 말하는 것이다.

다섯째, 촉각 작용(第五身識) : 이 촉각 작용은 우리의 피부〔身〕가 살갗에 닿는 모든 것들〔觸〕을 대상으로 하여 일으키고 있는 분별 작용이다. 즉 마음(제6식)이 촉각적인 분별 작용으로 일시적인 전환을 하고 있는 상태를 말하는 것이다.

이처럼 마음(제6식)은 오관의 식별 작용으로 (상황에 따라) 일시적인 전환을 하고 있다. 그러면서 동시에 일시적으로 전환된 그 오관의 식별 작용을 총괄하고 있다. 그러므로 마음은 오관의 뿌리인 셈이다. 그래서 마음을 '여섯 번째 의식〔第六識〕'이라고 지칭하게 된 것이다. 이에 대하여 오관의 분별 작용은 '전오식(前五識)'이라고 부르는데 그것은 '제6식' 앞〔前〕에 있는 다섯 개의 분별 작용〔五識〕이란 뜻이다. 초기불교학파(小乘部派)에서는 이 마음(제6식)을 모든 존재와 사물의 중심축으로 봤다. 그러나 불교의 심층심리학(唯識論)이 발달하면서 마음(제6식)은 중심축이 아니라는 학설이 대두됐다. 마음(제6식)의 중심축은 따로 있는데 이것이 바로 자의식(自意識), 즉 '자기의식'이다. 이 자기의식은 마음(제6식)의 중심축이므로 일곱 번째 의식(제7식)이라고 지칭하게 됐다. 이 제7식은 마나식(末那識, Manas)이라고 부른다. 따라서 이 제7식의 주기능은 자아에 대한 인식과 이 자아에 소속된 모든 것들에 대한 강한 집착이다.

그러나 좀더 시간이 지나자 이 제7식도 마음(제6식)의 중심축이 아니라는 학설이 대두됐다. 이 제7식의 중심축으로서 제8식(무의식)을 거론하기 시작했다. 이 제8식의 주기능은 제7식(자의식)을 통해서 입력된 모든 정보를 보존하고 유지시키는 것이다. 전문 용어로 이 제8식을 아뢰야식(阿賴耶識, Alaya)이라고 부른다. '아뢰야' 란 산스크리트어 알라야(Alaya)의 한문식 발음으로서 '창고' 라는 뜻이다. 즉 '제7식을 통해서 입력된 행동과 사고와 감정의 잔영들(業의 種子들)을 보관하는 곳간' 이란 뜻이다.

그러나 좀더 후대가 되자 이 제8식의 중심축을 거론하게 됐는데 그것이 초의식(超意識, 초월의식, 제9 白淨識)이다. 이 '제9 백정식'은 다름 아닌 제8 아뢰야식의 정화된 상태를 말한다. 즉 제8 아뢰야식의 창고 안에 쌓여 있던 '행동과 사고와 감정의 갖가지 잔영들'이 수행과 기도를 통해서 정화되면 이 창고는 텅 비게 된다. 텅 빈 '공(空, Sunya)'의 상태가 된다. 텅 빈 이 제8 아뢰야식이 바로 제9 백정식으로서 이것을 우리의 본성(本性), 즉 '진여(眞如)'라고 부르는 것이다. 이 제9 백정식의 주기능은 조화와 정화다.

'마음의 오중(五重) 구조'

① 오관식(五官識, 前五識) → 시각, 청각, 후각, 미각, 촉각 작용.
② 의식(意識, 제6식) → 마음의 분별 · 사유 기능.
③ 자의식(自意識, 제7식) → 마음의 자아 인식 기능.
④ 무의식(無意識, 제8식) → 마음의 보존 · 유지 기능.
⑤ 초의식(超意識, 제9식) → 마음의 조화 · 정화 기능.

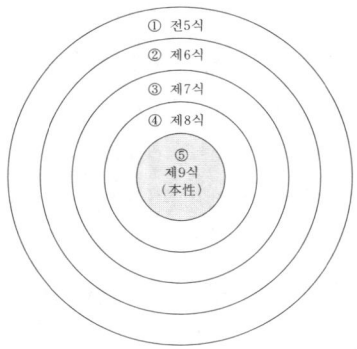

이제 본격적인 평창문으로 들어가 보자.

초기의 불교학자들은 '마음(제6식)'을 존재와 사물의 근원으로 봤다. 모든 존재들은 마음(제6식)이라는 이 바다에서 태어났다가 다시 이 바닷속으로 사라져 버린다고 생각했다. 그렇기에 법안문익(法眼文益)은 말했던 것이다. "온 우주는 마음이라는 이 스크린에 나타난 영상이요, 모든 존재들은 마음의 개별화 현상에 지나지 않는다."

그러나 후대가 되자 이 마음(제6식, 意識)을 자의식(自意識, 제7식), 무의식(無意識, 제8식), 초의식(超意識, 제9식)으로 세분하게 됐다. 행위를 통하여 오관의 잔영들이 의식(제6식)으로 모이게 되면 의식은 모여든 이 잔영들을 자의식(제7식)에 전달한다. 그러면 이 자의식은 강한 자기집착을 통하여 이 잔영들을 무의식(제8식)에 저장한다. 무의식에 저장된 이 잔영들은 그와 유사한 상황에 부딪치게 되면 오관을 통하여 다시 활성화(행동화)된다. 그리고 이렇게 행동화된 잔영들은 다시 오관을 통해 보다 더 강력한 잔영(파장)으로 의식(제6식)에 모여든다. 그러면 의식은 이 잔영들을 자의식(제7식)에 전달하고 자의식은 다시 무의식(제8식)에 저장한다. 무의식에 저장된 이 잔영들을 '업의 씨앗〔業種子〕'이라고 부르는데, 그것은 또다시 비슷한 상황을 만나 활성화되면 우리로선 도저히 통제할 수 없는 막강한 힘을 가지기 때문이다. 그래서 우린 다람쥐 쳇바퀴 돌듯 비슷한 행위를 끊임없이 반복하고 있는 것이다. 지겨워, 지겨워 하면서도 이 인간지옥을 벗어나지 못하고 있는 것이다. 그러나 무의식(제8식) 속에 보관되어 있는 선악의 잔영들이 수행과 기도를 통하여 정화되면 무의식의 창고는 텅 비게 된다. 텅 빈 공(空, sunya)의 상태가 된다. 텅 빈 이 무한의 영적 공간은 이것이 바로 다름 아닌 깨달은 상태인 것이다. 이렇게 되면 오관 기능(전5식)과 의식(제6식), 자의식(제7식), 무의식(제8식)은 더 이상 잔영〔業〕의 복사 기능을 작동하지 않는다. 대신 다음에 언급하고 있는 네 종류의 직관력〔四智〕으로 변하게 된다.

'오관의 기능(전5식)'은 성소작지(成所作智)로 변한다. 성소작지란 무엇인가. 자신이 원하는 만큼 오관의 기능을 무제한으로 사용할 수 있는 직관력을 말한다. '의식(제6식)'은 묘관찰지(妙觀察智)로 변한다. 묘관찰지란 무엇인가. 대상을 정확히 꿰뚫어 볼 수 있는 직관력을 말한다. '자의식(제7식)'은 평등성지(平等性智)로 변한다. 평등성지란 무엇인가. 모든 존재의 동일성을 간파할 수 있는 직관력이다. '무의식(제8식)'은 대원경지(大圓鏡智)로 변한다. 대원경지란 무엇인가. 존재와 사물 전체를 속속들이 꿰뚫어 볼 수 있는 직관력이다. 네 종류의 직관력〔四智〕이란 바로 이 성소작지(成所作智), 묘관찰지(妙觀察智), 평등성지(平等性智), 대원경지(大圓鏡智)를 말한다. 본칙공안에서 이 승은 바로 이 불교의 심층심리학(唯識論)적인 입장에서 조주에게 다음과 같은 물음을 던졌던 것이다. "수행이 깊어져 저 어린 아기와 같은 무심의 상태가 됐다면 그에게도 아직 분별심(제6식)이 있습니까?" 이 승이 말하고 있는 이 무심(無心)의 상태야말로 깊은 수행의 경지다. 그러나 이 무심의 경지마저도 벗어나지 않으면 안 된다고 옛사람들은 엄하게 꾸짖고 있다. 왜냐하면 여기 '무심(無心)'이라는 이 베일이 앞을 가로막고 있기 때문이다. 난 깨달았다는 이 '깨달음'에 안주하는 순간 더 이상의 진전은 없다. 거기 그 자리에서 화석화되어 버리고 만다. 그래서 용아거둔(龍牙居遁)은 이런 식으로 말했던 것이다. "용은 연못의 그 푸름을 두려워한다. 왜냐하면 그 푸름에 안주하게 되면 더 이상 등천(登天)할 수 없기 때문이다."

그러므로 우린 이 깨달음마저 박차고 나오지 않으면 안 된다. ……그렇다. 수행자에게는 오직 '가고 있다'는 이 동사의 현재형만이 있을 뿐이다.

【評　唱】

豈不見敎中道호대「第八不動地菩薩이 以無功用智로 於一微塵中에 轉大法輪이라 於一切時中, 行住坐臥에 不拘得失하고 任運流入薩婆若海라하니」 衲僧家到這裏하야는 亦不可執著이니 但隨時自在하야 遇茶喫茶하며 遇飯喫飯이라 這箇向上事는 著箇定字也不得이며 著箇不定字也不得이니라 石室善道和尙이 示衆云「汝不見小兒出胎時아 何曾道我會看敎리요 當恁麽時하야 亦不知有佛性義와 無佛性義라 及至長大하야 便學種種知解하야 出來便道호대 我能, 我解라하니 不知

是客塵煩惱로다 十六觀行中에 嬰兒行이 爲最라 哆哆啝啝時를 喩學道之人의 離分別取捨心이라 故讚歎嬰兒하야 可況喩取之니라 若謂嬰兒를 是道라하면 今時人의 錯會라 南泉云「我十八上에 解作活計라하며」 趙州道호대「我十八上에 解破家散宅이라하며」 又道호대「我在南方二十年에 除粥飯二時是雜用心處라하니라」 曹山問僧호대「菩薩이 定中에 聞香象渡河歷歷地라하니 出什麼經고」 僧云「《涅槃經》이니다」 山云「定前聞가 定後聞가」 僧云「和尙流也니다」 山云「灘下에 接取하라」 又《楞嚴經》에 云「湛入合湛入識邊際라하며」 又《楞伽經》에 云「相生은 執礙요 想生은 妄想이며 流注生은 則逐妄流轉이라하니」 若到無功用地라도 猶在流注相中이라 須是出得第三流注生相이니 方始快活自在하리라 所以潙山問仰山云「寂子如何오」 仰山云「和尙問他見解닛가 問他行解닛가 若問他行解댄 某甲不知어니와 若是見解댄 如一瓶水注一缾水니다」 若得如此댄 皆可以爲一方之師니라 趙州云「急水上打毬子라하니」 早是轉轆轆地라 更向急水上打時에 眨眼便過니라 譬如2)《楞嚴經》云「如急流水, 望爲恬靜이라하며」 古人云「譬如駛流水가 水流無定止나 各各不相知니 諸法亦如是라하니」 趙州答處가 意渾類此라 其僧又問投子호대「急水上打毬子, 意旨如何닛고」 子云「念念不停流라하니」 自然與他問處恰好라 古人行履綿密하야 答得只似一箇니 更不消計較니라 你纔問하면 他早知你落處了也라 孩子六識이 雖然無功用이나 爭奈念念不停이 如密水流리오 投子恁麼答하니 可謂深辨來風이로다 雪竇頌云

【평창번역】

　　교(教, 《화엄경》 十地品)에서 언급하고 있는 (다음과 같은) 말을 그대는

---

2) 譬如 없음(福本).

익히 알고 있을 것이다. "제8위(位)에 있는 부동지(不動地) 보살은 무공용지(無功用智, 조작이 없는 지혜)로 한 티끌 속에서 대법륜(大法輪)을 굴린다. 그리고 모든 때[一切時]의 행주좌와(行住坐臥)에서 득실에 구애를 받지 않고 그대로 지혜의 바다[薩婆若海] 속으로 흘러 들어가 버린다." (그러나) 수행자는 여기 이르러서조차 집착하면 안 되나니 어느 때든 자유로워져서 차(茶)를 만나면 차를 마시고 밥을 만나면 밥을 먹어야 한다. 이 향상사(向上事, 깨닫는 일)는 '정(定, 선정)'자에 집착해도 안 되며 '부정(不定)'자에 집착해도 안 된다. 석실선도(石室善道) 화상은 대중들에게 (이렇게) 말했다. "그대들은 익히 알고 있을 것이다. 갓난아기가 막 태어났을 때 어찌 '나는 경전을 읽을 줄 안다' 라는 말을 하던가." 이때에는 유불성(有佛性, 불성이 있음)의 의미와 무불성(無佛性, 불성이 없음)의 의미도 또한 알지 못한다. 그러나 점점 자라면서 갖가지 지식을 배우게 된다. 그러면 (그는) "난 이것을 잘하고 난 이것을 안다"라고 말하나니 (그가 아는 것은 모두) 객진번뇌(客塵煩惱, 허망한 번뇌망상)라는 것을 모르고 있다. 십육관행(十六觀行, 수행 과정에서 통과해야만 하는 16가지 단계) 가운데 영아행(嬰兒行, 갓난아기의 행동)이 가장 높은 경지다. 저 갓난아기가 말 배울 때 토해내는 천진난만한 소리를 흔히 도를 배우는 사람이 분별 취사심을 떠났을 때에 비유하고 있다. 그래서 갓난아기(의 천진난만함)를 칭찬하여 (일종의) 비유로서 그것(갓난아기)을 취한 것이다. 그러나 만일 갓난아기를 진짜 도(道, 도인)라 한다면 (이것은) 지금 사람들이 잘못 안 것이다. (그렇기에) 남전(南泉)은 (이렇게) 말했던 것이다. "나는 열여덟 살 때 무심의 경지를 체험했다." 조주는 (이렇게) 말했다. "난 열여덟 살이 되어 (비로소) 무일물(無一物, 무심)의 경지를 체험했다." (조주는) 또 (이렇게) 말했다. "나는 남방(중국의 남쪽)에 있을 때 20년 동안 (아침) 죽 먹을 때와 (점심) 밥 먹을 때를 제외하고는 전혀 잡념을 일으키지 않았다."

조산(曹山)이 (어떤) 승에게 물었다. "'보살이 선정(禪定, 삼매)에 들었을 때 코끼리가 강을 건너는 발소리를 분명히 듣는다'고 했는데 (이 말이)

어떤 경전에서 나왔는가?"

승이 말했다. "《열반경》입니다."

조산이 말했다. "선정에 들어가기 전에 듣는가, 선정에 들어간 후에 듣는가."

승이 말했다. "화상류야(和尙流也, 화상이 떠내려갑니다)."

조산이 말했다. "탄하접취(灘下接取, 옅은 개울 아래서 잡아라)."

또 《능엄경》에서는 (이렇게) 말했다. "의식〔第六識〕과 무의식〔第八識〕이 하나가 된 곳이 바로 초의식(超意識, 초월의식, 識邊際)이다."

또 《능가경》에서는 (이렇게) 말했다. "상생(相生)은 집착이요, 상생(想生)은 번뇌망상이며 유주생(流注生)은 망(妄, 환영)을 쫓아 윤회하는 것이다." (그러므로) 만일 무공용(無功用)의 경지에 이르렀다 하더라도 오히려 '流注(生의) 相' 가운데 있는 것이니 제3 '流注生의 相'으로부터 박차고 나와야만 한다. 그래야만 비로소 유쾌하고 자유로울 수 있다. 그렇기에 위산은 앙산에게 (이렇게) 물었던 것이다. "앙산, 자네의 상태는 어떤가?"

앙산이 말했다. "화상은 저 견해(見解, 보는 관점)에 대해서 묻습니까, 행해(行解, 행위)에 대해서 묻습니까? 만일 저 '행해'에 대해서 묻는다면 전 모르겠습니다. 그러나 만일 '견해'에 대해서 묻는다면 (그것은 마치) 한 병의 물을 또 다른 병에 붓는 것과도 같습니다."

(—라고 했으니) 만일 이와 같다면 모두들 한 지역의 스승이 될 자격이 있다.

조주는 말하길 "급수상타구자(急水上打毬子, 급류 위에서 공을 친다)"라고 했으니 이미 (공은) 자유자재로 굴러가고 있다. 그러나 또다시 급류를 향해서 (공을) 칠 때는 눈 깜짝할 사이에 (공은) 문득 지나가 버리고 말 것이다. (그래서) 《능엄경》에서는 (이렇게) 말했던 것이다. "(제6식은) 급류와 같지만 바라보면 (겉보기엔) 조용하다." (또) 옛사람《화엄경》卷五, 菩薩明難品〕은 (이렇게) 말했다. "비유하자면 (미세한 생각이 흐르고 있는 것은) 급히 흐르는 물과 같다. 물의 흐름이 잠시도 머물지 않으나 서로가 서로를 알지 못하나니 모든 사물[諸法]도 또한 이와 같다." 조주의 대답한 곳(대답)은 그 뜻이 전적으로 이(문장)의 뜻과 같다. 그 승은 또 투자에게 (이렇게) 물었다. "'급수상타구자'란 말이 무슨 뜻입니까?"

투자가 말했다. "염념부정류(念念不停流, 생각 생각이 쉬지 않고 흐른다)."

(―라고 했으니) 저(이 승)의 물은 곳(질문)과 딱 맞아떨어졌다. 옛사람들(조주, 투자)의 행동은 치밀하기 이를 데 없어서 그 대답이 마치 하나 같나니(동일하나니) 억지로 (머리를 굴려) 대답한 것이 아니다. 그대들이 물음을 던지자마자 저분네들(조주, 투자)은 이미 그대들 (질문의) 핵심을 간파해 버린다. 갓난아기의 육식(六識, 제6식)이 비록 공용(功用, 완전한 인식 능력)은 없으나 생각 생각이 머물지 않는 것이 (마치) 물이 흐르는 것과 같음을 어찌하겠는가. 투자가 이렇게(염념부정류) 대답했으니 상대방을 정확히 간파했다고 할 수 있다.

설두는 송에서 (이렇게) 읊었다.

【평창해설】

《화엄경》(十地品)의 인용문구는 그 뜻이 너무나 전문적이라 이해하기가 쉽지 않다. 그러나 그 대강을 간추려 본다면 다음과 같다. "깨달음의 정상에 이른 수행자(제8위에 있는 不動地보살)는 순수 직관력을 통해서 티끌 한 오라기 속에서조차 우주의 원리를 꿰뚫어 볼 수 있다. 그러므로 그의 모든 행위나 동작은 그대로 지혜의 굽이침이 된다." 그러나 진정한 수행자라면 이런 경지마저도 박차고 나와야 한다. 차를 마시고 밥을 먹는 이 일상사가 그대로 깨달음의 굽이침이 되게 해야만 한다. 그리고 이제 더 이상 깨달음[定]이니 깨달음이 아니니[不定] 등에 집착해서는 안 된다. 그리하여 갓 태어난 어린 아기와 같이 무분별의 상태가 되어야만 한다. 그러나 어린 아기의 이 무분별한 천진난만이 그대로 도(道)의 경지는 아니다.

어디까지나 비유로써 어린 아기의 천진난만을 언급한 것이지 어린 아기의 천진난만 그 자체가 경지는 아니다. 그러므로 어린 아기의 천진난만을 그대로 도(道)의 경지로 착각해서는 안 된다. 남전과 조주는 각각 열여덟 살이 돼서야 이 무분별 천진난만의 상태에 이를 수 있었다. 그러나 그분네들은 결코 여기 안주하지 않았다. 이 무분별의 상태마저 박차고 나와서 마침내 큰 깨달음의 경지에 이를 수 있었던 것이다. 그러나 자기중심적인 사람들(二乘)은 수박 겉 핥기 식으로 진리를 체험할 수 있을 뿐이다. 여기 비하여 성자들(보살)은 혹은 표면적으로 혹은 깊게 진리 체험을 할 수가 있다. 그러나 부처는, 완전한 깨달음에 이른 이는 진리의 핵을 체험한다. 이 세 종류의 사람들(二乘, 보살·부처)이 각각 그 깊이가 다르게 진리를 체험하는 것을 《열반경》에선 비유로써 설명하고 있는데 그것이 바로 '세 짐승이 강을 건너는 이야기〔三獸渡河〕'다. 여기 토끼·말·코끼리가 있다.

이 세 짐승이 지금 강을 건너고 있다. 먼저 토끼가 강을 건너고 있다. 토끼는 물 표면 위를 뛰어서 잽싸게 강을 건너갔다. 그 다음 말이 강을 건너고 있다. 말은 물 표면 위에 혹은 물 밑바닥에 그 발이 닿으면서 강을 건넜다. 마지막으로 코끼리가 강을 건너고 있다. 코끼리는 그 몸이 육중하므로 내딛는 한 발 한 발이 그대로 강의 밑바닥까지 닿았다. 여기 토끼는 자기중심적인 사람들(二乘), 그리고 말은 성자들(보살), 마지막으로 코끼리는 부처〔佛〕에 비유할 수 있다.

'(코끼리의) 발바닥이 (강) 밑까지 닿았다'는 뜻에서 '철저(徹底)'라는 말이 유래됐다는 것을 과연 어느 누가 알 수 있단 말인가. 그렇다. 진리를 체험하려면, 깨달음을 체험하려면 강을 건너는 코끼리처럼 철저하게 밑바닥까지 체험하지 않으면 안 된다. 저 토끼처럼 수박 겉 핥기 식이나 말처럼 어정쩡하게 체험해서는 안 된다. 그건 완전한 진리 체험이 될 수 없기 때문이다. '세 짐승이 강을 건너는 이야기〔三獸渡河〕'를 근거로 하여 조산과 어떤 승이 선문답을 하고 있다. "수행자가 자신의 내면 깊이 침잠하게 되면 코끼리가 강을 건너는 발소리를 분명히 듣는다(진리의 핵심을 체험한다)고 하는 말이 있는데 이 말이 어떤 경전에서 나왔는가?"라고 조산은 그를 찾아온 승에게 미끼를 던졌다. 그러자 승은 대뜸 "《열반경》입니다"라고 그 미끼를 무는 시늉을 했다. 그러자 조산은 "내면 깊이 침잠하기 전에 진리의 핵심을 체험하는가, 아니면 침잠한 이후에 진리의 핵심을 체험하는가"라고 재차 이 승에게 올가미를 씌웠다. 그러자 이 승은 "화상류야(和尙流也, 화상이 지금 분별심의 물살에 밀려 떠내려가고 있습니다)"라고 응수를 했다. 이 승은 이렇게 하여 조산의 올가미를 교묘하게 빠져나가 버렸다. 그러자 조산은 재빨리 공격에서 방어로 전략을 바꿔 버렸다. "탄하접취(灘下接取, 그렇다면 떠내려가고 있는 나를 얕은 여울에서 건져 올려라)"라고 이 승의 박자에 맞춰 응수를 했다. 그러나 조산의 이 말은 동시에 이 승을 함정에 빠트리려는 또 다른 계략이기도 하다.

이어서 평창문에서는 《능엄경》과 《능가경》의 문구를 인용하고 있는데 이 두 개의 인용문은 무분별 천진난만의 경지를 강조하기 위한 것이다. "의식과 무의식이 하나가 된 곳[湛入合湛]이 바로 초의식(초월의식, 識邊際)의 세계다"란 《능엄경》의 인용문은 무엇을 뜻하는가. '무의식(제8식) 속에 의식(제6식)의 잔영이 전혀 남아 있지 않은 진공의 상태, 그것이 바로 무분별 천진난만의 차원(깨달음의 차원)'이라는 뜻이다.

《능가경》의 인용문은 대강 다음의 뜻을 머금고 있다.

'대상이 존재하는 상태[相生]에선 집착심이 일어난다. 그리고 취사선택의 마음(분별심)이 일어나는 상태[想生]에선 번뇌망상이 물결치게 된다. 분별심은 없으나 여기 아직도 '미세한 생각이 흐르고 있다면[流注生]' 윤회를 벗어날 수가 없다.'

무분별 천진난만의 경지에 이르렀다 하더라도 이것은 아직 '미세한 생각이 흐르고 있는 상태[流注生]'다. 그러므로 이 상태를 박차고 나와야만 비로소 자유자재함을 얻을 수 있다. 이 자유자재함을 얻은 상태의 그 좋은 본보기로서 평창에서는 위산과 앙산의 대화를 인용하고 있다.

위산이 앙산에게 묻길 "지금 자네의 상태가 어느 수준에 와 있는가"라고 했다. 그러자 앙산은 이렇게 말했다. "행위에 대해서 물으신다면 무분별 천진난만의 상태가 됐으므로 아무것도 모르겠습니다(분별할 수가 없습니다). 그러나 그 견해를 묻는다면 스님의 견해와 똑같습니다."

마지막으로 평창문에서는 조주의 대답인 '급수상타구자(急水上打毬子)'에 《화엄경》의 문구를 빌려 교학적인(학문적인) 해설을 하고 있다. 그 대강의 뜻은 다음과 같다.

무분별 천진난만의 상태는 '미세한 생각이 흐르고 있는 상태[流注生]'다. 이 상태에선 아직 미세한 생각이 흐르고는 있지만 그러나 그 흔적(집착심)은 남지 않는다. 그리고 "조주의 대답한 곳(대답)이 그 뜻이 전적으로 이(經文)의 뜻과 같다"는 평창문의 말은 맞지 않는다. 조주의 활구인 '급수상타구자'를 글자풀이로만 해설할 경우 그 뜻이 《화엄경》의 인용문과 일맥상통하는 건 사실이다. 그러나 활구로서의 '급수상타구자'에는 그보다 훨씬 더 깊고 분명한 의미가 깃들어 있다. 그런데도 이 활구를 교학적인 문자풀이 수준으로만 본 것은 잘못이다. 이 부분은 아마도 원오의 평창이 아니라 재편집 과정에서 후대에 첨가된 문장인 것 같다. 이뿐 아니라 본 평창문 전체가 교학적인 입장을 취하고 있다. 그러므로 평창문의 상당 부분이 후대에 첨가된 것 같은 의문을 갖게 한다.

조주의 활구 '급수상타구자'와 투자의 활구 '염념부정류(念念不停流)'는 그 뜻이 일맥상통하고 있다. 자, 그렇다면 벗이여, 과연 어느 점이 일맥상통한단 말인가. 어디 한번 그대의 안목으로 이것을 잡아내 봐라.

【頌】

〔頌〕六識無功伸一問하니(有眼如盲이요 有耳如聾이라 明鏡當臺요 明珠在掌이니 一句道盡이로다) 作家曾共辨來端이니라(何必, 也要辨箇緇素니 唯證乃知니라) 茫茫急水打毬子여(始終一貫이니 過也라 道什麽오) 落處

不停誰解看고(看卽瞎이니 過也라 灘下接取하라)

【송번역】

'육식무공(六識無功)'에 대한 질문을 하니
　눈이 있으나 장님 같고 귀가 있으나 귀머거리 같다. 거울이 거울대에 있고 구슬이 손안에 있다. 이 한 구절로써 (모든 걸) 다 말해 버렸다.
작가종사들은 함께 질문의 핵심을 말하고 있네
　어찌 (질문의 핵심을) 말하지 않을 수 있겠는가. 흑백을 (분명히) 밝혀야 한다. 오직 체험을 통해서만이 알 수 있다.
망망한 급류 위에서 공을 침이여
　시종일관 똑같군. (이미) 지나가 버렸다. (지금) 뭐라 말하고 있는가.
떨어진 곳에 머물지 않거니 누가 볼 수 있겠는가
　보는 즉시 눈이 멀 것이다. (이미) 지나가 버렸다. 옅은 여울에서 잡아라.

【송과 착어해설】

◎ '육식무공(六識無功)'에 대한 질문을 하니　이 승의 물음을 읊은 대목이다. 이 승은 조주에게 무분별 무심경(無心境)에 들어간 수행자에게도 아직 좋고 나쁨의 분별심이 남아 있는가를 물었다. 즉 좋고 나쁨의 분별 취사심이 사라져 버린 순수 느낌의 경지[六識無功]를 물었던 것이다.

△ 눈이 있으나 ~ 말해 버렸다.　눈으로 사물을 보긴 보나 '본다'는 생각이 없고 귀로 소리를 듣긴 들으나 '듣는다'는 생각이 없다면 이것이야말로 순수 느낌의 경지[六識無功]인 것이다. 이 순수 느낌의 경지는 텅 빈 거울과 텅 빈 거울이 마주보는 것 같아서 거기 그 어떤 영상이나 잔영(殘影)이 없다. 오직 밝고 텅 빈 빛의 공간만이 있을 뿐이다. 이 텅 빈 빛의 공간 안에서 우린 존재와 사물의 시작과 끝을 한눈에 꿰뚫어 볼 수 있

는데 그것은 마치 모든 것을 다 볼 수 있는 구슬(如意珠)이 내 손바닥 안에 있는 것과도 같다. 송의 이 한 구절('六識無功'에 대한 질문을 하니)로써 이 승이 조주에게 물은 그 질문의 핵심을 모두 말해 버렸다. 이제 더이상 말할 게 없다.

◎ 작가종사들은 함께 질문의 핵심을 말하고 있네   여기서의 작가종사란 조주와 투자를 말한다. 조주와 투자는 이 승의 물음에 대한 그 핵심을 정확히 말하고 있다.

△ 어찌 (질문의 핵심을) ~ 알 수 있다.   적어도 대선지식(작가종사)이라면 묻는 그 질문의 핵심을 정확히 말해 줄 수 있어야 한다. 무엇이 옳고 그른가를 명확히 지적해 줘야 한다. 그러나 상대방의 수행에 대해서 옳고 그름을 정확히 지적해 줄 수 있기 위해서는 우선 그 자신이 직접 체험해 보지 않으면 안 된다. 깨달음의 관문을 통과하지 않으면 안 된다.

◎ 망망한 급류 위에서 공을 침이여   조주의 대답인 '급수상타구자'를 읊은 구절이다. 조주의 이 활구는 무분별 순수 느낌(六識無功)의 경지를 체험해 보지 않고는 도저히 알 수가 없다.

△ 시종일관 똑같군.   무분별 순수 느낌(六識無功)의 경지에는 시간도 공간도 더 이상 없다. 너와 나도 없고 시작과 종말도 없다.

△ (이미) 지나가 버렸다.   그러나 "이것이 '무분별 순수 느낌의 경지'"라고 말하는 순간 그 순수 느낌의 세계는 이미 저 멀리로 사라져 버리고 만다.

△ (지금) 뭐라 말하고 있는가.   이 순수 느낌 앞에서는 일체의 언어나 표현이 쓸모가 없다. 아니 그 어떤 흔적도 더 이상 필요치 않다. 그런 것들은 예외 없이 옥에 박힌 흠이다.

◎ 떨어진 곳에 머물지 않거니 누가 볼 수 있겠는가   '도저히 문제의 핵심을 알 수가 없다'는 뜻이다. 조주의 활구 '급수상타구자'는 그 참뜻을 간파하기가 결코 쉽지 않다. 그것은 마치 급한 물살 위에다 공을 치는 것과도 같다. 공이 물살 위에 떨어지는 순간 그 물살은 재빨리 흘러가 버리

므로 우린 그 공 떨어진 흔적을 잡아낼 수가 없다. 설두는 지금 조주의 활구 '급수상타구자'를 문자풀이로 해석하여 그 참뜻을 간파하기가 힘들다는 의미로 재사용하고 있다. 시문(詩文)의 귀재가 아니면 어떻게 언어를 이런 식으로 교묘하게 사용할 수 있겠는가. 그렇기에 설두를 일러 "한림학사의 글재주가 있다"고 소동파는 극찬했던 것이다.

△ 보는 즉시 눈이 멀 것이다. 조주의 활구 '급수상타구자'를 알았다고 말하는 순간 그 '알았다'에 가려 우린 '급수상타구자' 그 자체를 볼 수 없게 된다.

△ (이미) 지나가 버렸다. 이 '급수상타구자'를 이해하는 순간 활구로서의 '급수상타구자'는 저 멀리로 사라져 버리고 만다.

△ 옅은 여울에서 잡아라. '지금 여기'서 잡아라. 분별심이 일어나는 기점, 내가 이 글을 쓰고 그대가 이 글을 읽고 있는 바로 '지금 여기'서 문제의 핵심을 간파하라. 벗이여, 모든 활구의 열쇠는 '지금 여기'에 있다. '옅은 여울'이란 생각이 미세하게 흐르고 있는 '지금 여기'를 말한다.

【評　　唱】

〔評唱〕「六識無功伸一問이라하니」 古人學道養到這裏하면 謂之無功之功이니 與嬰兒一般이라 雖有眼耳鼻舌身意나 而不能分別六塵이니 蓋無功用也라 既到這般田地댄 便乃降龍伏虎하며 坐脫立亡하리라 如今人은 但將目前萬境하야 一時歇卻하나니 何必八地以上이라야 方乃如是리요 雖然無功用處나 依舊山是山, 水是水니라 雪竇前面에 頌云「活中有眼還同死, 藥忌何須鑒作家리요하니」 蓋爲趙州, 投子는 是作家라 故云「作家曾共辨來端, 茫茫急水打毬子라하니라」 投子道호대 「念念不停流라하니」 諸人還知落處麼아 雪竇末後에 教人自著眼看이라 是故云「落處不停誰解看고하니」 此是雪竇活句라 且道落在什麼處오

佛果圜悟禪師碧巖錄卷第八 終

【평창번역】

"육식무공(六識無功)에 대한 질문을 했다"(고 설두는 송의 첫 구절에서 읊었다). 옛사람은 도(道)를 배워 이런 경지에 이르면 이를 '분별심이 사라진 순수 느낌의 세계〔無功之功〕'라 했나니 (그 천진난만하기가) 어린 아기와 같다. 비록 눈, 귀, 코, 혀, 몸, 생각〔眼耳鼻舌身意〕은 있으나 형체, 소리, 냄새, 맛, 촉감, 옳고 그름 등을 잘 분별하지 못하나니 이는 옳고 그름에 대한 분별심이 (전혀) 없기 때문이다. 이런 경지에 이르게 되면 용(龍)과 호랑이를 굴복시킬 수 있고 또한 앉아서 (이 육신을) 벗을 수 있고 선 채로 입멸(入滅, 열반)에 들어갈 수(도) 있다. (그런데) 지금 사람들은 눈앞의 갖가지 경계를 떨쳐 버리려고만 하나니 어찌 8지(八地) 이상(의 보살)이라야만 비로소 이 같겠는가. 비록 분별 취사심은 없으나 여전히 산은 산이요, 물은 물이다. 설두는 앞의(제41칙) 송에서 (이렇게) 말했다. "살아 있는 가운데 안목이 있으나 죽은 것과 같나니 / '약기(藥忌)'로 어찌 작가종사를 시험하려 하는가." 조주와 투자는 (진정한) 작가종사다. 그러므로 (설두는 본칙의 송에서 이렇게) 읊었던 것이다. "작가종사들은 함께 질문의 핵심을 말하고 있네 / 망망한 급류 위에서 공을 침이여."

투자는 (또 이렇게) 말했다. "염념부정류(念念不停流, 생각 생각이 쉬지 않고 흐른다)." 여러분은 (이 말의) 참뜻을 알겠는가. 설두는 송의 끝 구절을 여러분 스스로의 안목으로 간파하도록 했다. 그렇기에 (이렇게) 읊었던 것이다. "떨어진 곳에 머물지 않거니 누가 볼 수 있겠는가." 이는 설두의 활구다. 자, 일러 보라. 이 말의 참뜻이 어디에 있는가(무엇인가).

【평창해설】

저 어린 아기의 그것과도 같은 순수 느낌의 경지, 즉 무분별의 경지[六識無功]에 이르게 되면 눈으로 형체나 색을 봐도 본다는 생각이 없고 귀로 소리를 들어도 듣는다는 생각이 없다. 이런 경지에 이르게 되면 부처가 가섭 3형제를 찾아가 그들이 섬기고 있던 용(龍, 엄밀히 말하자면 용이 아니라 코부라뱀이라 해야 한다)을 굴복시키듯 이 모든 독(毒)을 잠재울 수 있다. 저 엄양 존자(嚴陽尊者)처럼 호랑이를 길들여 말처럼 타고 다닐 수도 있다. 그리고 앉은 채로 조용히 이 육신을 벗어 버리고 떠날 수도 있고 선 채로 입멸에 들 수가 있다.

그러나 이런 무분별의 경지는 꼭 깨달음의 절정에 이른 제8 부동지에서만 가능한 게 아니다. 지금 이 자리에서 좋고 나쁨에 대한 이 모든 분별 취사심을 버리게 되면 그건 얼마든지 가능하다. 그러나 이처럼 분별 취사심이 없다 해서 이 현상계의 질서가 무너지는 건 아니다. 역시 산은 산인 채로 솟아 있고 물은 물인 채로 흐르고 있을 것이다. 이 승이 투자에게 조주의 활구 '급수상타구자'를 묻자 투자는 대뜸 "염념부정류(念念不停流, 생각 생각이 쉬지 않고 흐른다)"라고 말했다. 자, 그렇다면 벗이여, 투자의 이 활구(염념부정류)를 어떻게 간파해야 하겠는가. 조주의 '급수상타구자'와 투자의 '염념부정류'는 어느 점이 같고 또 어느 점이 다른가. 이 해답을 잡아내긴 결코 쉬운 일이 아니다. 그러나 잡아내 본 이들은 알고 있다. 세상에서 이것 이상 더 쉬운 해답도 없다는 것을…….

佛果圜悟禪師碧巖錄 卷第九

第 81 則
藥山射麈中麈
약산의 화살

【垂　示】

垂示云「攙旗奪鼓하니 千聖莫窮이요 坐斷諸訛하니 萬機不到라 不是神通妙用이요 亦非本體如然이라 且道憑箇什麼하야 得恁麼奇特고」

【수시번역】

㉠ 상대방의 깃발과 북을 빼앗아 버리니 뭇 성인들조차 추측할 수 없고 난해한 궤변을 제압해 버리니 모든 전략이 미칠 수 없다.
㉡ (그러나 이는) 신통묘용(神通妙用)도 아니요, 또한 본체(本體, 본질)가 그러한 것도 아니다.
㉢ (그렇다면) 자, 일러 보라. 무엇을 의지했기에 이렇듯 대단한가.

【수시해설】

세 마디로 되어 있다.

첫째 마디(㉠) : 선지식의 자유자재한 전술전략을 말하고 있다.

둘째 마디(㉡) : 언어와 생각이 미칠 수 없는 본래 자리〔向上不傳一着子〕에 대한 언급이다.

셋째 마디(㉢) : 선지식의 전술전략과 생각이 미칠 수 없는 그 본래 자리를 드러낸 그 좋은 본보기로서 본칙공안을 예로 들고 있다.

【本　　則】

〔本則〕擧　僧問藥山호대「平田淺草에　麈鹿成群이라　如何射得麈中麈닛고」(把髻投衙라　擎頭帶角出來하니　腦後拔箭이라)　山云「看箭하라」(就身打劫이로다　下坡不走면　快便難逢이라　著)　僧放身便倒하다(灼然不同[1])이니　一死更不再活이라　弄精魂漢이로다)　山云「侍者야　拖出這死漢하라」(據令而行이니　不勞再勘이니라　前箭猶輕後箭深이로다)　僧便走하다(棺木裏瞠眼이니　死中得活이라　猶有氣息在로다)　山云「弄泥團漢이　有什麽限이리요」(可惜許放過로다　據令而行이나　雪上加霜이라)　雪竇拈云「三步雖活이나　五步須死로다」(一手擡一手搦이로다　直饒走百步나　也須喪身失命이로다　復云「看箭하라」且道雪竇意落在什麽處오　若是同死同生인댄　藥山直得目瞪口呿요　一向似無孔鎚댄　堪作何用[2]고)

【본칙번역】

승이 약산에게 물었다. "넓은 들판에 큰 사슴과 사슴들이 무리를 이루고

---

1) 不同(2字) 없음(福本).
2) 復云 ~ 何用(38字) 없음(福本). (← 復云 此不有四着語 從川本(蜀本), 削之(種電鈔).

있습니다. 어떻게 하면 큰 사슴 가운데 큰 사슴(사슴의 왕)을 쏠 수(명중시킬 수) 있습니까?"

　　상투를 잡고 관청으로 자수하러 오고 있다. 머리에 뿔을 달고 나오는군. 머리 뒤로 화살을 쏘고 있다.

약산이 말했다. "간전(看箭, 화살을 보라)."

　　입은 옷까지 모조리 뺏는군. 아래 언덕으로 급히 달려가지 않으면 빠른 배를 타기 어렵다. 적중했다.

승은 (화살을 맞고) 쓰러지는 시늉을 했다.

　　분명히 예삿놈이 아니다. (그러나) 한번 죽으니 다신 되살아나지 못한다. 기괴한 짓을 하는 놈이다.

약산이 말했다. "시자야, 이 죽은 놈(멍청한 놈)을 끌어내라."

　　법령대로 시행했다. 번거롭게 재차 점검해 볼 필요는 없다. 앞 화살은 약과였다. 뒤 화살이 깊게 박혀 버렸다.

승은 즉시 달아났다.

　　관 속에서 눈을 부릅뜨고 있다. 죽었다가 되살아난다. 아직 호흡이 남아 있다.

약산이 말했다. "(이) 망상꾸러기에게 어찌 깨달을 기약이 있겠는가."

　　아깝게도 놓쳐 버리는군. 법령대로 시행했다. 설상가상이다.

설두는 (이에 대하여 이렇게) 평을 했다.

"세 걸음에선 비록 살았으나 다섯 걸음에서는 반드시 죽을 것이다."

　　한 손으론 들어올리고 또 한 손으론 내리누르고 있다. 비록 백보를 달아난다 하더라도 반드시 목숨을 잃을 것이다. (원오는) 다시 말했다. "간전(看箭, 화살을 보라)." 자, 일러 보라. 설두의 참뜻이 어디에 있는가. 만일 생사를 같이할 수만 있다면 약산도 놀라 말문이 막혀 버릴 것이다. (그러나) 오직 구멍 안 뚫린 쇠뭉치 같다면(무지몽매하다면) 그것을 어디에 쓰겠는가.

【본칙과 착어 해설】

◎ 승이 약산에게 물었다. "넓은 들판에 ~ 쏠 수(명중시킬 수) 있습니까?"   어떤 승이 약산에게 던진 물음이다. 이 물음 속에는 약산의 경지를 시험해 보려는 의도가 숨어 있다. 여기서의 '큰 사슴 가운데 큰 사슴(사슴의 왕)'이란 이 모든 것의 근본인 본래 자리〔本體〕를 말한다. 이 승은 지금 약산에게 이런 식으로 묻고 있다. "어떻게 하면 이 모든 것의 근본인 본래 자리〔本體〕를 꿰뚫을 수(간파할 수) 있습니까?"

△ 상투를 잡고 ~ 오고 있다.   이 승은 지금 약산의 경지를 탐색해 보려고 이런 식의 물음을 던졌다. 그러나 약산 쪽에서 본다면 이 승은 자신의 전체를 약산에게 노출시켜 버린 꼴이 됐다. 투구를 벗어들고 자수하러 오는 꼴이 되어 버렸다.

△ 머리에 뿔을 ~ 쏘고 있다.   그러나 이 승의 물음은 그 기세가 마치 머리에 두 개의 뿔을 달고 돌진해 오는 격이다. 머리 뒤로 화살을 쏘듯 그 공격의 기세가 거침이 없다.

◎ "간전(看箭, 화살을 보라)."   이 승의 공격을 맞받아치고 있는 약산의 활구다. 그야말로 전광석화와도 같이 빠른 역습이다.

△ 입은 옷까지 모조리 뺏는군.   약산의 이 활구(간전) 역습으로 하여 이 승은 입고 있는 옷까지 모조리 빼앗길 판이다.

△ 아래 언덕으로 ~ 타기 어렵다.   '배가 방금 떠났기 때문에 아래 언덕(지름길)으로 급히 뛰어가지 않으면 빠른 배를 잡아탈 수가 없다'는 이 말은 이 기회를 놓치면 약산의 활구를 간파하기가 힘들다는 뜻이다. 그러므로 벗이여, '간전(看箭, 화살을 보라)'을 간파하라. 약산의 이 활구를 간파하지 못한다면 두 번 다시 이런 절호의 기회는 오지 않는다.

△ 적중했다.   약산의 화살은 정확히 이 승의 심장에 적중했다. 자, 그러면 이제 이 승이 어떻게 나오는가를 볼 일이다.

◎ 승은 (화살을 맞고) 쓰러지는 시늉을 했다.   승은 약산의 화살을 맞

고 쓰러지는 흉내를 냈는데 이건 자기 자신이 바로 사슴의 왕이란 뜻이다.

△ 분명히 예삿놈이 아니다.　'이 승은 예사 수행자가 아니다'라고 원오는 말하고 있는데 이건 순전히 이 승을 놀려 대는 말이다.

△ (그러나) 한번 ~ 하는 놈이다.　그러나 되살아날 수 있는 전술이 이 승에게는 없었으니 이것이 정말 안타까운 일이다. 깨달은 것이 아니라 이 승은 처음부터 머리를 굴려 약산을 공격했던 것이다. 그저 기괴한 행동을 했던 것이다.

◎ "시자야, 이 죽은 놈(멍청한 놈)을 끌어내라."　이 승이 화살을 맞고 쓰러지는 시늉을 하자 그것을 본 약산은 즉시 이렇게 말했던 것이다. 말하자면 일방적으로 정면 돌파의 밀어붙이기를 감행하고 있다. 왜냐하면 약산은 이미 이 승의 전부를 꿰뚫어 봤기 때문이다.《종전초》에서는 약산의 이 말을 일러 "'임제의 할'을 능가했고 '덕산의 방망이'를 앞질렀다"고 극찬하고 있다.

△ 법령대로 ~ 깊게 박혀 버렸다.　약산은 지금 인정사정 보지 않고 원리원칙대로 전술전략을 펴고 있다. 사실 이런 머저리 같은 승은 새삼 점검해 볼 필요까지도 없었다. '간전(看箭)'이라고 말한 약산의 앞말은 그래도 발 디딜 틈은 있었다. 그러나 이 대목(시자야, ~ 끌어내라)에 오면 발 디딜 그 틈마저 없다.

◎ 승은 즉시 달아났다.　그러자 이 승은 일어나서 즉시 도망가 버렸다. 삼십육계를 놔 버리고 말았다.

△ 관 속에서 ~ 남아 있다.　죽은 놈이 일어나 달아나 버렸으니 관 속에 누운 송장이 두 눈을 부릅뜬 격이다. 이 승에게는 다행히도 아직 달아날 정도의 기력은 남아 있었던가 보다.

◎ "(이) 망상꾸러기에게 어찌 깨달을 기약이 있겠는가."　달아나는 이 승을 보고 약산이 한 말이다. 이로써 약산은 이 승의 모든 것을 다 알아 버렸다.

△ 아깝게도 놓쳐 버리는군.　이 승이 쓰러지는 시늉을 하자마자 약

산은 몽둥이로 내리쳤어야 한다. 그러나 그렇질 않았기 때문에 그만 이 승을 놓쳐 버린 것이다.

△ **법령대로 시행했다.** 그러나 약산은 이 승의 눈높이에 맞춰 공격과 방어를 적재적소에서 펼쳤다.

△ **설상가상이다.** 그러나 또 한편으로 본다면 이 승의 기괴한 짓에 약산은 본의 아니게 말려든 꼴이 되고 말았다. 말하자면 엎친 데 덮친 꼴이 된 것이다.

◎ "세 걸음에선 비록 살았으나 다섯 걸음에서는 반드시 죽을 것이다." 달아난 이 승을 평한 설두의 말이다. '이 승은 재빨리 약산의 손아귀에서 빠져나가 도망갔다. 그렇지만 결국은 약산의 함정을 벗어나진 못할 것이다' 라는 뜻이다.

△ **한 손으론 ~ 내리누르고 있다.** 한 손으로 이 승을 들어올린 곳(치켜세운 곳)은 어딘가. '세 걸음에선 살았다' 는 구절이다. 또 한 손으로 내리누른 곳(깎아내린 곳)은 어딘가. '다섯 걸음에선 죽을 것이다' 란 구절이다.

△ **비록 백보를 ~ 목숨을 잃을 것이다.** 그러나 결국 이 승은 약산의 함정을 벗어날 수 없다. 왜냐하면 '간전(看箭)'이라는 약산의 활구에서 이 승은 이미 약산의 사정권 안으로 잡혀 들어와 버렸기 때문이다.

△ **(원오는) 다시 말했다. ~ 어디에 쓰겠는가.** 《촉본》,《복본》 그리고 《종전초》에는 이 부분이 없다. 이 부분을 삭제해 버리면 그 뜻이 더욱 선명해진다. 이 부분은 불필요한 사족이다. 그러나 굳이 이 부분을 뜻풀이한다면 다음과 같다. ―원오는 대중들을 향하여 '간전(看箭)'이라고 약산의 활구를 그대로 들어 보였다. 그러고는 이렇게 말했다. "자, 여러분, '세 걸음에선 살았으나 다섯 걸음에선 죽을 것이다' 라고 말한 설두의 참뜻은 무엇인가. 만일 이 뜻을 분명히 간파하여 설두와 같은 경지에 이르렀다면 약산도 기가 질려 버릴 것이다. 그러나 그렇질 못하고 무지몽매하기만 하다면 그것을 도대체 어디에 써먹는단 말인가."

【評　唱】

〔評唱〕這公案을 洞下謂之借事問이라하고 亦謂之辨主問이라하니 用明當機라 鹿與麈는 尋常易射나 唯有麈中麈하야 是鹿中之王이니 最是難射라 此麈鹿이 常於崖石上에 利其角하야 如鋒鋩穎利라 以身護惜群鹿하나니 虎亦不能近傍이니라 這僧亦似惺惺이라 引來問藥山하야 用明第一機라 山云「看箭하라하니」作家宗師라 不妨奇特이로다 如擊石火, 似閃電光이라 豈不見三平이 初參石鞏할새 鞏이 才見來하고 便作彎弓勢云「看箭하라」三平撥開胸云「此是殺人箭가 活人箭[3]가」鞏이 彈弓弦三下하니 三平便禮拜라 鞏云「三十年을 一張弓兩隻箭일러니 今日只射得半箇聖人이라하고」便拗折弓箭하니라 三平이 後擧似大顚하니 顚云「旣是活人箭이리니 爲什麼向弓弦上辨고」三平이 無語라 顚云「三十年後에 要人擧此話라도 也難得이니라」法燈이 有頌云 古有石鞏師하야 架弓矢而坐라 如是三十年에 知音無一箇러니 三平中的來하야 父子相投和라 子細返思量컨대 元伊是射垜로다 石鞏作略이 與藥山一般이라 三平頂門具眼하야 向一句下便中的하니 一似藥山의 道看箭이라 其僧便作麈放身倒라 這僧也似作家나 只是有頭無尾라 旣做圈繢하야 要陷藥山이나 爭奈藥山是作家라 一向逼將去리요 山云「侍者야 拖出這死漢하라하니」如展陣向前相似라 其僧便走하니 也好라 是則是나 爭奈不脫灑하야 粘脚粘手리요 所以藥山云「弄泥團漢有什麼限이리요하니」藥山當時에 若無後語런들 千古之下에 遭人檢點하리라 山云看箭에 這僧便倒하니 且道是會아 是不會아 若道是會댄 藥山因什麼하야 卻恁麼道弄泥團漢고 這箇가 最惡이로다 正似僧問德山호대「學人仗鏌鎁劍하야 擬取師頭時如何닛고」山이 引頸近前云「囝라하니」僧云「師頭落也니다」德山低頭歸方丈이라 又巖頭問僧호대

---

3) 此是 ～ 活人箭(8字) = 此是殺人箭 如何是活人箭(福本).

什麼處來오 僧云「西京來니다」巖頭云「黃巢過後에 曾收得劍麼아」僧云「收得이니다」巖頭引頸近前云「囚아하니」僧云「師頭落也니다」巖頭呵呵大笑하다 這般公案은 都是陷虎之機니 正類此라 恰是藥山이 不管他하고 只爲識得破하야 只管逼將去라 雪竇云「這僧三步雖活이나 五步須死라하니」這僧이 雖甚解看箭하야 便放身倒나 山云「侍者야 拖出這死漢하라하니」僧便走라 雪竇道호대「只恐三步外不活이로다 當時若跳出五步外면 天下人이 便不奈他何하리라」作家相見은 須是賓主始終互換하야 無有間斷이니 方有自由自在分이라 這僧當時에 旣不能始終이라 所以遭雪竇檢點이로다 後面亦自用他語라 頌云

【평창번역】

　이 공안을 동산(洞山) 문하에서는 '사건을 빌려 본질을 설명하는 물음〔借事問〕'이라고 하며 또한 '주인(선지식)의 안목을 시험해 보는 물음〔辨主問〕'이라고도 한다. (말하자면 이는) 사슴이라는 구체적인 사실을 통하여 당면한 근본 문제를 밝히려는 것이다. 사슴과 큰 사슴은 보통 쏘기가 쉽다. 그러나 큰 사슴 가운데 큰 사슴이 있는데 이는 사슴의 왕으로서 쏘아 맞추기가 아주 어렵다. 이 사슴의 왕은 언제나 절벽 위에 있는데 큰 뿔이 날카로워서 마치 칼날과도 같이 예리하다. (이 사슴의 왕은 칼날같이 예리한 뿔을 가진) 몸으로 뭇 사슴들을 보호하나니 호랑이조차도 가까이 접근하지 못한다. 이 승 또한 깨달은 듯한 태도로 '사슴의 왕' 예를 인용하여 약산에게 물음을 던져서 제일기(第一機, 가장 본질적인 문제)를 밝히려 했다.
　약산은 말하길 "간전(看箭, 화살을 보라)"이라고 했으니 (정말) 대단한 작가종사다. (그 전략의 빠르기가 마치) 전광석화와도 같다.
　삼평(三平)이 처음 석공(石鞏)을 찾아갔을 때의 이야기를 그대는 익히 알고 있을 것이다.

삼평이 처음 석공을 찾아갔다. 석공은 (삼평이) 오는 것을 보자마자 즉시 활을 당기는 시늉을 하며 말했다. "간전(看箭, 화살을 보라)." (그러자) 삼평은 가슴을 풀어 헤치며 말했다. "이것은 사람을 죽이는 화살입니까, 사람을 살리는 화살입니까〔此是殺人箭 活人箭[4]〕." 석공은 활줄을 세 번 퉁겼다. (이에) 삼평은 즉시 절을 했다. (그러자) 석공은 (이렇게) 말했다. "30년 동안 활 한 개와 화살 두 개를 가지고 있었는데 오늘에야 비로소 반쪽 성인을 쏠 수 있었다." (그리고 나서) 석공은 즉시 활과 화살을 꺾어 버렸다. 삼평은 그후 (이 사실을) 대전(大顚)에게 말했다. (그러자) 대전은 말했다. "사람을 살리는 화살이거니 무엇 때문에 활줄 위를 향해서 분별심을 일으키는가?" 삼평은 아무 말이 없었다. 대전은 말했다. "삼십년후요인거차화야난득(三十年後 要人擧此話也難得, 삼십 년 후에 누군가가 이 말을 거론하려고 한다면 (그 뜻을 간파하기가) 아주 어려울 것이다)."

(여기 삼평과 석공의 문답에 대한) 법등(法燈)의 송이 있다.

> 옛적에 석공 스승이 있었는데
> 활에 화살을 걸어 놓고 앉아 있었네
> 이렇게 하기 삼십 년,
> 지기(知己)는 단 한 사람도 없었네
> 삼평이 (그의 뜻에) 적중하여
> 부자(父子)가 서로 의기가 투합했네
> (그러나) 자세히 돌이켜 생각해 보니
> 원래 저들(석공과 삼평)은 과녁이 아니라
> 그 받침대였네.

---

4) 《복본》에는 이렇게 되어 있다. "이것은 사람을 죽이는 화살입니다. 어떤 것이 사람을 살리는 화살입니까〔此是殺人箭 如何是活人箭〕." 이 《복본》을 따라야 말뜻이 훨씬 선명해진다.

석공의 전략과 약산(의 전략)은 한가지이다.

삼평이 제3의 눈이 열려 한 글귀 아래 즉시 (석공의 뜻에) 적중하니 약산이 "간전(看箭, 화살을 보라)"이라고 말한 것과 같다. 이 승은 즉시 사슴의 왕이 되어 쓰러지는 시늉을 했다. 이 승 또한 작가종사인 것처럼 보이지만 (실은) 머리만 있고 꼬리가 없는 꼴이다. (이 승은) 함정을 파 놓고 약산을 함정에 빠트리려 했으나 약산은 (이미) 작가종사였음을 어찌하겠는가. (약산은) 일방적으로 (이 승을) 몰아붙였던 것이다. 약산은 말하길 "시자야, 이 죽은 놈(멍청한 놈)을 끌어내라" 했으니 (적의) 앞을 향해 진(陳)을 펼친 것과도 같다. 이 승은 즉시 달아났으니 아주 멋있었다고 할 수 있다. 그렇긴 하나 깨끗하지가 못해서 손발이 끈적끈적 달라붙고 있음을 어찌하겠는가. 그러므로 약산은 (이렇게 말했던) 것이다. "(이) 망상꾸러기에게 어찌 깨달을 기약이 있겠는가." 약산이 그 당시 만일 이 뒷말이 없었던들 두고두고 사람들에게 문책을 당했을 것이다. 약산이 "간전(看箭, 화살을 보라)"이라고 하자 이 승은 즉시 쓰러졌으니 자, 일러 보라. 알고 (이랬는가) 모르고 (이랬는가). 만일 (이 승이) 알았다면 약산은 무엇 때문에 '(이) 망상꾸러기'라는 식으로 말했는가. 이것(이 말)이 가장 악랄하다(알기 어렵다). 이는 (어떤) 승과 덕산 사이에 오고 간 선문답과 쏙 빼닮았다.

(어떤) 승이 덕산에게 물었다. "제가 명검으로 스님의 목을 치려고 할 때는 어떻습니까?"

덕산은 (그 승의 앞으로) 목을 길게 빼며 말했다. "화(囚, 대단하군)!" 승은 말했다. "스님의 목이 떨어졌습니다." (그 말을 들은) 덕산은 고개를 숙인 채 (아무 말 없이) 방장실로 돌아가 버렸다.

또 암두(巖頭)가 (어떤) 승에게 물었다. "어디서 오는 길인가?"

승이 말했다. "서경(西京)에서 오는 길입니다."

암두가 말했다. "황소과후 증수득검마(黃巢過後 曾收得劍麽, 황소가 지나간 뒤에 그의 검을 주웠는가)."

승이 말했다. "주웠습니다."

암두는 (그 승 앞으로) 목을 길게 빼며 말했다. "화(囚)!" 승은 말했다. "스님의 목이 떨어졌습니다."

(그러자) 암두는 하하 크게 웃었다.

이런 종류의 공안에는 모두가 범을 함정에 빠트리는 전략이 있나니 (본칙공안이) 바로 이런 유의 공안이다. 마치 약산이 저(이 승)를 염두에 두지 않고 즉시 간파해 버려서 오로지 몰아붙이기만 하고 있는 것과도 같다. 설두는 말하길 "세 걸음에선 비록 살았으나 다섯 걸음에서는 반드시 죽을 것이다"라고 했다. 이 승은 '간전(看箭)'이란 말귀를 알아들어서 즉시 쓰러지는 시늉을 했다. 그러나 약산이 말하길 "시자야, 이 죽은 놈(멍청한 놈)을 끌어내라"고 했으니 이 승은 즉시 달아나 버렸다. 설두는 (이에 대하여 이렇게) 말했다. "세 걸음 밖에서 살아나지 못할까 걱정스럽다." 그 당시 (이 승이) 만일 다섯 걸음 밖으로 뛰어나갔더라면 천하인들이 저(이 승)를 어떻게 할 수가 없었을 것이다. 작가종사(선지식)의 만남은 주객이 시종일관 서로 입장을 바꿔 가며 끊어지거나 막힘이 없어야 하나니 (그래야만) 비로소 자유자재함을 얻을 수 있다. 이 승은 처음과 끝이 한결같지 못했다. 그래서 설두에게 점검을 당하고(문책을 받고) 있는 것이다. 뒤〔後面〕에서 (설두는) 자신의 언어로 (이렇게) 송을 읊고 있다.

【평창해설】

동산양개(洞山良价)의 문하, 즉 조동종(曹洞宗) 계통에서는 본칙공안에서 이 승의 물음과 같은 종류의 질문을 차사문(借事問), 또는 변주문(辨主問)이라고 일컫는다. '차사문'이란 어떤 구체적인 사실을 빌려 본래 자리를 밝히려는 물음을 말한다. 그리고 '변주문'이란 선지식의 경지를 탐색해 보려는 물음을 말한다. 이 승은 지금 사슴의 왕을 예로 들어 본래 자리를 묻고 있다. 약산은 이 승의 물음이 채 끝나기도 전에 '간전(看箭)'이라고 외쳤는데 약산의 이 활구야말로 그 빠르기가 전광석화와도 같다고 할 수 있다. 그러자 이 승은 약산이 쏜 화살을 맞고 쓰러지는 시늉을 했다. 말하자면 자기 자신이 바로 사슴의 왕이라는 무언의 암시를 하고 있는 것이다. 그러면서 동시에 약산에게 올가미를 씌우려 하고 있다. 그러나 이 승은 약산의 활구 공격을 막아내기엔 역부족이었다. 이를 간파한 약산은 죽은 시늉을 하고 있는 이 승의 위장술에는 아랑곳없이 일방적으로 이 승을 몰아붙였던 것이다. "시자야, 이 죽은 놈(멍청한 놈)을 끌어내라"고 불호령을 했던 것이다. 그러자 이 승은 잽싸게 삼십육계를 놔 버렸다. 그러나 이 싸움의 주도권은 처음부터 시종일관 약산이 쥐고 있었던 것이다. 이 승은 약산의 정면 돌파 밀어붙이기 작전에 말려 헤어나지 못하고 있다. 이쯤에서 삼십육계를 놓은 것은 참 잘한 일이지만 그러나 이 삼십육계만이 최상책은 아니었다. 삼십육계 대신 비호 같은 역습 반격을 시도했더라면 약산이 오히려 수세에 몰렸을 것이다. 그러나 이 승은 역습 반격을 하지 않고 그대로 줄행랑을 치고 말았다. 이를 본 약산은 병력을 철수시키며 이렇게 말했다. "(이) 망상꾸러기에게 어찌 깨달을 기약이 있겠는가." 약산은 처음부터 이 승이 잔꾀를 부린다는 것을 알았던 것이다. 그래서 '간전(看箭)'이라는 활구를 내던진 것인데 이 승은 약산의 이 활구를 미처 간파하지 못하고 그만 글자풀이에 굴러떨어졌던 것이다. 약산의 활구 '간전(看箭)'과 같은 예로서 평창에서는 석공의 공안을 소개하고 있다.

약산의 '간전(看箭)'과 석공의 '간전(看箭)'은 말은 같지만 그러나 이 활구를 약산과 석공은 동일하게 사용하고 있지 않다. 약산의 경우 그 직관력이 마치 전광석화와도 같이 빨랐다. 그러나 석공의 경우는 다소 둔탁한 감이 있다. 그렇기에 석공에게 인가(인정)를 받은 삼평은 결국 대전에게 박살나고 말았던 것이다. 석공과 삼평의 이 문답에 대한 법등(法燈)의 시는 문제의 핵심을 정확하게 간파하고 있다. 석공은 '간전(看箭)'이란 활구를 사용하긴 했지만 그러나 이 활구의 핵심을 분명히 간파하지는 못했던 것이다. "원래 저들(석공과 삼평)은 과녁이 아니라 그 받침대였네"라는 법등의 시 끝 구절은 바로 이 점을 읊은 것이다. 본칙공안과 비슷한 구조를 가진 공안으로서 평창에서는 '덕산의 공안'과 '암두십마처래(巖頭什麽處來, 벽암록 제66칙)' 공안을 본보기로 들고 있다. 이 승은 처음에는 제법 패기가 있었다. 그러나 약산의 반격('간전')을 받고부터는 수비를 하느라 쩔쩔매고 있다. 그러다간 결국 마지막에 가서는 북과 깃발마저 내던져 버리고 줄행랑을 치고 말았던 것이다. 결국은 약산의 전술전략에 말려 참패를 당하고 만 것이다. 그래서 설두는 이렇게 말했다. "세 걸음에선 비록 살았으나 다섯 걸음에선 반드시 죽을 것이다."

【頌】

〔頌〕塵中塵를(高著眼看하라 擎頭戴角去也라) 君看取하라(何似生고 第二頭走[5]로다 要射便射니 看作什麽오) 下一箭하니(中也라 須知藥山好手라) 走三步라(活鱍鱍地니 只得三步나 死了多時라) 五步若活인댄(作什麽跳百步오 忽有箇死中得活時如何오) 成群趁虎라(二俱並照[6]면 須與他倒退始得이니라 天下衲僧放他出頭나 也只在草窠裏로다) 正眼從來付獵人이니라(爭奈藥山未肯承當這話리요 藥山則故是나 雪竇又作麽生고 也不干藥山事며 也不干雪竇事며 也不干山僧事며 也不干上座事라) 雪竇高聲云「看箭하라」(一狀領過라 也須與他倒退始得이니라 打云「已塞卻你咽喉了也로다」)

【송번역】

사슴의 왕을
    높이 보라. 머리에 뿔이 돋아났구나.
그대는 보라

---

5) 走 없음(福本).
6) 照 = 然(福本).

어떤가. 제2류로 내닫는다. 쏘려면 즉시 쏴라. 봐서 어쩔 셈인가.

화살 한 개를 쏘니

명중했다. 약산이야말로 명궁(名弓)이라는 사실을 분명히 알아야 한다.

세 걸음 달아나네

활기차다. 세 걸음은 가능했으나 이미 죽은 지가 오래되었다.

다섯 걸음에서 만일 살아난다면

백 걸음을 뛰어서 어쩔 셈인가. 문득 죽었다가 되살아날 땐 어떤가.

무리를 이뤄 범을 추격하리라

둘(약산과 이 승)이 서로 맞비치고 있다면 저(이 승)에게서 급히 물러서지 않으면 안 된다. 천하의 수행자들이 저(이 승)를 나서도록 하지만 (저는) 다만 (번뇌망상의) 풀 속에 안주해 있다.

정안(正眼)은 원래부터 사냥꾼에게 있었네

약산 자신이 이 말을 수긍하지 않는 걸 어찌하겠는가. 약산은 그렇다 치고 설두는 또 어떤가. 약산의 일에도 관계가 없으며 설두의 일에도 관계가 없으며 산승(원오)의 일에도 관계가 없으며 상좌(上座, 이 승)의 일에도 관계가 없다.

설두는 큰 소리로 말했다. "간전(看箭, 화살을 보라)."

동일한 죄목으로 처단한다. 또한 저(설두)로부터 급히 물러서지 않으면 안 된다. (원오는 선상을) 치면서 말했다. "이미 그대들의 목구멍을 꽉 막아 버렸다."

【송과 착어해설】

◎ **사슴의 왕을**   언어와 사고가 닿을 수 없는 그 '본래 자리'를 '사슴의 왕'에 견주고 있다.

△ **높이 보라. ~ 돋아났구나.**   그 '본래 자리'를 분명히 체험하지 않으면 안 된다. 왜냐하면 그 본래 자리는 사사로운 감정이나 생각이 개입할

수 없는 정말 험악한 곳(대단한 곳)이기 때문이다.

　◎ **그대는 보라**　　볼 것이 아니라 몸소 체험해야만 한다. 그 본래 자리를 보는 순간 보는 주관과 보이는 객관이 나뉘기 때문이다.

　△ **어떤가. ~ 어쩔 셈인가.**　　그 본래 자리를 몸소 체험할 수 있겠는가. '체험한다'는 이 생각이 남아 있는 한 벗이여, 그대는 이미 핵심을 놓쳐 버렸다. 단도직입적으로 '지금 여기'서 그 본래 자리를 체험해야 한다. 우회적인 방법은 더 이상 필요치 않다.

　◎ **화살 한 개를 쏘니**　　약산의 활구 '간전(看箭)'을 읊은 구절이다.

　△ **명중했다. ~ 알아야 한다.**　　약산은 그 본래 자리를 정확히 꿰뚫고 있다. 약산이야말로 정말 눈밝은 선지식이다.

　◎ **세 걸음 달아나네**　　약산의 '간전'에 삼십육계 줄행랑을 친 이 승을 읊은 구절이다.

　△ **활기차다.**　　이 승이 삼십육계를 놓는 장면을 반 농담조로 읊은 대목이다. 원오의 짓궂은 성격이 잘 드러나고 있다.

　△ **세 걸음은 ~ 오래되었다.**　　그러나 결국 이 승은 약산의 사정권을 벗어날 수가 없었다.

　◎ **다섯 걸음에서 만일 살아난다면**　　그러나 만일 이 승이 느닷없이 역습 반격으로 나왔더라면 어떻겠는가.

　△ **백 걸음을 ~ 되살아날 땐 어떤가.**　　죽은 듯이 누워 있다가 갑자기 약산의 뒤통수를 갈겼더라면 어떠했을까. 상황은 지금과는 정반대가 됐을 것이다.

　◎ **무리를 이뤄 범을 추격하리라**　　제아무리 약산이라 해도 후퇴하지 않을 수 없었을 것이다.

　△ **둘(약산과 이 승)이 서로 ~ 안주해 있다.**　　만일 약산과 이 승의 전술전략이 막상막하였더라면 어찌됐을까. 약산이 오히려 수세에 몰렸을 것이다. 그러나 이 승의 안목은 약산을 능가하기엔 역부족이었다. 그래서 이 승은 결국 약산의 손아귀에서 벗어나지 못했던 것이다.

◎ 정안(正眼)은 원래부터 사냥꾼에게 있었네   시종일관 이 승을 몰아붙이고 있는 약산의 저돌적인 전략을 칭찬하는 구절이다.

△ 약산 자신이 ~ 어찌하겠는가.   그러나 약산은 자신이 선지식이라는 생각에 추호도 사로잡히지 않았다. 약산은 단지 상황 상황의 변화에 따라 거기 가장 적절한 방법으로 대응하고 있을 뿐이다.

△ 약산은 ~ 또 어떤가.   그렇다면 설두의 경우는 어떤가. 송을 읊고 있는 설두 역시 자신이 '안목이 높다'는 생각은 추호도 하지 않았다. '안목이 높다'는 이 자만심이 남아 있는 한 그는 결코 안목이 높을 수가 없기 때문이다.

△ 약산의 일에도 ~ 관계가 없다.   이렇듯 이 모든 분별의 생각들을 일소해 버릴 그때 비로소 그 본래 자리로서의 사슴의 왕은 제 모습을 드러낸다.

◎ 설두는 큰 소리로 말했다. "간전(看箭, 화살을 보라)."   설두는 여기서 약산의 활구인 '간전'을 자기 자신의 활구로 다시 사용하고 있다. 자, 그렇다면 벗이여, '간전'이라는 이 말의 참뜻이 무엇이겠는가. 빨리 봐라. 우물쭈물하다가는 길을 잃는다. 간전(하하)!

△ 동일한 죄목으로 처단한다.   설두는 '간전'이라는 이 두 글자로 본칙공안의 핵심을 꿰뚫고 있다.

△ 또한 ~ 물러서지 않으면 안 된다.   설두의 직관력이 너무나 날카롭기 때문이다. 급히 물러서지 않으면 그대로 모가지가 날아갈 판이다.

△ (원오는 선상을) ~ 꽉 막아 버렸다."   원오는 쾅! 하고 선상을 후려치면서 이렇게 말했는데 쾅! 하고 선상을 후려친 이것이 바로 '간전'에 맞먹는 원오의 활구인 것이다. 자, 여기서 누가 한 마디 일러 볼 수 있겠는가. 우리 모두가 그저 꿀 먹은 벌이 될 수밖에 없다. '목구멍을 꽉 막아 버렸다'는 말은 바로 이 꿀 먹은 벌이 됐다는 뜻이다.

【評　唱】

〔評唱〕「塵中塵을 君看取하라하니」 衲僧家는 須是具塵中塵底眼하며 有塵中塵底頭角이니 有機關, 有作略하면 任是挿翼猛虎와 戴角大蟲이라도 也只得全身遠害니라 這僧當時에 放身便倒하야 自道호대 「我是塵라하니라」 「下一箭, 走三步라하니」 山云 「看箭하라」 僧便倒하다 山云 「侍者야 拖出這死漢하라하니」 這僧便走也甚好나 爭奈只走得三步리요 「五步若活, 成群趁虎라하니」 雪竇道호대 「只恐五步須死라」 當時若跳得出五步外活時에는 便能成群去趁虎하리라 其塵中塵은 角利如鎗이라 虎見亦畏之而走니라 塵爲鹿中王이니 常引群鹿하고 趁虎入別山이라 雪竇後面에 頌藥山亦有當機出身處라 「正眼從來付獵人이라하니」 藥山은 如能射獵人이요 其僧은 如塵라 雪竇是時에 因上堂擧此語하야 束爲一團話하야 高聲道一句云 「看箭이라하니」 坐者立者가 一時起不得이로다

【평창번역】

"사슴의 왕을/ 그대는 보라"고 했으니 수행자는 사슴의 왕과 같은 안목을 갖추고 사슴의 왕과 같은 뿔(기백)이 있어야만 한다. 이런 능력과 전략이 있으면 날개 달린 호랑이와 뿔 난 범이라도 또한 자신들의 몸을 다치지 않게 하기 위하여 멀리 피할 것이다. 이 승은 그 당시 (화살을 맞고) 쓰러지는 시늉을 하며 (속으로 말하길) '나는 사슴의 왕입니다' 라고 했던 것이다. "화살 한 개를 쏘니 세 걸음 달아나네"라고 했으니 약산은 말하길 "간전(看箭, 화살을 보라)"이라 했다. (그러자) 이 승은 즉시 쓰러지는 시늉을 했다. 약산은 말하길 "시자야, 이 죽은 놈(멍청한 놈)을 끌어내라"라고 했다.

이 승이 달아난 것은 아주 좋았으나 다만 세 걸음만을 달아날 수 있었

음을 어찌할 것인가. "다섯 걸음에서 만일 살아난다면/ 무리를 이뤄 범을 추격하리라"라고 했다. 설두는 말하길 "다만 다섯 걸음에서 죽을까 걱정스럽다"고 했다. (그러나) 만일 다섯 걸음 밖으로 치달아 살아날 때는 무리를 이뤄 범을 추격할 것이다. 그 사슴의 왕은 뿔이 날카롭기가 (마치) 창끝과 같아서 범도 (그 뿔을) 보고 두려워 달아난다. '주(麈)'는 사슴의 왕이니 언제나 사슴 무리를 인솔하고 범을 추격하면서 또 다른 산으로 들어간다. 설두는 (송의) 후반부에서 "약산도 또한 당기출신처(當機出身處, 당면한 근본 문제를 해결할 수 있는 능력)가 있다"고 읊고 있다.

"정안(正眼)은 원래부터 사냥꾼에게 있었다"고 했으니 약산은 마치 활을 잘 쏘는 사냥꾼과도 같았던 것이다. (그리고) 이 승은 사슴의 왕과도 같았다. 설두는 설법당에 올라가 이 공안을 거론하여 단 한 마디로 요약했다. (그런 다음) 큰 소리로 이 한 마디를 일러 (이렇게) 말했다. "간전(看箭, 화살을 보라)." (설두의 이 말 한 마디에) 앉아 있던 이나 서 있던 이들이 모두 꼼짝도 할 수 없었다.

【평창해설】

여기서의 사슴의 왕은 이 승에, 그리고 활을 쏜 사냥꾼은 약산에 해당한다. 사슴의 왕은 약산의 화살에 맞아 쓰러지는 시늉을 하면서 약산의 발목을 걸었다. 그러나 약산은 이 승의 위장술을 재빨리 간파, 그냥 일방적으로 밀어붙였다. 그러자 이 승은 막다른 길에 다달아 그만 삼십육계를 놓고 말았다. 그러나 이 승은 도저히 약산의 사정권을 벗어날 수가 없었던 것이다. 이 승이 만일 약산의 밀어붙이기 작전에 맞서 역습 반격으로 나왔더라면 상황은 급변했을 것이다. 약산 쪽이 오히려 수세에 몰려 우왕좌왕했을 것이다. 그러나 시종일관 이 싸움의 주도권은 약산이 쥐고 있었다. "정안(正眼)은 원래부터 사냥꾼에게 있었다"는 설두의 시 구절은 이를 말하는 것이다. 송의 마지막 구절에서 설두는 당시 법회에 참석한 대중들을 향하여 약산의 활구 '간전'을 자기 자신의 활구로 재사용하고 있다. "간전!"이라고 외치는 설두의 이 활구에 사람들은 단 한 마디도 하지 못한 채 그대로 꿀 먹은 벙어리 됐던 것이다. 자, 그렇다면 벗이여 그대라면 어떻게 응수하겠는가. 만일 필자가 그 자리에 있었더라면 설두가 "간전!"이라고 외치는 그 즉시 "빗나갔다"고 맞받아쳤을 것이다. 만일 설두가 재차 주장자를 휘둘러 댄다면 필자는 설두의 선상을 그냥 뒤집어엎어 버렸을 것이다. 그러나 필자의 이런 연기를 보고 쯧쯧 혀를 차는 이가 있다는 것을 분명히 알아야 한다. 저 바람의 그림자마저 놓치지 않는 눈밝은 이〔明眼衲者〕가 있다는 것을 알아야 한다.

第 82 則
大龍堅固法身
승이 대룡에게 묻다

【垂　　示】

垂示云「竿頭絲線은 具眼方知요 格外之機는 作家方辨이라 且道 作麼生是竿頭絲線이며 格外之機오 試擧看하라」

【수시번역】

㉠ 낚싯줄이 움직이는 것을 보고 고기가 먹이를 물었다는 것을 아는 것은 그 방면에 안목이 있는 자라야만 가능하다.
㉡ 그리고 격외의 움직임은 작가종사라야만 비로소 판별할 수 있다.
㉢ 자, 일러 보라. 어떤 것이 '낚싯줄 움직이는 것을 보고 고기가 먹이를 물었다는 것을 아는 것'이며 '격외의 움직임'인가. 시험삼아 거론해 보자.

【수시해설】

세 마디로 되어 있다.

첫째 마디(㉠) : 안목 있는 선지식은 수행자의 전술전략을 능히 꿰뚫어 볼 수 있음을 말하고 있다.

둘째 마디(㉡) : 반대로 수행자가 안목이 있을 경우에는 선지식의 전술전략을 능히 간파할 수 있음을 말하고 있다.

셋째 마디(㉢) : 선지식의 안목이 가장 잘 드러난 그 본보기가 바로 본 칙공안이라는 것을 말하고 있다.

【本　　則】

〔本則〕擧　僧問大龍호대「色身敗壞어니와　如何是堅固法身이닛고」(話作兩橛이라 分開也好로다) 龍云「山花開似錦이요　澗水湛如藍이로다」
(無孔笛子·撞著氈拍板이라 渾崙擘不破로다 人從陳州來에 却往許州去로다)

【본칙번역】

승이 대룡(大龍)에게 물었다. "육신은 부서지거니와 어떤 것이 영원한 법신(法身)입니까?"

　　말이 두 동강이 나 버렸다. 분명히 밝히는 것도 또한 나쁘진 않다.
대룡이 말했다. "산화개사금 간수잠여람(山花開似錦 澗水湛如藍, 산꽃은 피어 비단 같고 계곡 물은 깊어 쪽빛을 띠었네)."

　　구멍 없는 피리가 모직물로 만든 딱딱이에 부딪쳤다. 곤륜산은 쳐도 부서지지 않는다. 사람이 진주(陳州)에서 오는데 되려 허주(許州)로 가고 있다.

【본칙과 착어해설】

◎ "육신은 부서지거니와 어떤 것이 영원한 법신(法身)입니까?"　　어떤 승이 대룡에게 던진 물음이다.

△ 말이 두 동강이 나 버렸다.　　육신과 법신으로 이분됐기 때문이다. 이 육신과 법신이 둘이 아닌 자리에서 문득 육신과 법신을 양분하고 있기 때문이다.

　△ 분명히 ~ 나쁘진 않다.　　그러나 '어떤 것이 진정한 법신인가'를 한 번쯤은 분명하게 짚고 넘어가 보는 것 또한 나쁘다고만은 할 수 없다.

　◎ "산화개사금 간수잠여람(山花開似錦 澗水湛如藍, 산꽃은 피어 비단 같고 계곡 물은 깊어 쪽빛을 띠었네)."　　이 승의 질문에 응한 대룡의 답변이다. 보라. 이 얼마나 멋진 구절인가. 그러나 벗이여, 이 멋진 글귀는 다름 아닌 대룡 자신의 활구라는 이 사실을 알아야 한다. 법신(法身) 그 자리를 그냥 팬티도 입지 않은 채 송두리째 드러내 보인 대목이라는 이 엄청난 사실을 알아야 한다. 그렇기에 《종전초》에서는 이렇게 말하고 있다. "분명하게 다 드러내 보이고 있다. 대룡의 이 한 구절은 법신의 경지마저도 뛰어넘어 천지창조 이전 소식을 열어 보이고 있다. 말하자면 '고래가 바닷물을 모두 마셔 버리자 산호의 가지가 송두리째 드러나는 것'과도 같다."

　△ 구멍 없는 ~ 부딪쳤다.　　구멍 없는 피리와 모직물 딱딱이가 부딪치면 어떤 울림도 없다. 이 대목은 '대룡의 활구에는 언어의 흔적이 전혀 없다〔沒蹤跡〕'는 뜻이다.

　△ 곤륜산은 ~ 않는다.　　여기 곤륜산은 대룡의 활구에 비긴 것이다. 대룡의 이 활구는 그 어떤 것으로 내리쳐도 깨지지 않고 그 어떤 것으로 밀어도 열리지 않는다. 왜냐하면 그것은 언어와 사고의 영역이 아니기 때문이다. 그러므로 아예 처음부터 언어풀이나 이치적인 해설은 할 생각을 말아야 한다.

　△ 사람이 ~ 가고 있다.　　대룡의 활구 대답은 겉보기에는 산꽃과 계곡 물의 풍경을 읊은 시 구절과 같다. 그러나 사실인즉 그 본래 자리〔法身〕를 여지없이 드러낸 대목이다. '사람이 진주에서 오고 있는데 정반대쪽에 있는 허주로 간다'는 것은 '말풀이로 봐선 풍광 묘사인데 그 참뜻은 정반대로 본래 자리〔法身〕를 드러낸 것'이라는 의미다.

【評　　唱】

〔評唱〕此事若向言語上覓인댄 一如掉棒打月이니 且得沒交涉이로다 古人分明道호대「欲得親切인댄 莫將問來問하라 何故오 問在答處요 答在問處라하니라」這僧이 擔一檐莽鹵하야 換一檐鶻突하니 致箇問端하야 敗缺不少로다 若不是大龍이면 爭得蓋天蓋地리요 他恁麼問에 大龍恁麼答하니 一合相이라 更不移易一絲毫頭로다 一似見兎放鷹하고 看孔著楔이라 三乘十二分敎에 還有這箇時節麼아 也不妨奇特이로다 只是言語無味할새 杜塞人口라 是故道호대 一片白雲橫谷口하니 幾多歸鳥夜迷巢오하니라 有者道호대「只是信口答將去라하니」 若恁麼會댄 盡是滅胡種族漢이라 殊不知古人의 一機一境이 敲枷打鎖며 一句一言이 渾金璞玉이로다 若是衲僧眼腦댄 有時把住하고 有時放行하며 照用同時요 人境俱奪이라 雙放雙收하야 臨時通變하나니라 若無大用大機댄 爭解恁麼籠天罩地리요 大似明鏡當臺에 胡來胡現하며 漢來漢現이로다 此公案이 與花藥欄話로 一般이나 然意卻不同이라 這僧問處不明[1]이나 大龍答處恰好라 不見僧問雲門호대「樹凋葉落時如何닛고」 門云「體露金風이라하니」 此謂之箭鋒相拄라 這僧問大龍호대「色身敗壞어니와 如何是堅固法身이닛고」 大龍云「山花開似錦이요 澗水湛如藍이라하니」 一如「君向西秦에 我之東魯라」 他旣恁麼行이나 我卻不恁麼行이니 與他雲門一倍相返이라 那箇恁麼行은 卻易見이어니와 這箇卻不恁麼行은 卻難見이라 大龍이 不妨三寸甚密이로다 雪竇頌云

【평창번역】

이 일을 만일 언어상에서 찾는다면 방망이를 휘둘러 달(月)을 치려는

---

1) 處不明(3字) = 大龍處分明(福本).

것과 같나니 전혀 맞지 않는다. (그렇기에) 옛사람(首山省念, 926~993)은 분명히 (이렇게) 말했던 것이다. "친절한 가르침을 받고자 한다면 분별심을 일으킨 물음으로 묻지 마라. 왜냐하면 물음은 대답하는 곳〔答處〕에 있고 대답은 묻는 곳〔問處〕에 있기 때문이다."

　이 승은 한짐 불분명한 것을 짊어지고 (와서) 애매모호한 것과 바꾸려고 하니 물음 자체가 (이미) 낭패가 적지 않다. 만일 대룡(大龍)이 아니었더라면 어찌 천지를 뒤덮을 수 있었겠는가. 저(이 승)가 이렇게 묻자 대룡이 이렇게 대답했으니 '본질과 하나가 된 상태〔一合相〕'라. 털끝 하나만큼도 움직인 바가 없다. 이는 마치 토끼(가 달아나는 것을) 보고 매를 풀어놓은 것 같고 구멍이 뚫린 것을 보고 쐐기로 (그 구멍을) 틀어막은 것과도 같다. 팔만대장경〔十二分敎〕 속에 이런 시절이 있었는가. 또한 아주 특이하다고 할 수 있다. 그러나 그 말이 무미건조하여 사람의 입을 틀어막아 버렸다(대답할 말이 없었다). 그러므로 (洛浦元安은 이렇게) 말했던 것이다. "한 조각 흰 구름이 골의 어귀에 가로놓이니/ 얼마나 많은 새들〔歸鳥〕이 밤에 둥지를 찾지 못하고 있는가."

　어떤 이는 말하길 "그저 말이 나오는 대로 대답했다"고 하나니 만일 이런 식으로 안다면 이 모두가 불법을 파멸시키는 놈들〔滅胡種族〕이다.

　옛사람들의 한 표정과 한 동작〔一機一境〕이 모두 번뇌망상을 부수는 망치며 한 구절 한 말씀〔一句一言〕이 순금과 진옥(眞玉)이라는 것을 전혀 모르고 있다. (그러나) 만일 수행자의 안목이 있다면 어떤 때는 파주(把住, 부정)의 입장에 서고 또 어떤 때는 방행(放行, 긍정)의 입장에 서서 상대방을 간파하며 동시에 거기 알맞은 처방을 내릴 것이다〔照用同時〕. 그리고 주관과 객관을 모두 인정하지 않으며 그와 동시에 방행의 입장에 서기도 하고 또 파주의 입장에서 서기도 하면서 통하고 변하는 것이 그때그때 상황에 알맞게 자유자재할 것이다. 그러나 만일 큰 작용과 큰 활동〔大用大機〕이 없다면 어찌 이런 식으로 천지를 뒤덮을 수 있겠는가. 거울이 거울대에 놓임에 오랑캐가 오면 오랑캐가 나타나고 한인(漢人, 중국인)이 오면 한인이 나타나는 것과도 같다. 이 공안(본칙공안)은 (제39칙) '화약란(花藥欄)' 공안과 같은 유이나 그 속뜻은 전혀 다르다. 이 승의 물은 곳(질문)은 분명치 않다. 그러나 대룡의 대답은 아주 멋지다. (어떤) 승과 운문(雲門) 사이에 오고 간 다음의 공안(제27칙)을 그대는 익히 알고 있을 것이다.

(어떤) 승이 운문에게 물었다. "나무 마르고 잎이 질 때는 어떻습니까?"

운문이 말했다. "체로금풍(體露金風, 나무의 몸체가 갈바람에 드러났느니라)."

(─이라 하니) 이런 종류의 물음과 대답을 일러 '두 화살촉이 서로 맞닿았다〔箭鋒相拄, 막상막하〕'라고 한다.

이 승이 대룡에게 물었다. "육신은 부서지거니와 어떤 것이 영원한 법신(法身)입니까?" 대룡은 말했다. "산화개사금 간수잠여람(山花開似錦 澗水湛如藍, 산꽃은 피어 비단 같고 계곡 물은 깊어 쪽빛을 띠었네)." (─라고 했으니 이것은) 마치 '그대는 서쪽의 진〔西秦〕으로 가고 있는데 나는 동쪽의 노나라〔東魯〕로 가는 것'과도 같다. 저(이 승)는 이렇게 가고 있으나(서쪽의 진나라로 가고 있으나) 나(대룡)는 이렇게 가지 않나니(동쪽의 노나라로 가고 있으니) 저 운문(의 '體露金風' 공안의 문답)과는 서로 상반되고 있다. 저(운문)의 이렇게 가는 것(물음에 알맞게 대답하는 것)은 알기 쉽다. 그러나 여기(대룡)의 이렇지 않게 가는 것(물음에 알맞지 않게 대답하는 것)은 오히려 알기가 어렵다. (이처럼) 대룡의 말은 치밀하고 섬세하기가 이를 데 없다. 설두는 송에서 (다음과 같이) 읊고 있다.

【평창해설】

팔만대장경을 샅샅이 뒤져 봐도, 아니 이 세상의 책이란 책은 모조리 훑어봐도 이런 식의 활구는 없다. 그러므로 벗이여 무슨 일이 있어도, 아니 모든 것을 다 포기하더라도 이 활구를 꿰뚫지 않으면 안 된다. 방법은 너무나 간단하다. 단도직입적으로 그대 전부를 내던져 버리는 것이다. 이 활구의 문이 열릴 때까지……

여기 잔재주나 머리 굴리기는 더 이상 통하지 않는다. 혹 어떤 이는 본칙공안에서의 대룡의 활구를 일러 "그저 말이 나오는 대로 대답했다"고 말한다. 그러나 만일 활구를 이런 식으로 안다면 이건 정말 큰일이다. 선지식들의 한 동작 한 표정은 그대로 그 본래 자리〔法身〕의 '송두리째 드러냄'이라는 이 엄청난 사실을 알지 못하기 때문에 그런 식의 망언을 하고 있는 것이다.

본칙공안은 제39칙 공안 '화약란(花藥欄)'과 그 구조가 같다. 그러나 문답의 내용은 전혀 다르다. 제39칙 공안에서는 물음을 던진 승과 그 물음에 대답한 운문의 경지가 대등한 관계에 있다. 그러므로 안목 있는 물음에 안목 있는 대답이 맞아떨어지고 있다. 마치 두 개의 화살촉이 공중에서 서로 맞닿은 것처럼 막상막하의 상태에 있다. 그러나 본칙공안의 경우는 그 반대다. 승의 물음에는 안목이 없다. 왜냐하면 육신과 법신을 둘로 보는 입장에서 묻고 있기 때문이다. 그러나 대룡은 이 승의 물음과는 상관없이 육신과 법신이 둘이 아닌 바로 그 본래 자리를 그냥 송두리째 드러내고 있다. 그러므로 대룡의 이 활구 대답을 간파하기란 결코 쉬운 일이 아니다. 그리고 대룡의 이 활구 대답 속에는 시적인 정취가 스며 있어 섬세하고 보드랍기가 마치 저 성주산의 백운진상석(白雲眞上石) 벼룻돌과도 같다. 벗이여, 오늘밤 고마워하라. 대룡의 이 시적인 활구를 만난 그 인연에 대하여 한없이 고마워하라.

산화개사금(山花開似錦, 산꽃은 피어 비단에 수놓은 것 같고)
간수잠여람(澗水湛如藍, 계곡 물은 깊어 쪽빛을 띠었네).

【頌】

〔頌〕問會不知니(東西不辨이요 弄物不知名이라 買帽相頭로다) 答還不會로다(南北不分이라 換卻髑髏로다 江南江北이로다) 月冷風高하고(何似生고 今日正當這時節이로다 天下人이 有眼不曾見이요 有耳不曾聞이라) 古巖寒檜라(不雨時更好로다 無孔笛子撞著氍拍板이라) 堪笑路逢達道人이면(也須是親到這裏始得이니 還我拄杖子來하라 成群作隊恁麼來로다) 不將語默對로다(向什麼處見大龍고 將箇什麼對他好오) 手把白玉鞭하야(一至七拗折了也라) 驪珠盡擊碎라(留與後人看하라 可惜許로다) 不擊碎하면(放過一著이로다 又恁麼去아) 增瑕纇라(弄泥團作什麼오 轉見郎當이니 過犯彌天이로다) 國有憲章하니(識法者懼라 朝打三千이요 暮打八百이로다) 三千條罪로다(只道得一半在라 八萬四千無量劫來에 墮無間業이라도 也未還得一半在로다)

【송번역】

물을 줄을 모르니
　　동과 서를 판별하지 못하는군. 물건을 가지고 놀면서 그 이름도 모르고 있다. 모자를 사려고 머리 크기를 잰다.
대답도 알지 못하네
　　남과 북을 구분하지 못하는군. 뼈까지 (모조리) 바꿔치기해 버렸다. 강(양자강)의 남쪽과 북쪽처럼 현격한 차이가 있다.
월랭풍고(月冷風高, 달은 차고 바람은 높음이여)
　　(이 경지를) 어찌 알 수 있겠는가. 오늘이(지금 여기가) 바로 이 시절이다. 뭇 사람들은 눈이 있으나 보지 못하고 귀가 있으나 듣지 못한다.
고암한회(古巖寒檜, 옛 바위에 추운 회나무여)
　　비가 오지 않으면 더욱 좋다. 구멍 없는 피리가 모직물로 만든 딱딱이에 부덮쳤다(흔적이 없다).

우습구나. '길에서 깨달은 이를 만나면

    또한 몸소 이런 경지에 이르지 않으면 안 된다. 내게 그 주장자를 돌려 달라. 무리를 지어 이렇게 오고 있다.

말과 침묵으로 대하지 마라'는 말이여

    어느 곳에서 대룡을 볼 수 있겠는가. 무엇을 가지고 저를 상대하면 좋겠는가.

손에는 백옥(白玉)의 채찍을 쥐고

    (이 백옥의 채찍을) 한 마디에서 일곱 마디까지 조각조각 잘라 버려야 한다.

용의 여의주를 박살내 버리네

    남겨 두어 뒷사람들로 하여금 살펴보도록 하라. 참 애석하다.

박살내지 않는다면

    한 수 늦었다. 또 이런 식인가.

흠집만 더하리라

    망상만 피워 어쩔 셈인가. 점점 형편없군. 그 죄가 하늘에까지 가득 찬다.

나라에는 헌장(憲章)이 있으니

    법을 아는 자(눈밝은 이)가 두렵다. 아침에 3,000방망이, 저녁에 800방망이를 후려쳐야 한다.

(거기) 삼천 종류의 죄가 있네

    다만 그 절반만을 말했을 뿐이다. 영원히 무간지옥에 떨어지더라도 또한 그 (죗값의) 절반밖에 치르지 못할 것이다.

【송과 착어 해설】

◎ **물을 줄을 모르니**   이 승은 안목이 밝지 못했기 때문에 육신과 법신을 둘로 보는 상대적인 입장에서 물음을 제기했다. 그래서 원오는 지금 '질문을 제대로 하지 못했다'고 말하고 있다.

△ 동과 서를 판별하지 못하는군.　안목이 없으므로 이 승은 지금 육신이 무엇이고 법신이 무엇인지를 전혀 구별하지 못하고 있다.

△ 물건을 ~ 모르고 있다.　이 육신이 곧 법신(의 한 현상)이라는 것을 전혀 몰랐기 때문에 이 승은 지금 육신과 법신을 전혀 다른 별개로 알았던 것이다.

△ 모자를 사려고 머리 크기를 잰다.　이 승의 물음에 설두는 아주 적당한 송을 읊었다는 말이다.

◎ 대답도 알지 못하네　이 승은 물을 줄을 몰랐으므로 대룡의 대답도 알 수 없었다는 뜻이다.

△ 남과 북을 구분하지 못하는군.　이 승은 전혀 안목이 없기 때문에 남과 북도 제대로 구분하지 못하고 있다.

△ 뼈까지 ~ 버렸다.　대룡의 활구 대답은 그야말로 이 승의 뼈까지를 모조리 바꿔치기해 버릴 수 있는 그런 힘을 가지고 있다. 그러나 문제는 이 승이 그것을 전혀 모르고 있다는 것이다. 대룡의 이 활구 대답을 통해서 자신이 완전히 다시 태어날 수 있는데도 그것을 전혀 감지하지 못하고 있다.

△ 강(양자강)의 ~ 차이가 있다.　이 승의 눈먼 물음과 대룡의 활구 대답 사이에는 그야말로 하늘과 땅처럼 그렇게 현격한 차이가 있다. 그러나 이 차이를 과연 누가 알 수 있단 말인가.

◎ 월랭풍고(月冷風高, 달은 차고 바람은 높음이여)/ 고암한회(古巖寒檜, 옛 바위에 추운 회나무여)　대룡의 활구인 '산화개사금 간수잠여람'에 화답하고 있는 설두 자신의 활구다. 천지창조 이전의 소식을 알리고 있는 설두의 이 활구를 보라. 여기 어디 '선'이니 '부처'니 따위가 접근할 수 있단 말인가. 설령 달마 대사가 다시 온다 해도 설두의 이 활구를 해설할 수 없을 것이다. 위의 네 글귀로써 사실은 본칙공안의 송이 모두 끝났다고 봐야 한다.

△ (이 경지를) ~ 듣지 못한다.　설두의 이 활구 경지 '월랭풍고'를 누

가 알 수 있단 말인가. 오늘(지금 여기)이 바로 저 영원불멸이거니 '달이 차가운〔月冷〕' 저 풍광은 이 육안으로는 볼 수가 없다. '바람은 높은〔風高〕' 저 소리를 이 귀로는 들을 수가 없다.

△ 비가 오지 않으면 ~ 부딪쳤다(흔적이 없다).　'고암한회(高巖寒檜)'의 이 풍광은 본래 그 자리의 풍광이다. 그러므로 여기 비가 와도 좋고 또 바람이 불어도 좋다. 보라. 설두의 이 활구를 보라. 여기 어디 '선'이니 '부처'니 '깨달음'이니…… 따위가 붙겠는가. 아니 언어의 흔적은 더 이상 없다.

◎ 우습구나. '길에서 깨달은 이를 만나면　언어와 사유의 차원을 넘어간 이를 만나면 어찌해야 하겠는가. 첫째는 나 자신의 자로 그를 저울질해서는 안 된다는 것이다. 둘째는 우선 나 자신부터 그런 차원에 도달하지 않으면 그를 상대할 수가 없다는 것이다.

△ 또한 몸소 ~ 오고 있다.　일단은 나 자신이 언어와 사유의 차원을 넘어가 보지 않으면 안 된다. "우습구나. '길에서 깨달은 이를 만나면……'"이라는 설두의 시구가 원오는 못마땅했다. 그래서 "설두여, 자네 대신 내가 읊겠다(내게 그 주장자를 돌려 달라)"고 원오는 설두에게 일격을 가하고 있다. 그리고 깨달은 이의 입장에서 본다면 이 세상 전체가, 이 모든 존재들이 본래 깨달음의 상태에서 살아가고 있는 것이다. 그래서 원오는 말하길 "(깨달은 이들이) 무리를 지어 오고 있다"고 했던 것이다.

◎ 말과 침묵으로 대하지 마라'는 말이여　말과 침묵으로 대하지 않는다면 도대체 무엇으로 그를 맞이해야 하겠는가. 정말 난감한 일이 아닐 수 없다.

△ 어느 곳에서 ~ 좋겠는가.　말과 침묵의 차원을 넘어간 사람, 저 대룡을 어떻게 간파해야 한단 말인가. 벗이여, 어디 한번 그대의 안목으로 한 마디 일러 보라.

◎ 손에는 백옥(白玉)의 채찍을 쥐고/ 용의 여의주를 박살내 버리네　대룡의 활구 대답은 그 티 하나 없기가 마치 백옥의 채찍과도 같다. 이 백

제82칙　大龍堅固法身 | 125

옥의 채찍으로 대룡은 지금 육신과 법신을 구별하고 있는 이 승의 그 분별심을 박살내 버리고 있다. 저 거룩한 법신을 물었으니 이 승의 물음은 가히 용의 여의주에 비길 수 있다.

△ (이 백옥의 채찍을) ~ 잘라 버려야 한다.　　그러나 보다 더 높은 입장에서 본다면 백옥의 채찍(대룡의 활구)마저 군더더기다. 그래서 원오는 이 백옥의 채찍마저 산산조각을 내 버려야 한다고 외치고 있다.

△ 남겨 두어 ~ 살펴보도록 하라.　　그러나 설두의 이 시구는 대룡의 참뜻을 잘 드러낸 것이므로 뒷사람들로 하여금 읽게 하지 않으면 안 된다.

△ 참 애석하다.　　용의 여의주를 박살내 버렸으니 참 아깝다는 뜻이다. 원오는 지금 단순히 '용의 여의주' 라는 이 말만을 가지고 이렇게 평하고 있다. 여기서 우린 원오의 해학적인 언어 감각을 읽을 수 있다.

◎ 박살내지 않는다면　　만일 용의 이 여의주(이 승의 물음)를 박살내 버리지 않는다면 어찌되겠는가.

△ 한 수 늦었다. ~ 식인가.　　한 수가 늦어 버렸으니 김빠진 맥주일 수밖에……. 또 이런 식으로 관념의 수렁에 빠질 셈인가.

◎ 흠집만 더하리라　　용의 여의주를 박살내지 않는다면 거기 흠집(언어의 흔적)만 더 나게 될 것이다.

△ 망상만 ~ 가득 찼다.　　만일 이 용의 여의주를 지금 당장 박살내지 않는다면 어찌되겠는가. 언어의 흠집만 나게 되고 망상의 물결만 일게 될 것이다. 이런 식으로 상황은 점점 더 악화되어 갈 것이다. 그리고 선지식은 애초에 용의 여의주를 박살내 버리지 않았기 때문에 우리를 눈멀게 한 그 죄가 하늘에까지 사무치게 될 것이다. ……정말 소름끼치는 대목이다.

◎ 나라에는 헌장(憲章)이 있으니/ (거기) 삼천 종류의 죄가 있네　　나라에는 헌법의 법조문이 있는데 고대 중국의 경우, 그 법조문 속에는 무려 삼천 종류의 죄가 기재되어 있다. 이 삼천 종류의 죄를 일시에 범한 것보다 더 지독한 죄는 무엇인가. 올바른 진리의 길을 사람들에게 가르쳐 주지 않는 바로 이것이다. 그러나 본칙공안에서의 대룡은 이런 죄를 범하지 않

았다는 것이다. 왜냐하면 상대의 물음이 안목이 있고 없고에 상관없이 그냥 단도직입적으로 그 본래 자리를 송두리째 드러내 보여 줬기 때문이다.

△ 법을 아는 ~ 후려쳐야 한다.   설두야말로 '올바른 진리의 길'이 무엇인지를 안 사람이다. 그래서 이렇게 엄한 말을 서슴없이 읊고 있는 것이다. 올바른 진리의 길을 알면서 이것을 사람들에게 제대로 가르쳐 주지 않는 사람은 엄한 국법으로 다스려야 한다고 원오도 설두의 말에 가세를 하고 있다. 아침에 3,000방망이, 저녁에 800방망이 매질을 해야 한다고 불호령을 하고 있다.

△ 다만 그 절반만을 ~ 치르지 못할 것이다.   그러나 여기 송에서 설두가 말한 이 정도의 형벌은 약과라는 것이다. 하루에 만 번 죽었다 만 번 살아난다는 저 무간지옥에 떨어져 영원히 거기서 지옥고를 받더라도 올바른 진리의 길을 가르치지 않은 그 죗값은 그 절반밖에 치르지 않았다는 것이다. 그러므로 우린 무슨 일이 있더라도 올바른 진리의 길을 가야 한다. 그리고 그것을 사람들에게 전해 줘야 한다. 그러나 잠깐! 도대체 무엇이 '올바른 길'이고 무엇이 '올바르지 않은 길'인가. 앵무새의 흉내는 모조리 올바르지 않은 길이요, 자신의 가슴속에서 솟구쳐 나오는 그 법열의 소리는 모조리 올바른 길이다. ……그러나 벗이여, 광신적인 자기도취에 빠져 그것을 올바른 진리의 길이라고 착각해서는 안 된다. 냉엄한 검증을 거치지 않은 것은 위험하다. 왜냐하면 그 대부분이 자기도취나 과장이기 때문이다.

【評　　唱】

〔評唱〕雪竇頌得最有工夫라 前來에 頌雲門話호대 卻云「問旣有宗이니 答亦攸同이라하고」這箇卻不恁麼하야 卻云「問曾不知, 答還不會라하니」大龍答處傍瞥하니 直是奇特이로다 分明是誰恁麼問고 未問已前에 早納敗缺了也라 他答處는 俯能恰好라 應機宜道호대「山

花開似錦, 澗水湛如藍이라하니」你諸人은 如今作麼生會大龍意오 答處가 傍瞥하야 直是奇特이라 所以雪竇頌出하야 敎人知道호대「月冷風高라하고」更撞著하야「古巖寒檜라하니」且道他意作麼生會오 所以適來道호대「無孔笛子撞著氍拍板이라하니」只這四句에 頌了也라 雪竇又怕人作道理하야 卻云「堪笑路逢達道人, 不將語默對라하니」此事는 且不是見聞覺知며 亦非思量分別이라 所以云 的的無兼帶어니 獨運何依賴리오 路逢達道人, 不將語默對라하니 此是香巖頌이어늘 雪竇引用也라 不見僧問趙州호대「不將語默對라하니 未審將什麼對닛고」州云「呈漆器라하니」這箇便同適來話라 不落你情塵意想이면 一似什麼오「手把白玉鞭하야 驪珠盡擊碎라」是故로 祖令當行하야 十方坐斷이니라 此是劍刃上事니 須是有恁麼作略이니라 若不恁麼댄 總辜負從上諸聖하리라 到這裏하야는 要無些子事라야 自有好處니 便是向上人의 行履處也니라 旣不擊碎면 必增瑕纇하야 便見漏逗하리라 畢竟是作麼生得是오「國有憲章하니 三千條罪라」五刑之屬三千에 莫大於不孝라 憲是法이요 章是條며 三千條罪를 一時犯了也라 何故如此오 只爲不以本分事接人이라 若是大龍인댄 必不恁麼也라

【평창번역】

  설두는 송에서 아주 심혈을 기울이고 있다. 앞의 운문 공안(제27칙, 體露金風 공안)의 송에서 말하길 "물음에 종지(宗旨)가 있으니/ 대답 또한 그와 같다"고 했다. 그러나 여기(본칙공안)에서는 이와 반대로 (이렇게) 말하고 있다. "물을 줄을 모르니/ 대답도 알지 못하네." 대룡이 대답한 곳〔答處〕은 살짝 암시만 줬을 뿐이니 아주 특이하다고 할 수 있다. 분명히 (도대체) 누가 이런 질문을 던졌는가. 묻기 이전에 이미 낭패를 보고 말았다. 저(대룡)의 대답한 곳은 상대방의 눈높이에 딱 들어맞는다. 그렇기에 상대방의 수준에 맞춰 (이렇게) 말했던 것이다. "산화개사금 간수잠여람

(山花開似錦 澗水湛如藍, 산꽃은 피어 비단 같고 계곡 물은 깊어 쪽빛을 띠었네)." 여러분은 지금 대룡의 (이 말)뜻을 어떻게 하면 알 수 있겠는가. 대답한 곳이 암시적이어서 아주 특이하다. 그렇기에 설두는 송을 읊어 사람들로 하여금 알도록 (다음과 같이) 말했던 것이다. "월랭풍고(月冷風高, 달은 차고 바람은 높음이여)." (설두는) 다시 (다음과 같이) 충격적으로 읊었다. "고암한회(古巖寒檜, 옛 바위에 추운 회나무여)." 자, 일러 보라. 저(설두)의 (말)뜻을 어떻게 알 수 있겠는가. 그렇기에 (원오는) 앞(착어)에서 (이렇게) 말했던 것이다. "구멍 없는 피리가 모직물로 만든 딱딱이에 부딪쳤다(흔적이 없다)."

이 네 구절로써 송은 모두 끝난 셈이다. (그러나) 설두는 사람들이 이치로 따질까 염려스러워 (이렇게) 말했다. "우습구나. '길에서 깨달은 이를 만나면/ 말과 침묵으로 대하지 마라'는 말이여." 이 일은 보고 듣고 지각하는 것〔見聞覺知〕을 통해서 알 수도 없으며 또한 생각과 분별심의 영역도 아니다. 그러므로 (이렇게) 말했던 것이다.

> 분명하고 확실하여 짝할 것이 없으니
> 홀로 감에 어찌 의지할 데가 있겠는가
> 길에서 깨달은 이를 만나면
> 말과 침묵으로 대하지 마라.

이 게송은 향엄(香嚴智閑)의 송인데 설두가 (여기서 다시) 인용하고 있다.
(어떤) 승과 조주의 (다음과 같은) 문답을 그대는 익히 알고 있을 것이다.
(어떤) 승이 조주에게 물었다. "말과 침묵으로 대하지 말라 했으니 그렇다면 도대체 무엇으로 상대해야만 합니까?" 조주는 말했다. "정칠기(呈漆器, 옻칠한 그릇을 내밀어라)." (―라 했으니 조주의) 이 말은 앞의 말(대룡의

말)과 그 뜻이 같다. 그대들이 (자기)감정과 생각(분별심)에 떨어지지 않는 다면 무엇과 같은가. '손에는 백옥(白玉)의 채찍을 쥐고/ 용의 여의주를 박살내 버리는 것'과도 같다. 그러므로 조사의 법령(法令)이 시행됨에 (그 법령이) 온누리를 제압해 버렸다. 이것(이 일)은 칼날 위의 일[劍刃上事, 칼날이 목에 직면한 상태]이니 반드시 이러한 기백과 전략이 있어야만 한다. 만일 이렇지 못하다면 모든 성인네들을 배반하는 결과가 될 것이다. 여기(용의 여의주를 박살내 버리는 경지) 이르러서는 관념의 티끌 한 오라기조차 용납할 수 없나니[不立一法] 그래야만 비로소 좋은 곳[好處, 깨달음]이 있다.

이는 절대 경지에 이른 사람[向上人]의 일상의 모습[行履處]이다. 박살내지 않으면 흠집만 더 생겨서 엉망진창이 되어 버리고 말 것이다. (설두는 말하길) "나라에는 헌장이 있으니/ (거기) 삼천 종류의 죄가 있다"고 했다. 다섯 종류의 형벌에 속한 죄가 삼천 종류인데 불효(不孝)보다 더 큰 죄는 없다. '헌(憲)'은 '법(法)'이요, '장(章)'은 '법의 조문'이니 3,000종류의 죄를 일시에 범해 버리고 말았다. 왜 이 같은가. 그것은 본분의 일[本分事, 본질적인 일]로 사람을 상대하지 않았기 때문이다. 그러나 만일 대룡이라면 절대로 이렇지는 않았을 것이다.

【평창해설】

이 승은 지금 육신과 법신을 둘로 본 상대적인 입장에서 질문을 하고 있다. 그러나 대룡은 이 승의 물음에 상관치 않고 육신과 법신이 둘이 아닌 바로 그 본래 자리를 송두리째 드러내 보이고 있다. 대룡의 '본래 자리 드러냄'은 어떤 것인가. '산화개사금 간수잠여람'이라는 대룡 자신의 활구가 바로 그것이다. 그러나 이 승은 대룡의 이 활구를 알 리가 없다. 설두는 대룡의 이 활구에 박자를 맞춰 '월랭풍고 고암한회(月冷風高 古巖寒檜)'라고 자신의 활구를 토해내고 있다. 그러나 대룡의 활구와 설두의 활구에는 그 어떤 언어의 흔적도 없다. 사실 본칙공안의 송은 이 네 구절(물을 줄을 ~ 고암한회)로써 끝났다. 그러나 설두는 뒷사람들이 대룡과 자신의 활구를 글자풀이나 이치로 파고들까 염려스러워 다음과 같이 읊고 있다. "우습구나. '길에서 깨달은 이를 만나면/ 말과 침묵으로 대하지 마라'는 말이여." 설두의 이 두 시구(우습구나. ~ 마라' 는 말이여)는 원래 향엄지한(香嚴智閑)의 시구인데 설두가 여기서 재인용한 것이다. 또 어떤 승이 조주에게 이 두 시구를 가지고 질문을 했다. 그러자 조주는 대뜸 "정칠기(呈漆器, 옻칠한 그릇을 내밀어라)"라고 대답했다. 조주의 이 '정칠기' 라는 말은 다름 아닌 대룡의 활구와 그 구조가 같은 조주 자신의 활구다. 이처럼 우리가 진정한 활구의 경지에 이르기 위해서는 어찌해야 하겠는가. 백옥의 채찍(활구)으로 용의 여의주(관념적인 물음)를 박살내 버려야만 한다. 그리하여 '선'이니 '부처'니 '진리'니 따위가 얼씬도 하지 못하도록 해야 한다. 만일 이 용의 여의주를 박살내 버리지 않는다면 흠집만 점점 더 커져서 마침내는 수습할 수 없는 혼란의 상태에 이르게 될 것이다. 그렇다면 도대체 어떻게 해야만 용의 여의주로서의 관념적인 이 물음을 박살내 버릴 수 있단 말인가. 안목이 열린 선지식은 올바른 가르침을 사람들에게 전해 줘야 한다. 그리하여 사람들로 하여금 용의 여의주를 박살낼 수 있는 힘을 얻도록 도와줘야 한다. 그러나 그렇질 않게 되면, 올바른 진리를 전해 주지 않은 그 죗값은 이 세상의 어떤 죄악보다도 더 무거워 말로는 도저히 표현할 수 없는 지경에 이르게 될 것이다. 그러나 본칙공안에서의 대룡의 경우는 이와 다르다. 대룡은 물음의 잘잘못에는 관계없이 올바른 진리의 길(활구)만을 사람들에게 전해 줬기 때문에 이런 중죄에 해당되지 않는다.

第 83 則
雲門露柱相交
운문의 고불과 노주

【本　　則】

〔本則〕擧 雲門示衆云「古佛與露柱相交하니 是第幾機오」(三千里外沒交涉이로다 七花八裂이라) 自代云(東家人死에 西家人助, 哀라 一合相不可得[1]이로다) 南山起雲에(乾坤莫睹라 刀斫不入[2]이라) 北山下雨로다(點滴不施라 半河南, 半河北[3]이라)

【본칙번역】

운문이 대중들에게 말했다. "고불(古佛)과 노주(露柱)가 서로 정을 통하고 있다. 이것은 몇 번째의 단계(어떤 경지)인가."
　　　삼천리 밖에서도 전혀 알 수 없다. 자유자재하다.
(대답하는 사람이 없자) 스스로가 (대중을) 대신하여 (이렇게) 말했다.
　　　동쪽 집 사람이 죽자 서쪽 집 사람이 슬퍼하고 있다. 본래면목(本來面目,

---

1) 東家 ~ 可得(15字) = 본문 '北山下雨' 아래에 있다(福本).
2) 乾坤 ~ 不入(8字) 없음(福本).
3) 點滴 ~ 河北(10字) 없음(福本).

一合相)은 이치로 따져 설명할 수 없다.

"남산기운(南山起雲; 남쪽 산에 구름이 일자)

　　하늘과 땅마저 보지 마라. 칼로 자를 수도 없다.

북산하우(北山下雨, 북쪽 산에 비가 내린다)."

　　빗방울 하나 떨어지지 않는다. 절반은 황하의 남쪽이요, 또 절반은 황하의 북쪽이다.

【본칙과 착어해설】

◎ "고불(古佛)과 노주(露柱)가 서로 정을 통하고 있다. 이것은 몇 번째의 단계(어떤 경지)인가." 　　운문이 당시 자신의 설법을 듣던 대중들에게 물은 말이다. 도대체 고불(古佛, 옛 부처)과 노주(露柱, 법당 앞의 이슬받이 돌기둥)가 어떻게 정을 통한단 말인가. 그리고 이것이 무슨 경지란 말인가. ……그러나 벗이여, 운문은 지금 상대의 수행력을 탐색하기 위하여 아주 기묘한 방법으로 미끼를 던지고 있다.

△ 삼천리 밖에서도 전혀 알 수 없다. 　　이 물음의 참뜻을 알고자 하는가. 그것은 도저히 불가능한 일이다.

△ 자유자재하다. 　　운문은 이런 식으로 공격과 방어가 자유자재하다. 대중들을 자기 마음대로 주무르고 있다.

◎ (대답하는 ~ 말했다. 　　그러나 그 누구도 운문의 이 물음에 대답할 수가 없었다. 그러자 운문은 스스로 이렇게 대답했다.

△ 동쪽 집 ~ 슬퍼하고 있다. 　　'동쪽 집 사람이 죽었다'는 것은 '대중 가운데 아무도 대답하는 이가 없었다'는 말이요, '서쪽 집 사람이 슬퍼하고 있다'는 것은 '운문이 대중들을 대신해서 스스로 묻고 스스로 대답했다'는 말이다.

△ 본래면목(本來面目, 一合相)은 ~ 설명할 수 없다. 　　운문은 지금 고불과 노주를 빌려서 본래의 그 자리[一合相]를 묻고 있다. 그러니 이를 설

명할 방법이 없을 수밖에…….

◎ "남산기운(南山起雲, 남쪽 산에 구름이 일자)/ 북산하우(北山下雨, 북쪽 산에 비가 내린다)." '남쪽 산에서 구름이 일자 북쪽 산에서 비가 내린다' 니…… 이게 도대체 무슨 뜻인가. 벗이여, 이 대목은 운문 자신의 활구라는 것을 잊지 마라. '장 서방이 술을 마시는데 이 서방이 취하는' 바로 그 소식이다. 그렇기에 《종전초》에서는 이렇게 말하고 있지 않은가. "이 대목을 이치로 따지려 들면 궤변이 되고 곰곰이 심사숙고를 하면 망상의 굴에 떨어진다〔穿之鑿之則作戱論場 思之量之卽落緣慮窟〕."

△ 하늘과 ~ 자를 수도 없다.   남쪽 산과 북쪽 산은 고사하고 하늘과 땅마저 원오의 안중에는 더 이상 없다. 그리고 운문 자신의 이 활구 그 자체는 칼로 자를 수도 없고 불로 태울 수도 없다. 아니 이 세상 어떤 것으로도 어떻게 해볼 도리가 없다.

△ 빗방울 하나 ~ 않는다.   벗이여 보라. 남쪽 산에 구름이 일고 있으나 그 흔적이 없고 북쪽 산에서 비가 오나 빗방울 하나 떨어지지 않는다. 도대체 이게 무슨 소식인가.

△ 절반은 ~ 북쪽이다.   운문의 이 활구는 지금 긍정적인 입장〔放行〕과 부정적인 입장〔把住〕의 양쪽에 걸려 있다. 긍정적인 입장에서 본다면 이 활구 속에 일체가 연결된다. 그러나 부정적인 입장에서 본다면 이 활구는 일체를 떠나 있다.

【評　　唱】

〔評唱〕雲門大師가 出八十餘員善知識이라 遷化後七十餘年에 開塔觀之하니 儼然如故라 他見地가 明白하고 機境迅速하야 大凡垂語, 別語, 代語가 直下孤峻이라 只這公案도 如擊石火, 似閃電光하야 直是神出鬼沒이라 慶藏主云「一大藏敎에 還有這般說話麽아」如今人은 多向情解上作活計道호대 佛是三界導師요 四生慈父라 旣是古佛

이거니 爲什麽卻與露柱相交오 若恁麽會댄 卒摸索不著하리라 有者는 喚作無中唱出이라하나니 殊不知宗師家說話가 絶意識, 絶情量하며 絶生死, 絶法塵하야 入正位에 更不存一法이로다 你纔作道理計較하면 便纏脚纏手하리라 且道他古人意作麽生고 但只使心境一如하면 好惡是非撼動他不得이라 便說有也得이며 無也得이며 有機也得이며 無機也得이니 到這裏하야 拍拍是令[4]이라 五祖先師道호대 「大小雲門이 元來膽小라 若是山僧인댄 只向他道第八機라하리라」 他道호대 「古佛與露柱相交是第幾機오하니」 一時間且向目前包裹라 僧問 「未審意旨如何닛고」 門云 「一條條三十文買라하니」 他有定乾坤底眼이나 旣無人會라 後來自代云 「南山起雲, 北山下雨라하니」 且與後學하야 通箇入路라 所以雪竇只拈他定乾坤處하야 敎人見하니 若纔犯計較하야 露箇鋒鋩하면 則當面蹉過하리라 只要原他雲門宗旨하야 明他峻機라 所以頌出云

【평창번역】

운문(雲門) 대사는 80여 명의 큰스승〔善知識〕들을 배출시킨 인물이다. 입적 후(入寂後, 死後) 70년 뒤(《운문록》에는 '17년 뒤'로 되어 있음) 탑을 열어 보니 (그 모습이) 생시와 똑같았다. 저(운문)의 안목이 명백하고 수행자들을 지도하는 방법이 신속하기 이를 데 없어 '수어(垂語)', '별어(別語)', '대어(代語)'가 높고 험난하여 (그 뜻을 간파하기가 여간 어렵지 않다). 여기 이 공안(본칙공안)도 그 빠르기가 전광석화와도 같으니 신출귀몰이라고밖에 달리 말할 수가 없다. 경장주(慶藏主)는 (본칙공안을 평하여 이렇게) 말했다.

"팔만대장경 가운데 이런 식의 말이 있었는가." 그런데 요즘 사람들은

---

4) 拍拍是令 앞에 '著著全眞' 있다(福本).

대부분 제멋대로 분별심을 일으켜 (이렇게) 말하고 있다. "부처는 삼계(三界)의 스승이요, 사생(四生)의 아버지라. 이미 고불(古佛)이거늘 무엇 때문에 노주(露柱)와 서로 정을 나누겠는가." 만일 이런 식으로 안다면 마침내 그 참뜻을 깨닫지 못할 것이다. 또 어떤 이는 말하길 "근거 없이 그냥 내뱉은 말"이라고 한다. (그러나 이들은 다음의 사실을 전혀 모르고 있다.) 작가종사(作家宗師, 선지식)의 말은 의식(意識)이 끊어지고 정량(情量, 감정으로 추측함)이 끊어졌으며 생사가 끊어지고 법진(法塵, 여기서는 '진리에 대한 애착심')이 끊어져서 본래 구경의 경지(正位)에 들어가 일법(一法, 어떤 한 가지 진리)도 존재하지 않는다는 이 사실을 전혀 모르고 있다. 그대들이 이치로 따지면 바로 그 순간 손이 묶이고 발이 묶여 자유롭지 못하게 될 것이다. 자, 일러 보라. 저 옛사람(운문)의 뜻은 어떤 것인가. 다만 마음과 경계(心境 → 주관과 객관)로 하여금 하나가 되게 하면 좋고 나쁘고 옳고 그름에 저는 절대로 흔들리지 않을 것이다. (이렇게 되면) '있다'고 해도 또한 옳고 '없다'고 해도 또한 옳을 것이다.

'마음이 있다'고 해도 옳을 것이요, '마음이 없다'고 해도 또한 옳을 것이다. 여기(마음과 경계가 하나가 된 경지) 이르러서는 (아무렇게나) 치는 박자마다 영(슈, 本分正令, 곡조)에 들어맞게 될 것이다.

(본칙공안에 대하여) 오조법연 선사(先師, 스승)는 (이렇게) 말했다. "별 것 아닌 운문은 원래 담력이 약했다. 만일 산승(오조법연)이라면 저(운문)를 향해서 '제8기(第八機, 여덟 번째 단계)'라고 말했을 것이다." 저(운문)가 말하길 "고불(古佛)과 노주(露柱)가 서로 정을 통하고 있다. 이것은 몇 번째의 단계(어떤 경지)인가"라고 했으니 이는 일시에 (여러분의) 목전을 향해서 (이 공안을) 포장해서 (내놓고 있는 것이다).

승은 물었다. "(그게) 도대체 무슨 뜻입니까?" 운문은 말하길 "일조조삼십문매(一條條 三十文買, 한 가닥 끈을 30냥에 샀다)" (―라고 했으니) 저(운문)에게는 천지를 결정짓는(명백히 하는) 안목이 있었던 것이다. 그러나 (이 말뜻을) 아는 사람이 없었으므로 그 뒤 (운문은 청중을) 대신하여 스스로 (이렇게) 말했다. "남산기운 북산하우(南山起雲 北山下雨, 남쪽 산에 구름이 일자 북쪽 산에 비가 내린다)." (운문의 이 말은) 후학들을 위하여 깨달음을 얻을 수 있는 그 실마리〔入路〕를 제공하고 있다. 그러므로 설두는 다만 저(운문)의 천지를 결정짓는 곳〔定乾坤處〕을 논해서 사람들로 하여금 (그 참뜻을) 알게 했던 것이다. 그러나 만일 이치로 따진다면 그 순간 (논리의) 칼날이 드러나서 즉시 어긋나 버리고 말 것이다. 그래서 설두는 단지 저 운문의 종지(宗旨, 취지)에 근거해서 저(운문)의 준엄한 전략만을 밝히고자 했던 것이다. (설두는) 송에서 (다음과 같이) 읊었다.

【평창해설】

달마 대사가 중국에 와서 불립문자 직지인심 견성성불(不立文字 直指人心 見性成佛)의 소식을 전한 후 기라성 같은 선사들이 배출됐다. 당(唐)에서 송말(宋末)에 이르기까지 선은 그 황금기를 맞게 되는데 그 많은 선승들 가운데 특히 우리의 기억에 남는 이는 조주와 운문이다. 이는 비단 필자 자신의 사견일 뿐만 아니라 송대에 들어와서 대혜종고(大慧宗杲) 같은 이들도 역시 이 두 사람을 쌍벽으로 꼽고 있다. 우선 조주의 경우를 보면 지극히 평범한 일상 언어를 활구화하고 있다. 그런데 조주의 이 일상 언어적인 활구는 그 기상과 박력이 임제의 할과 덕산의 봉을 능가하고 있다. 다음 운문의 경우를 보자. 운문의 활구는 하나같이 문학성이 풍부하다. 그리고 묻는 상대의 눈높이에 딱 맞게 활구를 펼치기 때문에 그 속도가 그야말로 전광석화와 같이 빠르다. 그래서 예로부터 운문의 이런 식 활구를 일러 '신출귀몰식 활구'라고 일컫기도 했던 것이다. 사실 팔만대장경 속에도 운문식의 활구 사용은 없다. 운문은 그야말로 전무후무한 방법으로 자신의 활구를 거침없이 전개시켰다.

그러나 운문의 이 활구를 이치나 도리로 따지고 든다면 앞뒤가 꽉 막혀 버려서 단 한 발자국도 나아가지 못할 것이다. 왜냐하면 그곳(운문의 활구)은 문자 해설이나 생각으로는 접근이 불가능하기 때문이다. 그러나 만일 언어의 개념으로부터 자유로울 수만 있다면(관념에서 해방될 수만 있다면) 벗이여, 그대는 비로소 운문의 활구를 간파할 수 있을 것이다.

《운문록(雲門錄)》에 보면 본칙공안의 원형을 다음과 같이 기재하고 있다.

"(운문이) 설법당에 올라 대중들에게 물었다. '고불(古佛)과 노주(露柱)가 서로 정을 통하고 있다. 이것은 몇 번째의 단계(어떤 경지)인가?'

대답하는 사람이 없자 운문은 말했다. '그대들이 내게 물어봐라. 그러면 내가 대답하겠다.'

어떤 승이 (대중으로부터 일어나) 운문의 물음을 그대로 되물었다. 그러자 운문은 이렇게 말했다.

'일조조 삼십문(一條條 三十文, 한 가닥 끈이 삼십 냥이다. 평창의 '매(買, 사다)' 자는《운문록》에는 없는 글자다).'

(그러나 그 누구도 운문의 이 말을 알아듣지 못했다. 그래서 어떤 승이 묻길 그게 도대체 무슨 뜻이냐고 했다. 그러자) 운문은 이렇게 말했다. '남산기운 북산하우(南山起雲 北山下雨).'"

여기 '일조조 삼십문'이나 '남산기운 북산하우'는 모두 운문 자신의 활구다. 그러므로 벗이여, 그대 목숨과 맞바꿀 각오를 하지 않으면 이 활구의 문을 절대로 열 수가 없다. 그러니 아예 처음부터 머리를 굴리거나 말장난을 할 그런 생각은 하지 마라.

【頌】

〔頌〕南山雲(乾坤莫睹라 刀斫不入이라) 北山雨여(點滴不施니 半河南이요 半河北이라) 四七二三面相睹라(幾處覓不見이니 帶累傍人이라 露柱掛燈籠이로다) 新羅國裏曾上堂에(東湧西沒이요 東行不見西行利라 那裏得這消息來오) 大唐國裏未打鼓라(遲一刻이니 還我話頭來하라 先行不到요 末

後太過라) 苦中樂(教阿誰知[5]오) 樂中苦여(兩重公案이라 使誰擧오 苦便苦요 樂便樂이라 那裏有兩頭三面來[6]오) 誰道黃金如糞土오(具眼者辨하라 試拂拭看하라 阿剌剌, 可惜許로다 且道是古佛가 是露柱아)

【송번역】

남산운(南山雲, 남산의 구름)
　　하늘과 땅마저 보지 마라. 칼로도 자를 수 없다.
북산우(北山雨, 북산의 비)여
　　비 한 방울 떨어지지 않는다. 반은 (황하의) 남쪽이요, 반은 (황하의) 북쪽이다.
인도와 중국의 조사들이 모두 모였네
　　어느 곳에서도 찾아볼 수 없다. 옆 사람을 번거롭게 한다. 노주(露柱)에 등롱(燈籠)을 걸었다.
신라에서는 이미 설법당에 올랐는데
　　동쪽에서 솟았다가 서쪽으로 사라진다. 동쪽 가게에서는 서쪽 가게의 수입을 알 수 없다. 어디서 이런 소식을 알았는가.
당(唐)에선 아직 설법의 북도 치지 않았네
　　내가 대신 말하겠다. 앞(전반부)은 너무 빠르고 뒤(후반부)는 또 너무 느리다.
고(苦) 가운데 낙(樂)이여
　　누가 알 수 있겠는가.
'낙' 가운데 '고'여
　　이중의 공안이다. 누구에게 거론하겠는가. '고'는 (어디까지나) '고'요,

---

5) 教阿誰知 = 兩重公案 使誰擧 苦是樂 樂是苦 更有兩頭三面(福本).
6) 兩重 ~ 面來(21字) = 教阿誰知(福本).

'낙'은 (어디까지나) '낙'이다. 어디에 그런 머리 두 개와 얼굴 세 개인 도깨비가 있는가.

'황금은 똥〔糞土〕과 같다'고 누가 말했는가

안목 있는 이는 판별해 보라. (먼지를) 털어내고 잘 보라. 쯧쯧. 참으로 애석하군. 자,'일러 보라. 고불(古佛)인가 노주(露柱)인가.

【송과 착어 해설】

◎ 남산운(南山雲, 남산의 구름)/ 북산우(北山雨, 북산의 비)여   운문의 활구 '남산기운 북산하우'를 압축하여 읊은 대목이다.

△ 하늘과 ~ 자를 수 없다.   원오는 지금 '남산의 구름과 북산의 비(남산운 북산우)'를 보고 있는 설두에게 일침을 가하고 있다. '구름과 비는 고사하고 난(원오) 하늘과 땅마저 보지 않는다'고 기염을 토하고 있다.

△ 비 한 방울 떨어지지 않는다.   북산에 억수같이 비가 오지만 그러나 빗방울 하나도 떨어지지 않는 이 소식을 벗이여, 어떻게 하면 알 수 있겠는가.

△ 반은 (황하의) ~ 북쪽이다.   북산에 비가 오는 이(활구) 소식은 범부(중생)와 성인의 그 어느 쪽에도 떨어지지 않았다. 아니 상대적인 이 모든 차원을 초월해 있다.

◎ 인도와 중국의 조사들이 모두 모였네   과거, 현재, 미래에 두루해 있고 이 우주에 가득 찬 이 구름과 비(남산운 북산우)의 소식(활구 소식)을 누가 알 수 있단 말인가. 인도의 28대 조사들과 중국의 6대 조사들을 제외하고 또 누가 알 수 있단 말인가.

△ 어느 곳에서도 찾아볼 수 없다.   그러나 원오는 '이 구름과 비의 소식(활구 소식)을 그 어느 곳에서도 찾아볼 수 없다'고 역설적인 주장을 하고 있다. 왜냐하면 이 활구 소식은 어떤 흔적도 없기 때문이다.

△ 옆 사람을 번거롭게 한다.   인도의 28대 조사들과 중국의 6대 조

사들을 모두 들먹이고 있기 때문이다.

△ 노주(露柱)에 등롱(燈籠)을 걸었다.　　저 역대 조사들의 눈에는 운문의 이 활구가 분명하고 명백하게 백일하에 드러나 있기 때문이다.

◎ 신라에서는 이미 설법당에 올랐는데/ 당(唐)에선 아직 설법의 북도 치지 않았네　　저 멀리 신라에서는 이미 설법당에 올라 한창 설법을 하고 있는데 중국에선 아직도 설법의 시작을 알리는 북조차 치지 않았다니…… 이게 도대체 무슨 소식일까. 벗이여, 이는 운문 활구 '남산기운 북산하우'의 경지를 상징적으로 읊은 대목이라는 것을 잊지 말아야 한다. 설법의 시작을 알리는 북을 치기도 전에 이미 설법이 끝나 버렸으니 여기엔 설법을 했다는 흔적조차 찾아볼 수가 없다. 흔적이 없는 경지를 설두는 이 두 시구로써 참 멋지게 읊고 있다.

△ 동쪽에서 ~ 알았는가.　　운문 활구의 경지는 시간도 공간도 초월해 있다. 그러므로 어느 공간이든 마음먹은 대로 순식간에 가 거기서 나타날 수가 있다. 동쪽에서 나타났다가 문득 서쪽으로 사라지듯……. 그러나 설두는 흔적이 없는 이 몰종적(沒蹤跡)의 경지를 더 이상 넘어가지 못하고 있다. 동쪽 가게에선 결코 서쪽 가게의 수입을 알 수 없듯……. 그건 그렇다 치고 설두는 도대체 어디서 이런 몰종적의 소식을 알아냈을까.

△ 내가 대신 말하겠다.　　그러나 원오는 설두의 이 두 시구가 영 맘에 들지 않았다. 왜냐하면 여기 '설법을 한다' 느니 '설법을 알리는 북을 친다' 느니 하는 흔적이 나고 있기 때문이다. 그래서 원오는 설두를 향해 이렇게 호통치고 있다. "설두여, 그 마이크를 이리 주게. 내가 자네 대신 한 마디를 이르겠네."

△ 앞(전반부)은 ~ 너무 느리다.　　앞(구절)이란 '신라에서는 이미 설법당에 올랐는데' 란 대목이다. 설법을 알리는 북을 치기도 전에 설법을 시작했으니 이건 너무 빠르지 않았는가. 뒤(구절)란 무엇인가. '당에선 아직 설법의 북조차 치지 않은' 대목이다. 신라에서는 설법이 한창인데 당에선 설법의 북조차 치지 않았으니 이건 너무 느린 게 아니겠는가. 착어의

이 대목에서 우린 이런 식으로 능청을 떨어 대는 원오의 짓궂은 마음을 읽을 수 있다.

◎ 고(苦) 가운데 낙(樂)이여/ '낙' 가운데 '고'여   '고' 가운데 '낙' 이 있으니 그 '고'는 '고'가 아니요, '낙' 가운데 '고'가 있으니 그 '낙'은 '낙'이 아니다. 그러므로 '고'는 '고'이면서 동시에 '낙'이요, '낙'은 '낙'이면서 동시에 '고'인 것이다. 이렇듯 '고'와 '낙'이 다르지 않은 경지는 어떤 것인가. 운문 활구 '남산기운 북산하우'의 경지다. '고불(古佛)과 노주(露柱)가 서로 정을 통하고 있는' 경지다. 이 경지를 설두는 이렇게 영탄조로 읊고 있다.

△ 누가 알 수 있겠는가.   그러나 과연 누가 '고'와 '낙'이 둘이 아닌 이 절대적인 차원을 알 수 있단 말인가.

△ 이중의 ~ 거론하겠는가.   "'고' 가운데 '낙'이 있다"는 앞 구절과 "'낙' 가운데 '고'가 있다"는 뒷 구절은 그 자체가 바로 언어와 사고로는 그 참뜻을 알 수 없는 활구라고 할 수 있다. 두 개의 활구 공안이라고 할 수 있다.

△ '고'는 (어디까지나) ~ '낙'이다.   이렇듯 '고'와 '낙'은 둘이 아니면서 동시에 '고'는 어디까지나 '고'요, '낙'은 또 어디까지나 '낙'인 이 경지를 벗이여, 그대는 알 수 있겠는가. '산은 산이요 물은 물'인 이 일사불란의 세계를 그대는 알 수 있겠는가. 이 세계를 알 수만 있다면 벗이여, 그대 수행 공부의 졸업날은 가까워졌다고 말할 수 있다.

△ 어디에 그런 ~ 도깨비가 있는가.   "'고' 속에 '낙'이 있고 또 '낙' 속에 '고'가 있다니……. 그러면서 동시에 '고'는 어디까지나 '고'요, '낙'은 또 어디까지나 '낙'이라니……. 도대체 어디에 이런 괴상망칙한 궤변이 있단 말인가'라고 원오는 반어적인 강조를 하고 있다.

◎ '황금은 똥(糞土)과 같다'고 누가 말했는가   여기선 '마음을 통하는 사람(知音人)을 만나기가 어렵다'는 뜻이다. 원래 이 말(황금은 똥과 같다)은 장이(張耳)와 진여(陳餘)의 고사에서 비롯됐다. 장이와 진여는 친

구였는데 젊은 시절에 그 우정이 매우 돈독하여 사람들은 그들의 우정을 일러 '황금과도 같다'고 칭찬했다. 그러나 뒤에 가서는 서로 적이 되어 싸 웠기 때문에 사람들은 그들의 우정을 일러 '똥과도 같다'고 비난했다. 결국 장이는 정적(政敵)이었던 진여를 죽이고 말았다.

　△ 안목 있는 이는 ~ 잘 보라.　그러므로 안목이 열린 이는 상대를 잘 여겨보지 않으면 안 된다. 그가 정말 눈이 열린 것인지 아니면 지금 머리를 굴리며 사람을 기만하고 있는지를 정확히 구별해야만 한다.

　△ 쯧쯧. 참으로 애석하군. ~ 노주(露柱)인가.　그렇게도 마음이 통하는 이〔知音人〕가 없다니……. 이건 너무나 안타까운 일이 아닐 수 없다. 그렇다면 벗이여, 자 어디 한번 말해 보라. '마음이 통하는 이가 없다'고 한탄하고 있는 지금 이 상태가 고불(古佛)의 경지인가, 노주(露柱)의 경지인가. 아니면 '고불과 노주가 서로 정을 통하고 있는' 경지인가, 아니면 귀신 벼 나락 까먹는 잠꼬대인가.

【評　　唱】

〔評唱〕「南山雲, 北山雨라하니」 雪竇買帽相頭하고 看風使帆이라 向劍刃上하야 與你下箇注脚하니 直得「四七二三面相睹라」 也莫錯會어다 此는 只頌古佛與露柱相交是第幾機了也라 後面은 劈開路하고 打葛藤하야 要見他意라 「新羅國裏曾上堂에 大唐國裏未打鼓라하고」 雪竇向電轉星飛處便道호대 「苦中樂, 樂中苦라하니」 雪竇[7]似堆一堆 七珍八寶하야 在這裏了라 所以末後有這一句子라 云 「誰道黃金如 糞土오하니」 此一句는 是禪月行路難詩어늘 雪竇引來用이라 禪月云

---

7) 雪竇 ~ 君自看(100字) = 此是禪月送皓首座住院詩. 云. 霜風劈石鳥鵲聚, 帆凍輕颺吹不擧. 芬陀利花失虛席, 幡幢冒雪爭迎取春光主. 芙蓉堂窄堆花乳, 手提金桴擊金鼓. 天花娉婷下如雨, 俊猊座下獅子子. 苦中樂, 樂中苦. 盧老黃金如糞土. 雪竇如堆一堆七珍八寶, 在這裏了也. 所以末後有這一句, 誰道黃金如糞土(福本).

「山高海深人不測이며 古往今來轉靑碧이로다 淺近輕浮莫與交하라 地卑只解生荊棘이니라 誰道黃金如糞土오 張耳陳餘斷消息이로다 行路難, 行路難이여 君自看하라하니 且莫土曠人稀아 雲居羅漢이로다」

【평창번역】

"남산운 북산우(南山雲 北山雨)"라 했으니 설두는 운문의 말(본칙공안)에 알맞게 송을 읊고 있다. 그런 다음 칼날 위(분별심이 붙을 수 없는 곳)를 향해서 그대들을 위하여 해설을 했으니 (그 구절이 바로) "인도와 중국의 조사들이 모두 모였네"라는 구절이다. (그러므로 이 구절을) 잘못 알지 마라. 이 대목은 "고불과 노주가 서로 정을 통하고 있다. 이것은 몇 번째의 단계(어떤 경지)인가"라는 구절을 읊은 것이다. (송의) 후반부(신라에서는 ~ 설법의 북도 치지 않았네)에서는 한 단계 내려서서 언어문자를 사용하여 저(운문)의 뜻을 간파하도록 하고 있다. "신라에서는 이미 설법당에 올랐는데/ 당(唐)에선 아직 설법의 북도 치지 않았네"라 읊은 다음 설두는 번개가 치고 별이 나는 곳(생각이나 감정의 바늘 끝도 들어갈 수 없는 곳)을 향해서 (이렇게) 말했다. "고(苦) 가운데 낙(樂)이여/ '낙' 가운데 '고' 여."

설두는 마치 온갖 보배를 한 무더기 쌓아 놓고 이 속에 (누워) 있는 것과도 같다. 그러므로 (송의) 끝부분에 이 한 구절(다음의 구절)이 있는 것이다.

"'황금은 똥〔糞土〕과 같다'고 누가 말했는가."

이 한 구절은 선월(禪月)의 '행로난(行路難)' 시에 나오는데 설두가 재차 인용한 것이다. 선월의 '행로난' 시 전문은 다음과 같다.

산은 높고 바다는 깊어 사람이 측량할 수 없음이여
예로부터 지금까지 그 푸름만 더하네
비천하고 경솔한 무리와는 가까이 마라

땅이 메마르면 거기 자라는 건 가시덤불뿐
'황금은 똥〔糞土〕과 같다'고 누가 말했는가
장이(張耳)와 진여(陳餘)의 소식은 끊어졌네
인생 행로의 어려움이여, 인생 행로의 어려움이여
그대 스스로 (잘 살펴)보라.

이는(이 시의 내용은) 뜻이 통하는 이를 만나기가 어렵다는 말이 아니겠는가. (설두는 지금 너무) 자만하고 있다.

【평창해설】

설두는 운문의 활구 '남산기운 북산하우'를 각각 한 자씩 빼 버리고 '남산운 북산우'로 고쳐 송의 첫 구절로 쓰고 있다. 그런 다음 이 '남산운 북산우'의 경지는 "인도와 중국의 역대 조사들만이 알 수 있다"고 읊어 대고 있다. 그리고 연이어 "신라에서는 ~ 설법의 북도 치지 않았네"라고 이 활구의 세계를 상징적으로 읊고 있다. 그런 다음 "'고' 가운데 '낙'이여 '낙' 가운데 '고'여" 하고 아주 영탄적으로 읊고 있다. 그러고는 마지막에 가선 이렇게 마무리를 짓고 있다. "황금은 똥〔糞土〕과 같다고 누가 말했는가."

第 84 則
維摩不二法門
유마의 불이법문

【垂　示】

垂示云「道是라도 是無可是요 言非라도 非無可非라 是非已去하고 得失兩忘하면 淨躶躶, 赤灑灑라 且道面前背後는 是箇什麽오 或有箇衲僧이 出來道호대『面前은 是佛殿, 三門이요 背後는 是寢堂, 方丈이라하면』且道此人還具眼也無아 若辨得此人인댄 許你親見古人來 하리라」

【수시번역】

㉠ '시(是, 옳음)'라고 말하더라도 이 '시'는 '시'가 아니며 '비(非, 옳지 않음)'라고 말하더라도 이 '비'는 '비'가 아니다. (그러므로) '시'와 '비'가 사라지고 '득(得, 얻음)'과 '실(失, 잃음)'을 둘 다 잊어버리게 되면 적나라 적쇄쇄하게 될 것이다.

㉡ 자, 일러 보라. 앞〔面前〕과 뒤〔背後〕는 이 무엇인가. 만일 어떤 수행자가 (대중으로부터) 나와서 말하길 "앞은 불전(佛殿)과 삼문(三門, 山門)이요, 뒤는 침당(寢堂)과 방장실(方丈室)"이라 말한다면 자, 일러 보라.

이 사람이 안목이 있는 것일까. 만일 이 사람을 알 수 있다면 그대들께 옛 사람(유마 거사)을 친히 뵙도록 허락하리라.

【수시해설】

두 마디로 되어 있다.

첫째 마디(㉠) : '시(是)'와 '비(非)'가 둘이 아닌 그 본래 자리에 대해서 언급하고 있다.

둘째 마디(㉡) : 둘이 아닌 이 본래 자리에 대한 물음과 대답을 싣고 있다. 그런 다음 이 대답의 참뜻을 알 수만 있다면 본칙공안의 주인공 유마를 간파할 수 있다고 말하고 있다.

【本　　則】

〔本則〕擧 維摩詰이 問文殊師利호대(這漢太煞合鬧一場이니 合取口[1]로다) 何等是菩薩入不二法門이닛고(知而故犯이니라) 文殊曰「如我意者는(道什麽오 直得分疏不下라 擔枷過狀이요 把鬐投衙라) 於一切法에(喚什麽作一切法고) 無言無說하며(道什麽오) 無示無識하야(瞞別人, 卽得이니라) 離諸問答이(道什麽오) 是爲入不二法門이니라」(用入作什麽오 用許多葛藤作什麽오) 於是에 文殊師利問維摩詰호대「我等各自說已하니 仁者當說하라 何等是菩薩入不二法門고」(這一㸌는 莫道金粟如來라 設使三世諸佛이라도 也開口不得이니라 倒轉鎗頭來也하야 剌殺一人이라 中箭還似射人時로다) 雪竇云「維摩道什麽오」(咄, 萬箭攢心이니 替他說道理라) 復云「勘破了也로다」(非但當時니 卽今也恁麽라 雪竇也是賊過後張弓이라 雖然爲衆竭力이나 爭奈禍出私門이리요 且道雪竇還見得落處麽아 夢也未夢見

---

1) 合取口 = 合取狗口(福本).

제84칙 維摩不二法門 | 147

이니 說什麽勘破오 嶮, 金毛獅子라도 也摸索不著이로다)

【본칙번역】

유마힐(維摩詰, 維摩)이 문수보살께 물었다.
 이 친구가 너무 시끄럽게 떠들어대는 한 장면이다. 주둥아릴 닥쳐라.
어떤 것을 (일러) "보살이 '불이법문(不二法門)'에 들어가는 것"이라 하는가.
 알면서 일부러 실수를 저지르는군.
문수는 말했다. "내 생각에는
 뭐라 하는가. 도저히 설명할 수가 없다. 자백서를 써 들고 자수하러 오는군.
이 모든 것〔一切法〕에 근거하여
 무엇을 (가리켜) '이 모든 것〔一切法〕'이라 일컫고 있는가.
말이나 언어로 설명할 수 없으며
 뭐라 말하고 있는가.
보일 수도 없고 (분별심으로) 알 수도 없어서
 다른 사람은 속일 수 있을지 몰라도 (維摩는 속일 수 없다).
모든 문답을 초월한 것,
 뭐라 말하고 있는가.
이것이 바로 '불이법문(不二法門)'에 들어가는 것입니다."
 들어가서 어쩔 셈인가. 이토록 많은 말을 지껄여서 어쩔 셈인가.
이에 문수보살이 유마힐(유마)에게 물었다. "우리는 제각각 ('不二法門'에 대해서) 모두 말했습니다. (이번에는) 선생께서 말해 주십시오. 어떤 것이 보살이 '불이법문'에 들어가는 것인가를."
 이 일격에는 금속 여래(金粟如來, 유마)라도 말문이 막힐 것이다. 설사 삼세제불이라도 또한 입을 열 수가 없을 것이다. 창을 거꾸로 되돌려 한 사람 (유마)을 찌른다. 화살을 쏘던 사람이 이제는 화살을 맞는 입장이 되었다.

설두는 말했다. "유마는 뭐라 말했는가."

    쯧쯧. 무수한 화살이 심장을 꿰뚫는다. 저(유마)를 대신해서 이치로 설명하고 있다.

(설두는) 다시 말했다. "이미 간파해 버렸다."

    그 당시뿐만 아니라 지금도 또한 이렇다. 설두 역시 도적이 지나간 뒤에 활을 쏘는 격이다. 비록 대중들을 위해서 전력을 다했으나 자신의 발밑으로부터 재앙을 일으키고 있는 걸 어찌하겠는가. 자, 일러 보라. 설두는 (유마의) 참뜻을 알았는가. 꿈에도 몰랐을 것이니 무엇을 간파했단 말인가. 위험천만! 황금털의 사자(를 탄 문수보살이)라도 또한 (유마의 참뜻을) 알 수가 없을 것이다.

【본칙과 착어해설】

    본칙공안의 문장에 들어가기 앞서 우선 먼저 이 공안의 무대인《유마경》과 유마 거사(維摩居士)에 대해서 알아 둘 필요가 있다.《유마경》은 불경 가운데 희곡성이 가장 강한 경전으로서 이 삶과 본질의 세계가 둘이 아니라는 가르침〔不二法門〕으로 시종일관하고 있다. 이 삶을 통해서, 이 삶 속에서 깨달음을 체험하지 못한다면 그 어디에서도 깨달음을 체험할 수 없다는 것을 누누이 강조하고 있다. 그래서 이 세상의 삶을 살아가고 있는 평범한 남자 유마 거사를 이 경전의 주역으로 등장시키고 있다.

    어느 날 부처가 설법을 하고 있는데 단 한 번도 결석한 일이 없는 유마 거사가 보이지 않았다. 그래서 알아본 결과 유마 거사는 병이 나서 몸져누워 있는 중이었다. 이에 부처는 그의 제자들에게 유마 거사를 문병하라고 했다. 그러나 누구 한 사람 선뜻 나서는 이가 없었다. 왜냐하면 모두들 한번씩 유마에게 혼쭐이 난 경험이 있었기 때문이다. 부처는 마지막으로 지혜의 정상에 오른 성자 문수보살에게 문병을 가라고 했다. 이렇게 하여 문수보살을 선두로 많은 사람들이 그 뒤를 따라 유마에게 갔다. 가서 병문안을 한 후 곧장 '이 삶과 본질이 둘이 아닌 그 경지〔不二法門〕'에 대하여 토론에 들어갔다. 많은 사람들 가운데 32명의 보살(성자)들은 제각각 자신들이 체험한 '둘이 아닌 그 경지〔不二法門〕'에 대해서 말했다. 마지막으로 유마는 문수에게 '둘이 아닌 그 경지'를 물었다. 그러자 문수는 이렇게 말했다.

"이 모든 것에 근거하여 말이나 언어문자로 설명할 수 없으며 보일 수도 없고 (분별심으로) 알 수도 없어서 모든 문답을 초월한 것, 이것이 바로 '둘이 아닌 그 경지〔不二法門〕'에 들어가는 것입니다." 이번에는 문수가 유마에게 '둘이 아닌 그 경지'를 물었다. 그러자 유마는 아무 말 없이 그저 묵묵히 앉아 있을 따름〔一默〕이었다. 여기에 대하여 굳이 설명을 하자면 문수는 '둘이 아닌 그 경지'에 대한 최종 결론을 내렸다고 할 수 있다. 그러나 유마는 '둘이 아닌 그 경지'를 송두리째 드러내 보였다고 할 수 있다. 그렇다면 과연 어느 곳이 유마가 '둘이 아닌 그 경지'를 송두리째 드러낸 곳인가. 바로 이것을 간파해 내는 것이 본칙공안의 핵심이다. 자, 그럼 이제부터 본칙공안으로 들어가 보자.

◎ **유마힐(維摩詰, 維摩)이 문수보살께 물었다.** 모든 보살들이 '둘이 아닌 그 경지〔不二法門〕'에 대해서 말을 하자 끝으로 유마는 문수보살께 이를 물었다. 말하자면 지금까지의 견해들을 총정리하여 결론을 내려 달라고 문수에게 부탁하고 있는 것이다.

△ **이 친구가 ~ 닥쳐라.** 이 친구(유마)가 괜한 병이 나서 많은 사람들로 하여금 왁자지껄 병문안을 오게 했다. 그런 다음 '둘이 아닌 그 경지〔不二法門〕'에 대해서 왈가왈부 떠들도록 선동하고 있다. 그러나 '둘이 아닌 그 경지'에 이르기 위해선 모두들 주둥아릴 닥치지 않으면 안 된다.

◎ **어떤 것을 (일러) "보살이 '불이법문(不二法門)'에 들어가는 것"이라 하는가.** 유마는 지금 언어문자로 설명할 수 없는 것을 언어문자로 질문하고 있다.

△ **알면서 ~ 저지르는군.** 왜냐하면 우리의 눈높이에 맞추기 위해서

이다. 우리의 수준에 맞추려고 일부러 언어문자의 난장판으로 들어오고 있다.

◎ 문수는 말했다. "내 생각에는 "내 입장에서 본다면……" 하고 문수는 지금 유마의 질문에 대답을 하고 있다.

△ 뭐라 하는가. ~ 자수하러 오는군. 아아, 그러나 "내 생각에는……"이라고 말문을 여는 순간 여기 무수한 언어의 흔적이 나 버리고 말았다. 말로는 도저히 설명할 수 없는 그 '둘이 아닌 경지〔不二法門〕'를 설명하고 있으니 죄를 지은 자가 자백서를 들고 자수하러 오는 격이다.

◎ 이 모든 것〔一切法〕에 근거하여 '이 모든 것〔一切法〕'이란 어떤 것인가. 상대적인 일체의 개념〔世間法〕과 절대적인 진리〔出世間法〕를 말한다.

△ 무엇을 (가리켜) ~ 일컫고 있는가. 그러나 원오는 지금 '이 모든 것〔一切法〕'마저 초월하고 있다.

◎ 말이나 언어로 설명할 수 없으며 그곳은 더 이상 언어문자의 영역이 아니기 때문이다.

△ 뭐라 말하고 있는가. 말이나 언어문자로 설명할 수 없는 것을 왜 굳이 말로 설명하려 하는가.

◎ 보일 수도 없고 (분별심으로) 알 수도 없어서 그곳은 더 이상 주객의 구분이 없으며 취사 선택적인 분별심의 영역도 아니다.

△ 다른 사람은 ~ 속일 수 없다). 그러나 유마는 문수가 말하고자 하는 바로 그 '둘이 아닌 경지'를 이미 훤히 꿰뚫고 있다.

◎ 모든 문답을 초월한 것, 문수여, 그대의 말이 옳긴 하나 아아, 아깝도다. 이치적인 설명이 되어 버렸으니 이걸 어찌한단 말인가.

△ 뭐라 말하고 있는가. 언어의 흔적이 나 버렸으니 맛이 가도 한참을 가 버렸다.

◎ 이것이 바로 '불이법문(不二法門)'에 들어가는 것입니다." '불이법문'에 대한 문수의 설명은 이것으로 끝났다.

△ 들어가서 ~ 지껄여서 어쩔 셈인가.　'문수여, 그 경지에 들어가서 어쩔 셈인가'라고 원오는 지금 활구로 반문을 하고 있다. '도대체 왜 이리 말이 많은가'라고 한 방 먹이고 있다.

◎ "우리는 제각각 ~ 어떤 것이 보살이 '불이법문'에 들어가는 것인가를."　문수보살이 유마에게 물은 대목이다.

△ 이 일격에는 ~ 입을 열 수가 없을 것이다.　왜냐하면 이 '불이법문(不二法門)'의 경지에는 어떤 언어도 가 닿을 수 없기 때문이다.

△ 창을 거꾸로 ~ 입장이 되었다.　문수는 돌연 유마의 창(질문)을 빼앗아 반격을 하고 있다. 그리하여 화살을 쏘던 사람(질문을 하던 유마)이 이젠 화살을 맞는(대답을 해야 하는) 입장이 되어 버렸다.

◎ 설두는 말했다. "유마는 뭐라 말했는가."　《유마경》에서는 "아무 말 없이 그저 묵묵히 앉아 있을 따름이었다〔一默〕"라고 기록하고 있다. 그러나 설두는 즉시 '둘이 아닌 그 경지〔不二法門〕'를 간파했기 때문에 이런 식으로 반문을 한 것이다. 설두의 직관력은 그야말로 전광석화와도 같다. 설두의 이 활구를 일러《종전초》에서는 이렇게 평하고 있다. "바야흐로 마른하늘에 천둥이 운다〔直是旱天轟霹靂〕."

△ 쯧쯧. 무수한 ~ 이치로 설명하고 있다.　원오가 '쯧쯧' 하고 혀를 차고 있는 것은 무엇 때문인가. 전광석화와도 같은 설두의 간파력을 역설적으로 칭찬하기 위해서다. 설두는 유마의 핵심을 간파했다. 저 무수한 화살이 심장을 꿰뚫듯. 그러나 여기 언어 사용이 있는 한 그 언어의 흔적을 지울 순 없다. 그래서 원오는 설두에게 일격을 가하고 있다. '유마를 대신해서 이치로 설명을 하고 있군' 하고…….

◎ (설두는) 다시 말했다. "이미 간파해 버렸다."　설두는 유마의 '잠자코 앉아 있음〔一默〕'을 분명히 간파해 버렸다. 티끌 한 점 없는 그 경지 아닌 경지를…….《종전초》에서는 이 대목을 이렇게 평하고 있다. "설두 앞에선 모습이 없다는 저 허공신(虛空神)조차도 그 몸을 숨길 곳이 없다."

△ 그 당시뿐만 ~ 또한 이렇다.　　설두뿐만 아니라 여기 나(원오) 또한 유마를 간파했다.

　　△ 설두 역시 ~ 어찌하겠는가.　　그러나 설두는 너무 늦었다. 유마를 간파하기엔 역부족이었다. 언어로 설명할 수 없는 그곳을 언어로 설명해 버렸으니 이것이 바로 재앙의 시작이다.

　　△ 자, 일러 보라. ~ 무엇을 간파했단 말인가.　　왜냐하면 설두에겐 아직 '이미 간파해 버렸다'는 '간파'가 남아 있기 때문이다.

　　△ 위험천만! ~ 없을 것이다.　　설두는 그렇다 치고 저 지혜의 정상인 문수조차도 유마를 간파할 수가 없다. 왜냐하면 거기 간파당하는 자(객관)와 간파하는 자(주관)가 더 이상 없기 때문이다. 그렇다면 벗이여, 도대체 누가 이 유마를 간파할 수 있단 말인가. ……없을 것이다. 유마조차도 유마 자신을 간파할 수 없을 것이다.

【評　　唱】

〔評唱〕維摩詰이 令諸大菩薩로 各說不二法門하니 時三十二菩薩이 皆以二見인 有爲無爲와 眞俗二諦를 合爲一見하야 爲不二法門이라 後問文殊하니 文殊云「如我意者는 於一切法에 無言無說하며 無示無識하야 離諸問答이 是爲入不二法門이라하니」 蓋爲三十二人은 以言遣言이요 文殊는 以無言遣言하니 一時掃蕩總不要라 是爲入不二法門이라 殊不知靈龜曳尾하야 拂迹成痕이로다 又如掃箒掃塵相似니 塵雖去나 箒迹猶存이로다 末後에 依前除蹤跡[2]이라 於是文殊卻問維摩詰云호대 「我等各自說已하니 仁者當自說하라 何等是菩薩入不二法門고하니」 維摩詰默然하다 若是活漢인댄 終不去死水裏浸卻이어니와 若作恁麼見解댄 似狂狗逐塊니라 雪竇亦不說良久하며 亦不說默然據坐

---
[2] 除蹤跡(3字) = 餘蹤跡(種電鈔), 除蹤跡始得(一夜本).

하고 只去急急處云「維摩道什麼오하니」只如雪竇恁麼道는 還見維摩
麼아 夢也未夢見在로다 維摩乃過去古佛이라 亦有眷屬하야 助佛宣化
하니 具不可思議辯才하며 有不可思議境界하며 有不可思議神通妙用
하야 於方丈室中에 容三萬二千獅子寶座與八萬大衆호대 亦不寬狹이
라 且道是什麼道理오 喚作神通妙用, 得麼아 且莫錯會어다 若是不
二法門인댄 雖[3]同得同證하야 方乃相共證知니 獨有文殊하야 可與酬
對라 雖然恁麼나 還免得雪竇檢責也無아 雪竇恁麼道는 也要與這二
人相見이라 云「維摩道什麼오하고」又云「勘破了也라하니」你且道하
라 是什麼處是勘破處오 只這些子가 不拘得失하며 不落是非하야 如
萬仞懸崖라 向上捨得性命하야 跳得過去하면 許你親見維摩하리라 如
捨不得인댄 大似群羊觸藩이라 雪竇는 故然[4]是捨得性命底人이라 所
以頌出云

【평창번역】

유마힐(유마)이 모든 보살(성자)들에게 각각 '불이법문(不二法門)'을 말해 보라고 했다. 그러자 그때 (거기 있던) 32명의 보살들이 모두들 (상대적인) 두 가지 견해인 '유위(有爲, 유한)', '무위(無爲, 무한)'와 '진(眞, 절대적인 진리)', '속(俗, 상대적인 진리)'의 두 가지 진리〔二諦〕를 하나로 하여 '불이법문'이라 했다. 맨 끝으로 문수보살에게 물으니 (문수는 이렇게) 말했다. "내 생각에는 이 모든 것〔一切法〕에 근거하여 말이나 언어로 설명할 수 없으며 보일 수도 없고 (분별심으로) 알 수도 없어서 모든 문답을 초월한 것, 이것이 바로 '불이법문'에 들어가는 것입니다."

저 32명의 보살들은 말로써 말을 부정했고 문수는 무언(無言)으로써 말

---

3) 雖 = 唯有(福本).
4) 故然 없음(福本).

을 부정했다. (그리하여 모든 말을) 쓸어 없애서 아무것도 필요치 않은 상태가 되었으니 이것이 바로 '불이법문'에 들어가는 것이다. 그러나 신령스런 거북이가 꼬리를 끌어서 그 꼬리를 끈 자국이 났음을 전혀 모르고 있다. 또한 빗자루로 먼지를 쓴 것과 같나니 먼지는 비록 쓸렸으나 빗자루의 흔적이 아직 남아 있다. (그리고 본칙공안의) 후반부에서도 역시 흔적을 제거해야 한다.[5]

이에 문수보살이 유마힐에게 물었다. "우리는 제각각 ('불이법문'에 대해서) 모두 말했습니다. (이번에는) 선생께서 말해 주십시오. 어떤 것이 보살이 '불이법문'에 들어가는 것인가를."

(그러나) 유마힐(유마)은 묵묵히 (앉아) 있었다. 만일 살아 있는 이라면 절대로 사수(死水, 썩은 물) 속에 빠지지 않을 것이다. 그러나 만일 이런 식의 견해(유마는 묵묵히 앉아 있었다고 이해하는 견해)를 갖는다면 그것은 마치 미친개가 흙덩이를 쫓아가는 것과도 같다. 설두는 또한 '양구(良久, 잠시 동안 잠자코 있다)'라고도 말하지 않았으며 또 '묵묵히 앉아 있었다〔默然據坐〕'고도 말하지 않고 다만 전광석화와도 같이 빠른 곳을 치달으며 (이렇게) 말했다. "유마는 뭐라 말했는가?"

그건 그렇고 설두의 이런 투의 말은 유마를 간파한 것인가. (미안하지만) 꿈에도 (유마를) 보지 못했다. 유마는 전생에 이미 부처가 됐는데 또한 살붙이들이 있어서 (석가모니) 부처의 교화를 도왔던 것이다. 부사의한 말솜씨가 있으며 부사의한 경지를 체험했으며 부사의한 기적의 힘〔神通妙用〕이 있어서 (두 평 남짓한) 그의 방안에 3만 2천 개의 앉을 자리와 수많은 대중들을 받아들였으나 (방안은) 넓지도 않고 비좁지도 않았던 것이다. 자, 일러 보라. 이것이 (과연) 무슨 이치인가. 부사의한 기적의 힘〔神通妙用〕이라 부를 수 있겠는가. 정말이지 (이제) 더 이상 잘못 알지 마라. 만일

---

5) 《一夜本》에는 "흔적을 없애지 않으면 안 된다〔除蹤跡始得〕"로 되어 있다. 또 《종전초》에는 "흔적이 남아 있다〔餘蹤跡〕"로 되어 있다.

'불이법문'이라면 (32명의 보살들이) 모두 같이 증득해서 서로가 서로의 증득한 것을 알아야만 한다. 그러나 오직 문수만이 (유마를) 상대할 수 있었던 것이다. 비록 그렇긴 하나 (문수가) 설두의 꾸지람을 면할 수 있겠는가. 설두가 이렇게 말한 것("유마는 뭐라 말했는가." "이미 간파해 버렸다.")은 이 두 사람(문수와 유마)을 서로 만나도록 해주고자 함이었다. (설두는) 말하길 "유마는 뭐라 말했는가"라 했다. 그리고 또 말하길 "(이미) 어느 곳이 간파해 버린 곳인가." 이것(설두의 말)은 득(得)과 실(失)에 구애되지 않으며 시(是)와 비(非)에 떨어지지 않아서 만 길 절벽과도 같다. 목숨조차 아까워하지 않고 과거로부터 박차고 일어난다면 그대들에게 유마를 친히 뵙도록 허락해 줄 것이다. 그러나 만일 목숨을 아까워한다면 그것은 마치 울타리에 뿔이 걸린 숫양과 같을 것이다. 설두는 원래 목숨 따위를 아까워하지 않았다. 그렇기에 (다음과 같이) 송을 읊을 수 있었던 것이다.

【평창해설】

문수 일행은 유마를 찾아가 간단한 병문안을 하고는 곧장 절대 진리〔不二法門〕에 대한 토론에 들어갔다. 문수를 따라갔던 일행 가운데 32명의 성자(보살)들은 제각각 자신들이 체험한 그 절대 진리에 대해서 말했다. 그런데 이들의 견해는 대부분 다음의 두 갈래로 압축됐다. 첫 갈래는 유한(有限, 有爲)과 무한(無限, 無爲)을 하나로 보는 견해, 둘째 갈래는 상대적인 진리〔俗諦〕와 절대적인 진리〔眞諦〕를 하나로 보는 견해. 그래서 유마는 끝으로 문수에게 그 절대 진리〔不二法門〕에 대해서 결론을 내려 달라고 했다. 그러자 문수는 "이 모든 것〔一切法〕에 근거하여 ~ 들어가는 것입니다"라고 결론을 내렸다. 그럼 이제 32명의 보살들과 문수의 결론을 간추려 보자. 32명의 보살들은 그 대부분이 언어를 통해서 언어를 부정하는 것으로써 '절대 진리〔不二法門〕'로 삼았다. 그러나 문수는 말 없음〔無言〕으로써 말을 부정하는 그것을 '절대 진리'라 했다. 그러나 문수에게는 아직 '언어를 없앴다'는 그 '없앤 흔적'이 남아 있다. 이것은 마치 빗자루(언어)로 먼지를 쓸었으나 그 빗자루의 흔적(언어를 없앤 흔적)이 남아 있는 것과도 같다. 그래서 문수는 유마에게 언어로 설명할 수 없는 그 '절대진리'에 대해서 되물었다. 그러자 유마는 아무 말 없이 그저 묵묵히 앉아 있을 따름이었다. 그러나 유마가 '정말로 묵묵히 앉아 있었다〔默然據坐〕'고 생각한다면 이건 단지 언어의 개념만을 쫓아 사구(死句)적으로 이해하고 있는 것이다. 그래서 설두는 전광석화와도 같이 빠른 직관력으로 이렇게 반문했던 것이다. "유마는 뭐라 말했는가."

그렇다면 설두는 유마의 참뜻을 간파했단 말인가. 꿈에도 간파하지 못했다. 왜냐하면 '……을 간파했다'는 것은 곧 간파하는 주체와 간파당하는 객체의 대립이 있기 때문이다. 그러므로 우린 '꿈에도 간파하지 못했다'는 이 말의 숨은 뜻을 분명히 알지 않으면 안 된다. 설두는 꿈에도 유마의 참뜻을 간파하지 못했기 때문에 오히려 유마의 참뜻을 간파할 수 있었던 것이다. 이어서 평창은 마치 신화와도 같은 유마의 정체를 밝히고 있다. 유마는 먼먼 과거 세상에 이미 성불한 부처〔金粟如來〕인데 석가모니 부처의 중생교화를 돕기 위해 평범한 사람 거사(居士)의 모습으로 이 인간 세상에 나타났다는 것이다. 이런 유마에게는 불가사의한 기적의 힘과 언어 사용 능력이 있었다. 일례를 든다면 두 평 남짓한 방안에 3만 2천 개의 의자를 들여놓는가 하면 수만 명의 청중들이 다 들어와도 그 방이 비좁거나 넓지 않았다는 것이다. 이 불가사의한 기적의 힘을 일러 저 《화엄경》에서는 이렇게 말하고 있다. "한 티끌 속에 온 우주가 들어 있다〔一微塵中含十方〕." 본칙공안의 핵심인 유마의 침묵을 알기 위해선 무엇보다도 설두의 반문식 활구('유마는 뭐라 말했는가')를 간파하지 않으면 안 된다. 설두의 이 반문식 활구를 꿰뚫을 수만 있다면 그때 비로소 우린 '유마의 이 침묵 아닌 침묵'을 알게 될 것이다. 그러나 죽을 각오가 되어 있지 않다면 저 설두의 반문식 활구는 결코 뚫어지지 않을 것이다. 게다가 언어풀이나 의미 해석 쪽으로만 관심을 갖게 되면 그야말로 진퇴양난의 지경에 빠지게 될 것이다. 울타리에 뿔이 걸린 숫양처럼 앞으로 나가지도 뒤로 물러서지도 못하게 될 것이다.

【頌】

〔頌〕咄, 這維摩老여(咄他作什麼오 朝打三千이요 暮打八百이라 咄得不濟事니 好與三十棒이라) 悲生空懊惱로다(悲他作什麼오 自有金剛王寶劍이거니 爲他閑事長無明가 勞而無功이로다) 臥疾毘耶離하니(因誰致得고 帶累一切人이라) 全身太枯槁라(病則且置하고 爲什麼口似匾擔고 飯也喫不得이요 喘也喘不得이로다) 七佛祖師來하니(客來須看하고 賊來須打하라 成群作隊로다 也須是作家始得이니라) 一室且頻掃로다(猶有這箇在라 元來在鬼窟裏作活計로다) 請問不二門하니(若有可說인댄 被他說了也라 打云「和闍黎也尋不見[6]이로다」) 當時便靠倒라(蒼天, 蒼天, 道什麼[7]오) 不靠倒여(死中得活이라 猶有氣息在[8]라) 金毛獅子無處討라(咄, 還見麼아 蒼天, 蒼天[9])

【송번역】

쯧쯧, 이 유마 노인이여

저(유마)를 애석해해서 어쩔 셈인가. 아침에 3,000방망이, 저녁에 800방망이를 때려 주리라. 애석해한다고 일이 성취되는 것은 아니다. (설두를) 30방망이 때려 주리라.

---

6) 和闍黎 ~ 不見(7字) = 闍黎尋常不見 咄還見麼(福本).
7) 蒼天 ~ 什麼(7字) = 死中得活 猶有氣息在(福本).
8) 死中 ~ 息在(9字) 없음(福本).
9) 蒼天 蒼天(4字) 없음(福本).

중생에 대한 연민으로 속절없이 고뇌하고 있네

> 저들(중생)을 연민히 여겨 어쩔 셈인가. (모든 존재에게는) 제각각 금강(金剛)으로 만든 최고의 검이 있거니 저들을 위한답시고 한가하게 무지(無知)나 기를 셈인가. 노력해도 그 공이 없다.

바야리 성에서 몸져누웠으니

> 누구 때문에 병이 났는가. 뭇 사람들을 괴롭히고 있다.

온몸이 너무 야위었네

> 병이 든 건 그렇다 치고 무엇 때문에 꿀 먹은 벙어리가 됐는가. 밥도 먹을 수 없고 숨조차 제대로 쉴 수 없다.

칠불의 조사〔七佛祖師, 문수보살〕가 (병문안을) 오니

> 손님이라면 대접하고 도둑이라면 후려쳐라. 무리를 지었군. 작가종사가 아니면 안 된다.

방안을 말끔히 소제해 놨네

> 아직 이것(청결심)이 있군. 원래 번뇌망상만 피우고 있다.

'불이법문(不二法門)'에 대하여 질문을 받았으니

> 만일 말로 설명할 수 있다면 저분들(문수와 32명의 보살들)이 모두 말해 버렸을 것이다. (원오는 선상을) 치면서 말했다. "설두, 자네 또한 알 수 없을 것이네."

그 당시 한 방 얻어맞곤 쓰러졌네

> 아이고. 아이고. 뭐라 말하고 있는가.

얻어맞곤 쓰러지지 않았음이여

> 죽었다가 되살아나는군. 아직 호흡이 붙어 있다.

금모사자(金毛獅子, 문수)라도 (그를) 찾을 곳이 없네

> 쯧쯧. 봤는가. 아이고, 아이고.

【송과 착어 해설】

◎ 쯧쯧, 이 유마 노인이여   설두는 왜 '쯧쯧' 혀를 차고 있는가. 유마가 헛다리 짚은 곳을 간파했기 때문이다. 유마 자신(성자)과 중생을 둘로 보는 상대적인 차원에 떨어져 버렸기 때문이다.

△ 저(유마)를 ~ 성취되는 것은 아니다.   원오는 여기 설두보다 한술 더 뜨고 있다. '유마를 애석해할 필요는 없다. 그냥 이 몽둥이로 박살을 내 버려야 한다' 고 기염을 토하고 있다.

△ (설두를) ~ 때려 주리라.   그런 다음 원오의 몽둥이가 이번에는 설두에게 향하고 있다. 왜냐하면 이런 멍청이(유마)를 송으로 읊고 있기 때문이다.

◎ 중생에 대한 연민으로 속절없이 고뇌하고 있네   유마가 지금 몸져 누운 것은 중생들에 대한 연민 때문이다. 중생들이 받고 있는 고뇌와 고통으로 하여 유마는 지금 병이 난 것이다. 그러나 본질적인 그 절대 진리의 입장에서 본다면 여기 중생도 없고 유마도 없다. 제도해야 할 중생이 없는데 고뇌가 어디 있단 말인가. 그래서 설두는 시구에서 '~속절없이〔空〕' 란 말을 썼던 것이다.

△ 저들(중생)을 ~ 그 공이 없다.   우리 모두(모든 중생)의 본성은 삶도 죽음조차도 접근할 수 없는 빛으로 가득 차 있다. 적어도 이런 입장에서 본다면 부처와 우린 동질이다. 그러므로 우리의 고뇌 때문에 유마여, 더 이상 병든 연극을 할 필요는 없다.

◎ 비야리 성에서 몸져누웠으니   비야리 성은 지금의 인도 비하르 주 바이샬리(Vaisali) 마을이다. 유마는 이 바이샬리 마을을 무대로 한 생애를 살다 갔다. 그래서 그는 지금 그 바이샬리 마을에서 연민의 병에 걸려 누워 있다.

△ 누구 때문에 ~ 괴롭히고 있다.   유마여, 그대는 도대체 누구 때문에 병이 났는가. 중생에겐 원래부터 고뇌가 없었다. 그리하여 문수를 비롯

한 수많은(3만 2천) 사람들로 하여금 병문안을 오게 했으니 이것이 뭇 사람들을 괴롭힌 게 아니겠는가.

◎ 온몸이 너무 야위었네 ……그렇다. 성자가, 아니 수행자가 얼굴에 개기름이 흐른다는 건 말이 안 된다. 벗이여, 살을 부끄러워하라. 쓸데없이 허여멀겋게 살이나 찌고 있는 그대 육신을 부끄러워하라.

△ 병이 든 건 ~ 쉴 수 없다. 문수의 질문을 받고 말문이 막혀 버린 유마를 원오는 지금 반 농담조로 희롱하고 있다. 그러나 벗이여, 이 대목은 반어적으로 유마를 극찬한 대목이라는 이 사실을 잊지 마라.

◎ 칠불의 조사〔七佛祖師, 문수보살〕가 (병문안을) 오니 문수가 유마에게 병문안을 오고 있는 장면을 읊은 구절이다.

△ 손님이라면 ~ 아니면 안 된다. '저 문수가 안목이 있는 자인지 없는 자인지 냉정하게 점검해 봐야 한다'고 원오는 유마에게 주의를 주고 있다. 문수의 뒤를 따라 3만 2천의 사람들이 문병을 왔으므로 '무리를 지었다'고 말한 것이다. 이렇듯 '유마에게 병문안을 오려면 문수와 같은 안목 있는 이가 아니면 안 된다'고 원오는 말하고 있다.

◎ 방안을 말끔히 소제해 놨네 유마는 문수 일행을 맞기 위하여 두 평 남짓한 방을 깨끗이 치워 놨다. 거기 오직 한 개의 침상만을 남겨 둔 채……

△ 아직 이것(청결심)이 ~ 피우고 있다. 그러나 유마에게는 아직 '방을 깨끗이 치운다'는 이 청결심의 흔적이 남아 있다. 청결심조차도 근접할 수 없는 이 본래 자리인데 유마여, 더 이상 망상을 피우지 마라.

◎ '불이법문(不二法門)'에 대하여 질문을 받았으니 유마가 문수에게 질문을 받은 장면을 읊고 있다.

△ 만일 말로 ~ 알 수 없을 것이네." 그 '절대 진리〔不二法門〕'를 말로 설명할 수 있었다면 32명의 보살들과 문수가 이미 모두 설명을 했을 것이다. "설두, 자네 역시 그 '절대 진리'를 설명할 수 없을 것이네"라고 원오는 갑자기 선상을 쾅! 하고 내리치면서 말했다. 자, 그렇다면 이런 원

오는 그 '절대 진리'를 간파했단 말인가. 그 역시 꿈에도 간파하지 못했을 것이다. 그렇다면 이 글을 쓰고 있는 나는……. 미안하지만 자네 또한 간파하지 못했다네. 벗이여, 그럼 도대체 누가 이것을 간파했단 말인가. 저 들판의 허수아비가 이미 간파해 버렸다. 알간!

◎ 그 당시 한 방 얻어맞고 쓰러졌네   문수의 느닷없는 반격에 대한 유마의 무반응을 읊은 구절이다. 유마가 전혀 반응을 보이지 않은 것은 문수의 반격에 그대로 거꾸러진 게 아니겠는가.

△ 아이고, ~ 말하고 있는가.   원오는 일단 유마가 문수의 반격을 받고 거꾸러졌다는 것을 가정하고는 "아이고, 아이고" 하고 곡을 했다. 그런 다음 설두를 향하여 "자네 지금 무슨 소릴 하고 있는가"라고 호통을 치고 있다. 유마의 무반응은 결코 항복을 의미하는 게 아니라고 말하고 있다.

◎ 얻어맞곤 쓰러지지 않았음이여   그러나 문수의 반격 따위에 쓰러질 유마가 아니다. 아니 유마는 눈썹 하나 까딱하지 않은 채 묵묵부답이었다. 자, 그렇다면 이게 어찌된 일인가.

△ 죽었다가 ~ 붙어 있다.   앞 구절에서 설두는 유마가 '죽었다(쓰러졌다)'고 읊었다. 그런 다음 이 시구에 와선 갑자기 '되살아났다(쓰러지지 않았다)'고 상황을 180도로 역전시키고 있다.

◎ 금모사자(金毛獅子, 문수)라도 (그를) 찾을 곳이 없네   제아무리 지혜의 정상인 문수라 해도 유마의 묵묵부답을 간파할 수는 없다. 왜냐하면 그곳은 문수의 지혜로도 가 닿을 수 없기 때문이다. 시구의 '금모사자(金毛獅子)'는 문수가 타고 다닌다는 황금빛 털의 사자를 말한다. 즉 이 '황금빛 털의 사자'를 '문수'의 호칭으로 사용한 것이다.

△ 쯧쯧. ~ 아이고.   찾을 수 없는 그곳(유마의 묵묵부답)을 찾으려 하고 있으므로 원오는 지금 '쯧쯧' 혀를 차고 있다. 그런 다음 "여러분은 그 절대 진리를 간파했는가(봤는가)"라고 반문을 하고 있다. 그곳은 우리로선 도저히 간파할 수(볼 수) 없으므로 '아이고, 아이고'라고 통곡을 하고 있다.

【評　唱】

〔評唱〕雪竇道호대「咄, 這維摩老여하니」頭上에 先下一咄은 作什麼오 以金剛王寶劍으로 當頭直截이라 須朝打三千, 暮打八百始得이니라 梵語云維摩詰은 此云無垢稱이며 亦云淨名이니 乃過去金粟如來也라 不見僧問雲居簡和尙호대「旣是金粟如來거니 爲什麼하야 却於釋迦如來會中聽法이닛고」簡云「他不爭人我라하니」大解脫人은 不拘成佛不成佛이라 若道他修行務成佛道라하면 轉沒交涉이니라 譬如[10] 《圓覺經》云「以輪迴心으로 生輪迴見하야 入於如來大寂滅海하면 終不能至하리라」永嘉云「或是或非人不識이여 逆行順行天莫測이라하니」若順行, 則趣佛果位中이요 若逆行則入衆生境界라 壽禪師道호대「直饒你磨鍊得到這田地라도 亦未可順汝意在니라 直待證無漏聖身이라야 始可逆行順行이니라」所以雪竇道호대「悲生空懊惱라하니라」《維摩經》云「爲衆生有病故로 我亦有病이라하니」懊惱則悲絕[11]也라「臥疾毘耶離라하니」維摩示疾於毘耶離城也라 唐時王玄策이 使西域過其居라 遂以手板縱橫量其室하야 得十笏이니 因名方丈이라「全身太枯槁라하니」因以身疾이라 廣爲說法云「是身無常, 無强, 無力, 無堅, 速朽之法이라 不可信也라 爲苦爲惱며 衆病所集이니 乃至陰, 界, 入이 所共合成이라하니라」「七佛祖師來라하니」文殊는 是七佛祖師라 承世尊旨하야 往彼問疾이라「一室且頻掃라하니」方丈內皆除去하고 所有唯留一榻等이라 文殊至하야 請問不二法門也라 所以雪竇道호대「請問不二門에 當時便靠倒라하니」維摩口似匾擔이라 如今禪和子가 便道호대「無語是靠倒라하나니」且莫錯認定盤星이로다 雪竇掆到萬仞懸崖上하야 却云「不靠倒라하니」一手擡一手搦이라 他有這般

---

10) 譬如 = 不見(福本).
11) 悲絕(2字) = 愁悶(福本).

手脚이니 直是用得玲瓏이라 此는 頌前面拈云「維摩道什麼라」「金毛獅子無處討라하니」 非但當時라 卽今也恁麼로다 還見維摩老麼아 盡山河大地와 草木叢林이 皆變作金毛獅子라도 也摸索不著이니라

【평창번역】

설두는 말하길 "쯧쯧, 이 유마 노인이여"라고 했으니 (송의) 첫머리에서 먼저 '쯧쯧' 하고 혀를 찬 것은 무엇 때문인가. (이는) 금강의 검[金剛王寶劍]으로 이 자리에서 즉시 절단해 버린다는 뜻이다. (그러므로) 아침에 3,000방망이, 그리고 저녁에는 800방망이를 내리쳐야만 한다. 범어(산스크리트어)의 유마힐(維摩詰)은 여기(중국)선 무구칭(無垢稱)이라 하며 또한 정명(淨名)이라고도 하는데 (그는) 과거세의 금속 여래(金粟如來)다.

(어떤) 승과 운거도간(雲居道簡) 화상 사이에 오고 간 문답을 그대는 익히 알고 있을 것이다.

승이 운거도간 화상에게 물었다. "이미 금속 여래(金粟如來)가 되었거니 무엇 때문에 석가 여래의 화상에서 법(法, 설법)을 듣는 것입니까?"

운거도간은 말했다. "타부쟁인아(他不爭人我, 저 유마는 인아견(人我見)에 집착하지 않는다)."

(이처럼) 완전히 해탈한 사람은 성불하고 성불하지 않고에 구속되지 않는다. 만일 '저(유마)가 수행에 힘쓰는 것은 불도(佛道)를 이루기 위한 것'이라 말한다면 점점 더 (본뜻과는) 거리가 멀어지게 될 것이다. 예를 들면 《원각경》에서 (다음과 같이) 말하고 있는 것과도 같다. "윤회심(輪回心, 분별심)으로 윤회의 견해를 내어서 여래(如來, 부처)의 대적멸해(大寂滅海, 깨달음의 세계)로 들어간다면 마침내 (그 대적멸해에) 이르지 못할 것이다."

영가(永嘉)는 (이렇게) 말했다. "혹은 옳기도 하고[是], 혹은 그르기도 하니[非] 사람들이 알아보지 못함이여/ (그의) 역행과 순행은 하늘(의 신

들)조차도 헤아릴 수 없네." 만일 순행(順行, 순리에 따르는 행위)을 하게 되면 '부처가 되는 마지막 경지〔佛果位〕'로 나아갈 것이요, 또 만일 역행을 하게 되면 중생의 경계(境界, 입장)로 들어가게 될 것이다.

영명연수(永明延壽) 선사는 말했다. "비록 그대들이 열심히 수행해서 이런 경지에 이르렀다고 하더라도 또한 그대 뜻대로 하도록 내버려둬서는 안 된다. 무루성신(無漏聖身, 번뇌가 끊어진 부처의 몸)을 증득하게 되면 비로소 역행과 순행을 (마음대로) 해도 된다." 그러므로 설두는 (이렇게) 말했던 것이다. "중생에 대한 연민으로 속절없이 고뇌하고 있네." 《유마경》에서는 (또 이렇게) 말했다. "중생들이 병들었기 때문에 나 또한 병이 들었다."

(유마가) 고뇌하고 있다〔懊惱〕는 것은 '몹시 슬퍼하고 있다〔悲絶〕'는 말이다. "비야리 성에서 몸져누웠다"고 했으니 유마는 비야리(바이샬리) 성에서 병이 들었던 것이다. 당(唐)나라 때 왕현책(王玄策)이라는 사람이 인도(북인도)에 사신으로 갔다가 유마의 거실을 방문한 일이 있었다. 그는 (가지고 갔던 一尺 길이의) 홀(笏)로 그 거실의 길이를 재 봤는데 가로 세로가 각각 10홀(十笏, 10尺 → 一丈) 정도였다. 그래서 이로부터 (유마의 거실을) '방장(方丈, 四方一杖)'이라 부르게 된 것이다. "온몸이 너무 야위었다"고 했으니 (이는) 몸에 병이 들었기 때문이다. (유마는 중생들을) 위하여 (다음과 같이) 설법을 했다. "이 몸은 덧없고 강하지도 않으며 힘도 없고 견고하지도 않나니 머지않아 썩어 버릴 존재라 믿을 것이 못 된다. 고통과 번뇌로 가득 차 있으며 모든 병의 집합처로서 오음(五陰), 십이입(十二入), 십팔계(十八界)가 합쳐서 구성된 존재다."

"칠불의 조사〔七佛祖師, 문수〕가 (병문안) 왔다"고 했으니 문수는 (과거) 칠불의 스승(祖師)이었다. (이 문수가) 세존(석가모니 부처)의 뜻을 받들어 그(유마)를 찾아가서 병문안을 한 것이다. "방안을 말끔히 소제해 놨다"고 했으니 방장실 안에는 모든 세간살이들을 다 치워 버리고 오직 침상〔榻〕 한 개만을 남겨 뒀다. 문수가 와서 (병문안을 한 다음 유마에게) '불이법문(不二法門)'에 대하여 질문을 했다. 그래서 설두는 (이렇게) 말했다. "'불이법문'에 대하여 질문을 받았으니/ 그 당시 한 방 얻어맞곤 쓰러졌네." ('불이법문'에 대하여 질문을 받은) 유마의 입은 꽉 다물어져 열릴 줄을 몰랐던 것이다.

지금의 선 수행자들은 말하길 "(유마가) 말하지 못한 그것이 바로 한 방 얻어맞고 쓰러진 것이다"라고 한다. 그러나 정말이지 더 이상 저울 눈금을 잘못 보지 마라. 설두는 만 길 절벽 위로 (사람을) 몰아붙이며 (이렇게) 말하고 있다. "얻어맞곤 쓰러지지 않았음이여."

(이는) 한 손으론 들어올리고('쓰러지지 않았음') 또 한 손으론 내리누르고('한 방 얻어맞고 쓰러졌네') 있는 것이다. 저(설두)에게는 이렇듯 (대단한) 수완이 있나니 (이런 수완을) 영롱하기 이를 데 없이(능수능란하게) 사용하고 있다. 이는('쓰러지지 않았음이여'라는 구절은) 앞(본칙공안)을 평한 "유마는 뭐라 말했는가"라는 구절을 읊은 것이다. "금모사자(문수)라도 (그를) 찾을 곳이 없다"고 했으니 그 당시만 그랬던 게 아니라 지금도 또한 마찬가지다. (그대들은) 유마 어르신네를 볼 수 있겠는가. 온 산하대지(山河大地)와 풀과 나무 그리고 숲이 모두 금모사자(문수)로 변하더라도 또한 (유마를) 찾아낼 수 없을 것이다.

【평창해설】

송의 첫 구절에서 설두는 "쯧쯧, 이 유마 노인이여"라고 혀를 찼는데 이건 무엇 때문인가. 중생과 자신을 둘로 보고 있는 유마의 입장을 통렬하게 비판하는 대목이다. "금강(金剛, 다이아몬드)으로 만든 검으로 이 자리에서 즉시 절단해 버린다"는 평창문의 구절은 바로 이 통렬한 비판을 말하는 것이다. 이어서 유마는 이미 먼먼 과거 세상에 성불했는데 석가모니 부처의 중생교화를 돕기 위하여 거사(居士)의 몸으로 이 세상에 왔다는 전설 같은 이야기가 나오고 있다. 그리고 이미 성불한 사람에게는 더 이상 성불이 의미가 없다. 아니 중생교화를 위해서 성불의 길을 역행하지 않으면 안 된다. 능동적으로 이 생사윤회 속으로 들어오지 않으면 안 된다. 그래서 유마는 이미 금속 여래(金粟如來)라는 부처가 됐지만 굳이 그 자리를 마다하고 세속 사람의 모습으로 이 세상에 다시 온 것이다. 그리하여 중생들의 고뇌와 고통으로 하여 지금 몸져누운 것이다. 유마가 살았던 비야리 마을의 방을 당나라(唐太宗時) 사신 왕현책(王玄策)이란 사람이 방문한 일이 있었다. 그는 가지고 갔던 홀(笏, 길이가 一尺이다)로 그 방의 길이를 재어 봤는데 가로 세로가 각각 10홀(10尺, 즉 一丈) 정도였다. 그래서 '사방이 겨우 한 자(四方一丈)'라는 말이 나왔고 이 말에서 방장(方丈)이란 말이 유래됐다. 방장실(方丈室)이란 지금은 도(道)가 높은 고승이 머무는 방의 호칭으로 쓰이고 있다.

"이 육체는 오음(五陰), 십이입(十二入), 십팔계(十八界)로 구성됐다"는 대목이 나온다.

첫째, 오음(五陰)이란 무엇인가. 그것은 물질과 정신 작용을 편의상 다섯 갈래로 나눈 것이다.

① 물질[色], 즉 색깔과 형상.
② 색깔과 형상[色]을 느끼는 지각 작용[受].
③ 앞의 느낌을 행동화하고자 하는 강한 충동력[想].
④ 좋은 것은 취하고 싫은 것은 버리는 행위[行].
⑤ 앞의 ②③④를 총괄하고 정리하는 의식 작용[識].

둘째, 십이입(十二入)이란 무엇인가. 그것은 객관 현상[境]과 감각 기관[根]을 각각 여섯 갈래로 나눈 것이다.

○ 여섯 개[六]의 객관 현상[境]

① 형상과 색깔[色], ② 소리[聲], ③ 냄새[香], ④ 맛[味], ⑤ 감촉[觸], ⑥ 기억이나 감정의 잔영들[法]. 여기 ⑥ 法(法塵)을 하나의 객관 현상으로 취급하고 있음에 유의하기 바란다.

○ 여섯 개[六]의 감각 기관[根]

① 눈(眼), ② 귀(耳), ③ 코(鼻), ④ 혀(舌), ⑤ 피부(身), ⑥ 의식(意). 여기 ⑥ 의식(意)을 하나의 감각 작용(意根)으로 봤다는 것이 아주 흥미롭다.

셋째, 십팔계(十八界)란 무엇인가. 앞의 십이입(十二入)에 여섯 가지 지각 작용(六識)을 합친 것이다.

① 눈의 시각 작용(眼識), ② 귀의 청각 작용(耳識), ③ 코의 후각 작용(鼻識), ④ 혀의 미각 작용(舌識), ⑤ 피부의 촉각 작용(身識), ⑥ 의식의 분별 작용(意識).

병문안이 끝나자 문수 일행과 유마는 즉시 절대 진리(不二法門)에 대한 토론에 들어갔다. 먼저 문수를 따라온 32명의 보살들이 각각 절대 진리에 대해서 자신들의 견해를 펼쳐 보였다. 그리고 마지막으로 문수가 절대 진리에 대한 최종 결론을 내렸다. 그런 다음 유마에게 반문하자 유마는 묵묵부답이었는데 설두는 이를 "한 방 얻어맞고 쓰러졌다"고 읊고 있다. 그러나 유마는 결코 쓰러지지 않았으니 설두는 즉시 "얻어맞곤 쓰러지지 않았음이여"라고 읊고 있다. 자, 그렇다면 이게 어찌된 일인가. 이치나 생각으로 따지려 들지 마라. 생각이 끊어지고 이치가 가 닿을 수 없는 바로 그 자리에서 유마를 보라. 시퍼렇게 불타고 있는 이 예지를 보라. 그렇기에 설두는 "유마는 뭐라 말했는가"라고 반문식 활구를 토하고 있지 않은가. 제아무리 뛰어난 지혜의 소유자 문수라 해도 유마의 진면목을 도저히 간파할 수 없을 것이다. 어디 그것뿐이겠는가. "이 세상 전체가 문수로, 문수의 예지로 변하더라도 유마의 참모습을 간파할 수는 없을 것이다"라고 평창에서 원오는 기염을 토하고 있다.

第 85 則
桐峰庵主大虫
동봉 암주와 호랑이

【垂　　示】

垂示云「把定世界하야 不漏纖毫하니 盡大地人이 亡鋒結舌은 是衲僧正令이요 頂門放光하야 照破四天下는 是衲僧金剛眼睛이요 點鐵成金하며 點金成鐵하야 忽擒忽縱은 是衲僧拄杖子요 坐斷天下人舌頭하야 直得無出氣處하야 倒退三千里는 是衲僧氣宇라 且道總不恁麽時는 畢竟是箇什麽人고 試擧看하라」

【수시번역】

㉠ 세상을 움켜잡아 털끝만큼도 새어 나가지 못하게 하니 모든 사람들이 입을 꽉 다물어 버렸다. ―이것이 바로 수행자의 올바른 법령이다.
㉡ 제3의 눈에서 빛을 발하여 세상을 비추는 것은 수행자의 다이아몬드 같은 눈동자다.
㉢ 무쇠를 금으로 만들고 금을 무쇠로 만들어 문득 움켜잡기도 하고〔把住〕 놓아주기도 하는 것〔放行〕은 수행자의 주장자다.
㉣ 그리고 사람들의 말을 제압해서 입도 벙긋하지 못하고 삼천리까지

달아나게 하는 것은 수행자의 기백이다.

 ㈤ 자, 일러 보라. 전혀 이렇질 못할 때는 이게 도대체 어떤 사람인가. 시험삼아 거론해 보자.

【수시해설】

 다섯 마디로 되어 있다.

 첫째 마디(㈠) : 털끝만큼도 사사로움을 용납지 않는 자리〔把定〕에 서 있는 것이야말로 수행자의 올바른 자세〔本分正令〕임을 강조하고 있다.

 둘째 마디(㈡) : 그러면서 동시에 모든 것을 감싸 안는 대긍정〔放行〕의 입장도 겸비해야 한다는 것을 말하고 있다.

 셋째 마디(㈢) : 이처럼 수행자는 반드시 부정의 입장〔把住, 把定〕과 긍정의 입장〔放行〕을 동시에 겸비해야 함을 말하고 있다.

 넷째 마디(㈣) : 부정의 입장과 긍정의 입장을 수행자는 자유자재로 취한다. 그러므로 우리는 함부로 그에게 다가갈 수 없다는 것을 강조하고 있다.

 다섯째 마디(㈤) : 부정의 입장도 잘 취하지 못하고 또 긍정의 입장도 잘 취하지 못한 수행자는 누구인가. 본칙공안의 두 사람이야말로 그 좋은 본보기임을 말하고 있다.

【本 則】

 〔本則〕擧 僧到桐峰庵主處하야 便問「這裏忽逢大蟲時又作麽生고」(作家弄影漢이로다 草窠裏一箇半箇라) 庵主便作虎聲하니(將錯就錯이라 卻有牙爪나 同生同死라 承言須會宗이로다) 僧便作怕勢라(兩箇弄泥團漢이로다 見機而作이라 似則也似나 是則未是로다) 庵主呵呵大笑하다(猶較些子니 笑中有刀로다 亦能放하고 亦能收라) 僧云「這老賊」(也須識破라 敗也라

兩箇都放行이라) 庵主云「爭奈老僧何오」(劈耳便掌이나 可惜放過라 雪上加霜又一重이라) 僧休去라(恁麼休去면 二俱不了라 蒼天 蒼天) 雪竇云「是則是라 兩箇惡賊이라 只解掩耳偸鈴이로다」(言猶在耳라 遭他雪竇點檢이로다 且道當時合作麼生免得點檢고 天下衲僧不到로다)

【본칙번역】

(어떤) 승이 동봉 암주(桐峰庵主)가 사는 곳에 이르러 이렇게 물었다. "여기서 갑자기 호랑이를 만난다면 어찌하시렵니까?"

  허풍선이 작가종사로군. 풀숲에 한 개의 절반 정도(호랑이)가 있을 뿐이다.

(동봉) 암주는 즉시 "어흥" 하고 호랑이소리를 내었다.

  실수를 역이용하고 있다. 어금니와 발톱은 있으나 (상대방과) 생사를 같이 하고 있다. 말이 채 끝나기가 무섭게 그 핵심을 간파했어야 한다.

승은 무서워하는 시늉을 했다.

  형편없는 두 놈이군. 상대방의 전략을 보고 거기 알맞게 대응하고 있다. 비슷하긴 하나 정확하게 딱 들어맞는 건 아니다.

(동봉) 암주는 껄껄 웃었다.

  그런대로 봐줄 만은 하다. 웃음 속에 칼이 있다. 놔주면서〔放行〕 동시에 거둬들이고〔把住〕 있다.

승은 말했다. "이 도적놈."

  또한 (상대를) 반드시 간파해야만 한다. 패배했다. 둘 다 모두 방행(放行)뿐이다.

(동봉) 암주는 말했다. "노승을 어쩔 셈인가."

  귀때기나 한 대 갈겼어야 하는데 아깝게도 놔주고 있다. 엎친 데 덮친 가운데 또 설상가상이다.

승은 (더 이상 답변을 하지 않고) 그만둬 버렸다.

  이렇게 그만둔다면 두 사람 모두 (본칙공안을) 깨끗이 끝내지 못했다고 할 수 있다. 아이고, 아이고.
(본칙공안에 대하여) 설두는 (이렇게) 말했다. "옳긴 옳았다고 할 수 있다. 두 사람이 모두 극악한 도적이었으나 오직 귀 막고 방울 훔칠 줄만 알았을 뿐이다."

아직도 그 말이 귀에 쟁쟁하다. 저들(두 사람)은 설두에게 점검을 당하지 않을 수 없었다. 자, 일러 보라. 그 당시 어떻게 해야만 (설두의) 점검을 면할 수 있겠는가. 천하의 수행자들이 (이런 경지에는) 이르지 못했다.

【본칙과 착어해설】

◎ "여기서 갑자기 호랑이를 만난다면 어찌하시렵니까?" 어떤 승이 심산유곡에서 혼자 기거하고 있는 동봉 암주(桐峰庵主)를 찾아가 던진 물음이다. 여기서의 호랑이는 '언어의 접근이 불가능한 그 본래 자리'의 상징으로 보면 이해가 쉽다.

△ 허풍선이 작가종사로군. 이 승은 정말 호랑이가 어떤 것인지도 잘 알지 못하면서 감히 호랑이에 대해서 묻고 있다. 원오는 이 승을 놀려대기 위해서 '허풍선이'란 단어 뒤에 '작가종사'란 말을 덧붙이고 있다.

△ 풀숲에 ~ 있을 뿐이다. 호랑이가 전혀 없는 건 아니지만 그러나 숲에서 뛰어나와 사람을 물 줄을 모른다. '이 승은 안목이 약간 열리긴 했지만 그러나 동봉 암주를 제압할 그런 힘은 아직 없다'는 뜻이다.

◎ (동봉) 암주는 즉시 "어흥" 하고 호랑이소리를 내었다. 그러나 동봉 암주는 즉시 "어흥" 하고 호랑이소리를 냈다. 그러나 이 승을 단칼에 베어 버리기엔 화력이 약했다.

△ 실수를 ~ 간파했어야 한다. 동봉 암주는 이 승의 실수를 역이용하여 이 승의 눈높이에 맞게 대응하고 있다. 그러나 이 정도의 대응 가지고는 이 승을 때려눕히기엔 역부족이다. 이 승의 물음이 채 끝나기도 전에 그냥 이 승의 목을 날려 버렸어야 한다.

◎ 승은 무서워하는 시늉을 했다.　　승은 "어흥" 하는 호랑이소리를 듣고는 무서워하는 시늉을 했다. 동봉 암주를 향한 반격이 이 정도라면 이건 너무나 맥빠진 진격이다.

△ 형편없는 ~ 아니다.　　동봉 암주와 이 승의 공방전은 너무나 박진감이 없다. 이 승은 지금 동봉 암주가 하는 대로 따라 전술을 구사하고 있다. 이 승의 이런 식 대응이 제법 그럴듯해 보인다. 그렇긴 하지만 이 승은 단 한 번도 진짜 호랑이를 본 일이 없다(깨달음의 체험을 해본 일이 없다). 그래서 이런 식으로 어설픈 연극을 하고 있는 것이다.

◎ (동봉) 암주는 껄껄 웃었다.　　동봉 암주는 이 승이 진짜 호랑이를 본 일이 없다는 것을 직감적으로 알아차렸다. 그래서 그만 껄껄 웃어 버린 것이다.

△ 그런대로 ~ 거둬들이고[把住] 있다.　　부족하긴 하지만 동봉 암주의 껄껄웃음 작전은 그런대로 괜찮은 편이다. 그러나 이 웃음 속에는 이 승의 덜 익은 곳을 꿰뚫는 간파력이 숨어 있다. 말하자면 이 웃음 속에는 이 승을 감싸 안으면서[放行] 동시에 내쳐 버리는[把住] 상반된 두 가지 의미가 숨어 있는 것이다.

◎ "이 도적놈."　·이 승이 동봉 암주에게 던진 말이다.

△ 또한 (상대를) ~ 방행(放行)뿐이다.　　이 승은 그러나 동봉 암주를 꿰뚫어 보진 못했다. 그렇기에 이런 식의 말을 한 것이다. 이 말(이 도적놈)은 바로 이 승이 자신의 패배를 인정한 자백의 말이 되는 셈이다. 동봉 암주와 이 승은 지금 한결같이 방행(放行)의 입장만을 고집하고 있다.

◎ "노승을 어쩔 셈인가."　　동봉 암주가 이 승에게 한 말이다.

△ 귀때기나 ~ 또 설상가상이다.　　동봉 암주는 이쯤에서 이 승의 따귀나 한 대 갈겨 줬어야 한다. 그러나 이렇질 않고 또 방행의 입장을 취하고 있다. 벌써 세 번째나 이 승을 그냥 놔주고 있으니 이것이 바로 '엎친 데 겹친 가운데 또 설상가상' 인 셈이다.

◎ 승은 (더 이상 답변을 하지 않고) 그만둬 버렸다.　　이렇게 하여 본칙

공안은 아주 싱겁게 끝나 버리고 말았다. 이 승은 시작은 굉장한 호랑이였는데 끝에 가선 슬며시 꼬리를 내린 똥개로 변해 버리고 말았다.

△ 이렇게 ~ 아이고, 아이고.　　이 승은 본칙공안을 이런 식으로 마무리하지 말았어야 한다. 죽기 아니면 살기로 거센 반격을 한 번쯤은 시도했어야 한다. 또한 동봉 암주 쪽에서도 시종일관 방행의 입장만을 취할 게 아니었다. 시퍼런 칼을 뽑아 이 승의 목을 한 번쯤은 내리쳤어야 한다. 그러나 이런 대목이 없었기 때문에 본칙공안의 전개는 그만 극적인 박진감을 잃고 말았다.

◎ "옳긴 옳았다고 할 수 있다. 두 사람이 모두 극악한 도적이었으나 오직 귀 막고 방울 훔칠 줄만 알았을 뿐이다."　　본칙공안에 대한 설두의 촌평이다. 동봉 암주와 이 승의 공방전은 결국 무난한 무승부로 끝나 버리고 말았다. 그러므로 특별히 흠을 잡을 순 없지만 이 두 사람이야말로 가장 어리석다고밖에 달리 말할 수가 없다. 왜냐하면 계속 흔적을 남기면서 그 흔적을 안 보려고 눈을 감는 격이기 때문이다.

어떤 도적이 방울을 훔쳐 가지고 달아나는데 자꾸 소리가 났다. 그래서 사람들이 알까 두려워 자신의 두 귀를 틀어막아 버렸다. 이렇게 하여 자신의 귀에 방울소리가 더 이상 들리지 않자 그제서야 안심하고 달아났다. 그러나 그 방울소리를 듣고 달려나온 사람들에게 그는 그만 사로잡히고야 말았다. 동봉 암주와 이 승은 그 어리석기가 바로 이 방울 도적과 다를 바 없다. 왜냐하면 결국 설두에게 문책거리만을 제공했기 때문이다.

△ 아직도 그 말이 ~ 이르지 못했다.　　설두의 촌평은 너무나 멋지다. 그렇기에 그 멋진 말(평)이 아직도 우리의 귀에 쟁쟁하게 울리고 있는 것이다. 자, 그렇다면 벗이여, 이 두 사람이 어떤 식으로 전술전략을 폈어야만 설두의 문책을 면했겠는가. 설두의 안목은 높고 높아서 그 누구도 감히 이런 경지에는 도달하기 쉽지 않을 것이다.

【評　唱】

〔評唱〕大雄宗派下出四庵主하니 大梅, 白雲, 虎溪, 桐峰이라 看他兩人恁麼眼親手辨하라 且道譸訛在什麼處오 古人의 一機一境과 一言一句가 雖然出在臨時나 若是眼目周正하면 自然活鱍鱍地라 雪竇拈教人識邪正, 辨得失이라 雖然如此나 在他達人分上에는 雖處得失이나 却無得失이라 若以得失로 見他古人하면 則沒交涉이라 如今人은 須是各各窮到無得失處니 然後에 以得失辨人이니라 若一向에 去揀擇言句處用心하면 又到幾時에 得了去리요 不見雲門大師道호대 「行脚漢이여 莫只空遊州獵縣하라 只欲得提搦閑言語하야 待老和尙口動하야 便問禪問道하며 向上向下는 如何若何라 大卷抄將去하야 壓向肚皮裏卜度하며 到處火爐邊에 三箇五箇聚頭하야 擧口喃喃地하야 便道這箇是公才語며 這箇是就身打出語며 這箇是事上道底語며 這箇是體裏語며 體你屋裏老爺老娘이라 噇卻飯了하고 只管說夢하야 便道我會佛法了也라하나니 將知恁麼行脚이 驢年得休歇去리요」 古人暫時間拈弄에 豈有勝負, 得失, 是非等見이리요.

【평창번역】

대웅종파하(大雄宗派下, 百丈門下)에서 네 명의 암주(庵主, 숨어 사는 수행자)가 나왔는데 대매(大梅), 백운(白雲), 호계(虎溪), 동봉(桐峰)이 그들이다. 상대에 따라 이런 식으로 거기 알맞게 대응하고 있는 저 두 사람(동봉 암주와 이 승)을 보라. 자, 일러 보라. 잘못이 어디에 있는가. 옛사람의 한 표정 한 동작〔一機一境〕과 한 마디 말〔一言一句〕이 그때그때 따라나오긴 하나 만일 안목이 바르다면 저절로 활기찰 것이다. 설두는 (본칙 공안을) 거론해서 사람들로 하여금 정사(正邪)를 식별하고 득실(得失)을 판별하도록 했다. 그렇긴 하나 저 달인(達人, 깨달은 이)의 입장에서는 비록 '득'과 '실'이 있는 것 같지만 그러나 (엄밀히 본다면 여기) '득'과 '실'은 없다. (그러므로) 만일 득실로 저 옛사람(동봉 암주)을 보려(이해하려) 한다면 전혀 맞지 않는다. 지금 사람들은 각자가 (모두들) 득실이 없는 곳(경지)에 이르지 않으면 안 되나니 그런 후에라야 득실로 (다른) 사람을 판별해야 한다. 만일 오직 말과 글귀〔言句〕를 취사 선택하는 데만 마음을 쓴다면(관심을 갖는다면) 어느 때라야 깨달음에 이를 수 있겠는가.

운문 대사의 다음과 같은 말을 그대는 익히 알고 있을 것이다. "행각(구도 행각)하는 이들이여, 쓸데없이 여기저기 돌아다니지 마라. 쓸데없는 말장난만 일삼으면서 노화상(老和尙)의 입이 열리기가 무섭게 선(禪)을 묻고 도(道)를 물으며 향상(向上, 절대 경지)과 향하(向下, 상대 경지)는 어떤 것인가를 물으려 한다. (그런 다음) 두꺼운 노트에 이를 써 가지고 뱃속에 잔뜩 쑤셔 넣고는 이리저리 따져 보고 있다. 그리고 가는 곳마다 화롯가에 삼삼오오로 머리를 맞대고 앉아서 이런 식으로 재잘대고 있다. —'이것은 뛰어난 재능이 있는 사람의 말〔公才語〕이며, 또 이것은 자신의 체험에서 나온 말〔就身打出語〕이며, 이것은 구체적인 사실을 빌려 말한 것〔事上道底語〕이며, 이것은 마음에 대해서 설명한 말〔體裏語〕이며, 자기 집안의 노부모〔自己主人公〕를 본체로 한 것이다.' 밥 잘 먹고 나서 잠꼬대하길 '나는 불법을 안다'고 지껄이고 있으니 이런 식의 행각이 어느 날에야 끝나겠는가."

옛사람들이 잠시 동안 (본칙공안을) 거론함에 있어서 어찌 승부와 득실과 시비 등의 견해가 있겠는가.

【평창해설】

백장 문하의 임제 밑에서 대매, 백운, 호계, 동봉의 네 암주가 나왔다. 암주(庵主)란 '세상에 나오지 않고 일생 동안 오직 수도 정진만을 힘쓴 수행자'를 말한다. 본칙공안은 이 네 암주 가운데 동봉 암주를 주역으로 하고 있다. 본칙공안에서 설두는 동봉 암주와 이 승을 검증하고 있다. 그러나 자신이 상대를 검증할 수 있는 그런 경지에 이르지 못했다면 함부로 상대방에 대하여 왈가왈부해서는 안 된다는 것을 원오는 강조하고 있다. 상대방의 경지에 대하여 평가하기 전에 우선 깨달음에 대한 분명한 체험이 있어야만 한다. 그렇기에 평창에서는 운문의 간절한 말을 꽤 길게 인용하고 있다.

【評　　唱】

桐峰見臨濟하니 其時在深山卓庵이라 這僧到彼中하야 遂問「這裏忽逢大蟲時又作麼生고」 峰便作虎聲하니 也好就事便行이라 這僧도 也會將錯就錯하야 便作怕勢어늘 庵主呵呵大笑라 僧云「這老賊」峰云「爭奈老僧何오하니」是則是나 二俱不了할새 千古之下에 遭人點檢이로다 所以雪竇道호대「是則是나 兩箇惡賊이라 只解掩耳偸鈴이라하니」 他二人이 雖皆是賊이나 當機卻不用할새 所以掩耳偸鈴이라 此二老는 如排百萬軍陣하고 卻只鬪掃箒라 若論此事댄 須是殺人不眨眼底手脚이니라 若一向애 縱而不擒커나 一向애 殺而不活하면 不免遭人怪笑니라 雖然如是나 他古人亦無許多事니 看他兩箇怎麼하라 總是見機而作이니라 五祖道호대「神通遊戲三昧요 慧炬三昧며 莊嚴王三昧라하니」 自是後人이 脚跟不點地하고 只去點檢古人하야 便道호대 有得有失이라하나니라 有底道호대 分明是庵主落節이라하니 且得沒交涉이로다 雪竇道호대「他二人相見이 皆有放過處로다」 其僧道호대「這裏忽逢大蟲時又作麼生고」 峰便作虎聲하니 此便是放過處라 乃至道호대「爭奈老僧何오하니」 此亦是放過處니 著著落在第二機라 雪竇道호대「要用便用이라하니」 如今人聞恁麼道하고 便道호대「當時好與行令이라하니」 且莫盲枷瞎棒이니라 只如德山은 入門便棒하고 臨濟는 入門便喝하니 且道古人意如何오 雪竇後面에 便只如此頌出하니 且道畢

제85칙 桐峰庵主大虫 | 177

竟作麼生免得掩耳偸鈴去오 頌云

【평창번역】

  동봉(桐峰)은 임제를 뵙고 (그 문하에서 깨달음을 얻은 다음 본칙공안을 거론할) 그때는 깊은 산속 작은 암자에 머물고 있었다. 이 승(질문을 던진 승)이 마침 그곳에 이르러 이렇게 물었다. "여기서 갑자기 호랑이를 만난다면 어찌하시렵니까?" 동봉은 즉시 "어흥"하고 호랑이 소리를 냈으니 (이것은 범이라는) 구체적인 사실로 대답을 했던 것이다. 이 승 또한 실수를 역이용해서 무서워하는 시늉을 했다. 그러자 동봉 암주는 껄껄 웃었다. 승은 말했다. "이 도적놈." 동봉 암주는 말했다. "노승을 어쩔 셈인가?" (이 두 사람의 전략이 원칙적으로는 모두) 옳긴 옳았으나 (본칙공안에 한해서만 본다면) 두 사람 모두 불완전했다. 그래서 천 년 후에 사람(설두)에게 점검을 당했던 것이다.

  그래서 설두는 (이렇게) 말했다. "옳긴 옳았다고 할 수 있다. 두 사람 모두 극악한 도적이었으나 오직 귀 막고 방울 훔칠 줄만을 알았을 뿐이다." 저 두 사람(동봉 암주와 이 승)이 모두 도적이긴 했으나 그 전략을 충분히 사용하지 못했다. 그러므로 귀를 막고 방울 훔치는 꼴(어리석은 꼴)이 되어 버렸던 것이다. 이 두 어르신네는 마치 백만의 군대를 포진해 놓고는 빗자루를 들고 싸우는 꼴이 되어 버리고 말았다. 만일 이 일을 논한다면 살인을 하고도 눈 하나 까딱하지 않을 정도의 담력과 수완이 있어야만 한다. (그러나) 만일 한결같이 놔주기만〔放行〕 하고 움켜잡지〔把住〕 못하거나 또 죽이기만〔把住〕 하고 되살려 내지〔放行〕 못한다면 사람들의 비웃음을 면하기 힘들 것이다. 비록 그렇긴 하나 저 옛사람들은 또한 (자기 본성에 대한 탐구 이외에) 다른 일에는 관심이 없었나니 저 두 사람의 이러한 문답을 보라. 이 모두가 상대방의 전략에 따라 거기 알맞게 대응하고 있다. 오조법연 선사는 말했다. "(이것은) 무애자재의 경지〔神通遊戲三昧〕며 지혜가 뛰어난 경지[慧炬三昧]며 복덕과 지혜가 충만한 경지[莊嚴王三昧]다."(그런데) 뒷사람들이 분명하게 알지도 못하면서 옛사람들을 점검한답시고 "'득(得)'이 있고 '실(失)'이 있다"는 식으로 말했던 것이다. 또 어떤 이는 이렇게도 말하고 있다. "분명히 동봉 암주가 손해를 봤다." 그러나 이는 전혀 맞지 않는 말이다.

설두는 말하길 "저 두 사람의 서로 만남이 모두 방과처(放過處, 放行處)에 있었다"고 했다. 그 승이 말하길 "여기서 갑자기 호랑이를 만난다면 어찌하시렵니까"라고 하자 동봉 암주는 즉시 "어흥"하고 호랑이소리를 냈으니 이것이 바로 방과처(방행처)였던 것이다. 또 끝에 가서 말하길 "노승을 어쩔 셈인가"라고 했으니 이 역시 방과처(방행처)로서 한 수 한 수가 (모두) 제2류에 떨어져 버리고 말았다.

설두는 말하길 "전략을 쓰려면 즉시 써야 한다"고 했다. (그런데) 지금 사람들은 (설두의) 이런 말을 듣고는 이런 식으로 말한다. "그 당시 (棒이나 喝과 같은) 올바른 법령을 행했어야 한다." 그러나 정말이지 더 이상 눈먼 봉이나 할 따위는 들먹이지 마라. 그건 그렇다 치고 덕산은 (상대가) 문에 들어오자마자 봉을 휘둘렀고 임제는 또 (상대가) 문에 들어서자마자 할을 했으니 자, 일러 보라. 옛사람의 뜻은 어떤 것인가. 설두는 뒤에서 다만 이같이 읊고 있으니 자, 일러 보라. 필경 어찌해야만 귀 막고 요령 훔치는 짓을 면할 수 있겠는가.

송에서 (설두는 다음과 같이) 읊고 있다.

【평창해설】

자, 다시 본칙공안의 전개를 보자. 동봉 암주와 이 승의 전략이 특별히 눈에 띄게 거슬리는 곳은 없다. 그러나 본칙공안에 한정시켜서 살펴본다면 좀더 박진감이 있었더라면 금상첨화가 됐을 것이다. 그래서 설두는 이 점을 매우 애석해하고 있다. 이 두 사람은 마치 "귀 막고 방울 훔치는 방울 도적과도 같다"고 평을 하고 있는 것이다. 원오는 여기에다 또 이렇게 한술 더 뜨고 있다. "이 두 사람은 마치 백만 대군을 포진해 놓고는 몽당 빗자루로 싸우는 꼴이 됐다." 왜냐하면 이 두 사람은 지금 시종일관 방행의 입장만을 고수하고 있기 때문이다. 싸움이 드라마틱하게 전개되기 위해선 여기 방행과 파주의 공방전이 숨가쁘게 펼쳐져야만 한다. 쫓기던 자가 쫓는 자가 되고 죽은 자가 되살아나는 이 역전이 있어야만 한다. 오조법연은 그러나 본칙공안에서의 이 두 사람의 전술전략을 극찬하고 있다. 왜냐하면 이 두 사람 모두에겐 결정적인 실수가 없었기 때문이다. 뒷사람들은 동봉 암주를 평하여 다음과 같은 식으로 말하고 있다. "이 승의 물음이 채 떨어지기가 무섭게 그냥 봉(棒)이나 할(喝)을 썼어야 한다." 그러나 벗이여, 그대 자신이 몸소 '봉'과 '할'의 경지에 이르지 않는 한 이런 식의 눈먼 '봉', '할'을 들먹여서는 결코 안 된다. 왜냐하면 그것은 한낱 말장난이나 흉내에 지나지 않기 때문이다. '봉', '할'을 들먹이기 전에 우선 알아야 할 것은 다음의 두 가지 사실이다.

첫째, 덕산은 상대가 문안으로 들어오자마자 '봉'을 휘둘렀는데 이건 무슨 뜻인가.

둘째, 임제는 상대가 질문하려 하면 그냥 '할'을 외쳐 댔는데 이건 무슨 뜻인가.

【頌】

〔頌〕見之不取하면(蹉過了也라 已是千里萬里라) 思之千里라(悔不愼當初로다 蒼天 蒼天) 好箇斑斑이나 (闍黎自領出去하라 爭奈未解用在오) 爪牙未備라(只恐用處不明이니 待爪牙備하야 向你道하리라) 君不見大雄山下忽相逢하니(有條攀條오 無條攀例라) 落落聲光皆振地로다(這大蟲卻恁麽去니 猶較些子라 幾箇男兒是丈夫아) 大丈夫, 見也無아(老婆心切이라 若解開眼하면 同生同死라 雪竇打葛藤이로다) 收虎尾兮捋虎鬚로다(忽然突

出如何收오 收天下衲僧在這裏라 忽有箇出來하면 便與一拶하리라 若無收면 放你三十棒하야 敎你轉身吐氣로다 喝, 打云「何不道這老賊고」)

【송번역】

범을 봤을 때 때려잡지 못하고
　어긋나 버렸다. 이미 천리만리다.
범을 생각하며 천리를 가네
　애당초 신중치 못했음을 후회하고 있다. 아이고, 아이고.
얼룩무늬만은 멋지나
　설두, 자네나 가져가게. (발톱과 어금니를) 쓸 줄 모르는 걸 어찌하겠는가.
발톱과 어금니가 없네
　(발톱과 어금니의) 용처(用處, 쓸 곳)가 분명치 않음을 걱정한다. 우선 발톱과 어금니를 갖춘 다음에 그대에게 말해 주리라.
그대는 익히 알고 있으리
대웅산 아래서 느닷없이 마주치니
　법조문에 있으면 거기 준할 것이고 법조문에 없으면 판례를 따르리라.
우렁찬 그 음성이 대지를 뒤흔드네
　이 호랑이가 이런 식으로 (대단하다). 제법이다. (과연) 몇 명의 사내가 진짜 대장부일까.
대장부여, 봤는가
　노파심이 간절하다. 만일 깨달아서 안목이 열린다면 생(生)을 같이하고 사(死)를 같이할 것이다. 설두, (자네) 너무 말이 많다.
범의 꼬릴 거두고 그 수염을 잡았네
　갑자기 튀어나온다면 어떻게 붙잡을 것인가. 천하의 수행자들을 붙잡아서 이 속에 둔다. 불현듯 앞으로 나오는 자가 있다면 한 방 먹일 것이다. 만일 붙잡지 못한다면 그대에게 30봉을 먹여서 그대들로 하여금 분발하도록 할 것이다. (원오는) '할'을 한 다음 (선상을) 치면서 말했다. "왜 '이 도적놈' 이라고 말하지 않는가."

【송과 착어 해설】

◎ **범을 봤을 때 때려잡지 못하고**　여기서의 범은 본래면목(나 자신의 본성) 그 자체를 말한다. 이 승은 지금 본래면목에 대해서 질문을 하긴 했으나 본래면목이 정말 어떤 것인지 체험해 본 일은 없다. 그래서 활구적인 물음을 던질 줄 몰랐던 것이다. 이 범을 본 순간 그냥 사정없이 때려잡았어야 한다.

△ **어긋나 ~ 천리만리다.**　이 범을 보고도 때려잡지 못했기 때문이다. 본래면목에 대하여 질문을 하긴 했지만 그 구체적인 체험이 없었다. 그래서 그(이 승)는 지금 이 본래면목과 너무 멀리 떨어져 있는 것이다.

◎ **범을 생각하며 천리를 가네**　이 승뿐 아니라 동봉 암주 역시 방행의 입장만을 취했으므로 범을 때려잡기는커녕 범과 천리만리 떨어져 있는 꼴이 됐다.

△ **애당초 ~ 아이고, 아이고.**　이 승이 범을 묻는 순간 동봉 암주는 그냥 범의 발톱과 이빨로 이 승을 물어 버렸어야 한다. 그러나 이렇질 못했기 때문에 뒷사람(설두)에게 아주 혼쭐이 나고 있다. 이것은 정말이지 너무나 애석한 일이 아닐 수 없다.

◎ **얼룩무늬만은 멋지나/ 발톱과 어금니가 없네**　동봉 암주는 이 승을 맞아 "어홍" 하고 범의 소리를 냈다. 이 대목이 바로 '얼룩무늬만은 멋진 대목'이다. 그러나 발톱과 어금니로 이 승을 물 줄은 몰랐던 것이다. 그래서 설두는 '발톱과 어금니가 없다'고 동봉 암주를 깎아내리고 있다.

△ **설두, 자네나 ~ 어찌하겠는가.**　설두는 지금 너무 자만하고 있다. 파주(把住)의 입장에서 본다면 설두 역시 동봉 암주처럼 발톱과 어금니를 사용할 줄 모르긴 마찬가지다.

△ (발톱과 어금니의) ~ 말해 주리라.　　동봉 암주는 지금 발톱과 어금니는 있지만 그것을 전혀 쓸 줄 모르고 있다. 아니 발톱과 어금니가 제대로 자라지 않았을지도 모른다. 그러므로 동봉 암주여, 그대의 발톱과 어금니가 제대로 자란 다음에 다시 이 문제를 토론해 보자.

◎ 그대는 익히 알고 있으리/ 대웅산 아래서 느닷없이 마주치니　　발톱과 어금니를 제대로 사용한 예가 여기 있다. 그 옛날 대웅산 아래서 백장과 황벽의 한판 승부가 바로 그것이다.

△ 법조문에 ~ 따르리라.　　발톱과 어금니가 아직 제대로 자라나지 않은 사람은 발톱과 어금니가 다 자란 진짜 범의 전술전략을 봐야만 한다. 그래야 비로소 작가종사가 무엇이라는 것을 알게 된다.

◎ 우렁찬 그 음성이 대지를 뒤흔드네　　백장과 황벽의 한판 승부는 그야말로 두 마리 맹호의 격돌이었다. 이처럼 무시무시한 싸움은 이전에도 없었고 또 이후에도 다시 없을 것이다.

△ 이 호랑이가 ~ 대장부일까.　　이 두 마리 호랑이(백장과 황벽)는 보통의 호랑이가 아니었다. 이들이야말로 대장부 중에서도 대장부인 셈이다.

◎ 대장부여, 봤는가　　백장과 황벽의 멋진 이 한판 승부를 벗이여, 분명히 보라.

△ 노파심이 ~ 같이할 것이다.　　설두는 지금 노파심이 너무나 간절하기 때문에 "대장부여, 봤는가"라고 또다시 반문을 하고 있는 것이다. 만일 설두의 이 간절한 마음을 이해한다면, 그리하여 이 멋진 한판 승부의 참뜻을 간파한다면 벗이여, 그대는 황벽과 어깨를 나란히 할 수 있을 것이다.

△ 설두, ~ 말이 많다.　　가르침이 너무나 친절했기에 원오는 지금 설두를 반어적으로 칭찬하고 있는 것이다.

◎ 범의 꼬릴 거두고 그 수염을 잡았네　　백장은 황벽이라는 범을 맞아 정말 멋진 한판 승부를 벌였다. 이 범의 머리와 꼬리를 한꺼번에 움켜쥔 것이다.

△ 갑자기 ~ 붙잡을 것인가.　왜냐하면 이 범은 일정하게 머무는 곳이 없기 때문이다. 어디서 어떻게 공격해 올지 그것을 전혀 예측할 수가 없기 때문이다.

△ 천하의 수행자들을 ~ 분발하도록 할 것이다.　뭇 수행자들은 이 범(자기 자신의 본성)의 머리와 꼬리를 벗어날 수가 없다. 그러므로 이 범을 붙잡으려고 앞으로 나서는 자가 있다면 그냥 한 방망이 내리칠 것이다. 동시에 이 범을 붙잡지 못한다면 이번에는 30방망이를 내리칠 것이다. 그러니 자, 어떻게 할 것인가. 도대체 이 범을 붙잡을 수도 없고 붙잡지 않을 수도 없는 노릇이다.

△ (원오는) ~ 말하지 않는가."　원오는 지금 자비심이 너무나 간절한 나머지 긴 사설을 늘어놨다. 무수한 언어의 흔적을 남기고 말았다. 그래서 이 사실을 문득 깨닫고는 쾅! 하고 선상을 내리쳤던 것이다. 그런 다음 청중을 대신해서 자기 자신에게 '이 도적놈'이라고 불호령을 하고 있다.

【評　　唱】

〔評唱〕「見之不取하면 思之千里라하니」正當嶮處하야 都不能使라 等他道호대「爭奈老僧何오하야」好與本分草料니라 當時若下得這手脚이면 他必須有後語리라 二人只解放하고 不解收라 見之不取하니 早是白雲萬里라 更說什麼思之千里리오「好箇斑斑이여 爪牙未備라하니」是則是, 箇大蟲也解藏牙伏爪나 爭奈不解咬人이리오「君不見大雄山下忽相逢하니 落落聲光皆振地라」百丈이 一日問黃檗云「什麼處來오」檗云「山下採菌子來니다」丈云「還見大蟲麼아」檗이 便作虎聲하니 丈이 於腰下取斧作斫勢어늘 檗이 約住便掌이라 丈이 至晚上堂云「大雄山下有一虎하니 汝等諸人은 出入切須好看하라 老僧今日親遭一口로다」後來潙山이 問仰山호대「黃檗虎話作麼生고」仰云「和尙尊意如何닛고」潙山云「百丈이 當時合一斧斫殺이어늘 因什麼到如

184

此오」 仰山云「不然이니다」 潙山云「子又作麼生고」 仰山云「不唯 騎虎頭라 亦解收虎尾니다」 潙山云「寂子甚有嶮崖之句라하니」 雪竇 引用, 明前面公案하야 聲光落落, 振於大地也라하니라 這箇些子는 轉 變自在하야 要句中有出身之路니라「大丈夫, 見也無아하니」 還見麼아 「收虎尾兮捋虎鬚는」 也須是本分이니라 任你收虎尾捋虎鬚라도 未免 一時穿卻鼻孔이니라

【평창번역】

"범을 봤을 때 때려잡지 못하고/ 범을 생각하며 천리를 간다"고 했으니 정말 험한 곳을 만나 (그 전술전략을) 전혀 사용하지 못하고 있다. 저(동봉 암주)가 "노승을 어쩔 셈인가"라고 말하자마자 (이 승)은 즉시 일침을 가 했어야 한다. 그 당시 만일 이런 전략을 사용할 수 있었더라면 저(설두)가 어찌 뒷말을 했겠는가. 이 두 사람은 다만 놓을 줄〔放行〕만 알았지 움켜잡 을 줄〔把住〕을 몰랐다.

범을 봤을 때 때려잡지 못했으니 이미 흰 구름 일만 리라. 다시 "범을 생각하며 천리를 간다"고 말해서 무엇 하려는가. "얼룩무늬만은 멋지나/ 발톱과 어금니가 없다"고 했으니 이 호랑이가 어금니와 발톱을 숨길 줄은 알았으나 사람을 물 줄 모르는 걸 어찌하겠는가. "그대는 익히 알고 있으 리/ 대웅산 아래서 느닷없이 마주치니/ 우렁찬 그 음성이 대지를 뒤흔드 네."

백장이 어느 날 황벽에게 물었다. "어디서 오는가?"
황벽이 말했다. "산 아래서 버섯 따고 옵니다."
백장이 말했다. "호랑이를 봤는가?"
황벽은 즉시 어흥 하고 호랑이소리를 냈다. 그러자 백장은 허리춤에서 도끼를 뽑아 내려치는 시늉을 했다. 황벽은 백장을 한 대 갈겼다.
백장은 저녁이 되자 설법당에 올라가 말했다.

"대웅산 아래 호랑이 한 마리가 있으니 그대들은 들어오고 나가면서 잘 봐라. 노승이 오늘 한 번 물렸다."

그후 위산이 (이 호랑이 공안을 들어) 앙산에게 물었다.

"황벽의 호랑이 이야기(공안)를 어떻게 생각하는가?"

앙산이 말했다. "스님은 어찌 생각하시는지요?"

위산이 말했다. "백장은 그 당시 도끼로 내리쳐 작살내 버렸어야 옳았거늘 무엇 때문에 이 지경까지 오게 했는가."

앙산이 말했다. "(저는) 그렇지 않다고 봅니다."

위산이 말했다. "자넨 그럼 어떻게 생각하는가."

앙산이 말했다. "범의 머리를 올라탔을 뿐만 아니라 또한 범의 꼬리를 거둘 줄도 알았던 것입니다."

위산이 말했다. "앙산, 자네에겐 아주 험난한 구절이 있군."

설두는 (백장과 황벽의 이 호랑이 공안을) 인용하여 "우렁찬 그 음성이 대지를 뒤흔든다"고 본칙공안의 의미를 분명히 했다. 이것[這箇些子, 본래면목]은 전변(轉變)이 자유자재하다. 그러므로 그 글귀(말) 속에는 (반드시) 해탈의 길[出身之路]이 있어야만 한다. "대장부여, 봤는가"라고 했으니 (정말) 봤는가. "범의 꼬릴 거두고 그 수염을 잡았네"라고 했으니 본분(本分, 수행자로서의 올바른 정신 자세)에 투철하지 않으면 안 된다. 그러나 그대들이 범의 꼬릴 거두고 그 수염을 잡는다 하더라도 대번에 (그대들의) 콧구멍이 꿰뚫릴 수밖에는 없을 것이다.

【평창해설】

본칙공안에서 이 승과 동봉 암주의 한판 승부는 시작은 대단했으나 그 끝이 너무나 맥이 빠져 버렸다. 그래서 설두는 이렇게 읊었던 것이다. "범을 봤을 때 때려잡지 못하고 ~ 발톱과 어금니가 없네." 범과의 승부로서 전무후무한 예는 그 옛날 대웅산 아래서 백장과 황벽의 한판 승부였다. 그래서 평창에서는 이 한판 승부를 상세하게 언급하고 있다. 그리고 이어서 '백장과 황벽의 이 한판 승부'에 대한 위산과 앙산의 문답을 싣고 있다. 이 대목에서 앙산을 칭찬한 위산의 말 가운데 "아주 험난한 구절이 있다"는 건 무슨 뜻인가. '앙산의 말 가운데는 분별심이나 생각으로는 도저히 미칠 수 없는 곳(아주 험난한 곳)이 있다'는 뜻이다. 그리고 설두는 백장과 황벽의 예를 들어서 "본칙공안의 전개가 좀더 박진감이 있었어야 한다"고 말하고 있다. 그리고 저 백장과 황벽 같은 경지에 이른 사람은 이 범〔這箇些子, 자기 자신의 본성〕을 자유자재로 다룰 줄 알아서 그가 내뱉는 한 마디 한 마디가 그대로 깨달음의 촉진제가 될 것이라고 말하고 있다. 마지막으로 원오는 설두의 끝 구절 "범의 꼬릴 거두고 그 수염을 잡았네"를 인용하여 이렇게 매듭짓고 있다. "설령 자네들이 이 범의 꼬릴 거두고 그 수염을 잡았다 하더라도 그대들의 콧구멍은 이미 내 손아귀에 있다." 왜 이런가. 어떻게 해야만 원오의 이 손아귀에서 벗어날 수 있겠는가. 벗이여, 부탁하노니 더 이상 긁어 부스럼을 내지 마라. 좋은 일이 없는 것만 같지 못하느니〔好事不如無〕······.

第 86 則
雲門有光明在
운문의 자기 광명

【垂　示】

垂示云「把定世界하야 不漏絲毫하며 截斷衆流하야 不存涓滴이라 開口便錯이요 擬議卽差라 且道作麽生是透關底眼고 試道看[1]하라」

【수시번역】

㉠ 세상을 움켜잡아 티끌 한 오라기조차 새어 나가지 못하게 하며 (意識의) 흐름을 절단해서 한 방울도 남겨 두지 않는다.
㉡ 입을 열면 그 즉시 잘못되고, 생각으로 헤아리면 어긋나 버린다.
㉢ 자, 일러 보라. 어떤 것이 (조사의) 관문을 통과한 안목인가. 시험삼아 거론해 보자.

【수시해설】

세 마디로 되어 있다.

---

1) 且道 ~ 道看(13字) = 畢竟如何(福本).

첫째 마디(㉠) : 철저하게 부정의 입장〔把住〕만을 논하고 있다.

둘째 마디(㉡) : 언어나 생각으로 그 본래 자리를 헤아리려 하면 그 즉시 어긋나 버린다는 것을 말하고 있다.

셋째 마디(㉢) : 조사의 관문을 통과하여 언어나 생각으로 헤아릴 수 없는 그 본래 자리를 간파한 그 좋은 예는 어떤 것인가. 본칙공안이야말로 가장 좋은 본보기임을 강조하고 있다.

【本　　則】

〔本則〕擧　雲門垂語云「人人盡有光明在나(黑漆桶이로다)　看時不見暗昏昏이니라(看時瞎이라)　作麼生是諸人光明고(山是山, 水是水라 漆桶裏洗黑汁이로다)」　自代云「廚庫三門이니라」(老婆心切이니라 打葛藤作什麼오)　又云「好事不如無니라」(自知較一半이니라 猶較些子로다)

【본칙번역】

운문이 (제자들에게) 말했다.
"사람마다 제각기 광명이 있으나
　　새까만 옻칠통이로군.
보려고 할 때는 보이지 않고 캄캄하다.
　　보려고 할 때는 눈이 멀어 버린다.
어떤 것이 모든 사람에게 있는 광명인가."
　　산은 산이요, 물은 물이다. 옻칠통 속에서 먹물을 씻는다.
(대답하는 사람이 없자 운문은) 스스로 (사람들을) 대신해서 (이렇게) 말했다.
"주고삼문(廚庫三門, 부엌과 山門)."
　　노파심이 간절하다. 언어문자를 사용해서 뭘 하려는가.

(운문은) 또 (이렇게) 말했다.
"좋은 일이나 없는 것만 같지 못하다."
　　(운문은) 스스로가 말이 불충분했다는 걸 알았다. 그러나 부족하긴 하지만 그런대로 봐줄 만하다.

【본칙과 착어해설】

　◎ 운문이 (제자들에게) 말했다. "사람마다 제각기 광명이 있으나　우리 모두에게는 하늘과 땅을 덮고 밤낮으로 빛을 발하는 한 물건(본래 자리, 본래면목)이 있다.
　△ 새까만 옻칠통이로군.　우리 안에 있는 이 빛의 덩어리는 너무 밝아서 칠흑같이 어둡다. 자, 그렇다면 이게 어찌된 일인가. 너무 밝아서 칠흑같이 어둡다니……. 벗이여, 이 소식을 알겠는가.
　◎ 보려고 할 때는 보이지 않고 캄캄하다.　한 생각조차 일어나지 않은 그곳이 바로 이 빛의 원천이다. 그러나 여기 이 빛과 이 빛을 보는 자의 주객이 있게 되면 캄캄하여 아무것도 볼 수가 없다.
　△ 보려고 할 때는 ~ 버린다.　보려는 이 생각이 그만 앞을 가려 버리기 때문이다.
　◎ 어떤 것이 모든 사람에게 있는 광명인가."　운문은 지금 장안 한복판에 있는 함원전(含元殿) 속에서 사람들에게 장안이 어디냐고 묻는 격이다. 왜냐하면 운문 자신이(아니 우리 모두가) 이 광명의 한복판에 있으면서 광명을 묻고 있기 때문이다.
　△ 산은 산이요, 물은 물이다.　벗이여 보라. 저 산은 무엇이며 이 물은 무엇인가. 이 산과 물, 그리고 바람과 그 바람에 흔들리는 나뭇가지는 또 무엇인가. 그 광명과 이것들은 어떻게 다른가. 분명한 답이 나올 때까지 이 의문을 줄기차게 물고늘어져라.
　△ 옻칠통 속에서 먹물을 씻는다.　새까만 옻칠통 속에서 검은 먹물

을 씻으니 더 검어질 수밖에……. 그렇다. 광명의 한복판에서 광명을 찾고 있으니 이게 어찌된 일인가.

◎ "주고삼문(廚庫三門, 부엌과 山門)." 운문의 물음에 아무도 대답하는 사람이 없었다. 그래서 시자(侍者)인 향림(香林)의 청을 받고 운문은 스스로 대중들을 대신해서 이렇게 대답했던 것이다. 우리 모두에게 있는 그 빛의 덩어리〔光明〕가 '주고삼문'이라니…… 이게 도대체 무슨 뜻인가. 벗이여, 정말이지 죽여 주는 운문의 이 활구를 놓치지 마라. 예서 꿰뚫지 못하면 또 어디 가서 꿰뚫는단 말인가.

△ 노파심이 ~ 뭘 하려는가. 이 활구를 통해서 우린 운문의 간절한 마음을 읽을 수 있다. 운문의 이 활구는 우리의 사견과 번뇌망상을 여지없이 박살내 버리고 있다.

◎ "좋은 일이나 없는 것만 같지 못하다." 운문은 '주고삼문'이라는 자신의 활구에 아직 언어 흔적이 남아 있다는 것을 알았다. 그래서 그 흔적마저 지워 버리기 위하여 이렇게 말한 것이다. 정말 너무나도 간절하구나, 이 말씀이여. 운문이 아니면 어느 누가 이런 말을 할 수 있겠는가.

△ (운문은) ~ 봐줄 만하다. 사실 언어를 통해서 언어의 흔적을 없앤다는 것은 정말 어려운 일이다. 이 점에 대해서 운문만큼 고심했던 선사는 별로 없다. 완벽하게 언어의 흔적을 없애 버렸다고는 말할 수 없지만 그러나 운문의 이 처절한 노력만은 정말 높이 평가받아야만 한다.

【評　　唱】

〔評唱〕雲門室中에 垂語接人이라 「你等諸人脚跟下에 各各有一段光明하야 輝騰今古하고 逈絶見知라」雖然光明이나 恰到問著又不會하니 豈不是暗昏昏地리오 二十年垂示에 都無人會他意라 香林이 後來請代語하니 門云「廚庫三門이니라」又云「好事不如無라하니」尋常代語가 只一句어늘 爲什麽這裏卻兩句오 前頭一句는 爲你略開一線路하

야 敎你見이라 若是箇漢인댄 聊聞擧著하고 剔起便行하리라 他怕人滯在此하야 又云「好事不如無라하니」依前與你掃卻이라 如今人은 纔聞擧著光明하고 便去瞠眼云「那裏是廚庫며 那裏是三門이라하나니」且得沒交涉이로다 所以道호대 識取鉤頭意하고 莫認定盤星하라하니라 此事不在眼上하며 亦不在境上이라 須是絶知見, 忘得失, 淨躶躶, 赤灑灑하야 各各當人分上究取始得이니라

【평창번역】

　운문은 (언제나) 방장실 안에서 사람을 맞이하여 (다음과 같은) 가르침을 주곤 했다. "여러분 발밑에 제각각 한 줄기 광명이 있어서 예와 지금에 빛을 발하고 있으니 분별심[見知]을 멀리 벗어나 버렸다." 비록 (이처럼) 빛을 발하고 있으나 (광명이 뭣이냐고) 다그쳐 묻게 되면 전혀 알지 못하나니 이것이 어찌 캄캄한 것이 아니겠는가. (운문은 이를) 20년 동안 말했으나 운문의 뜻을 아는 사람은 전혀 없었다. 그래서 (시자였던) 향림(香林)이 후에 (운문에게) 사람들을 대신해서 대답해 달라고 했다. 그러자 운문은 말하길 "주고삼문(廚庫三門, 부엌과 山門)"이라고 했다. 그런 다음 또 이렇게 말했다. "좋은 일이나 없는 것만 같지 못하다." 보통은 상대를 대신해서 대답하는 말[代語]이 다만 한 글귀거늘 뭣 때문에 여기선 두 구절인가. 앞의 한 구절(주고삼문)은 여러분에게 암시를 줘서 그 참뜻을 깨닫도록 한 것이다. 만일 안목 있는 수행자라면 거론하는 것을 듣기가 무섭게 자리를 박차고 일어나 가 버릴 것이다. 저(운문)는 사람들이 여기(앞의 한 구절, 즉 '주고삼문')에만 머물러 있을까 걱정스러워서 또 (이렇게) 말했다. "좋은 일이나 없는 것만 같지 못하다." 이는 전처럼 그대들을 위해서 (언어의 흔적까지를) 쓸어 없애 버린 것이다. (그런데) 지금 사람들은 이 '광명(光明)'이란 말을 거론하는 것을 듣기가 무섭게 두 눈을 똑바로 뜨고 노려보면서 (이렇게) 말한다. "저기가 주고(廚庫, 부엌)며 또 저기가 삼

문(三門, 산문)이다." 그러나 이는 전혀 맞지 않는다. 그러므로 말하길 "(운문이 던진) 낚싯바늘의 참뜻을 알아라. 저울 눈금을 잘못 알지 마라"고 했다. 이 일은 눈으로 보는 곳에 있지 않으며 또한 객관의 경계(경치)에도 있지 않다. 그러므로 분별심이 끊어지고 득(得)과 실(失)을 아주 잊어버려야 하며 적나라 적쇄쇄해서 제각기 자기 자신 속에서 체득하지 않으면 안 된다.

【평창해설】

본칙공안의 물음을 가지고 운문은 20년 동안이나 사람들에게 다그쳐 물었다. 그러나 아무도 이를 대답하는 이가 없었다. 그래서 운문의 시자였던 향림이 운문에게 사람들을 대신해서 대답(代語)해 달라고 했다. 그러자 운문은 대뜸 "주고삼문(廚庫三門, 부엌과 산문)"이라고 말했다. 그런 다음 잠시 사이를 두더니 "좋은 일이나 없는 것만 같지 못하다"고 말했다. 보통 공안의 경우 그 대답이 단 한 마디인데 여기 본칙에선 왜 두 마디인가. 앞의 대답(주고삼문)은 언어도단 심행처멸의 활구 경지를 열어 보이기 위해서요, 뒤의 대답(좋은 일이나 없는 것만 같지 못하다)은 그 활구의 흔적마저 지워 버리기 위해서이다. 벗이여, 보라. 어떤 선지식이 운문처럼 이렇게 자상했는가. 절실하기 이를 데 없는 이 말씀이여(誠哉是言이여).

【評　　唱】

雲門云「日裏來往하고 日裏辨人이라 忽然半夜無日月燈光에 曾到處則故是나 未曾到處取一件物인댄 還取得麼아」《參同契》云「當明中有暗에 勿以暗相睹며 當暗中有明에 勿以明相遇하라」若坐斷明暗하면 且道是箇什麼오 所以道호대 心花發明하면 照十方刹이라하니라 盤山云「光非照境하며 境亦非存이라 光境俱忘커니 復是何物고」又云

「卽此見聞非見聞이니 無餘聲色可呈君이로다 箇中若了全無事하면 體用何妨分不分이리요하니」 但會取末後一句了하고 却去前頭游戲하대 畢竟不在裏頭作活計니라 古人道호대 「以無住本으로 立一切法이라하니」 不得去這裏하야 弄光影, 弄精魂하며 又不得作無事會니라 古人道호대 「寧可起有見如須彌山이언정 不可起無見如芥子許라하니」 二乘人은 多偏墜此見이로다 雪竇頌云

【평창번역】

운문은 말했다. "밝은 대낮에는 마음대로 왕래할 수 있고 또 사람을 알아볼 수 있다. 그리고 한밤중 해와 달과 등불 빛이 없을 때도 자주 가 봐서 낯익은 곳이라면 별 문제가 없다. (그러나) 한 번도 가 본 일이 없는 곳에서 (어떤) 한 물건을 들고 올 경우 (별 문제 없이) 이것이 가능하겠는가." 《참동계(參同契)》에서는 (이렇게) 말했다. "'明' 가운데 '暗'이 있으나 '暗相'을 보지 마라. 그리고 '暗' 가운데 '明'이 있으나 '明相'을 보지 마라." 만일 '明'과 '暗'을 모두 제압해 버린다면 자, 일러 보라. 이것이 무엇인가. 그러므로 《원각경》에서는 이렇게) 말했다. "마음 꽃[心花]이 피면 (그 빛이) 온 우주를 비춘다."

반산보적(盤山寶積)은 말했다. "빛[光明]은 경계(경치)를 비추지 않으니/ 경계 또한 존재하지 않는다/ 빛과 경계가 모두 사라져 버렸으니/ 도대체 이게 무슨 물건인가." (三平義忠은) 또 (이렇게) 말했다. "이 견문(見聞, 보고 들음)이면서 동시에 '견문'이 아니거니/ (이것 이외의) 그 나머지 성색(聲色, 소리와 형체)을 그대에게 보여 줄 게 없네/ 이 가운데 만일 완벽한 무사(無事)함을 깨닫는다면/ 체(體, 본체)와 용(用, 작용)이 다르고 같은 것이 무슨 상관 있겠는가." 그러므로 끝의 한 구절(좋은 일이나 없는 것만 같지 못하다)에서 그 참뜻을 깨달은 다음 앞의 구절(주고삼문) 속에서 법열을 만끽하되 마침내는 이 속(좋은 일이나 없는 것만 같지 못하다)에서 분별심을 일으키지 마라. 옛사람(《유마경》)은 말하길 "집착이 없는 본성 위에서 일체의 사물〔一切法〕들이 건립됐다"고 했다. 그러므로 집착이 없는 본성 속에서 기괴한 짓을 하지 마라. 또한 '깨달을 것도 없고 수행할 것도 없다'는 식의 무사안일한 생각도 하지 마라. 그러므로 옛사람은 (이렇게) 말했던 것이다. "차라리 '모든 사물은 지금 존재하고 있다'는 이 긍정적인 생각〔有見〕을 수미산처럼 일으킬지언정 '모든 사물은 지금 존재하지 않는다'는 이 부정적인 생각〔無見〕은 개자씨만큼이라도 일어나도록 내버려둬서는 안 된다." 이타심(利他心)이 없는 소승적인 사람들은 대부분 이런 부정적인 견해〔無見〕에 떨어져 있다.

설두는 송에서 (이렇게) 읊었다.

【평창해설】

"밝은 대낮이나 자주 가 본 곳은 어둔 밤에도 모든 게 익숙하다. 그러나 단 한 번도 가 본 일이 없는 곳을 어둔 밤에 불도 없이 가게 되면 아무것도 알 수가 없다"는 운문의 말처럼 우리 모두에게는 빛의 원천이 내재되어 있지만 그러나 이를 깨닫지 못하면 이 빛의 원천을 전혀 감지할 수가 없다.

《참동계(參同契)》의 인용문은 뭘 뜻하는가.

─우리 안에는 밝음과 어둠을 초월한 빛의 원천이 있기 때문에 이를 분명히 깨닫지 않으면 안 된다는 것을 말하고 있다.

또 《원각경》의 인용문은 무슨 뜻인가.

─우리 안에 있는 빛의 원천을 깨달아 마음대로 쓰게 되면 그 어디에도 걸리거나 막히는 곳이 없다는 뜻이다.

반산보적의 말은 무슨 뜻인가.

─주관과 객관의 구분을 넘어선 빛의 원천 그 자체를 언급하고 있다.

그럼 삼평의충(三平義忠)의 송은 무슨 뜻인가.

―이 빛의 원천은 객관 현상으로 나타나고, 그 객관 현상을 보고 느끼는 자(주체)로 이분되어 나타나기도 한다. 그러면서 동시에 이 둘을 초월해 있다는 뜻이다.

이 뒤의《유마경》인용문도 대강 이런 뜻을 머금고 있다. 그러나 이 말을 잘못 이해하고는 '이제 더 이상 깨달을 것도 수행할 것도 없다'는 식으로 생각한다면 이건 정말 큰일이다. 목숨마저 내놓는 그 죽음의 처절한 수행을 해보지도 않고 더 이상 수행은 필요없다고 어떻게 감히 말할 수 있단 말인가. 깨달음이 무엇인지 전혀 경험해 본 일도 없으면서 '깨달음은 필요없다'고 어떻게 이런 식으로 말할 수 있단 말인가. 그리고 '나 혼자 깨달으면 그뿐이다'라는 이런 이기주의적인 생각이 남아 있다면 벗이여, 그대의 그 깨달음은 아무 가치가 없다. 왜냐하면 거기 '함께 나누는 기쁨'이 그 '법열의 공감대'가 없기 때문이다.

【頌】

〔頌〕自照列孤明이여(森羅萬象이라 賓主交參이로다 列轉鼻孔이라 瞎漢, 作什麼오) 爲君通一線이라(何止一線고 十日並照니 放一線道卽得이니라) 花謝樹無影하니(打葛藤有什麼了期리요 向什麼處摸索고 黑漆桶裏盛黑汁[2]이로다) 看時誰不見고(瞎, 不可總扶籬摸壁이로다 兩瞎三瞎이라) 見不見이여(兩頭俱坐斷이로다 瞎) 倒騎牛兮入佛殿이로다(中, 三門合掌이라 還我話頭來하라 打云「向什麼處去也오」雪竇也只向鬼窟裏作活計라 還會麼아 半夜日頭出이요 日午打三更이로다)

---

2) 黑漆 ~ 黑汁(7字) 없음(福本).

【송번역】

본성이 홀로 빛을 발하나니
  삼라만상이다. 나그네와 주인이 서로 섞인다. (그대) 콧구멍이 찢어진다. 눈 먼 놈, 어떻게 할 것인가.
그대들을 위하여 한 길을 여노라
  어찌 한 개의 길뿐이겠는가. 열흘은 찬란하게 빛날 것이다. 한 개의 길을 연 것은 잘한 일이다.
꽃 지는 나무엔 그림자가 없으니
  문자 놀음으로 어느 날에야 깨달을 기약 있겠는가. 어디서 찾고 있는가. 새까만 옻칠통 속에 먹물이 가득하다.
보려 할 땐 누군들 못 보겠는가
  눈이 멀어 버렸다. 장님 코끼리 만지는 식은 옳지 않다. 두 번 눈멀고 세 번째 눈이 멀어 버렸다.
봄〔見〕이여, 보지 못함〔不見〕이여
  (見과 不見), 이 둘을 모두 제압하라. 눈이 멀어 버렸다.
거꾸로 소를 타고 법당으로 들어가네
  적중했다. 산문이 합장한다. 내(원오)가 대신 말하겠다. (원오는 선상을) 치면서 말했다. "어디로 가려는가." 설두 또한 망상분별만 일으키고 있다. 알겠는가. 야밤에 해가 뜨고 대낮에 삼경(三更의 시각)을 알린다.

【송과 착어해설】

  ◎ 본성이 홀로 빛을 발하나니   우리 안에 있으면서 동시에 우주에 편재해 있는 이 '빛의 원천'은 밝음과 어둠을 초월했기에 언제 어디서나 빛을 발하고 있다. 이 빛으로 하여 난 지금 이 글을 쓰고 그대는 또 이 글을 읽는 것이다.

△ 삼라만상이다. ~ 찢어진다.　　삼라만상은 이 빛 속에 있다. 아니 이 빛이 삼라만상으로 분화된 것이다. 여기 나그네와 주인은, 그대와 나는 구분이 없다. 그러나 그러면서 동시에 그대는 그대의 개성을 잃지 않고 난 또 내 개성을 잃지 않는다. 다르면서 동시에 같은[別而不異] 이 상반성을 벗이여, 어떻게 간파할 수 있겠는가. 난 지금 이 빛의 불꽃으로 충만해 있다. 그대 역시 이 빛의 불꽃으로 가득 차 있다(콧구멍이 불타고 있다).

　△ 눈먼 놈, 어떻게 할 것인가.　　그러나 그대가 이를 알지 못하니 어떻게 한단 말인가.

　◎ 그대들을 위하여 한 길을 여노라　　이 빛의 원천으로 가는 길을 운문은 지금 '주고삼문'이라는 활구를 통해서 열어 놓고 있다. 아니 '주고삼문' 이 자체가 빛의 원천으로 가는 길이며 동시에 그 빛의 원천이다.

　△ 어찌 한 개의 ~ 잘한 일이다.　　운문의 활구(주고삼문)는 한 개의 길을 열었을 뿐 아니라 '빛의 원천' 그 자체를 팬티까지 벗겨서 드러내 놓고 있다. 이 빛은 열흘이 아니라 영원무궁토록 빛을 발할 것이다. 운문은 정말 대단한 일을 했다고 할 수 있다.

　◎ 꽃 지는 나무엔 그림자가 없으니　　이 대목 역시 '빛의 원천' 바로 그 자리를 상징적으로 드러낸 곳이다. 보라, 꽃이 지고 있는 나무가 그림자 한 점 없다니……. 도대체 이런 나무가 이 세상 어디에 있단 말인가. 벗이여, 이 대목에서 전광석화처럼 스쳐 가는 그 무엇이 없는가 빨리 봐라. 결코 머뭇거려선 안 된다.

　△ 문자 놀음으로 ~ 먹물이 가득하다.　　설두의 시구 "꽃 지는 나무엔 그림자가 없으니"란 구절이 너무 멋지다. 그래서 원오는 지금 반어적인 방법으로 이를 극찬하고 있다. 나무에 그림자가 없으니 이것을 어디서 찾는단 말인가. 흔적이 없는 것은 찾을 수 없다. 이 '빛의 원천'은 너무나 밝아서 마치 옻칠통 속에 먹물이 가득하듯 어둡기 이를 데 없다. 벗이여, 알겠는가. 너무 밝아서 칠흑의 어둠인 이 소식을…….

　◎ 보려 할 땐 누군들 못 보겠는가　　이 '빛의 원천'은 밝음 속에선 밝

음과 하나가 되고 어둠 속에선 어둠과 하나가 된다. 이 '빛의 원천'은 밝음과 어둠을 초월해 있다. 그렇기에 밝음 속에선 밝음 그 자체가 되고 어둠 속에선 어둠 그 자체가 된다. 그러니 이를 누군들 보지 못할 리 없다. 문제는 보긴 보되 그것을 미처 알아차리지 못할 뿐이다.

△ 눈이 멀어 버렸다.　　너무 밝기에 그것을 보는 순간 내 눈이 그만 멀어 버린다.

△ 장님 코끼리 ~ 멀어 버렸다.　　보라. 이 '빛의 원천'은 삼라만상에 충만해 있는데 지금 무슨 잠꼬대를 하고 있는가. 찾지 마라. 그대 자신이 그것인데, 그대 자신이 그 속에 있는데 뭘 또 찾고 있는가. 찾는 순간 그것은 보이지 않는다. 왜냐하면 그대의 그 찾는 마음이 앞을 가렸기 때문이다.

◎ 봄〔見〕이여, 보지 못함〔不見〕이여　　운문의 두 번째 말 "좋은 일이나 없는 것만 같지 못하다"를 읊은 구절이다. 봄〔見, 현상〕이 곧 보지 못함〔不見, 본질〕이요, '보지 못함'이 그대로 '봄'이거니 여기 어찌 둘이 있겠는가.

△ (見과 不見), 이 둘을 ~ 멀어 버렸다.　　아니 아니 '봄〔見〕'과 '보지 못함〔不見〕', 이 둘마저 지워 버려야 한다. 그리하여 '지워 버렸다'는 이것마저 없애 버려야 한다. 그런 다음 완전히 눈멀지 않으면 안 된다(어떤 흔적도 남겨선 안 된다).

◎ 거꾸로 소를 타고 법당으로 들어가네　　이 대목은 "'봄'과 '보지 못함'이 둘이 아닌" 바로 그 경지를 읊은 구절이다. 언어도단 심행처멸(言語道斷 心行處滅)의 경지다.

△ 적중했다. 산문이 합장한다.　　설두의 이 시구는 바로 그 자리(빛의 원천)를 적중시킨 표현이다. "거꾸로 소를 타고 법당으로 들어가니 삼문(三門, 山門)이 정중하게 합장을 한다"는 이 구절에서 우린 원오의 익살스러움을 느낄 수 있다.

△ 내(원오)가 ~ 일으키고 있다.　　그러나 원오는 설두보다 한술 더 뜨

고 있다. 왜냐하면 설두의 이 시구(거꾸로 ~ 법당으로 들어가네)가 아직 냄새를 풍기고 있기 때문이다. 그래서 "내가 설두 대신 말하겠다"고 원오는 두 주먹을 불끈 쥐고 있다. 그런 다음 쾅! 하고 선상을 치면서 "설두 자넨 지금 어디로 가는가"라고 호통을 치고 있다. 왜냐하면 설두가 "거꾸로 소를 타고 법당으로 들어간다"고 읊었기 때문이다. 설두에겐 아직 '……들어간다' 는 이 '간다' 가 있기 때문에, 이 흔적이 있기 때문에 망상분별의 수준을 벗어나지 못하고 있다라고 원오는 큰소릴 치고 있다.

△ 알겠는가. ~ 알린다.　　그런 다음 "알겠는가"라고 원오는 대중들을 둘러보며 고함을 질러 댔다. 그러고는 설두 대신 이렇게 말했다. "야밤에 해가 뜨고 대낮에 삼경(三更의 시각)을 알린다." 자, 그렇다면 설두의 시 구절과 이 대목이 어떻게 다른가. ……이것을 잡아내지 않으면 안 된다.

【評　　唱】

〔評唱〕「自照列孤明이라하니」 自家脚跟下에　本有此一段光明이나 只是尋常用得暗이라 所以雲門大師가 與你羅列此光明하야 在你面前이라　且作麼生是諸人光明고　廚庫三門이라하니 此是雲門列孤明處也라　盤山道호대「心月孤圓하야 光吞萬像이라하니」這箇는 便是眞常獨露라 然後에　與君通一線하니 亦怕人著在廚庫三門處라 廚庫三門則且從卻하고　朝花亦謝하며 樹亦無影이라 日又落, 月又暗하니 盡乾坤大地黑漫漫地라 諸人還見麼아「看時誰不見고하니」且道是誰不見고 到這裏하야는 當明中有暗하고 暗中有明[3]이 皆如前後步하니 自可見하라 雪竇道호대「見不見이라하니」頌好事不如無라 合見이 又不見이요 合明이 又不明이라「倒騎牛兮入佛殿은」入黑漆桶裏去也라 須是你

---

3) 暗中有明 = 勿以暗相覰 當暗中有明 勿以明相遇 明暗各相對(福本).

自騎牛入佛殿이니 看道⁴⁾하라 是箇什麼道理오

【평창번역】

"본성이 홀로 빛을 발한다" 하니 자기 안에 본래적으로 이 '한 줄기 광명'이 있으나 다만 평상시에 (이 광명을) 사용하면서도 전혀 그것을 모르고 있다. 그래서 운문 대사가 그대들을 위하여 이 광명을 나열해서 그대들의 면전에 펼쳐 놨다. 자, 그렇다면 어떤 것이 여러분의 '광명'인가. "주고삼문(廚庫三門)"이라 하니 이것은 운문(의 본성)이 홀로 빛을 발하는 곳이다. 반산보적(盤山寶積)은 말하길 "마음의 달(心月)이 홀로 둥글어/ 그 빛이 온누리를 적셨다"고 했으니 이것(心月)은 진실하고(眞), 언제나 여기 머물며(常住), 절대 독립적인 존재(獨露)다. 그런 후에 "그대들을 위하여 한 길을 열었으니" 또한 사람들이 "주고삼문"이라고 말한 바로 그곳에 집착할까 염려스럽다. '주고삼문'은 그렇다 치고 아침에 핀 꽃이 지는데 나무엔 그림자가 없다. 해가 지고 달도 기울어 캄캄하니 온 천지가 그야말로 칠흑뿐이다. 여러분은 (이때에 자신의 광명을) 볼 수 있겠는가. "보려 할 땐 누군들 못 보겠는가"라고 했으니 자, 일러 보라. 누군들 (이 자기 광명을) 못 보겠는가. 여기(자기 광명) 이르러서는 '明' 속에 '暗'이 있고, '暗' 속에 '明'이 있는 것이 마치 앞걸음(前步)과 뒷걸음(後步)의 (순환 관계와) 같나니 스스로 잘 살펴보도록 하라. 설두는 말하길 "봄(見)이여, 보지 못함(不見)이여"라고 했으니 (이 말은 본칙 속의) '없는 것만 같지 못하다'는 구절을 읊은 것이다. '보는 것(見)'이 또한 (동시에) '보지 못하는 것(不見)'이며, '밝은 것(明)'이 또한 (동시에) '밝지 않은 것(不明, 暗)'이다. "거꾸로 소를 타고 법당으로 들어간다"는 것은 그야말로 새까만 옻

---

4) 道 없음(福本).

칠통 속(자기 광명, 즉 '빛의 원천')으로 들어가는 것이다. 그대 스스로가 몸소 소를 타고 법당으로 들어가지 않으면(몸소 직접 체험하지 않으면) 안 되나니 잘 보라. 이것이 (과연) 무슨 이치인가.

【평창해설】

"우리 안에 있는 '자기 광명(빛의 원천)' 차원에서 본다면 밝음[明] 속에 어둠[暗]이 있고 어둠[暗] 속에 밝음[明]이 있는데 이것은 마치 앞걸음과 뒷걸음의 순환 관계와도 같다"고 평창문은 말하고 있다.

자, 그렇다면 이게 무슨 뜻이겠는가. 대강 다음의 뜻이 되겠다. ―"앞걸음[前步]을 밝음[明]이라 하고 뒷걸음[後步]을 어둠[暗]이라 가정해 보자. 뒷걸음[暗]이 앞으로 나아가면 앞걸음[明]이 되고, 또 앞걸음[明]이 뒤로 물러나면 뒷걸음[暗]이 된다. 이처럼 앞걸음[明]과 뒷걸음[暗]은 서로 번갈아 가며 쉴 새 없이('明'이 '暗'으로, '暗'이 '明'으로……) 자리바꿈을 하고 있다. 그러나 앞걸음[明]과 뒷걸음[暗]이 서로 자리바꿈을 하고 있는 이것을 지켜보고 있는 자는 바로 나 자신이다. 따라서 나 자신은 앞걸음[明]과 뒷걸음[暗] 그 어디에도 속해 있지 않다. 아니 삶과 죽음에도 더 이상 속해 있지 않아서 언제나 늘 깨어 있으며 밝음과 어둠[明暗]을 속속들이 꿰뚫어 보고 있다(前步明 後步暗 後步進則作前步 前步退則作後步 雖相互進退交代 看之知之底眞性者 不是有前後 謂只箇光明不屬明暗 不涉生滅 常恒不昧 照破明暗耳,《종전초》)."

第 87 則
雲門藥病相治
운문의 약과 병

【垂　　示】

垂示云「明眼漢은 沒窠臼라 有時孤峰頂上草漫漫하며 有時鬧市裏頭赤灑灑라 忽若忿怒那吒라면 現三頭六臂하며 忽若日面月面이면 放普攝慈光하며 於一塵에 現一切身하야 爲隨類人和泥合水하리라 忽若撥著向上竅하면 佛眼이라도 也覷不著하리니 設使千聖出頭來라도 也須倒退三千里하리라 還有同得同證者麽아 試擧看하라」

【수시번역】

㉠ 눈밝은 사람(깨달은 사람)에게는 상식적인 틀이 없다. 어떤 때는 외로운 봉우리 위〔孤峰頂上, 把住處〕에서 풀이 무성하며(放行의 방편을 쓰며), 또 어떤 때는 시장 속〔放行處〕에서 실오라기 하나 걸치지 않는다(把住의 입장에 선다).

㉡ 만일 분노의 모습을 한 나타(那吒)라면 세 개의 머리와 여섯 개의 팔을 나타낼 것이며〔把住〕, 만일 일면불 월면불(日面佛 月面佛)이라면 널리 자비의 광명을 놓을 것이다〔放行〕. 그리고 한 티끌 속에서 일체의 몸으로

나타나 '상대의 눈높이에 맞추는 사람〔隨類人〕'이 되어 (사람들과) 고락을 함께할 것이다.

ⓒ 그러나 만일 제3의 눈을 연다면 부처의 눈으로도 (그를) 엿볼 수 없으며, 설사 뭇 성인들이 나오더라도 삼천리 밖으로 급히 물러서지 않으면 안 된다. (이런 경지를) 함께 증득할 자가 있는가. 시험삼아 거론해 보자.

【수시해설】

세 마디로 되어 있다.
첫째 마디(㉠) : 선지식의 걸림 없는 전술전략에 대해서 언급하고 있다.
둘째 마디(ⓒ) : 선지식의 전술전략은 파주와 방행을 병행하고 있다는 것을 말하고 있다.
셋째 마디(ⓒ) : 그러나 오직 파주(把住, 부정)의 입장만을 강조하고 있는 것은 본칙공안이 그 좋은 본보기임을 말하고 있다.

【本　則】

〔本則〕擧 雲門示衆云「藥病相治라(一合相不可得이로다) 盡大地是藥이니(苦瓠連根苦라 擺向一邊이로다) 那箇是自己오(䒷瓜徹蔕䒷이라 那裏得這消息來오)」

【본칙번역】

운문이 대중들에게 말했다. "약과 병은 서로를 다스린다〔相治〕.
　　본래면목은 분별사량으로 알 수 없다.
진대지시약(盡大地是藥, 온 대지가 약이다)
　　쓴 오이는 뿌리까지 쓰다. 한쪽으로 치워 놔라.

나개시자기(那箇是自己, 어떤 것이 자기인가)."

단 오이는 뿌리까지 달다. 어디서 이런 소식을 알았는가.

【본칙과 착어해설】

◎ 운문이 대중들에게 말했다. "약과 병은 서로를 다스린다〔相治〕. '서로를 다스린다〔相治〕'는 이 말은 '약'과 '병'은 서로 의존 관계에 있다는 말이다. 다시 말하자면 '약'은 '병' 때문에 있고 '병'은 '약'을 필요로 한다는 뜻이다.

"병이 나면 우린 약을 복용한다. 병이 다 나으면 약은 필요치 않다. 그러나 병이 다 나았음에도 불구하고 약이 있다면 그땐 약이 되려 병이 된다(《원각경 集解》)."

'질병'은 낫기 쉽지만 그러나 '약병(藥病, 약으로 인하여 생긴 병)'은 고치기 어렵다. 그러나 벗이여, "약과 병은 서로를 다스린다〔相治〕"는 운문의 이 말 속에는 엄청난 속임수가 있다는 것을 결코 잊어선 안 된다. 이것은 정말 귀신이 곡할 함정이다. 이 대목이 왜 함정이요, 속임수인가는 이 뒤에 나오는 운문의 두 대목을 보면 알 수 있다.

△ 본래면목은 ~ 알 수 없다.　본래면목, 즉 '본래 자리'란 무엇인가. 약과 병이 서로 의존 관계에 있는 바로 이것이다. 약일 때는 전체가 약이 되고 또 병일 때는 전체가 병이 되는 바로 이것이다. 아니 아니 언어와 사고가 가 닿을 수 없는 바로 '이 자리'다.

◎ 진대지시약(盡大地是藥, 온 대지가 약이다)　온 대지가 온통 '약' 뿐이라면 여기 '병'은 더 이상 발붙일 곳이 없다. 그러나 벗이여, '진대지시약'이라는 이 다섯 글자는 운문 자신의 활구라는 것을 잊지 마라. 활구치고는 참 짓궂기 그지없다. 이런 올가미가 또 어디 있단 말인가. 이 올가미에 걸려들지 않는 자 있으면 나와 봐라.

△ 쓴 오이는 ~ 치워 놔라.　'진대지시약'이라는 이 활구를 통해서

운문은 바로 그 '본래 자리'를 그냥 송두리째 드러내 보이고 있다. 그래서 원오는 역설적으로 운문의 이 다섯 글자 활구를 극찬하기 위하여 이렇게 말하고 있다. "쓴 오이는 뿌리까지 쓰다." 그리고 사실 그 '본래 자리'로 되돌아가면 이 다섯 글자 활구조차 사족이 된다. 그래서 원오는 "(이것마저) 한쪽으로 치워 놔라"고 호통을 치고 있다.

◎ 나개시자기(那箇是自己, 어떤 것이 자기인가)." 이 세상 전체가 온통 '약'이라면 어떤 것이 과연 '나'인가. '나'란 도대체 어디 있는가. '약'이 '나'인가, '병'이 '나'인가. 내가 '약' 속에 있는가, '병' 속에 있는가. 벗이여, 어디 한번 한 마디 일러 보라.

……그러나 '나개시자기'라는 이 다섯 글자 역시 운문 자신의 활구라는 이 사실을 명심하라. 활구가 지금 반문(反問)의 탈을 뒤집어쓰고 나타났으니 이것을 도대체 어느 미친놈이 알 수 있겠는가. 운문이여, 더 이상 나를 미치게 하지 마라.

△ 단 오이는 ~ 알았는가. 이 말 역시 운문의 활구를 극찬한 대목이다. 그러나 이 정도의 칭찬으론 양에 안 차서 원오는 다시 이렇게 덧붙이고 있다. "운문, 자넨 도대체 어디서 이런 기막힌 소식을 알았는가."

【評　唱】

〔評唱〕雲門道호대「藥病相治라 盡大地是藥이니 那箇是自己오하니」諸人還有出身處麼아 二六時中에 管取壁立千仞이니라 德山棒이 如雨點하고 臨濟喝이 似雷奔則且致하고 釋迦自釋迦요 彌勒自彌勒이라 未知落處者는 往往喚作藥病相投會去라 世尊四十九年을 三百餘會에 應機設敎하니 皆是應病與藥이라 如將蜜果하야 換苦葫蘆相似라 既淘汝諸人業根하야 令灑灑落落이라 盡大地是藥인댄 你向什麼處挿觜오 若挿得觜하면 許你有轉身吐氣處하야 便親見雲門하리라 你若回顧躊躇하면 管取挿觜不得하거니 雲門이 在你脚跟底하리라 藥病相治는 也

只是尋常語論이라 你若著有하면 與你說無하고 你若著無하면 與你說
有하며 你若著不有不無하면 與你去糞掃堆上에 現丈六金身하야 頭出
頭沒하리라 只如今盡大地森羅萬象과 乃至自己가 一時是藥이라 當恁
麼時하야 卻喚那箇是自己오 你一向喚作藥인댄 彌勒佛下生이라도 也
未夢見雲門在하리라 畢竟如何오 識取鉤頭意하고 莫認定盤星하라

【평창번역】

　운문은 말했다. "약과 병은 서로를 다스린다〔相治〕. 진대지시약(盡大地
是藥, 온 대지가 약이다) 나개시자기(那箇是自己, 어떤 것이 자기인가)."
　여러분은 (운문의 이 말에서) 벗어날 수 있겠는가. 하루 24시간을 진짜
천 길 벼랑에 서 있듯 하라(절대적으로 살아가라). 덕산의 봉(棒)이 빗줄기
쏟아지듯 하고 임제의 할(喝)이 우레 치듯 하는 것은 그렇다 치고 석가는
스스로 석가요, 미륵은 스스로 미륵이다. 그러나 (본칙공안의) 참뜻을 모
르는 자는 종종 이렇게 말하고 있다. "약과 병은 서로 상관관계에 있다고
이해해야 한다." 부처는 49년 동안 300여 회에 걸쳐 청중들의 수준에 맞
게 가르침을 펼쳤으니 이는 모두가 병에 따라 거기 적절한 약을 준 것이
다. (그런데) 이것은 마치 단 과일과 쓴 오이를 맞바꾼 것과도 같다. (부처
는) 이미 여러분의 업근(業根, 악업의 근원)을 도태시켜서 쇄쇄낙락케 했
다. 온 대지가 약이라면 그대들은 어느 곳에 주둥이를 박겠는가(한 마디를
하겠는가). 만일 주둥이를 박을 수 있다면 그대들은 상황을 역전시킬 수
있는 힘〔轉身吐氣處〕이 있어서 운문을 친히 만날 수 있을 것이다. 그러나
그대들이 만일 뒤나 돌아보며 머뭇거린다면 틀림없이 주둥이를 박을 수
없을 것이니(단 한 마디도 말할 수 없을 것이니) 운문이 그대들의 발바닥 밑
에 있게 될 것이다(운문의 이 훌륭한 말조차 아무 쓸모가 없게 될 것이다).
　"약과 병은 서로를 다스린다〔相治〕"는 말은 별로 특별한 말이 아니다.
그대들이 만일 '있음〔有〕'에 집착하면 그대들을 위하여 '없음〔無〕'을 말

하고, 그대들이 만일 '없음'에 집착하면 그대들을 위하여 '있음'을 말할 것이다. 그리고 그대들이 만일 '있음도 아니요, 없음도 아님(不有不無)'에 집착하면 그대들을 위하여 똥거름 퇴비 위에 장육금신(丈六金身, 佛身)을 나타내어 부침(浮沈)케 할 것이다. 다만 지금 온 대지 삼라만상과 자기 자신이 모두 '약'이다. 이럴 때에 어떤 것을 자기 자신이라고 지칭할 수 있겠는가. 그대들이 오로지 '약'이라고만 일컫는다면 미륵불이 출현하더라도 또한 꿈에도 운문(의 참뜻)을 깨닫지 못할 것이다. 그렇다면 필경 어찌해야 하는가. (운문이 던진) 낚싯바늘의 뜻을 간파하라. 절대로 저울 눈금을 잘못 알지 마라.

【평창해설】

본칙공안에서의 운문의 활구는 너무나 감쪽같다. 이 기막힌 변장술에 걸려들지 않을 자, 있으면 어디 한번 나와 봐라.

그건 그렇고 우린 하루 24시간을 이 활구의 굽이침으로 살아가지 않으면 안 된다. 즉 관념이 아니라 직관으로, 타는 불꽃으로 살아가지 않으면 안 된다. 그러나 어디 이게 말처럼 쉬운 일인가. 이 때문에 우린 현실과 이상 사이에서 지금 이 순간에도 방황하고 있는 것이다.

자, 그러면 이제 다시 본칙공안으로 되돌아가자.

"진대지시약(盡大地是藥, 온 대지가 약이라면)/ 나개시자기(那箇是自己, 어떤 것이 자기인가)."

벗이여, 운문의 이 활구를 간파할 수 있겠는가. 만일 운문의 이 활구를 간파할 수만 있다면 그대에게는 이미 상황을 역전시킬 수 있는 힘(轉身吐氣處)이 있다. 그러므로 그대는 운문을 친히 만날 수가 있다. 그러나 이치로 따지거나 머리를 굴려 알려고 한다면 운문의 이 멋진 활구가 그대에게 있어선 아무 가치도 없는 무의미한 말이 되어 버릴 것이다. 그것은 마치 저 돼지에게 진주를 던져 주는 것과도 같다. 운문의 이 활구 가운데 가장 위험한 함정은 바로 '약(藥)'이라는 이 단어다. 이 '약'이란 단어에 대해서 털끝만큼이라도 분별심을 일으켰다간 아아, 벗이여 그대는 영영 가망이 없다. 56억 7천만 년 후에 이 세상에 출현한다는 그 미륵불의 때가 되더라도 그땐 절대로 운문의 이 활구를 간파할 수 없을 것이다. 그렇다면 도대체 어찌해야 운문의 이 약병상치(藥病相治) 공안을 간파할 수 있단 말인가. '약'이란 말과 '병'이란 말로 위장을 하고 나타난 운문의 이 위장전술을 잘 여겨봐라. 해답은 의외로 엉뚱한 곳에 있다. 《운문록》에는 본칙 공안의 전체가 다음과 같이 실려 있다.

"(운문이 대중들에게 말했다.) '약과 병은 서로를 다스린다. 진대지시약 나개시자기.' (대답하는 사람이 없자) 운문은 (청중을 대신해서 이렇게) 말했다. '우천즉귀(遇賤卽貴, 비천한 것을 만나면 귀해진다).' (청중 가운데 어떤) 승은 (운문의 이 말을 이해할 수 없었다. 그래서 이렇게) 말했다. '(다시 한 번) 가르쳐 주십시오.' (그러자) 운문은 손뼉을 한 번 치고는 주장자를 세우며 말했다. '접취주장자(接取拄杖子, 주장자를 받아라).' 승은 (즉시 운문의 주장자를) 받아서 두 동강이 내 버렸다. (그러자) 운문은 말했다. '비록 이렇다 하더라도 30방망이 감이로다.'〔藥病相治 盡大地是藥 那箇是你自己 師曰遇賤卽貴 僧曰乞師指示 師拍手一下 拈起拄杖曰 接取拄杖子 僧接得拗作兩截 師曰直饒與麼好與三十棒〕"

【評　唱】

文殊一日令善財로 去採藥云「不是藥者를 採將來하라」善財徧採에 無不是藥이라 卻來白云「無不是藥者니다」文殊云「是藥者를 採將來하라」善財乃拈一枝草하야 度與文殊하니 文殊提起示衆云「此藥이 亦能殺人하며 亦能活人이라하니」此藥病相治話가 最難看이라 雲門은 室中에 尋常用接人이니라 金鵝長老가 一日訪雪竇하니 他是箇作家라 乃臨濟下尊宿이니 與雪竇論此藥病相治話하야 一夜至天光[1]하야

方能盡善하니라 到這裏하야는 學解, 思量, 計較가 總使不著이라 雪竇後에 有頌送他道호대 藥病相治見最難이여 萬重關鎖太無端이로다 金鵝道者來相訪하야 學海波瀾一夜乾이로다 雪竇後面에 頌得最有工夫라 他意가 亦在賓이며 亦在主니 自可見也라 頌云

【평창번역】

문수(문수보살)가 어느 날 선재 동자(善財童子)에게 약초를 캐 오라고 하면서 (이렇게) 말했다. "약초가 아닌 것을 캐 오너라." 선재 동자는 두루 (풀들을) 캐 봤으나 약초 아닌 풀이 없었다. (그래서 선재는) 돌아와서 (문수에게) 말했다. "약초 아닌 풀이 없습니다." 문수는 말했다. "그러면 약초를 캐 오너라." 선재 동자는 이에 풀 한 줄기를 꺾어 문수에게 건네줬다. 문수는 (그 풀을) 들어 대중들에게 보이며 말했다. "이 약(약초)이 능히 사람을 죽이기도 하며 또한 능히 사람을 살리기도 한다." (그러므로) 이 '약과 병은 서로를 다스린다는 말〔藥病相治話〕'이 가장 (그 뜻을) 간파하기 어렵다. 운문은 (그의) 방장실에서 보통 때 늘상 (이런 식의 말로) 사람들을 상대했다. 금아 장로(金鵝長老)가 어느 날 설두를 방문했는데 저(금아 장로)는 작가종사로서 임제 문하(운문 문하임)의 고승이었다. 설두와 이 '약병상치화(藥病相治話)'를 토론하여 하룻밤을 꼬박 새운 다음 동이 틀 무렵에야 비로소 이 공안의 속뜻을 완전히 간파할 수 있었다. 여기 이르러서는 배워서 아는 것〔學解〕, 생각〔思量〕, 이치로 따지는 것〔計較〕 등이 모두 발도 붙일 수 없었던 것이다. 설두는 그후 저(금아 장로)를 전송하는 시를 지었는데 거기 다음과 같이 읊고 있다.

'약병상치(藥病相治)' 공안은 정말 간파하기 어렵나니

---

1) 一夜至天光 = 二人一夜到曉(福本).

이 만 겹 관문의 빗장을 열 실마리를 전혀 찾을 수 없네
금아 장로가 (날) 찾아와서
학문의 바다[學海], 그 물결이 하룻밤 새 다 말랐네.

이 뒤의 설두 송은 정말 멋지다. 설두의 본의는 본칙공안을 송하는 데도 있지만 또한 (동시에) 자기 자신의 주인공(본래자기)을 읊는 데도 있다. (그러므로 여러분은 이를) 잘 여겨봐야 한다. (설두는) 송에서 (이렇게) 읊고 있다.

【평창해설】

본칙공안과 그 주제가 비슷한 '문수와 선재의 약초 이야기'를 예로 들면서 본칙공안의 참뜻을 간파하기가 얼마나 어려운가를 역설하고 있다. 운문은 늘상 본칙공안을 가지고 사람들의 경지를 시험해 보곤 했다. 그러나 이를 간파하는 자가 별로 없었다. 금아 장로(金鵝長老)라는 선승이 어느 날 설두를 찾아와 하룻밤을 꼬박 새우면서 본칙공안에 대하여 토론한 일이 있었는데 그는 새벽녘이 되어서야 비로소 본칙공안의 참뜻을 간파할 수 있었다고 한다. 평창에서는 그를 임제 문하의 고승이라고 지칭하고 있는데 사실은 운문 문하의 고승이다. 참고로 여기 금아 장로에 관계된 전법도(傳法圖)를 싣는다.

```
                 ┌─ 향림징원(香林澄遠) → …… → 설두중현(雪竇重顯)
운문(雲門) ─┤
                 └─ 쌍천인욱(雙泉仁郁) → …… → 금아 장로(金鵝長老)
```

【頌】

〔頌〕盡大地是藥이여(敎誰辨的고 撒沙撒土라 架高處著하라) 古今何太錯고(言中有響이라 一筆勾下로다 咄) 閉門不造車라도(大小雪竇爲衆竭力이나 禍出私門이로다 坦蕩[2])不掛一絲毫로다 阿誰有閑工夫오 向鬼窟裏作活計라) 通途自寥廓라(脚下便入草라 上馬見路니 信手拈來에 不妨奇特이로다) 錯, 錯(雙劍倚空飛요 一箭落雙鵰라) 鼻孔遼天이라도 亦穿卻하리라(頭落也라 打云「穿卻了也로다」)

【송번역】

진대지시약(盡大地是藥)이여

　누구에게 (이 말의) 핵심을 간파하도록 할 것인가. 모래를 뿌리고 흙을 끼얹는군. 높이 모셔 놔라.

고금의 사람들이 얼마나 잘못 알고 있는가

　말이 예사롭지 않다. 단 한 마디로 끝내 버렸다. 쯧쯧.

문 닫고 수레를 만들지 않더라도

　별 볼일 없는 설두가 대중을 위해서 온 힘을 다했으나 재앙은 자신에게서 비롯되었다. 드넓어서 실오라기 하나 걸리지 않는다. 누가 (이처럼) 한가할 겨를이 있는가. 망상 피우고 있군.

큰길은 저절로 뚫려 버렸네

　발밑은 풀숲에 들어갔지만 말 위에서 길을 본다. 손 가는 대로 평을 하고 있으니 (설두는) 정말 대단하다.

'착(錯, 빗나갔다)', '착(錯, 빗나갔다)'

　쌍검이 허공을 날고 있다. 화살 한 개로 두 마리 독수리를 떨어트린다.

---

2) 坦蕩 = 坦蕩蕩地(福本).

하늘 뒤덮는 콧구멍〔鼻孔遼天〕이라도 또한 꿰뚫리리라

　　머리가 떨어졌다. (원오는 선상을) 치면서 말했다. "꿰뚫어 버렸다."

【송과 착어해설】

　◎ **진대지시약(盡大地是藥)**이여　　본칙공안을 그대로 송의 첫 구절로 재인용하고 있다.

　△ 누구에게 ~ 모셔 놔라.　　도대체 어느 미친놈이 이 말의 참뜻을 간파할 수 있단 말인가. 그러나 더 높은 차원에서 본다면 '진대지시약' 이라는 이 말 자체도 긁어 부스럼이요, 다 된 밥에 모래를 뿌리는 격이다. 그러나 그럼에도 불구하고 운문의 이 활구는 "정말 소중하므로 높은 곳에 잘 모셔 놔야 한다"고 원오는 반 농담조로 말하고 있다.

　◎ **고금의 사람들이 얼마나 잘못 알고 있는가**　　많은 사람들이 운문의 이 활구를 들먹이고는 있지만 그러나 막상 운문의 참뜻을 간파한 사람은 많지 않다. 그 대부분이 운문의 이 위장술을 전혀 알아차리지 못하고 있다.

　△ 말이 예사롭지 않다. ~ 쯧쯧.　　설두는 분명히 운문의 참뜻을 간파하고 있다. 그래서 "그의 언어는 예사롭지 않은 데가 있다"고 말하고 있다. 설두는 이처럼 아주 간단명료하게 운문의 위장술을 간파하고 있다. 그러나 아아, 누가 안단 말인가. 설두 역시 운문의 함정에 빠져 버렸다는 이 사실을……

　◎ **문 닫고 수레를 만들지 않더라도**　　'문 닫고 수레를 만든다'는 것은 '깨닫기 위하여 열심히 수행을 하는 것'을 말한다. 파주(把住)의 입장에서 본다면 나 자신이 본래부터 수레 그 자체다. 그러므로 또 수레를 만들려 하는 것은 부질없는 짓이다.

　△ 별 볼일 없는 ~ 망상 피우고 있군.　　설두는 지금 우리를 위해서 그 '본래 자리'에 대하여 왈가왈부하고 있다. 그러나 그러면 그럴수록 그 본

래 자리는 말에 가려 점점 더 멀어진다. 그곳은 단 하나의 (관념의) 실오라기조차 없다. 그러나 설두의 이 시구는 너무나 멋지다. 그래서 원오는 역설적으로 이렇게 극찬하고 있다. "누가 (이처럼) 한가할 겨를이 있는가. 망상 피우고 있군."

◎ 큰길은 저절로 뚫려 버렸네   굳이 애써 수행을 하지 않더라도 그 본래 자리를 잘 지켜 갈 수만 있다면 여기 아무것도 문제가 되지 않는다. 산은 역시 산으로 보일 것이요, 물은 역시 물로 보일 것이다. 이처럼 텅 비어 아무런 차별이 없는 그 절대의 차원에서 천차만별로 가득 찬 이 삶을 꿰뚫어 볼 수 있는 것이다. "큰길은 저절로 뚫렸다"는 시구는 바로 이 천차만별을 꿰뚫어 보는 통찰력을 말한다.

△ 발밑은 ~ 길을 본다.   문을 열고 밖으로 나가는 그 순간(언어를 사용하는 그 순간) 두 발은 그만 풀 속에 빠져 버린다(언어의 흔적이 난다). 그러나 말 위에서 나는 내 앞에 확 뚫린 탄탄대로를 본다(그러나 그 언어의 흔적을 관통하고 있는 한 줄기 빛(직관력)을 본다).

△ 손 가는 대로 ~ 대단하다.   본칙공안에 대한 설두의 송은 거침이 없다. 그것은 마치 물이 흐르는 것과도 같다.

◎ '착(錯), 빗나갔다)', '착(錯, 빗나갔다)'   도대체 무엇이 빗나갔단 말인가. 운문의 앞 활구 '진대지시약'이 빗나갔단 말이며 운문의 뒤 활구 '나개시자기'가 빗나갔단 말이다.

설두의 안목은 이처럼 예리한 데가 있다. 설사 부처와 달마라 해도 설두 앞에선 더 이상 숨을 곳이 없다.

△ 쌍검이 허공을 날고 있다.   설두의 '착(錯)', '착(錯)'은 마치 두 개의 검과도 같다. 이 쌍검이 지금 크루즈 미사일처럼 목표물을 향해 날아가고 있다.

△ 화살 한 개로 ~ 떨어트린다.   '화살 한 개'는 설두의 '착', '착'을 말한다. 그리고 '두 마리 독수리'는 운문의 앞 활구 '진대지시약'과 뒤 활구 '나개시자기'를 말한다.

◎ 하늘 뒤덮는 콧구멍〔鼻孔遼天〕이라도 또한 꿰뚫리리라   운문은 그렇다 치고 설사 하늘 전체를 뒤덮을 수 있는 그런 수행자라 해도 설두의 사정권에서 벗어날 수가 없다.

△ 머리가 떨어졌다.   설두의 손아귀에 잡히는 순간 벗이여, 그대는 그 즉시 모가지가 날아가고 말 것이다.

△ (원오는 ~ "꿰뚫어 버렸다."   원오는 한술 더 뜨고 있다. 즉시 쾅! 하고 선상을 치면서 호통을 쳤다. "여러분의 목숨은 이미 내 손안에 있다." 자, 그렇다면 원오의 목숨은 또 누구의 손안에 있는가.

【評　唱】

〔評唱〕「盡大地是藥, 古今何太錯고하니」你若喚作藥會댄 自古自今이 一時錯了也라 雪竇云「有般漢이 不解截斷大梅脚跟하고 只管道호대 貪程太速이라하니」他解截雲門脚跟이라 爲雲門這一句가 惑亂天下人이라 雲門云「拄杖子是浪인댄 許你七縱八橫이어니와 盡大地是浪인댄 看你頭出頭沒하리라」

【평창번역】

"'진대지시약' 이여/ 고금의 사람들이 얼마나 잘못 알고 있는가"라고 했으니 그대들이 만일 (이 말을) '약'을 가리키는 것으로 이해한다면 예나 지금이나 모두들 잘못 알고 있는 것이다. 설두는 (다음과 같이) 말했다. "어떤 이가 대매(大梅)의 참뜻(임종시에 대매가 말한 그 참뜻)을 알지 못하고 지껄이길 '너무 급히 임종의 길을 탐했다' 라고 했다."

(그러나) 저(설두)는 (본칙공안에서 말한) 운문의 참뜻을 알았던 것이다. 운문의 이 한 구절(본칙공안)이 천하인들을 혼란스럽게 했다. 운문은 (또 이렇게도) 말했다. "주장자〔本分〕가 물결〔浪 → 現成〕이라면 (이 주장자를)

그대들 마음껏 사용하라. 그러나 온 대지가 물결이라면 그대들이 (그 속에서) 부침(浮沈)하고 있는 것을 보라."

【평창해설】

본칙공안의 핵심을 설두는 분명히 간파하고 있다. 이것을 입증하기 위해서 원오는 굳이 평창문에서 대매(大梅)의 임종게에 대한 설두의 평을 싣고 있다. 그러나 대매의 임종게에 대한 설두의 평은 본칙공안을 간파하는 데 전혀 연관이 없다. 다만 설두의 안목이 얼마나 예리한가를 입증해 보이려는 그 한 본보기일 뿐이다. 그러므로 여기서는 이를 더 이상 언급하지 않기로 한다.

다음에 나오는 운문의 말은 분명한 이해가 필요하다.

○ 주장자[本分]가 물결[現成]이라면 → 본분(本分, 體)과 현성(現成, 用)이 둘이 아닌 차원에 이르게 되면.

○ (이 주장자를) 그대들 마음껏 사용하라 → 우린 맘대로 이것을(本分, 體) 사용할 수 있다.

○ 그러나 온 대지가 물결이라면 → 그러나 오직 현성(現成, 用) 일변도의 입장만을 고수한다면.

○ 그대들이 (그 속에서) 부침하고 있는 것을 보라 = 우린 이것을[體] 알 수도 없으며 자유롭게 사용할 수도 없다.

【評　　唱】

「閉門不造車, 通途自寥廓라」雪竇道하니「爲你通一線路라」你若閉門造車하야 出門合轍하면 濟箇甚事오 我這裏에 閉門也不造車라도 出門自然寥廓라 他這裏에 略露些子縫罅하야 教人見이라 又連忙卻道호대「錯, 錯이라하니」前頭也錯이요 後頭也錯이라 誰知雪竇開一線路

도 也是錯이리요 既然鼻孔遼天인댄 爲什麼하야 也穿卻고 要會麼아 且
參三十年하라 你有拄杖子면 我與你拄杖子하고 你若無拄杖子면 不免
被人穿卻鼻孔하리라

【평창번역】

"문 닫고 수레를 만들지 않더라도／ 큰길은 저절로 뚫려 버렸네"라고 설두는 말했는데 이 말은 그대들을 위해서 한 길을 통하게 한 것이다(넌지시 암시를 한 것이다). 그대들이 만일 문 닫고 수레를 만든 다음 문 열고 나가 수레바퀴가 길의 폭과 딱 맞는다면 (그 정도를 가지고) 무엇을 할 수 있겠는가. 나(설두)는 이 속에서 문 닫고 또한 수레를 만들지 않더라도 문 열고 나가면 큰길은 저절로 확 뚫릴 것이다. 저(설두)는 여기(송의 제3구와 제4구)에서 약간의 바늘 꿰맨 자국(암시)을 드러내 보여 사람들로 하여금 (본칙공안의 속뜻을) 간파하도록 했다. 그런 다음 또 연이어 말하길 "착(錯, 빗나갔다), 착(錯, 빗나갔다)"이라고 했으니 (본칙공안 가운데) 앞 구절(진대지시약)이 또한 '착(錯, 빗나갔다)'이며 뒤의 구절(나개시자기)이 또한 '착(錯, 빗나갔다)'이었다.

(그러나) 설두가 열어 놓은 한 길도 또한 '착(錯, 빗나갔다)'이라는 것을 누가 알겠는가. 이미 허공을 뒤덮는 콧구멍〔鼻孔遼天〕이거니 무엇 때문에 꿰뚫리는가. (이 뜻을) 알고 싶은가. 자, (그렇다면) 30년을 더 참구(參究, 참선 수행)하도록. 그대들에게 주장자가 있다면 나(원오)는 그대들에게 주장자를 줄 것이다. 그러나 그대들에게 만일 주장자가 없다면 (그대들의) 콧구멍은 (내 손에) 꿰뚫릴 수밖에 없을 것이다.

【평창해설】

수행을 해서 깨닫는 것은 그리 대단치 않다. 굳이 애써 수행을 하지 않아도 본래 마음만 잘 지켜 간다면 가는 곳마다 내가 그것과 하나가 된다. 이를 설두는 이렇게 읊었던 것이다. "문 닫고 수레를 만들지 않더라도/ 큰 길은 저절로 뚫려 버렸네." 그러나 여기 만족치 않고 설두는 방향전환을 시도하고 있다. 지금까지 자신이 읊었던 운문의 활구를 모조리 짓밟아 뭉개고 있다. 운문의 앞 활구 '진대지시약'에 착(錯, 빗나갔다)을 붙이고 역시 뒤의 활구 '나개시자기'에 착(錯, 빗나갔다)을 붙이고 있다. 아아, 그러나 설두 자신이 이 '착(錯, 빗나갔다)'에 걸려 넘어진 줄을 누가 안단 말인가.

  우린 각자가 이 본래면목(본래 자리, 본성)을 간파하지 않으면 안 된다. 본래면목을 간파하게 되면 비로소 알 것이다. 운문, 설두, 원오는 이 본래면목의 입장에서 그 전술전략을 자유자재로 구사하고 있다는 사실을……. 평창문의 "그대들에게 주장자가 있다면 ~ (내 손에) 꿰뚫릴 수밖에 없을 것이다"라는 말은 바로 이 사실(본래면목을 간파해야 한다는 이 사실)을 말하고 있는 것이다.

第 88 則
玄沙接物利生
현사의 중생제도

【垂　示】

垂示云「門庭施設은 且恁麽, 破二作三이요 入理深談은 也須是七穿八穴이라 當機敲點은 擊碎金鎖玄關이니 據令而行하면 直得掃蹤滅跡하리라 且道誵訛在什麽處오 具頂門眼者는 請試擧看하라」

【수시번역】

㉠ 방편을 쓸 때는 이미 정해진 형식은 무시해 버려야 한다. (그리고) 이치의 세계로 들어가는 심오한 대화는 또한 걸림이 없어야 한다.

㉡ 상대방의 급소를 지적할 때는 미(迷)와 오(悟)의 상식적인 틀을 부숴야 하나니 올바른 법령을 행하면 (모든) 흔적이 사라져 버리게 된다.

㉢ 자, 일러 보라. 잘못이 어디에 있는가. 안목이 있는 이는 간청하노니 시험삼아 거론해 보라.

【수시해설】

세 마디로 되어 있다.

첫째 마디(㉠) : 선지식의 전술전략에 대한 언급이다.

둘째 마디(㉡) : 그 전술전략의 전개 방법은 우리로선 도저히 측량하기가 어렵다는 것을 말하고 있다.

셋째 마디(㉢) : 선지식의 측량하기 어려운 전술전략의 전개는 본칙공안이 그 좋은 본보기라는 것을 말하고 있다.

【本　　則】

〔本則〕擧　玄沙示衆云「諸方老宿이　盡道接物利生이라하니(隨分開箇鋪席이요　隨家豊儉이라)　忽遇三種病人來하면　作麼生接고(打草只要蛇驚이라　山僧直得目瞪口呿니　管取倒退三千里라)　患盲者는　拈槌豎拂하야도　他又不見이요(端的瞎이로다　是則接物利生이니　未必不見[1]在라)　患聾者는　語言三昧라도　他又不聞이요(端的聾이로다　是則接物利生이니　未必聾在라　是那箇未聞고)　患啞者는　敎伊說이라도　又說不得이라(端的啞로다　是則接物利生이니　未必啞在라　那箇未說고)　且作麼生接고　若接此人不得인댄　佛法無靈驗이니라(誠哉是言이여　山僧拱手歸降이라　已接了也라　便打하다)」僧이　請益雲門하니(也要諸方共知라　著[2])　雲門云「汝禮拜著하라」(風行草偃이로다　咄)　僧禮拜起하니(這僧拗折拄杖子也라)　雲門以拄杖挃이라　僧退後어늘　門云「汝不是患盲이로다」(端的瞎이로다　莫道這僧患盲好하라)　復喚近前來하라　僧近前하니(第二杓惡水澆라　觀音來也라　當時好與一喝이로다)　門云「汝不是患聾이로다」(端的聾이로다　莫道這僧患聾好하라)

---

1) 不見(2字) = 盲(福本).
2) 著 없음(福本).

門乃云「還會麼아」(何不與本分草料오 當時好莫作聲[3]이라) 僧云「不會니다」(兩重公案이로다 蒼天, 蒼天) 門云「汝不是患啞로다」(端的啞로다 口吧吧地라 莫道這僧啞好하라) 僧이 於此有省하다(賊過後張弓이라 討什麼碗고)

【본칙번역】

현사(玄沙)가 대중들에게 말했다.
"여러 선원의 고승들께서는 '중생제도를 한다'고 말하고 있다.
　　각자가 형편에 알맞게 점포를 차렸다. 가게마다 각자의 특성이 있다.
그런데 갑자기 (다음의) 세 종류 사람이 찾아온다면 어떻게 맞이할 것인가.
　　막대기로 풀을 치는 것은 뱀을 놀라게 하려는 것이다. 산승(원오)도 눈이 휘둥그레지고 입이 벌어질 수밖에 없다. 반드시 삼천리 밖으로 급히 물러서야 한다.
장님에게는 추(槌, 중국 선원에서 시간을 알릴 때 치는 打具)를 잡고 불자(拂子)를 세우더라도 저가 보지 못할 것이요,
　　눈멀었다. 이것이야말로 (진정한 의미에서의) 중생제도다. 반드시 보지 못하는 것(눈먼 것)은 아니다.
귀머거리에게는 아무리 많은 말을 하더라도 저가 또한 듣지 못할 것이요,
　　분명히 귀먹었다. 이것이야말로 (진정한 의미에서의) 중생제도다. 반드시 귀먹은 것은 아니다. 무엇을 듣지 못한단 말인가.
벙어리에게는 말을 시키더라도 또한 말을 하지 못할 것이다.
　　분명히 벙어리다. 이것이야말로 (진정한 의미에서의) 중생제도다. 반드시 벙어리는 아니다. 무엇을 말하지 못한단 말인가.

---

[3] 何不 ~ 作聲(13字) = 본문 '僧云不會'의 뒤에, 착어 '兩重公案'의 앞에 있다(福本).

그렇다면 자, (이 세 사람을) 어떻게 맞이해야 하는가. 만일 이 (세) 사람을 가르치지 못한다면 불법(佛法)은 영험이 없는 것이다."

간절하구나, 이 말씀이여. 산승(원오)은 두 손을 모아 항복하노라. (그러나 나는) 이미 맞이해 버렸다. (원오는) 갑자기 (선상을) 쳤다.

(어떤) 승이 (현사의 이 말을 가지고) 운문에게 재차 가르침을 청했다.

또한 모든 이들이 (현사의 이 말뜻을) 알아야 한다. 착(錯, 참 멋진 질문이다).

운문이 말했다. "여예배착(汝禮拜著, 그대는 절을 하라)."

바람 불자 풀이 눕는다. 쯧쯧.

승이 절을 하고 일어나자

이 승의 주장자는 이미 부러져 버리고 말았다.

운문은 주장자로 (이 승을) 때렸다. (그러자) 승은 뒤로 물러났다.

운문이 말했다. "그대는 장님이 아니다."

정말로 눈이 멀었다. 이 승을 장님이라 말하지 마라.

(운문은) 다시 (이 승을) 가까이 오라고 불렀다. 승은 가까이 왔다.

두 번째로 구정물을 끼얹는군. 관음보살이 오시는군. 그 당시 (이 승은 그냥) 일할(一喝)을 했어야 한다.

운문이 말했다. "그대는 귀머거리가 아니다."

정말로 귀먹었다. 이 승을 귀머거리라고 말하지 마라.

운문이 말했다. "환회마(還會麽, 알겠는가)."

어찌 봉할(棒喝)을 쓰지 않는가. (운문은) 그 당시 (이런 식의) 말을 하지 말았어야 한다.

승이 말했다. "모르겠습니다."

이중의 공안이다. 아이고, 아이고.

운문이 말했다. "그대는 벙어리가 아니다."

정말로 벙어리다. 마구 지껄여 대고 있다. 이 승을 벙어리라고 말하지 마라.

승은 여기에서 살피는 바[省]가 있었다.

도적이 간 다음에 활을 겨누고 있다. 끼니때가 지났는데 무슨 밥그릇을 찾고 있는가.

【본칙과 착어 해설】

◎ 현사(玄沙)가 대중들에게 말했다. "여러 선원의 고승들께서는 '중생제도를 한다'고 말하고 있다. 깨달은 이는 자기가 있는 바로 그곳에서 사람들을 이끌어 줘야 한다. 이를 전문 용어로는 '중생제도'라고 한다. 그러나 본질적인 입장에서 본다면 중생제도란 가당치 않은 말이다. 왜냐하면 우리 모두는 본래 부처이기 때문이다.

△ 각자가 ~ 각자의 특성이 있다. 선지식들이 각자의 방법으로 중생제도를 하는 것은 마치 시장에서 상인들이 각자의 형편과 취향에 따라 제각각 다른 가게를 벌여 놓은 것과도 같다. 과일가게가 있는가 하면 옷가게가 있고 정육점이 있는가 하면 신발가게가 있다. 남대문시장 같은 재래시장이 있는가 하면 대형 백화점도 있다.

◎ 그런데 갑자기 (다음의) 세 종류 사람이 찾아온다면 어떻게 맞이할 것인가. 자, 이 대목에서부터 우린 정신 바짝 차려야 한다. 왜냐하면 현사의 함정이 여기서부터 시작되기 때문이다.

△ 막대기로 ~ 하려는 것이다. 현사의 이 함정은 다름 아닌 우리로 하여금 깨달음을 얻도록 하기 위한 전술이다.

△ 산승(원오)도 ~ 물러서야 한다. 원오조차도 현사의 이 올가미 앞에서는 어찌 해볼 도리가 없다. 그래서 원오는 즉시 꼬리를 내리고 있다. 그런 다음 무조건 삼천리 밖으로 전군을 퇴각시키고 있다.

◎ 장님에게는 추(槌)를 잡고 불자(拂子)를 세우더라도 저가 보지 못할 것이요, 여기서의 '장님'은 '본다는 분별심이 전혀 없이 보는 무심도인'을 말한다.

△ 눈멀었다. ~ 중생제도다. '본다는 생각이 털끝만큼도 없다'는 말

을 '분명히 눈멀었다'로 표현하고 있다. 불교에서의, 아니 선(禪)에서의 중생제도는 바로 이 무심의 경지에 이르게 하기 위한 것이다.

△ 반드시 ~ 아니다. 그러나 정말로 눈먼 이(본다는 분별심이 없이 보는 무심도인)는 많지 않다. 그 대부분이 견물생심(見物生心)의 수준에 머물고 있을 뿐……。

◎ 귀머거리에게는 아무리 많은 말을 하더라도 저가 또한 듣지 못할 것이요. 여기서의 '귀머거리'는 '듣는다는 분별심이 없이 듣는 무심도인'을 말한다.

△ 분명히 ~ 못한단 말인가. 그러나 이런 무심의 경지에 이른 사람은 많지 않다. 그 대부분이 '어' 자에 끌리고 '아' 자에 붙잡혀 고통을 당하고 있을 뿐……。

◎ 벙어리에게는 말을 시키더라도 또한 말을 하지 못할 것이다. 말한다는 분별심이 전혀 없이 말하고 있는 무심도인을 여기선 '벙어리'라고 일컫고 있다. 온종일 말을 하면서도 '말하고 있다'는 이 생각이 전혀 없을 수만 있다면 그는 단 한 마디의 말도 하지 못하는 진짜 벙어리임에 틀림없다. 이렇게만 될 수 있다면 우린 더 이상 언어의 폭력에 시달리지 않을 것이다.

△ 분명히 ~ 말하지 못한단 말인가. 그러나 이런 무심의 경지에 이른 사람은 그리 많지 않다. 그 대부분이 말밥에 올라 난도질을 당하고 있을 뿐……。

◎ 그렇다면 자, (이 세 사람을) 어떻게 맞이해야 하는가. 만일 이 (세) 사람을 가르치지 못한단면 불법(佛法)은 영험이 없는 것이다." '보는 것에도 듣는 것에도, 그리고 말에조차 더 이상 걸려들지 않는 이 세 사람의 무심도인을 어떻게 요리해야 하겠는가' 라고 현사는 우리에게 반문하고 있다. 벗이여, 바로 이 대목이 현사의 낚싯밥이니 정신을 바짝 차리지 않으면 안 된다. 그렇기에 《종전초》에서는 이를 간파하고는 "이런 도적놈(這老賊)"이라고 외치고 있다. 만일 이 세 사람을 요리할 수 없다면 불교는,

아니 선은 더 이상 약효가 없다라는 이 말 역시 현사의 함정이다. '약효가 없다'는 바로 이 대목을 주의하라. 진정한 의미에서의 완쾌는 약효가 극치에 달해 병의 흔적마저 없어지게 하는 것이다. 약을 복용했다는 이 사실마저 잊어버리게 하는 것이다. 이런 관점에서 본다면 '약효가 없다'는 이 말이야말로 약효의 극치인 것이다.

△ 간절하구나. ~ (선상을) 쳤다.　원오는 현사의 이 대목('약효가 없다'는 말)에서 그만 탄성을 지르고 있다. 그러나 다음 순간 원오는 현사의 사정권을 멀리 벗어나 버린다. "현사 자네가 입을 열기 그 이전에 난 이미 자넬 간파해 버렸다"고 기염을 토하고 있다. 그런 다음 자신의 언어마저, 그 언어의 흔적마저 지워 버리기 위하여 할(喝)!을 내지르고 있다.

◎ (어떤) 승이 (현사의 이 말을 가지고) 운문에게 재차 가르침을 청했다. 그후 현사 문하에 있던 승이 운문을 찾아가 현사의 이 말뜻을 물었다.

△ 또한 모든 이들이 ~ 멋진 질문이다).　현사의 이 말뜻을 우린 분명히 간파하지 않으면 안 된다. 이런 점에서 이 승이 운문에게 재차 현사의 이 말뜻을 물은 것은 너무너무 잘한 일이다.

◎ 운문이 말했다. "여예배착(汝禮拜著, 그대는 절을 하라)."　아아, 누가 알겠는가. 앞의 세 무심도인을 송두리째 사로잡는 운문의 이 전술전략을⋯⋯.

△ 바람 불자 ~ 쯧쯧.　운문의 전술은 마치 바람과도 같다. 이 바람이 부는 순간 이 세상의 모든 풀들이 사정없이 누워 버린다. 그러나 어쩌랴. 운문은 지금 이 승의 급소를 찌르지 않고 우회를 하고 있으니⋯⋯.

◎ 승이 절을 하고 일어나자　이 승은 운문의 이 활구(여예배착)를 미처 간파하지 못하고 그만 운문의 말뜻에 끌려가 버리고 말았다. 그래서 곧 이곧대로 절을 한 것이다. 이 뒤의 상황 전개가 어떻게 될지 정말 궁금하다.

△ 이 승의 ~ 버리고 말았다.　이 승은 주장자(자기 자신)를 잃어버리고 그만 운문의 말에 끌려가 버렸기 때문이다. 운문의 노예가 되어 버리고

말았기 때문이다.

◎ 운문은 주장자로 (이 승을) 때렸다. (그러자) 승은 뒤로 물러났다.

운문이 말했다. "그대는 장님이 아니다." 이제 이 승은 완전히 운문의 계략에 걸려들고야 말았다. 그래서 운문은 지금 이 승을 마음대로 가지고 놀고 있다. 운문이 주장자로 이 승을 때린 것은 그 자체가 또한 운문의 두 번째 활구다. 그러나 이 승이 이 사실을 알 리가 없다. 이 승은 맞지 않으려고 주장자를 피하여 뒤로 물러섰다. 그러자 운문은 "그대는 장님(본다는 분별심이 없이 보는 무심도인)이 아니다"라고 말했다.

△ 정말로 ~ 장님이라 말하지 마라. 여기서의 '정말로 눈이 멀었다' 라는 말은 '안목이 전혀 없다' 는 말이다. 그리고 '장님이라 말하지 마라' 는 대목은 주장자를 피해 뒤로 물러섰으니 일상적인 입장에서 본다면 '분명 장님은 아니다' 라는 뜻이다.

◎ (운문은) 다시 (이 승을) 가까이 오라고 불렀다. 승은 가까이 왔다. 운문이 이 승을 '가까이 오라' 고 말한 이 자체가 운문의 세 번째 활구다. 그러나 이 승이 그것을 알 리가 없다. 그래서 운문의 말에 끌려 운문 가까이 다가갔다.

△ 두 번째로 구정물을 끼얹는군. 운문은 앞에서 이 승에게 '절을 하라' 고 했다. 그리고 여기선 다시 '가까이 오라' 고 했다. 이것이 바로 운문이 이 승에게 두 번 구정물을 끼얹은 대목이다.

△ 관음보살이 ~ 했어야 한다. '가까이 오라' 는 말에 따라 이 승은 운문에게 다가갔다. 그래서 원오는 지금 이 승을 놀리려고 "말에 따라가시는 관세음보살이로군"이라고 말하고 있다. 그러나 운문이 '가까이 오라' 고 말하는 그 순간 이 승이 그냥 할(喝)을 내질렀더라면 상황은 역전됐을 것이다. 운문은 더 이상 속임수를 쓸 수가 없었을 것이다.

◎ 운문이 말했다. "그대는 귀머거리가 아니다." 이 승의 수준에 맞춘 운문의 말이다. '가까이 오라' 는 말을 알아듣고 가까이 왔으니 분명 귀머거리는 아닌 셈이다. 그러나 여기서의 '귀머거리가 아니다' 란 말은 '듣

는다는 분별심이 없이 듣는 무심도인이 아니다' 라는 말이다.

△ 정말로 ~ 말하지 마라.　듣는다는 분별심이 없이 듣지 못하는 이 승이야말로 본질적인 입장에서 볼 땐 귀머거리가 아닐 수 없다. 그러나 일상적인 입장에서 본다면 말을 알아듣고 있으니 귀먹은 놈은 아니다.

◎ "환회마(還會麽, 알겠는가)."　이 역시 운문의 활구다. 기묘하게 위장을 하고 나타난 반문식 활구다.

△ 어찌 봉할(棒喝)을 ~ 말았어야 한다.　이쯤에서 운문은 이 승을 여지없이 박살내 버렸어야 한다. 그러나 이렇질 않고 아직 달아날 틈을 주고 있다.

◎ 승이 말했다. "모르겠습니다."　그러나 이 승은 운문의 활구 '환회마'를 미처 간파하지 못했다. 그래서 그냥 말뜻을 따라 "모르겠습니다"라고 말하고 있다.

△ 이중의 ~ 아이고.　현사 밑에서 본칙공안의 뜻을 몰랐고 이번에는 운문에게서 또다시 본칙공안의 뜻을 몰랐으니 이것이 바로 이중의 관문(공안)이 되는 셈이다. 운문의 그 친절한 가르침에도 불구하고 이 승은 아직도 본칙공안의 속뜻을 모르고 있다. 그래서 원오는 이를 탄식하고 있다. "아이고, 아이고"라고……

◎ 운문이 말했다. "그대는 벙어리가 아니다."　왜냐하면 이 승은 지금 "모르겠습니다"라고 말을 하고 있기 때문이다. 이 대목 역시 이 승의 눈높이에 맞춘 운문의 말이다. '그대는 '분별심이 없이 말을 하는 무심도인' 이 아니다' 란 뜻이다.

△ 정말로 ~ 말하지 마라.　이 승은 분명 '말한다는 분별심이 없이 말을 하는 무심도인' 은 아니다. 그러나 일상적인 입장에서만 본다면 이 승은 분명 벙어리가 아니다. 왜냐하면 말을 할 줄 알기 때문이다.

◎ 승은 여기에서 살피는 바(省)가 있었다.　운문의 말을 다 듣고 난 그 다음에야 이 승은 어렴풋이 운문의 전술을 알아차릴 수 있었다. 그러나 분명한 간파(확실한 깨달음)는 아니었기 때문에 "살피는 바가 있었다(有

省)"라고 설두는 읊었던 것이다.

△ 도적이 ~ 찾고 있는가.　이 승의 깨우침은 너무 늦었다. 운문의 말이 채 떨어지기 전에 척! 알아차렸어야 한다. 아니면 운문의 말이 떨어지는 그 순간 그냥 팬티 속까지 꿰뚫어 봤어야 한다. 그러나 이렇질 못했으므로 기회를 놓쳐 버리고 말았다. 생각해 보라. 도적이 모두 털어 간 뒤에 문단속을 해봤자 그게 무슨 소용이 있겠는가. 끼니때가 지났는데 밥그릇을 찾아봤자 없는 밥이 나올 리 없다.

본칙공안은 전반부와 후반부의 둘로 짜여져 있다. 전반부는 현사의 말까지며 후반부는 이 현사의 말을 어떤 승이 운문에게 재차 물은 대목부터 끝까지다. 전반부에서의 현사의 전술전략과 후반부에서의 운문의 전술전략은 아주 대조적이다. 현사의 전술전략은 마치 눈귀코입을 모두 막아 버리고 깊은 바다 밑으로 가는 것과도 같아서 도저히 감을 잡을 수가 없다. 이에 대하여 운문의 전술전략은 힘차기 이를 데 없다. 그것은 마치 두 손으로 해와 달을 움켜잡고 저 수미산 정상을 걸어가는 것과도 같다.

말하자면 현사는 파주(把住)의 극치에 서 있고 운문은 방행(放行)의 절정에 서 있다고 할 수 있다. 그러나 원래적인 입장에서 본다면 이 두 사람의 전술전략은 같다고 할 수 있다. 하나의 전술전략이 그 전개 방법에 있어서 두 갈래로 나뉘지고 있다고 말할 수 있다.

【評　唱】

〔評唱〕玄沙는 參到絶情塵意想하며 淨躶躶, 赤灑灑地處하야 方解恁麽道라 是時에 諸方列刹이 相望이라 尋常示衆道호대「諸方老宿이 盡道接物利生이라하니 忽遇三種病人來時에 作麽生接고 患盲者는 拈鎚豎拂하야도 他又不見이며 患聾者는 語言三昧라도 他又不聞이며 患啞者는 敎他說이라도 又說不得이라 且作麽生接고 若接此人不得인댄

佛法無靈驗이라하니」如今人이 若作盲聾瘖啞會하면 卒摸索不著하리라 所以道호대 莫向句中死卻하라하니 須是會佗玄沙意始得이니라

【평창번역】

현사는 참선 수행을 해서 번뇌망상〔情塵意想〕이 끊어져 (번뇌의) 실오라기 한 올도 없는 곳에 이르렀다. 그러므로 비로소 이런 식으로 말할 수 있었던 것이다. 그 당시 여러 곳의 선원에서는 (모두들 현사의 德風을) 서로 우러러보고 있었다. (현사는) 늘 대중들에게 (이렇게) 말했다. "여러 선원의 고승들께서는 '중생제도를 한다'고 말하고 있다. 그런데 갑자기 (다음의) 세 종류 사람이 찾아온다면 어떻게 맞이할 것인가. 장님에게는 추(槌, 중국 선원에서 시간을 알릴 때 치는 打具)를 잡고 불자(拂子)를 세우더라도 저가 보지 못할 것이요, 귀머거리에게는 아무리 많은 말을 하더라도 저가 또한 듣지 못할 것이요, 벙어리에게는 말을 시키더라도 또한 말을 하지 못할 것이다. 그렇다면 자, (이 세 사람을) 어떻게 맞이해야 하는가. 만일 이 (세) 사람을 가르치지 못한다면 불법(佛法)은 영험이 없는 것이다."

(그러나) 지금 사람들이 만일 (현사의 이 말을 정말로) 장님, 귀머거리, 벙어리를 말하는 것으로 안다면 마침내 (현사의 본뜻을) 간파할 수가 없을 것이다. 그러므로 말하길 "글귀 속에서 죽지 마라(말에 갇혀 자기 자신을 잃지 마라)"고 했으니 저 현사의 참뜻을 반드시 간파해야만 한다.

【평창해설】

본칙공안에서 말하고 있는 장님, 귀머거리, 벙어리를 글자 그대로 알았다간 전혀 엉뚱한 옆길로 빠져 버리고 만다. 이 점을 주의하지 않으면 안 된다고 평창문은 말하고 있다. 현사가 왜 이런 식으로 말하고 있는지 그

본뜻을 간파하지 않으면 안 된다고 말하고 있다.

【評　唱】

　玄沙常以此語로 接人이라 有僧久在玄沙處라 一日, 上堂하니 僧問「和尙云三種病人話를 還許學人說道理也無닛가」玄沙云「許라하니」僧便珍重이라하고 下去어늘 沙云「不是 不是라하니」這僧이 會得他玄沙意라 後來法眼云「我聞地藏和尙이 擧這僧語하고 方會三種病人話라하니」若道這僧이 不會댄 法眼이 爲什麼卻恁麼道오 若道他會댄 玄沙가 爲什麼卻道不是不是오 一日, 地藏이 道호대「某甲이 聞和尙有三種病人話하니 是否닛가」沙云「是라」藏云「珪琛이 現有眼耳鼻舌하니 和尙作麼生接이닛고」玄沙便休去하다 若會得玄沙意댄 豈在言句上이리요 他會底가 自然殊別이로다

【평창번역】

　현사는 늘상 이 말(본칙공안)로 사람을 대했다. 어떤 승이 오랫동안 현사의 문하에 있었다. 하루는 (현사가) 설법당에 오르자 그 승이 물었다. "화상께서 말한 '세 종류 사람의 이야기〔三種病人話〕'에 대하여 제가 그 이치를 말해도 되겠습니까?"
　현사가 말했다. "어디 한번 말해 보게."
　그 승은 "안녕히 계십시오〔珍重〕"라고 말하고는 (그대로 설법당을) 내려가 버렸다. 현사는 말하길 "불시 불시(不是 不是, 아니다, 아니다)"라 했으니 이 승이 현사의 참뜻을 간파했던 것이다. 그 뒤 법안문익(法眼文益)은 말했다. "나는 지장계탐(地藏桂探, 법안문익의 스승) 화상이 이 승의 말을 거론하는 것을 듣고 비로소 '세 종류 사람 이야기〔三種病人話〕'를 깨닫게 됐다."

만일 이 승이 (현사의 뜻을) 몰랐다면 법안은 무엇 때문에 이런 식으로 말했는가. 만일 저(이 승)가 (현사의 뜻을) 알았다면 현사는 무엇 때문에 "불시 불시(不是 不是, 아니다, 아니다)"라고 외쳤는가.

어느 날 지장계탐이 (현사에게) 말했다. "제가 화상께서 '세 종류 사람의 이야기〔三種病人話〕'를 했다고 들었는데 사실입니까?"

현사가 말했다. "그렇다."

지장계탐이 말했다. "계탐이 지금 눈귀코혀가 있는데 화상은 (저를) 어떻게 맞이하렵니까?"

현사는 더 이상 응답을 하지 않고 그만둬 버렸다. 만일 현사의 참뜻을 안다면 어찌 (그 참뜻이) 언구상(言句上)에 있겠는가. 저들(지장계탐과 어떤 승)의 앎은 그야말로 특출한 데가 있었다.

【평창해설】

본칙공안을 놓고 몇 사람의 선승들이 현사와 공방전을 벌인 예를 들고 있다.

○ 첫 번째의 예 : 어떤 승이 현사에게 '본칙공안에 대한 자신의 견해를 말해도 되겠느냐'고 물었다. 현사는 "어디 한번 말해 보라"고 했다. 그러자 이 승은 현사에게 "안녕히 계십시오〔珍重〕"라고 하직인사를 하고는 가 버렸다. 갑자기 역습을 당한 현사는 "불시 불시(不是 不是, 아니다, 아니다)"라고 외쳤다. 그 뒤 법안(法眼文益)은 현사의 제자이며 자신의 스승인 지장(地藏桂探)에게서 이 승의 이야기를 듣고 본칙공안의 속뜻을 간파했다. 그런데 여기서 문제가 되는 것은 다음의 두 가지이다. 첫째, 이 승이 만일 현사의 참뜻을 몰랐다면 법안은 왜 이런 식으로(이 승의 말을 통해서 본칙공안의 참뜻을 알았다는 식으로) 말했는가. 둘째, 이 승이 현사의 참뜻을 알았다면 현사는 왜 "불시 불시(不是 不是, 아니다, 아니다)"라고 말했는가. 벗이여, 이 두 가지 문제를 분명히 대답할 수 있다면 그대는 본칙

공안의 암호를 풀 수가 있다. 너무나도 쉬우면서 동시에 앞뒤가 꽉 막혀 버리는 이 두 개의 질문 앞에서 우린 도대체 어찌해야 한단 말인가. 그러나 이 삶 전체를 담보로 하고라도 이 관문을 꿰뚫지 않으면 안 된다. 대답은 너무나도 가까이에 있다.

○ 두 번째의 예 : 현사의 제자인 지장(地藏桂探)이 현사에게 말했다. "제겐 지금 눈귀코혀가 있는데 스님은 (저를) 어떻게 맞이하렵니까?" 이 말을 들은 현사는 더 이상 응답을 하지 않았다. 말하자면 지장은 현사의 전술전략을 속속들이 간파해 버렸던 것이다. 그래서 현사는 자신의 기만 전술이 통하지 않는다는 것을 알고는 즉시 퇴각해 버리고 말았다.

이처럼 첫 번째의 예에서의 어떤 승과 두 번째의 예에서의 지장은, 이 두 사람의 간파력은 아주 특출한 데가 있었던 것이다. 첫 번째의 어떤 승은 현사의 함정에 빠지는 거짓 흉내로 되려 현사를 함정에 빠트려 버렸다. 그리고 두 번째의 지장은 현사의 전술을 그대로 역이용하여 역습 반격을 시도하고 있다.

【評　　唱】

後有僧이 擧似雲門하니 門便會他意云「汝禮拜著하라」僧禮拜起하니 門이 以拄杖挃이라 這僧退後어늘 門云「汝不是患盲이로다」復喚近前來하라하니 僧近前이라 門云「汝不是患聾이로다」乃云「會麼아」僧云「不會니다」門云「汝不是患啞라하니」其僧이 於此有省하다 當時若是箇漢인댄 等他道禮拜著하야 便與掀倒禪床하면 豈見有許多葛藤이리요 且道雲門與玄沙會處가 是同是別가 佗兩人會處가 都只一般이라 看佗古人出來하야 作千萬種方便이 意在鉤頭上이라 多少苦口는 只令諸人으로 各各明此一段事라

【평창번역】

그 뒤 어떤 승이 (현사의 이 말을 가지고) 운문에게 재차 가르침을 청했다. 운문은 즉시 저(현사)의 뜻을 간파했으므로 (이렇게) 말했다.

"여예배착(汝禮拜著, 그대는 절을 하라)." 승이 절을 하고 일어나자 운문은 주장자로 (이 승을) 때렸다. (그러자) 승은 뒤로 물러났다.

운문이 말했다. "그대는 장님이 아니다."

(운문은) 다시 (이 승을) 가까이 오라고 불렀다. 승은 가까이 왔다.

운문이 말했다. "그대는 귀머거리가 아니다."

운문이 말했다. "환회마(還會麼, 알겠는가)."

승이 말했다. "모르겠습니다."

운문이 말했다. "그대는 벙어리가 아니다. 승은 여기에서 살피는 바[省]가 있었다."

그 당시 (이 승이) 만일 안목이 있는 수행자였더라면 저(운문)가 "절을 하라"고 말하자마자 즉시 선상을 뒤집어엎어 버렸을 것이다. 그랬더라면 어찌 (운문의) 그 많은 말이 있었겠는가. 자, 일러 보라. 운문과 현사가 안 곳[知處]이 같은가 다른가. 저 두 사람의 안 곳이 모두 같다. 보라. 저 옛 사람들(현사, 운문)이 출현하여 천만 가지 방편(우회적인 방법)을 쓴 것은 그 본뜻이 낚싯바늘 위에 있다(언어를 통해서 언어를 벗어나게 하려는 데 있다). 그 많은 간절한 말씀들은 모든 사람들로 하여금 제각각 이 한 가지 일(본래자기를 찾는 일)을 분명히 밝히도록 하려는 것이었다.

【평창해설】

본칙공안에 대하여 운문과 어떤 승 사이에 오고 간 문답을 재인용하고 있다. 운문은 분명히 현사의 참뜻을 간파했다. 그러나 현사의 전술전략과 운문의 전술전략은 아주 대조적이다. 현사는 감쪽같은 속임수로 시종일관

제88칙 玄沙接物利生 | 233

했고 운문은 백일하에 기막힌 연기를 했다. 그러나 이 두 사람이 전하고자 하는 바는 결국 같다. 아니 모든 공안의 활구는 결국 우리로 하여금 언어 이전의 그 본래 자리(우리 자신의 본성)를 되찾게 하려는 시도에 불과하다. 이런 점에서 본다면 모든 공안의 목적은 같다고 할 수 있다.

【評　　唱】

五祖老師云「一人說得卻不會하고 一人卻會說不得이라 二人若來參하면 如何辨得他오 若辨這兩人不得하면 管取爲人解粘去縛不得在하리라 若辨得인댄 纔見入門하고 我便著草鞋向你肚裏走幾遭了也라」 猶自不省하니 討什麽碗고 出去하라하니 且莫作盲聾瘖啞會好니라 若恁麽計較[4]댄 所以道 眼見色如盲等하고 耳聞聲如聾等이라하니라 又道호대「滿眼不視色하고 滿耳不聞聲이니 文殊常觸目하며 觀音塞耳根이라하니」 到這裏하야 眼見如盲相似하며 耳聞如聾相似하나니 方能與玄沙意不爭多라 諸人還識盲聾瘖啞底漢子落處麽아 看取雪竇頌하라 云

【평창번역】

오조법연 노사(五祖法演老師)는 말했다. "한 사람은 말할 줄은 알아도 알지 못하고〔盲者, 눈먼 장님〕, 또 한 사람은 알긴 하나 말할 줄을 모른다〔啞者, 벙어리〕. 이 두 사람이 만일 (그대를) 찾아온다면 어떻게 저들을 판별하겠는가. 만일 이 두 사람을 식별하지 못한다면 사람들을 위해서 번뇌의 쐐기를 뽑고 망상의 오랏줄을 풀어 주지 못할 것이다. 그러나 만일 (이 두 사람을) 식별한다 하더라도 (그가) 문을 열고 들어오는 즉시 나(오조법연)는 (이미) 신을 신고 그의 오장육부 속을 샅샅이 돌아다녀 버리고 말았

---

4) 好 ~ 計較(6字) 없음(福本).

다. 그런데도 아직 이를 모르고 있으니 (끼니때가 지났는데) 무슨 밥그릇을 찾고 있는가. 썩 꺼져 버려라."

그러므로 (현사의 이 말을 정말) 장님, 귀머거리, 벙어리를 말하는 것으로 잘못 알지 마라. 만일 이런 식으로 이치로 따진다면[若恁麼計較][5] …….

그러므로 《유마경》에서는) 말했다. "눈으로 색(色, 형체와 빛깔)을 보나 장님 같고 귀로 소리를 들으나 귀머거리 같다."

또 (長沙景岑은 이렇게) 말했다. "눈에 가득하나 색(色)을 보지 않고 귀에 가득하나 소리를 듣지 않나니 문수는 늘 시선이 닿는 곳마다 있고 관음은 귀에 가득하다." 여기(이런 경지) 이르러서는 눈으로 (형체와 빛깔을) 보나 봉사 같고 귀로 (갖가지 소릴) 들으나 귀머거리 같나니 비로소 현사의 참뜻과 다르지 않다. 여러분은 (현사가 말한) 장님, 귀머거리, 벙어리의 참뜻을 알겠는가. 설두의 송을 여겨보라.

【평창해설】

평창에서 인용하고 있는 오조법연 선사의 말은 본칙공안에서의 현사의 말과 그 뜻이 대동소이하다. '말할 줄은 알아도 알지 못한다[說得却不會]'는 것은 말할 줄은 알아도 보지 못하는[說得却不見] '장님(무심도인)'을 가리키는 말이다. '알긴 하나 말할 줄은 모른다[却會說不得]'는 것은 보긴 하나 말할 줄을 모르는[却見說不得] '벙어리(무심도인)'를 가리키는 말이다. 앞의 두 사람을 즉시 알아차릴 수 있다 하더라도 그(앞의 두 사람을 알아차린 수행자)가 문으로 들어오는 즉시 오조법연은 이미 그의 오장육부 전체를 속속들이 꿰뚫어 봤다는 것이다. 그렇다면 오조법연이 그를 꿰뚫어 본 곳이 어디인가. 아니 아니, 오조법연은 지금 누구의 사정권에

---

[5] 만일 이런 식으로 이치로 따진다면[若恁麼計較] : 문맥이 안 통하므로 이 부분은 삭제해야 한다. 《종전초》에서는 《복본》에 근거하여 이 부분을 삭제해 버렸다.

들어갔는가.

　평창문의 "이런 식으로 이치로 따진다면[若恁麼計較……]"이란 구절은 문맥상으로 볼 때 전혀 엉뚱한 문장이다. 앞뒤의 문맥으로 봐서 이 말을 삭제하지 않으면 문맥이 통하지 않는다. 그러므로《종전초》에서도 이 부분을《복본》에 근거해서 삭제시켜 버렸다.《유마경》의 인용문과 장사경잠(長沙景岑)의 말은 본다는 생각이 없이 보는 '장님 같은 무심도인'과 듣는다는 생각이 없이 듣는 '귀머거리 같은 무심도인'을 일컫는 말이다. 본다는 생각(분별심)이 없이 볼 때 우린 모든 것을 볼 수 있다. 듣는다는 생각 없이 들을 수 있을 때 우린 모든 소리를 다 들을 수 있다. 현사는 바로 이런 무심의 경지를 말하고 있는 것이다.

【頌】

〔頌〕盲聾瘖啞여(已在言前이라 三竅俱明이라 已做一段了也라) 杳絶機宜로다(向什麼處摸索고 還做計較得麼아 有什麼交涉고) 天上天下여(正理自由니 我也恁麼라) 堪笑堪悲로다(笑箇什麼며 悲箇什麼오 半明半暗이로다) 離婁不辨正色하니(瞎漢, 巧匠不留蹤이니 端的瞎이로다) 師曠豈識玄絲리요(聾漢, 大功不立賞이니 端的聾이로다) 爭如獨坐虛窓下에(須是恁麼始得이니 莫向鬼窟裏作活計라 一時打破漆桶이로다) 葉落花開自有時리요(卽今什麼時節고 切不得作無事會하라 今日也從朝至暮요 明日也從朝至暮라) 復云「還會也無아(重說偈言이로다) 無孔鐵鎚로다(自領出去하라 可惜放過라 便打하다)」

【송번역】

장님, 귀머거리, 벙어리여
　이미 말 이전이다. 세 구멍(눈, 귀, 입)이 모두 밝다. 이미 한 덩어리가 되어 버렸다.
교화할 방법이 전혀 없네
 어디서 찾을 수 있겠는가. 이치로 따져 볼 수 있겠는가. 전혀 통하지 않는다.
천상천하(天上天下)여
 이치의 세계에서 자유롭다. 나(원오) 또한 그렇다.
우습기도 하고 슬프기도 하네
 무엇이 우습고 무엇이 슬픈가. 반은 밝고 반은 어둡다.
이누(離婁)는 정색(正色)을 판별하지 못하거니
 눈먼 놈. 달관한 장인은 그 흔적을 남기지 않는다. 정말로 눈이 멀었다.
사광(師曠)이 어찌 본음(本音)을 알겠는가
 귀먹은 놈. 큰 공을 세웠을 땐 상을 주지 않는다. 정말로 귀가 먹었다.
홀로 빈 창 아래 앉아
 이래야만 한다. 망상 피우지 마라. 일시에 무지의 칠통을 부숴 버린다.
잎 지고 꽃 피는 걸 봄만 어찌 같으리
 지금은 어떤 시절인가. 제발 무사안일한 생각은 갖지 마라. 오늘도 또한 '그 시절'이요, 내일도 또한 '그 시절'이다.
(설두는) 다시 말했다. "알겠는가.
 거듭 게송을 읊어 대고 있다.
무공철추(無孔鐵鎚, 구멍 없는 무쇠 방망이)."
 (설두) 자네나 가져가게. 아깝게도 놔주는군. (원오는) 갑자기 (선상을) 쳤다.

【송과 착어 해설】

◎ 장님, 귀머거리, 벙어리여 무심도인으로서의 장님, 귀머거리, 벙어리를 일컫는 대목이다.
 △ 이미 말 ~ 한 덩어리가 되어 버렸다. 무심도인의 경지는 언어 이

전이다. 무심의 경지가 될 때 우린 비로소 모든 것을 볼 수 있고 들을 수 있고 말할 수 있다. 무심의 경지에서는 주객이 없고 멀고 가까운 원근이 없고 많고 적음의 숫자 개념이 없다. 아니 이 우주와 내가 전혀 이질감 없이 한 덩어리가 될 수 있다.

◎ **교화할 방법이 전혀 없네**　이런 무심도인을 도대체 무슨 수로 세뇌시킨단 말인가. 모든 부처와 선지식들이 다 달려든다 하더라도 이 한 사람의 무심도인을 꺾을 수 없다.

△ **어디서 ~ 통하지 않는다.**　아무런 흔적도 남기지 않는 그(무심도인)를 어떻게 찾아낼 수 있겠는가. 더구나 이치로 따지는 따윈 그에게는 전혀 먹히지 않는다. 머리를 굴리면 굴릴수록 점점 더 빗나가 버리고 만다.

◎ **천상천하(天上天下)여**　'온누리 사람들이여' 라는 말이다. 이 많은 사람들 가운데 과연 몇이나 되겠는가. 무심도인으로서의 장님, 귀머거리, 벙어리인 자, 과연 몇 명이나 되겠는가.

△ **이치의 세계에서 ~ 그렇다.**　설두는 지금 순리에 따라 있는 그대로를 읊고 있다. 보라, 이 많은 사람들 가운데 정말 (무심도인으로서) 눈멀고 귀먹고 말 못 하는 자 몇이나 되겠는가. 원오도 지금 설두의 이 말에 적극 공감을 하고 있다.

◎ **우습기도 하고 슬프기도 하네**　우린 누구나 본질적으로 무심도인이다. 정말로 눈멀고 귀먹고 말 못 하는 천진한 어린 아기다. 그러나 이 풍진 세상의 세파에 씻겨 본성을 등지고 물결을 따라 내닫기 시작했다. 그래서 그만 이 천진난만을, 무심의 경지를 잃어버리게 된 것이다. 바로 이런 사실이 우습기도 하고 또 한편으론 슬프기도 한 것이다.

△ **무엇이 우습고 ~ 반은 어둡다.**　원오는 다시 본질적인 입장으로 돌아가서 설두를 힐책하고 있다. "웃을 일도 슬플 일도 없는 이 자리에서 설두여, 자넨 도대체 무엇이 우습고 무엇이 슬프단 말인가"라고 호통을 치고 있다. 그러나 원오의 이 말은 너무나도 슬프고 어이가 없다는 말을

반어적으로 표현한 대목이다.

　이 세파에 씻겨 살아가면서도 우린 때때로 그 본래 자리에 대한 향수를 느끼고 있다. 이럴 때마다 '이렇게 살아서는 안 되지……' 라는 자각심이 솟는다. 바로 이 순간만은 무심의 자리, 천진난만의 자리로 되돌아오는 순간이다. 그래서 원오는 이를 일러 "반은 밝고(각성적이고) 반은 어둡다(관념적이다)"라고 말하고 있다.

　◎ 이누(離婁)는 정색(正色)을 판별하지 못하거니　본질적인 색깔(正色)은 붉거나 푸른 이런 식의 색깔이 아니다. 이 육안으로는 볼 수 없는 그런 색깔이다. 그러므로 단 하나의 색깔마저 보지 않을 바로 그때야말로 우리가 본질적인 색깔(正色)을 보는 순간이다. '이누'에 대한 고사는 평창에 나온다.

　△ 눈먼 놈. ~ 남기지 않는다.　본질적인 색깔(正色)을 보지 못하는 한 우린 눈먼 봉사의 차원을 넘을 수 없다. 이 육안의 차원을 넘어설 그때 우린 비로소 이 본질적인 색깔(正色)을 볼 수가 있다. 그래서 원오는 "달관한 장인(무심도인)은 (본다는) 그 흔적을 남기지 않는다"라고 말하고 있다.

　△ 정말로 눈이 멀었다.　"이누는 정색(正色)을 판별하지 못한다"는 구절 가운데 '못한다'는 세 글자를 따로 떼내어 원오는 지금 문자 놀이를 하고 있다. 무심도인으로서의 '못한다'로 역설적인 해설을 하고 있다. 말하자면 이누를 치켜세우는 식으로 내리치는 대목이다.

　◎ 사광(師曠)이 어찌 본음(本音)을 알겠는가　본질적인 소리(本音)는 이 귀로써 들을 수 없다. 그리하여 단 한 음절의 소리마저 듣지 않을 때 (듣는다는 분별심이 없이 들을 때) 우린 비로소 이 본질적인 소리를 들을 수 있다. '사광'에 대한 고사 역시 평창에 나온다.

　△ 귀먹은 놈, ~ 상을 주지 않는다.　이 본래적인 소리(本音)를 듣지 못하는 한 우린 귀머거리 수준을 넘을 수 없다. 이 본래적인 소리는 모든 소리를 넘어서야만 들을 수 있다. "큰 공을 세웠을 땐 상을 주지 않는다"

란 말은 바로 이를 뜻한다.

△ **정말로 귀가 먹었다.** "사광이 어찌 본음(本音)을 알겠는가"란 설두의 시구 가운데 '알겠는가(듣지 못한다)'란 말만을 따로 떼내어 원오는 지금 역설적인 해석을 가하고 있다. '듣지 못한다'는 이 말을 무심도인으로서의 '듣는다는 분별심이 없이 듣는 것'으로 해석하고 있다. 왜냐하면 사광을 치켜올리는 식으로 내리치기 위해서이다.

◎ **홀로 빈 창 아래 앉아** 정색(正色)이니 본음(本音)이니…… 이런 군더더기를 모조리 옆으로 밀어 두고 홀로 빈 창 아래 앉아 있어라. 여기 어디 정색이 있고 본음이, 하늘과 땅의 구별이 있단 말인가.

△ **이래야만 ~ 부숴 버린다.** 무심의 경지에 이르려면 적어도 이 정도는 돼야 하지 않겠는가. 여기에 어떤 생각도 붙이지 마라. '무심(無心)'이란 이 두 글자마저 망상분별이 된다. 그러므로 단 한 오라기의 분별심마저 일어나지 않도록 해야 한다.

◎ **잎 지고 꽃 피는 걸 봄만 어찌 같으리** 봄이 오는 것을 모르지만 그러나 그 봄의 정취에 젖고, 가을이 온 것을 미처 몰랐지만 그러나 그 가을의 쓸쓸함에 서성이나니……. 이것이 바로 달마의 9년 면벽이 아니겠는가. 영운(靈雲)이 복사꽃을 보고 깨닫는 그 순간이 아니겠는가. 벗이여, 예서 한바탕 너털웃음을 웃지 않는다면 또 어디 가서 웃을 수 있겠는가.

△ **지금은 ~ 또한 '그 시절'이다.** 벗이여, 바로 지금 이 순간은 어떤 시절인가. 이 순간이야말로 그 '무심의 순간'이 되어야 한다. 꽃 피고 잎 지는 이것을 그저 계절이 가는 것으로만 알아선 안 된다. 천지창조 그 이전의 소식을 그냥 송두리째 드러내 보인 대목으로 간파하지 않으면 안 된다. 그리고 오늘도 내일도, 아니 그 먼 훗날도 그냥 이 한 줄기 무심의 빛일 뿐이다. 시간도 없고 공간도 없는 이 한 줄기 빛의 뻗침뿐이다. 본칙공안의 활구를 간파하는 순간 벗이여, 그대는 이 빛과 하나가 된다. 아니 이 빛이 그대와 하나가 된다.

◎ **(설두는) 다시 말했다. "알겠는가.** 설두는 지금 우릴 향해 다시 한

번 기합을 넣고 있다. "알겠는가"라고…….

△ 거듭 게송을 읊어 대고 있다.　원오의 이 말 속에는 중언부언을 하고 있는 설두를 영 못마땅해하는 기분이 스며 있다.

◎ 무공철추(無孔鐵鎚, 구멍 없는 무쇠 방망이)."　이 대목은 설두 자신의 활구다. 무심의 극치에서 내뱉는 설두 자신의 활구다.

△ (설두) 자네나 ~ (선상을) 쳤다.　원오는 그러나 "이따위 활구(무공철추)는 필요치 않으니 설두 자네나 가져가라"고 호통을 치고 있다. 이 역시 반어적으로 설두를 칭찬하고 있는 대목이다. 그냥 할(喝)을 내지르지 않고 한발 물러서서 방행의 입장을 취한 설두에게 원오는 이렇게 말하고 있다. "아깝게도 다 잡은 고기를 놔주고 있군……." 그런 다음 설두 대신 원오는 파주의 입장에 서서 갑자기 쾅! 하고 선상을 내리쳤다. 자, 그렇다면 설두의 '무공철추'와 원오의 이 '쾅'! 소리가 같은가 다른가. 같다면 도대체 어느 점이 같고 다르다면 또 어디가 어떻게 다른가. 벗이여, 본칙 공안에 앞서 우선 이 문제를 풀어라.

【評　　唱】

〔評唱〕「盲聾瘖啞여　杳絶機宜라하니」盡你見與不見과　聞與不聞과 說與不說하야 雪竇一時與你掃卻了也라 直得盲聾瘖啞見解와 機宜計較를 一時杳絶하야 總用不著이라 這箇向上事는 可謂眞盲, 眞聾, 眞啞니 無機無宜니라 「天上天下여　堪笑堪悲라하니」雪竇一手擡一手搦이라 且道笑箇什麼며 悲箇什麼오 堪笑是啞卻不啞며 是聾卻不聾이요 堪悲明明不盲卻盲이며 明明不聾卻聾이라 「離婁不辨正色이라하니」 不能辨靑黃赤白이니 正是瞎이라 離婁는 黃帝時人이니 百步外에 能見 秋毫之末하니 其目甚明이라 黃帝가 游於赤水에 沈珠하고 令離朱로 尋 之나 不見이라 令喫詬로 尋之亦不得하고 後令象罔으로 尋之方獲之라 故云象罔到時光燦爛하고 離婁行處浪滔天이라하니라 這箇高處一著은

直是離婁之目이라도 亦辨他正色不得이니라 「師曠豈識玄絲리요하니」 周時絳州晉景公之子인 師曠의 字는 子野(一云 晉平公之樂太師也)라 善別五音六律하야 隔山聞蟻鬪라 時晉與楚가 爭霸러니 師曠이 唯鼓琴하야 撥動風絃하고 知戰楚必無功이라 雖然如是나 雪竇道호대 他尙未識玄絲在라하니 不聾이 卻是聾底人이라 這箇高處玄音은 直是師曠이라도 亦識不得이니라

【평창번역】

"장님, 귀머거리, 벙어리여/ 교화할 방법이 전혀 없네"라고 했으니 그대들의 '견(見, 봄)'과 '불견(不見, 보지 않음)', '문(聞, 들음)'과 '불문(不聞, 듣지 않음)', '설(說, 말)'과 '불설(不說, 말하지 않음)'이 다했으므로 설두는 그대들을 위해서 (이 모든 찌꺼기를) 일시에 쓸어 없애 버렸다. (즉 다시 말하자면) 장님, 귀머거리, 벙어리의 견해와 교화할 방법, 이치로 따지는 것 등이 모두 사라져 버려서 전혀 소용이 없게 된 것이다. 이 향상사(向上事, 본래자기를 찾는 일)는 진짜 장님, 진짜 귀머거리, 진짜 벙어리라야만 하나니 (여기 그들을) 교화할 수 있는 방법이 전혀 없다. "천상천하여/ 우습기도 하고 슬프기도 하네"라고 했으니 설두는 한 손으로 들어올리고(치켜세우고) 또 한 손으로 내리누르고(깎아내리고) 있다. 자, 일러 보라. 무엇이 우스우며 무엇이 슬픈가. 벙어리(眞啞, 말한다는 분별심이 없이 말하는 무심도인)가 도리어 벙어리가 아니며(邪啞, 분별심으로 가득 찬 중생), 귀머거리(眞聾, 듣는다는 분별심이 없는 무심도인)가 되려 귀머거리가 아닌(邪聾, 분별심으로 가득 찬 중생) 이것이 우스운 것이다. 그리고 분명히 장님이 아닌데(眞盲, 본다는 분별심이 없는 무심도인) 오히려 눈멀었으며(邪盲, 본다는 분별심으로 가득 찬 중생), 귀머거리가 아닌데(眞聾, 듣는다는 분별심이 없는 무심도인) 되려 귀머거리(邪聾, 듣는다는 분별심으로 가득 찬 중생) 노릇을 하는 이것이 슬픈 것이다.

"이누(離婁, 離朱)는 정색(正色)을 판별하지 못했다"고 했으니 (그는 본질적인) 靑黃赤白을 구별하지 못했으므로 참 눈[眞眼]이 멀었던 것이다. 이누는 황제(黃帝) 때 사람이니 백보 밖에서도 능히 가는 털끝(秋毫之末)을 볼 수 있었으니 그의 시력은 대단히 좋았던 것이다. 황제가 적수(赤水)에서 노닐다가 구슬을 물에 빠트렸다. 그래서 이주(離朱, 이누)에게 찾게 했으나 발견하지 못했다. 계후(契詬)로 하여금 찾게 했으나 그도 또한 찾지 못했다. 그래서 마지막으로 상망(象罔)을 시켜 찾게 하니 (그가) 비로소 구슬을 찾아냈던 것이다. 그러므로 (風穴은 이렇게) 말했다. "상망이 왔을 때는 빛이 찬란했고 이누가 간 곳에는 물결이 하늘을 덮네." 이 '높은 곳의 한 수[高處一著]'는 비록 이누의 눈이라 할지라도 또한 저 정색(正色)을 구분할 수 없다. "사광(師曠)이 어찌 본음(本音)을 알겠는가."

주(周)나라 때 강주진(絳州晉)에 살던 경공(景公)의 아들 사광의 자(字)는 자야(子野)였다. (그는) 오음육률(五音六律)을 잘 구별할 줄 알았는데 산 너머에서 개미 싸우는 소리까지 들을 수 있었다. 그때는 진(晉)나라와 초(楚)나라가 서로 싸우고 있었다. 사광은 오직 거문고를 뜯으면서 거문고 줄이 바람에 움직이는 것을 보고 초나라와의 싸움에서 (진나라가) 이기지 못할 것을 알았다. 비록 그렇긴 하나 설두는 말하길 "저가 오히려 본음(本音)을 알지 못했다"고 했으니 귀먹지 않았는데 되려 귀머거리 짓을 했던 것이다. 이 '높은 곳의 본음[本分向上玄音.《종전초》]'은 비록 사광이라 하더라도 또한 알 수가 없는 것이다.

【평창해설】

무심(無心)으로 보고 듣고 말하지 않으면 여기 걸리고 저기 걸려 결국은 더 이상 앞으로 나아갈 수 없게 된다. 그러므로 수행자의 길을 가려는 사람은 우선 이 무심의 공부부터 시작해야 한다. 지나친 시시비비나 말싸움에 끼어들어 난도질을 당할 이유가 없다. 그리하여 보는 것에도 걸리지 않고 듣는 것에도 걸리지 않고 말하는 데에도 더 이상 걸리지 않는 사람은 그 누구도 그를 세뇌시킬 수 없다.

"저 많은 사람들을 볼 때마다/ 난 한편으론 우습고 또 한편으론 슬프다"고 설두는 읊고 있다. 그렇다면 도대체 무엇이 우습단 말인가. 무심도인으로서의 장님, 귀머거리, 벙어리가 보는 데 걸려 장님 노릇을 못 하고, 듣는 데 걸려 귀머거리 노릇을 못 하고, 말에 걸려 벙어리 짓을 못 하는 이것이 우습단 말이다. 그렇다면 또 무엇이 슬프단 말인가. 무심도인으로서의 장님, 귀머거리, 벙어리가 보는 데 걸려 제대로 보지 못하고(눈멀고), 듣는 데 걸려 제대로 듣지 못하고(귀먹고), 말에 걸려 제대로 말을 할 줄 모르는(말 못 하는) 이것이 바로 슬프다는 것이다. 이누(離婁, 또는 離朱)는 시력이 무척 좋았던 사람으로 백보 밖에서도 능히 가는 털끝을 볼 수 있었다고 한다. 그런 그조차도 본질적인 이 색깔〔正色〕은 도저히 볼 수가 없다. 왜냐하면 본질적인 색깔은 이 육안의 차원 너머에 있기 때문이다. 사광(師曠)은 청력이 뛰어났던 사람으로 산 너머에서 개미가 싸우는 소리까지 들을 수 있었다. 그러나 그런 그조차도 본래적인 이 소리〔本音〕는 들을 수 없다. 왜냐하면 본래적인 이 소리는 청각의 차원을 넘어서 있기 때문이다.

【評　　唱】

雪竇道호대「我亦不作離婁하며 亦不作師曠이라 爭如獨坐虛窓下에 葉落花開自有時리요하니」若到此境界면 雖然見似不見이며 聞似不聞이요 說似不說이라 飢卽喫飯하고 困卽打眠하야 任佗葉落花開라 葉落時는 是秋요 花開時는 是春이니 各各自有時節이니라 雪竇가 與你一時 掃蕩了也라 又放一線道하야 云「還會也無아하니」雪竇力盡神疲하야 只道得箇無孔鐵鎚라하니 這一句를 急著眼看하야사 方見이라 若擬議하면 又蹉過하리라 師擧拂子云「還見麽아」遂敲禪床一下, 云「還聞

麼아」下禪床云「還說得麼아하니라」

【평창번역】

　　설두는 말했다. "나는 이누도 되지 않을 것이며 사광도 되지 않을 것이다/ 홀로 빈 창 아래 앉아/ 잎 지고 꽃 피는 걸 봄만 어찌 같으리." 만일 이런 경계(境界, 경지)에 이르게 되면 비록 봐도 보지 않는 것 같으며 들어도 듣지 않는 것 같으며 말해도 말하지 않는 것 같다. 그러므로 배고프면 밥 먹고 피곤하면 잠자면서 저 잎 지고 꽃 피는 데에 (모든 것을) 내맡길 뿐이다. 잎이 질 때는 가을이요, 꽃이 필 때는 봄이니 (모든 것에는 이처럼) 제각각 (자기만의) 시절(때)이 있는 것이다.

　　설두는 그대들을 위하여 일시에 (모든 것을) 싹 쓸어 없애 버렸다. 그런 다음 또 한 길을 열어 놔서(하나의 암시를 줘서) 이렇게 말했다. "알겠는가." 그런 다음 설두는 기진맥진하여 다만 말하길 "무공철추(無孔鐵鎚)"라고 했으니 이 한 구절을 빨리 봐야만 비로소 (그 참뜻을) 간파할 수 있다. 만일 (여기서) 머뭇거리게 되면 어긋나 버리고 말 것이다. 사(師, 원오)는 불자(拂子)를 들고 말했다. "환견마(還見麼, 볼 수 있겠는가)." 또 선상을 한 번 치면서 말했다. "환문마(還聞麼, 들을 수 있겠는가)." (그러고는 마지막으로) 선상을 내려가면서 말했다. "환설득마(還說得麼, 말할 수 있겠는가)."

【평창해설】

　　그러나 이누와 사광이 보고 들을 수 없는 것을 무심의 경지에 이른 사람은 능히 보고 들을 수 있다. 이 무심의 경지에서는 봐도 보는 것이 아니며 들어도 듣는 것이 아니다. 왜냐하면 본다는 생각이 없이 보며 듣는다는 생각이 없이 듣기 때문이다. 다만 '홀로 빈 창 아래 앉아/ 잎 지고 꽃 피는 걸 볼 뿐······.' 여기 어디 분별심의 티끌 먼지 일겠는가.

―이렇게 하여 설두는 이 모든 분별심을 싹 쓸어 없애 버렸다. 그런 다음 우릴 위한 그 노파심에서 다시 한 번 이렇게 채찍을 휘둘렀다. "알겠는가." 그러고는 뒤이어 "무공철추(無孔鐵鎚, 구멍 없는 무쇠 방망이)"라고 그 자신의 활구를 토해냈다. 여기 뒤질세라 원오도 연달아 세 쌍(여섯 개)의 활구를 던지고 있다.

○ 한 쌍(첫째, 둘째)의 활구 : '불자를 든 대목'과 '환견마(還見麽, 볼 수 있겠는가)'.

○ 두 쌍(셋째, 넷째)의 활구 : '선상을 내리친 대목'과 '환문마(還聞麽, 들을 수 있겠는가)'.

○ 세 쌍(다섯째, 여섯째)의 활구 : '선상을 내려간 대목'과 '환설득마(還說得麽, 말할 수 있겠는가)'.

第 89 則
雲巖問道吾手眼

운암이 도오에게 묻다

【垂　　示】

垂示云「通身是眼이라도 見不到며 通身是耳라도 聞不及이요 通身是口라도 說不著이며 通身是心이라도 鑒不出이라 通身卽且止하고 忽若無眼하면 作麼生見이며 無耳면 作麼生聞이며 無口면 作麼生說이며 無心이면 作麼生鑒고 若向箇裏하야 撥轉得一線道하면 便與古佛同參하리라 參則且止하고 且道參箇什麼人고」

【수시번역】

㉠ 몸 전체가 눈이라 보지 못하고 몸 전체가 귀라 듣지 못하고 몸 전체가 입이라 말하지 못하며 몸 전체가 마음이라 비춰 볼 수가(자각할 수가) 없다.

㉡ 몸 전체는 그만두고 만일 눈이 없다면 어떻게 볼 것이며 귀가 없다면 어떻게 들을 것이며 입이 없다면 어떻게 말할 것이며 마음이 없다면 어떻게 비춰 볼(자각할) 것인가. 만일 여기서 한 가닥 길을 낼 수만 있다면 옛 부처와 동참할 것이다.

ⓒ (옛 부처와) 동참하는 것은 그만두고 자, 일러 보라. 어떤 사람을 본보기로 참구해야 하는가.

【수시해설】

세 마디로 되어 있다.
 첫째 마디(ⓘ) : 본다는 분별심 없이 보고 듣는다는 분별심 없이 듣고 말한다는 분별심 없이 말하고 자각한다는 분별심 없이 자각하는 저 관세음보살의 경지를 읊고 있다.
 둘째 마디(ⓛ) : 이 무심의 경지마저 초월한다면 여기 어떤 흔적도 남지 않는다. 그러나 이 절대 경지에서 형상과 소리의 세계로 한 단계 내려오는 것은 중생구제를 위한 방편의 길이다. 깨달으신 옛 선각자(옛 부처)들은 모두 이 길을 택하셨다. 그러므로 우리도 깨닫고 나서 이 중생구제의 길을 택하지 않으면 안 된다는 것을 강조하고 있다.
 셋째 마디(ⓒ) : 중생구제의 길은 그렇다 치고 어떤 사람이 관세음보살의 이 절대 무심의 경지에 이르렀는가. 어떤 공안을 그 본보기로 삼아야 하는가. 본칙공안이 바로 그 좋은 본보기임을 말하고 있다.

【本　　則】

〔本則〕擧　雲巖問道吾호대「大悲菩薩이 用許多手眼作什麼오」(當時好與本分草料라 你尋常走上走下作什麼오 闍黎問作什麼오) 吾云「如人夜半에 背手摸枕子니라」(何不用本分草料오 一盲引衆盲이로다) 巖云「我會也라」(將錯就錯이며 賺殺一船人이라 同坑無異土이니 未免傷鋒犯手라) 吾云「汝作麼生會오」(何勞更問고 也要問過니 好與一拶이라) 巖云「徧身是手眼이니다」(有什麼交涉이리요 鬼窟裏作活計요 泥裏洗土塊라) 吾云「道卽太煞道나 只道得八成이로다」(同坑無異土라 奴見婢慇懃이요 癩

兒牽伴이로다) 巖云「師兄作麽生고」(取人處分爭得[1])이리요 也好與一搽이라) 吾云「通身是手眼이니라」(鰕跳不出斗라 換卻你眼睛하고 移卻舌頭니 還得十成也未아 喚爹作爺로다)

【본칙번역】

운암(雲巖)이 도오(道吾)에게 물었다. "관세음보살은 그 많은 손과 눈을 사용해서 뭘 하려는 것입니까?"
  그 당시 그냥 봉할(棒喝)을 썼어야 한다. 그대(운암)는 늘상 위로 뛰고 아래로 치달려 어쩔 셈인가. 운암, 자넨 왜 (이런 걸) 묻는가.
도오가 말했다. "여인야반 배수모침자(如人夜半 背手摸枕子, 사람이 야밤에 뒷짐 지고 베개를 찾는 것과 같다네)."
  어찌 봉할(棒喝)을 사용하지 않는가. 한 장님이 뭇 봉사들을 이끌고 간다.
운암이 말했다. "난 (그 뜻을) 알았습니다."
  실수를 역이용하고 있다. 사람을 기만하고 있다. 그놈이 그놈이다. 칼날이 상하고 손이 베일 수밖에 없었다.
도오가 말했다. "자넨 어떻게 이해했는가."
  왜 번거롭게 다시 묻는가. (그러나) 또한 물어볼 필요가 있다. 한 방 잘 먹였다.
운암이 말했다. "몸의 한 부분이 손과 눈입니다〔徧身是手眼〕."
  무슨 공감처가 있겠는가. 망상만 피우고 있다. 괜히 쓸데없는 짓을 하고 있다.
도오가 말했다. "아주 멋진 말이었으나 완벽한 대답이라고 볼 수는 없네."
  그놈이 그놈이다. 서로가 서로의 처지를 이해하고 있다. 동병상련이로군.
운암이 말했다. "사형은 어떻게 생각하십니까?"

---

1) 爭得(2字) = 又爭得(福本).

남의 처분만을 기다려서 어쩔 셈인가. 또한 한 방 잘 먹였다.

도오가 말했다. "통신시수안(通身是手眼, 몸 전체가 손과 눈이라네)."

새우는 (튀어 봤자) 통발을 벗어날 수가 없다. 그대(운암)의 눈알을 바꿔치기해 버렸고 그대의 혀를 바꿔 버렸다. (이것을) 완벽한 대답이라고 할 수 있겠는가. '아버지'를 '아버님'이라고 부르는 격이다.

【본칙과 착어해설】

◎ 운암(雲巖)이 도오(道吾)에게 물었다. "관세음보살은 그 많은 손과 눈을 사용해서 뭘 하려는 것입니까?" 관세음보살은 천 개의 손, 천 개의 눈〔千手千眼〕을 가지고 있다고 한다. 그러나 이건 어디까지나 상징으로서 생각과 감정의 색깔이 다른 갖가지 중생들을 제도하기 위하여, 그들의 수준에 맞추기 위하여 이렇게도 많은 손과 눈이 필요하다는 뜻이다. 여기서의 '천(千, 1,000)'이란 '무수히 많다'는 의미다. 자, 그렇다면 자비의 상징인 관세음보살은 이 많은 손과 눈으로 도대체 뭘 하시려는 것일까.

—이것이 운암의 의문점이다. 그래서 나이는 그보다 연하였지만 깨달음에선 단연 선배였던 도오에게 이를 물었던 것이다.

△ 그 당시 ~ 썼어야 한다. 그러나 도오는 그보다 나이 많은 사제를 위하여 극약 처방을 하지 않았다. 봉과 할을 쓰지 않고 운암의 눈높이로 내려왔던 것이다.

△ 그대(운암)는 ~ (이런 걸) 묻는가. 보라. 밥 먹고 잠자고 걸어다니는 이 우리의 삶 전체가 그대로 관세음보살의 손과 눈의 그 역동적인 굽이침이 아니겠는가. 그러나 운암은 이를 알 턱이 없다. 그래서 원오는 짜증스러운 듯이 운암을 향해 이렇게 말하고 있다. "운암, 자넨 왜 이런 걸 묻고 있는가."

◎ 도오가 말했다. "여인야반 배수모침자(如人夜半 背手摸枕子, 사람이 야밤에 뒷짐 지고 베개를 찾는 것과 같다네)." 도오는 운암의 눈높이로 내

려와서 거의 이치적인 설명조로 그 자신의 활구를 토해내고 있다. 그러나 운암은 알 까닭이 없다. 도오의 활구가 이런 식으로 나왔다는 것을……. 또 다른 관점에서 본다면 도오의 이 활구는 운암을 함정에 빠트리기 위한 전술전략이기도 하다. 자, 이제 운암이 어떻게 응수하는가를 보자.

△ 어찌 ~ 이끌고 간다.　원오는 도오의 위장 전술이 영 맘에 들지 않았다. 그래서 이런 식의 착어를 내리고 있다. 그러나 도오의 이 말은 한 장님이 뭇 봉사들을 이끌고 가는 그런 눈먼 말은 결코 아니다.

◎ 운암이 말했다. "난 (그 뜻을) 알았습니다."　과연 아니나 다를까 운암은 도오의 참뜻을 전혀 간파하지 못하고 단지 그의 말만을 쫓아가고 있다. 이 뒤에 나오는 운암의 대답을 들어 보면 이를 곧 알 수 있다.

△ 실수를 역이용하고 있다.　운암은 지금 자신의 눈높이로 내려온 도오의 실수를 역이용하여 응수를 하고 있다. 그러나 문제는 이 역습이 성공을 거두지 못하고 있다는 것이다.

△ 사람을 ~ 베일 수밖에 없었다.　'알았다'는 이 분별심이 있는 한 무심의 경지에 이른 저 관세음보살의 손과 눈을 결코 자신의 것으로 사용할 수 없다. 이런 점에서 볼 때 운암의 이 말은 사람을 속이는 거짓말이다. 이런 피라미를 상대하고 있는 도오 역시 피라미의 수준으로 떨어질 수밖에……. '알았다'는 이 말의 흔적이 찍히는 순간 무심의 그 경지와는 천지의 격차가 나 버리고 만다.

◎ 도오가 말했다. "자넨 어떻게 이해했는가."　도오는 운암을 재차 검증해 보기 위하여 이렇게 질문했다.

△ 왜 번거롭게 ~ 잘 먹였다.　'난 알았다'고 말할 때 도오는 이미 운암의 모든 것을 간파해 버렸다. 그런데 왜 또다시 검증을 시도하고 있는가. 그러나 검증은 하면 할수록 흑백이 명백해지므로 결코 나쁘다고만은 할 수가 없다.

◎ 운암이 말했다. "몸의 한 부분이 손과 눈입니다〔偏身是手眼〕."　운암은 도오의 활구를 간파하지 못하고 단지 그의 말뜻만을 쫓아 이치적인

대답을 하고 말았다. 그러나 운암의 이 이치적인 대답은 심오한 뜻을 내포하고 있다.

△ 무슨 공감처가 ~ 하고 있다.   도오의 활구를 간파하기엔 운암으로서는 역부족이다. 여기 '알았다'는 이 '앎'의 흔적이 있고 이치적인 이해의 분별심이 있다. 예서 한 걸음 건너뛰지 않으면 운암은 결코 도오의 활구를 꿰뚫을 수가 없다.

◎ 도오가 말했다. "아주 멋진 말이었으나 완벽한 대답이라고 볼 수는 없네."   도오는 일단 운암의 이치적인 설명을 인정해 주고 있다. 그런 다음 그것만 가지고는 아직 부족하니 예서 더욱 분발하라고 격려하고 있다.

△ 그놈이 ~ 동병상련이로군.   원오가 도오를 운암과 같은 수준으로 취급하고 있는 것은 무엇 때문인가. 자비심이 지나친 나머지 도오는 그만 언어문자의 만신창이가 되어 버렸기 때문이다. 이것이 화가 난 것이다.

◎ 운암이 말했다. "사형은 어떻게 생각하십니까?"   그래서 운암은 도오에게 '이를 어떻게 생각하느냐'고 되물었다.

△ 남의 처분만을 ~ 한 방 잘 먹였다.   운암은 시종일관 도오의 손아귀에서 놀아나고 있다. 그러나 이런 식으로 반문하는 것은 정말 멋진 역습이 아닐 수 없다. 자, 그러면 이제 도오의 대답을 들어 보자.

◎ "통신시수안(通身是手眼, 몸 전체가 손과 눈이라네)."   도오의 대답은 의외로 별것이 아니다. '몸의 한 부분〔徧身〕'을 단지 '몸 전체〔通身〕'로 한 글자('徧'을 → '通'자로)만을 바꿨을 뿐이다. 그러나 이것이 바로 도오의 두 번째 활구라는 것을 어느 누가 알 수 있겠는가.

△ 새우는 ~ 바꿔 버렸다.   운암은 절대로 도오의 손아귀를 벗어날 수가 없다. 왜냐하면 도오보다 한 수 아래이기 때문이다. 잡힌 새우는 제아무리 튀어 봤자 통발을 벗어날 수 없는 것과도 같다. 이처럼 도오는 감쪽같이 운암의 먼 눈과 혀를 살짝 바꿔치기해 버렸다. 그러나 운암 자신은 이를 전혀 모르고 있다.

△ (이것을) 완벽한 ~ 부르는 격이다.　　원오가 도오를 향해 하는 말이다. '도오 자넨 단 한 글자만을 바꿔 가지고 대답을 했으니 이걸 대답이라고 할 수 있겠는가' 라고 원오는 도오를 꾸짖고 있다. 그러나 이 대목은 반어적으로 도오를 칭찬한 것이다. 너무나도 감쪽같은 위장술을 쓰고 있는 도오를 칭찬한 대목이다.

【評　　唱】

〔評唱〕雲巖與道吾로 同參藥山하니 四十年을 脅不著席하니라 藥山은 出曹洞一宗하고 有三人法道盛行하니 雲巖下洞山이요 道吾下石霜이요 船子下夾山이라 大悲菩薩이 有八萬四千母陀羅臂하며 大悲有許多手眼하니 諸人還有也無아 百丈云「一切語言文字를 俱皆宛轉歸于自己니라」

【평창번역】

운암(雲巖)은 도오(道吾)와 더불어 같이 약산(藥山)을 찾아뵙고 (그 밑에서 선 수행을 했는데) 40년 동안이나 장좌불와(長坐不臥, 밤에 눕지 않고 좌선만 하는 것)를 했다. 약산에게서 조동일종(曹洞一宗, 曹洞宗)이 나왔는데 (그의 제자에는) 세 사람이 있어 법도(法道)가 성행하였다. 즉 운암에게서 동산(洞山)이 나왔으며 도오에게서 석상(石霜)이 나왔으며 선자(船子)에게서 협산(夾山)이 나왔다.

관세음보살에게는 8만 4천(수많은) 부드러운 팔이 있으며 또 무수한 손과 눈이 있나니 여러분에게도 (이러한 손과 눈이) 있는가. 그렇기에 백장(百丈)은 (다음과 같이) 말했던 것이다. "일체의 언어와 문자를 모두 되돌려 자기 자신에게로 돌아오게 해야 한다."

【평창해설】

운암(雲巖曇晟, 782~841)은 본칙공안에서 도오(道吾圓智, 769~835)와 더불어 두 주역으로 등장하고 있다. 그런데 이 운암 밑에서 동산(洞山良价, 807~869)이 나와 조동종(曹洞宗)을 세웠다. 이 조동종은 지금 현재까지도 임제종(臨濟宗)과 더불어 선문의 쌍벽으로 일컬어지고 있다. 임제종의 가풍(家風, 특성)이 혈기왕성하고 무사적(武士的)이라면 조동종의 그것은 은근하고 문인풍적(文人風的)이라고 할 수 있다. 운암은 또한 40년 동안 단 한 번도 누워서 자 본 일이 없는 장좌불와(長坐不臥)의 달인이었다. 20년 동안이나 백장(百丈懷海, 749~814)의 시자로 있다가 백장이 입적하자 약산(藥山惟儼, 745~828)을 찾아가 그 밑에서 비로소 깨달음을 얻은 사람이다. 이 운암에게는 자신보다 열세 살이나 어린 사제 도오가 있었다. 그러나 운암은 이렇게 어린 도오를 늘 사형이라 불렀다. 그것은 도오에게 지도를 받는 입장이었기 때문이다. 도오는 언제나 늘 운암을 경책해 주고 이끌어 주는 입장에 있었다. 본칙공안에서도 운암은 도오에게 물음을 던지고 도오는 운암의 이 물음에 아주 섬세하게 답변을 해주고 있다. 운암이 도오에게 물은 것은 "관세음보살은 그 많은 손과 눈으로 뭘 하려는 것인가"였다. 관세음보살은 중생들의 모든 소원을 들어주고 고통을 해결해 준다는 소위 어머니격에 해당하는 성자다. 이 관세음보살에게는 8만 4천 개의 팔과 손과 눈이 있다고 한다. 여기서의 8만 4천이란 '무수히 많다'는 뜻이다. 앞서도 말했지만 이 세상에 존재하고 있는 갖가지 중생들의 그 기질과 식성에 맞추기 위하여 관세음보살은 이렇게 많은 손과 눈이 필요하다는 것이다. 그렇다면 관세음보살은 누구인가. 관세음보살과 우린 어떤 관계인가. 관세음보살은 모든 중생을 보살펴 주는 어머니다. 아니 우리 모두의 본성 속에 내재되어 있는 연민심, 그 사랑의 발로라고 봐야 한다. 이제 영적인 어둠이 걷히고 새벽이 오게 되면 우린 알 것이다. 바로 나 자신이 관세음보살이라는 것을……. 지금 이 순간에도 정신적으로 또

는 물질적으로 극심한 고통을 받고 있는 중생들을 생각하며 가슴 아파하
는 그 사랑이 잠 깨인다면 우린 우리 자신이 바로 관세음보살이라는 것을
알게 될 것이다. 그러므로 관세음보살의 그 많은 손과 눈은 바로 나 자신
의 손과 눈인 것이다. 제각기 기질과 취향이 다른 중생들의 눈높이에 맞추
기 위한 그 손과 눈인 것이다. 그러므로 백장의 다음 말은 바로 이를 뜻하
는 것이다. "일체의 언어와 문자를 되돌려 자기 자신에게로 돌아오게 해
야 한다."

참고로 여기 약산과 그의 문하에 관계된 법맥도(法脈圖)를 싣는다.

```
        ┌ 운암(雲巖曇晟, 782~841) → 동산(洞山良价, 807~869)
약산 ┼ 도오(道吾圓智, 769~835) → 석상(石霜慶諸, 807~888)
        └ 선자(船子德誠, ?~?) → 협산(夾山善會, 805~881)
```

【評　唱】

雲巖이 常隨道吾하야 咨參決擇일러니 一日, 問他道호대「大悲菩薩
用許多手眼作什麼오하니」 當初好與他劈脊便棒이면 免見後有許多
葛藤이니라 道吾가 慈悲로 不能如此하야 卻與他說道理하니 意要教他
便會라 卻道호대「如人夜半에 背手摸枕子라하니라」 當深夜無燈光時
하야 將手摸枕子하니 且道眼在什麼處오 他便道호대「我會也라」 吾云
「汝作麼生會오」 巖云「徧身是手眼이로다」 吾云「道卽太煞道나 只
道得八成이로다」 巖云「師兄又作麼生고」 吾云「通身是手眼이라하니」
且道徧身是底가 是아 通身是底가 是아 雖似爛泥卻脫灑로다 如今人
은 多去作情解道호대「徧身底不是요 通身底是라하나니」 只管咬他古
人言句하야 於古人言下에 死了라 殊不知古人意不在言句上이로다 此
皆是事는 不獲已而用之라 如今下注脚하야 立格則道호대「若透得此
公案하면 便作罷參會라하며」 以手摸渾身하고 摸燈籠露柱하야 盡作通

身話會하나니 若恁麽會하면 壞他古人不少라 所以道호대 他參活句하고 不參死句라하니 須是絶情塵意想하야 淨躶躶, 赤灑灑地니 方可見得 大悲話하리라

【평창번역】

　　운암은 늘 도오를 따르며 도(道)를 묻고 거기에 의해서 열심히 수행했는데 하루는 저(도오)에게 (이렇게) 물었다. "관세음보살은 그 많은 손과 눈을 사용해서 뭘 하려는 것입니까?" 그 당시 (도오가) 저(운암)를 위하여 다짜고짜로 등줄기를 후려쳤더라면 이 뒤에 나오는 그 많은 말들은 사실 필요가 없었을 것이다. (그러나) 도오는 자비심이 많았으므로 이렇게 하질 못하고 되려 저(운암)에게 이치로 설명을 해줬다. (그것은) 저로 하여금 (그 참뜻을) 알도록 하려는 뜻에서였다. 그래서 (도오는 이렇게) 말했던 것이다. "여인야반 배수모침자(如人夜半 背手摸枕子, 사람이 야밤에 뒷짐 지고 베개를 찾는 것과 같다네)."

　　깊은 밤 등불이 없을 때 손으로 베개를 찾나니 자, 일러 보라. 눈이 어디에 있는가. 저(운암)가 말하길 "난 (그 뜻을) 알았습니다"라고 했다.

　　도오가 말했다. "자넨 어떻게 이해했는가."

　　운암이 말했다. "몸의 한 부분이 손과 눈입니다〔徧身是手眼〕."

　　도오가 말했다. "아주 멋진 말이었으나 완벽한 대답이라고 볼 수는 없네."

　　운암이 말했다. "사형은 어떻게 생각하십니까?"

　　도오가 말했다. "통신시수안(通身是手眼, 몸 전체가 손과 눈이라네)."

　　(—라고 했으니) 자, 일러 보라. (운암이 말한) '몸의 한 부분〔徧身〕'이 맞는가, (도오가 말한) '몸 전체〔通身〕'가 맞는가. (도오의 이 말이) 비록 수렁창 같으나 되려 탈속한 데가 있다.

　　그런데 지금 사람들은 대부분 자기들 멋대로 분별심을 내어 (이렇게들)

말하고 있다. "'몸의 한 부분(徧身)'은 틀리고 '몸 전체(通身)'란 말이 옳다."

이런 식으로 오로지 저 옛사람들의 언구만을 되씹고 있기 때문에 (결국은) 옛사람들의 말 아래서 목숨을 잃게 된다. 저 옛사람의 뜻이 언구상(言句上)에 있지 않다는 것을 전혀 모르고 있다. 부득이해서 언구를 사용한 것인데 지금 사람들은 (여기에) 주해를 붙이고 격식을 차려서 (이렇게) 말하고 있다. "만일 이 공안을 뚫는다면 수행을 완성했기 때문에 더 이상 스승의 지도를 받을 필요가 없다." (그러고는) 손으로 온몸을 더듬고 등롱(燈籠)과 노주(露柱)를 더듬으며 (이런 것을) '통신시수안(通身是手眼) 공안'으로 오인하고 있나니 만일 이런 식으로 안다면 저 옛사람을 여지없이 무너뜨리는 결과가 된다. 그러므로 (옛사람은) 말하길 "저 활구(活句)를 참구하고 사구(死句)를 참구하지 마라"고 했다. 정진(情塵, 감정의 찌꺼기)과 의상(意想, 망상분별)이 끊어져서 실오라기 한 올도 없어야 하나니 그래야만 비로소 본칙공안의 참뜻을 간파할 수 있을 것이다.

【평창해설】

본칙공안에서 운암은 '몸의 한 부분(徧身)'이 관세음보살의 손과 눈이라고 했다. 그리고 도오는 '몸 전체(通身)'가 관세음보살의 손과 눈이라고 했다. 자, 그렇다면 누구의 말이 맞는가. 운암의 말은 이치적인 설명이요, 도오의 말은 그대로가 활구다. 그러므로 운암의 입장(깨닫지 못한 입장)에서 본다면 도오의 말인 '몸 전체(通身)'가 정답이다. 그러나 도오의 입장(깨달은 입장)에서 본다면 '몸의 한 부분(徧身)'도 맞고 '몸 전체(通身)'도 맞는다. 도오는 지금 운암의 눈높이에 맞추기 위하여 자신의 활구를 운암의 사구와 비슷하게 사용하고 있다. "이 말(도오의 말)이 비록 수렁창 같으나 되려 탈속한 데가 있다"는 평창의 말은 운암의 사구에 보조를 맞춘 도오의 활구를 지칭하고 있는 것이다. 그러나 사람들은 이를 모르고 그저 피상적으로 이렇게 말하고 있다. "운암의 말〔徧身〕은 틀리고 도오의 말〔通身〕은 맞다." 그러나 이건 잘못된 이해다. 왜냐하면 운암의 말이라 해서 틀리고 도오의 말이라 해서 맞는 게 아니기 때문이다. 운암은 이치적인 입장에서 설명했기 때문에 틀리고 도오는 활구를 그대로 내뱉었기 때문에 맞는 것이다. 사실 '몸의 한 부분〔徧身〕'과 '몸 전체〔通身〕'라는 이 말뜻 때문에 틀리고 맞는 건 아니다. 왜냐하면 문제의 핵심은 언어의 뜻 저 멀리에 있기 때문이다. 그러므로 본칙공안에서의 도오의 활구〔通身〕를 간파하기 위해선 분별심이 모두 끊어져 버린 저 본래 자리를 체험하지 않으면 안 된다.

【評　　唱】

不見曹山問僧호대「應物現形如水中月時如何오」僧云「如驢覰井이니다」山云「道卽煞道나 只道得八成이로다」僧云「和尙又作麽生이닛고」山云「如井覰驢라하니」便同此意也라 你若去語上見인댄 總出道吾, 雲巖[2]圈繢不得하리라 雪竇作家라 更不向句下死하고 直向頭上行이라 頌云

【평창번역】

조산(曹山)과 (어떤) 승의 문답을 그대는 익히 알고 있을 것이다.

조산이 (어떤) 승에게 물었다. "중생의 수준에 맞게 그 모습을 나타내는 것이 마치 물에 비친 달〔水中月〕과 같을 때는 어떤가?"

승이 말했다. "나귀가 우물을 엿보는 것과 같습니다〔如驢覰井〕."

조산이 말했다. "멋진 말이긴 하나 완벽한 대답은 아니네."

---

2) 道吾雲巖(4字) = 道吾雲巖曹山(福本).

승이 말했다. "화상은 또 어떻게 생각하시는지요."
조산이 말했다. "여정희려(如井覷驢, 우물이 나귀를 엿보는 것과 같네)."
(―라고 했으니 본칙공안의) 뜻이 이와 같다. 그러나 그대들이 만일 언어상에서만 (그 참뜻을) 찾으려 한다면 모두가 도오와 운암의 올가미를 벗어날 수가 없을 것이다. 설두는 작가종사라 ('偏身'과 '通身'이라는) 이 말 아래서 죽지 않고 절대의 경지를 향해서 가고 있다. (설두는) 송에서 (이렇게) 읊고 있다.

【평창해설】

본칙공안과 그 구조가 같은 조산의 '여정희려(如井覷驢) 공안'을 소개하고 있다.
조산은 어떤 승에게 이렇게 물었다. "중생들의 눈높이에 맞춰 관세음보살이 그 모습을 나타내는 것이 마치 물에 비친 달(水中月)과도 같다. 중생이 둥글면 그 둥근 물그릇 속에 관세음보살의 달이 비치고 또 네모난 중생에게는 그 네모난 물그릇 속에 관세음보살의 달이 비친다. 이처럼 달은 하나인데 그 물그릇의 모양과 크고 작기, 더럽고 깨끗하기에 따라 각각 거기 알맞게 비치고 있다. 자, 이런 이치를 어떻게 설명할 수 있겠는가."
이 승은 즉시 조산의 말을 이해하고는 "나귀가 우물을 엿보는 것과 같다(如驢覷井)"고 말했다. 그러나 이 말은 아직 이치적인 이해의 수준(사구의 수준)을 넘지 못했다. 그래서 조산은 '좀 부족하다'고 혀를 찼다. 그러자 이 승은 '스님은 어떻게 생각하느냐'고 반문했다. 그러자 조산은 "여정희려(如井覷驢, 우물이 나귀를 엿보는 것과 같다)"라고 말했다. 조산의 이 말은 이해의 차원을 넘어선 활구다. 왜냐하면 상식적으로만 보더라도 '우물이 나귀를 엿본다'는 것은 도저히 있을 수 없기 때문이다. 그러므로 우린 조산의 이 '여정희려'란 말을 문자풀이가 아닌 온몸 박치기로 꿰뚫어야만 한다. 조산의 이 활구를 이치적으로 이해하려 든다면 이 세상의 모든 언어를 다 동원하더라도 불가능하다. 아니 설명하면 할수록 조산의 본뜻과는 점점 더 멀어져 버리고 말 것이다. 벗이여, 본칙공안에 앞서 우선 조산의 이 '여정희려(如井覷驢)' 공안부터 꿰뚫어라. 조산의 이 공안에서 힘을 얻는다면 본칙공안을 꿰뚫는 데 그리 많은 시간이 걸리지 않을 것이다.

【頌】

〔頌〕徧身是(四肢八節이라 未是衲僧極則處라) 通身是여(頂門上有半邊이나 猶在窠窟裏라 瞎) 拈來猶較十萬里니라(放過則不可니 何止十萬里리요) 展翅鵬騰[3]六合雲하고(些子境界라 將謂奇特이라 點) 搏風鼓蕩四溟水나(些子塵埃라 將謂天下人不奈你何라 過) 是何埃壒兮忽生이며(重爲禪人下注脚이라 斬, 拈卻著那裏오) 那箇毫釐兮未止오(別, 別 吹散了也라 截[4]) 君不見(又恁麼去아) 網珠垂範影重重하니(大小大雪竇가 作這箇去就라 可惜許로다 依舊打葛藤이로다) 棒頭手眼從何起오(咄, 賊過後張弓이니 放你不得이로다 盡大地人無出氣處라 放得又須喫棒이라 又打[5] 咄云「且道山僧底是아 雪竇底是아) 咄[6](三喝四喝後作麼生고)

【송번역】

'몸의 한 부분〔徧身〕'이 옳은가
　　두 손과 두 발이다. (그러나) 수행자의 핵심처는 아니다.

---

3) 鵬騰(2字) = 崩騰(福本·蜀本).
4) 別別 ~ 截(7字) = 別吹敎了也(福本). (← '敎'는 '散'의 誤字다(岩波文庫本).
5) 又打 ~ 是咄(15字) = '便打(착어) 喝(본문) 且道山僧底是 雪竇底是(착어)'(福本).
6) 咄 = 喝(福本·一夜本).

'몸 전체〔通身〕'가 옳은가
> 미간에 절반(한쪽 눈)이 있으나 아직 사량분별의 수준을 벗어나지 못했다. 눈이 멀었다.

이런 식으로 지껄인다면 십만 리나 멀어지리
> 놔줘선 안 된다. 어찌 십만 리의 격차에 그치겠는가.

날개를 편 붕새는 우주〔六合〕의 구름 위로 오르며
> 보잘것없는 경계(경지)로군. 대단하다고 할 수는 없지만 점파(點破, 간파) 당하고 말았다.

바람을 일으켜 온 바다를 뒤흔드네
> 작은 티끌일 뿐이다. 천하 사람들이 그대를 어찌 해볼 도리가 없다. 이미 어긋나 버렸다.

(그러나) 이 무슨 먼지며
> 수행자를 위해서 거듭 주석을 붙이고 있다. 절단해 버려라. (이 따위를) 거론해서 어디에 갖다 붙이려는가.

어지러이 흩어지는 티끌인가
> 대단하군. 정말 대단하군. 훅 불어서 흩어 버려라. (모든 걸) 절단해 버려라.

그대는 알고 있으리
> 또 이런 식인가.

보배 그물의 구슬 빛 서로 비쳐 그 그림자 겹치니
> 별것 아닌 설두가 또 이런 식이로군. 애석하다. 여전히 언어의 차원에서 놀고 있다.

주장자의 손과 눈〔手眼〕은 어디서 비롯됐는가
> 쯧쯧. 도적이 지나간 다음에 활을 쏘는 격이다. 그대(설두)를 놔줄 수 없다. 온 천하 사람들이 꼼짝을 못할 것이다. (만일) 놔준다면 또 봉(棒)을 맞을 것이다. (원오는) 또 한 번 (선상을) 치며 쯧쯧 혀를 차고는 (이렇게) 말했다. "자, 일러 보라. 산승(원오)이 옳은가, 설두가 옳은가."

쯧쯧

(설두 자넨) 세 번 할(喝)을 하고 네 번 할을 한 다음 어찌하려는가.

【송과 착어 해설】

◎ '몸의 한 부분〔偏身〕'이 옳은가   운암의 대답을 읊은 대목이다. '몸의 한 부분〔偏身〕'이 관세음보살의 손과 눈'이라고 한 운암의 말이 옳다고 생각하는가—라고 설두는 우리를 향해 반문하고 있다.

△ 두 손과 두 발이다. ~ 핵심처는 아니다.   운암의 대답을 전적으로 잘못됐다고 말할 수는 없다. 그러나 이 운암의 대답은 핵심을 꿰뚫었다고는 볼 수가 없다. 왜냐하면 활구가 아니라 이치적인 설명의 수준을 넘지 못했기 때문이다.

◎ '몸 전체〔通身〕'가 옳은가   도오의 대답을 읊은 대목이다. '몸 전체〔通身〕가 관세음보살의 손과 눈'이라고 한 도오의 말이 옳다고 생각하는가—라고 설두는 지금 반문하고 있다.

△ 미간에 ~ 눈이 멀었다.   도오의 대답이 비록 활구이긴 하나 여기 아직 '몸 전체〔通身〕'라는 말의 흔적이 있으므로 사량분별의 수준을 벗어나진 못했다. 그러나 도오는 진정한 의미에서 완전히 눈먼 상태(無心의 상태)에 이르렀다고 할 수 있다.

◎ 이런 식으로 지껄인다면 십만 리나 멀어지리   '운암의 말이 옳다', '도오의 말이 옳다' 이런 식으로 분별심을 낸다면 절대로 문제의 핵심을 간파할 수가 없다. 어떤 것이 관세음보살의 진정한 손과 눈인가를 도저히 알 수가 없다. 그렇다면 벗이여, 어떤 것이 관세음보살의 손과 눈인가. ……보라. 이 풀 한 포기에서 저 바람 한 줄기까지 관세음보살의 손과 눈 아닌 게 어디 있는가를. 그렇기에 《종전초》에서는 이렇게 말하지 않았는가.

"누리 온누리 파초 잎에 듣는 비요/ 마을 마을마다 버들가지 휩쓰는 바람이어라(塵塵刹刹芭蕉雨 落落村村楊柳風)."

△ 놔줘선 ~ 그치겠는가.   설두의 안목은 먹이를 채는 솔개와도 같이 예리하다. 그렇기에 빗나간 것을 절대로 놓치지 않고 이런 식으로 읊을 수 있었던 것이다. 운암과 도오의 대답을 이치적으로 이해하려 든다면 핵심에서 벗어나기가 어찌 십만 리에 그치겠는가. 일억에 억만을 제곱하는 그 숫자만큼 멀어질 것이다.

◎ 날개를 편 붕새는 우주[六合]의 구름 위로 오르며   운암의 대답[偏身是手眼]을 읊은 구절이다. 운암의 대답은 그 장중하기가 마치 붕새가 큰 나래를 펴고 우주의 구름 위로 비상하고 있는 것과도 같다.

△ 보잘것없는 ~ 당하고 말았다.   그러나 관세음보살의 큰 손과 큰 눈에 비긴다면 운암의 이것은 너무나 보잘것없다. 대단하긴 하나 운암은 이미 설두에게 모든 것을 들키고야 말았다.

◎ 바람을 일으켜 온 바다를 뒤흔드네   도오의 대답[通身是手眼]을 읊은 대목이다. 도오의 대답은 마치 저 붕새가 날개를 휘저어 큰 바람을 일으키는 것과도 같다. 그 바람이 바다 전체를 뒤흔드는 것과도 같다. 그렇게 힘차고 대단하다고 할 수 있다.

△ 작은 티끌일 뿐이다. ~ 어긋나 버렸다.   그러나 도오의 대답 역시 저 관세음보살의 손과 눈에 비긴다면 한낱 작은 티끌이 나는 것과도 같다. 그러나 그렇다고 도오의 이 대답을 결코 얕봐선 안 된다. 왜냐하면 그것은 활구이기 때문이다. 그렇지만 관세음보살의 손과 눈을 꿰뚫기엔 이 역시 뭔가가 부족하다. 그래서 원오는 "이미 어긋나 버렸다"고 혀를 차고 있다.

◎ (그러나) 이 무슨 먼지며   관세음보살의 손과 눈의 차원에서 본다면 운암과 도오의 대답은 마치 먼지 한 오라기와도 같다.

△ 수행자를 ~ 붙이려는가.   설두는 지금 후학들을 위해서 거듭거듭 그 의미를 재해석하고 있다. 그러나 원오는 '설두의 지나친 이 친절을 싹 무시해 버려야 한다'고 외치고 있다. '도대체 이따위 사족을 왜 붙이고 있느냐'고 노골적인 불만을 토로하고 있다.

◎ **어지러이 흩어지는 티끌인가**　　운암과 도오의 대답은 마치 어지럽게 흩어지고 있는 티끌과도 같다. 저 관세음보살의 경지에서 본다면……

△ **대단하군. ~ 절단해 버려라.**　　설두의 시구는 정말 대단한 데가 있다. 왜냐하면 운암과 도오를 정확히 꿰뚫어 봤기 때문이다. 운암과 도오의 대답은 티끌과도 같이 보잘것없으므로 훅 불어서 흩날려 버려야 한다. 그런 다음 설두의 이 시구마저 흔적도 없이 지워 버려야 한다. 그래야만 비로소 저 관세음보살의 손과 눈에 이를 수 있다.

◎ **그대는 알고 있으리**　　설두는 저 《화엄경》에 나오는 제석천 궁전의 그물〔帝網〕비유를 들기 위해 시상(詩想)을 전환시키고 있다. '그대들은 이 비유를 이미 알고 있을 것'이라고 말하고 있다.

△ **또 이런 식인가.**　　지금까지 줄곧 '더 이상 말이 필요없다'고 해 놓고는 설두는 다시 비유를 들려 하고 있다. 그래서 원오는 "또 이런 식인가"라고 식상해하고 있다.

◎ **보배 그물의 구슬 빛 서로 비쳐 그 그림자 겹치니**　　저 제석천 궁전의 하늘에는 보배로 된 그물이 덮여 있는데 그물코 하나하나마다 오색 빛이 비친다고 한다. 한 그물코에서 방사된 빛은 저 수많은 그물코에 비치고, 그 수많은 그물코마다 방사되는 오색 빛은 다시 서로서로의 그물코에 비친다. 이렇게 하여 한 그물코에 수많은 그물코의 빛이 비친다. 이렇게 하여 하나〔一〕속에 수많은 것〔多〕이 비치고, 수많은 것〔多〕속에 하나〔一〕가 비친다. 그러므로 '하나의 그물코 빛은 그대로 수많은 그물코 빛이 되고, 수많은 그물코 빛은 그대로 하나의 그물코 빛이 된다'라는 것은 뭘 뜻하는가.

이 먼지 한 오라기 속에 온 우주가 있고 온 우주 안에 있는 그 무수한 먼지 한 오라기 한 오라기마다 거기 또한 온 우주가 담겨 있다는 것을 설명하는 비유라고 할 수 있다. 즉 다시 말하자면 '이 티끌 한 오라기에서 저 하늘의 구름까지 이 세상에 있는 모든 존재들이, 아니 아니 이 세상 전체가 그대로 관세음보살의 손과 눈이라는 것'이다.

△ 별것 아닌 ~ 놀고 있다.　　원오는 지금 그 특유의 역설적인 방법으로 설두를 극찬하고 있다. 왜냐하면 이 비유가 정확히 문제의 핵심을 관통하고 있기 때문이다.

◎ 주장자의 손과 눈[手眼]은 어디서 비롯됐는가　　보라, 저 덕산의 봉(棒)과 임제의 할(喝)을. 이 또한 관세음보살의 손과 눈의 살아 굽이침이 아니겠는가. 보라, 저 조주의 '무(無)'와 운문의 '호병(胡餠)'을. 이 또한 살아 굽이치는 관세음보살의 손과 눈이 아니겠는가. 이런 점에서 본다면 모든 공안의 활구는 결국 관세음보살의 손과 눈의 각기 다른 동작에 지나지 않는다고 할 수 있다.

△ 쯧쯧. 도적이 ~ 또 봉(棒)을 맞을 것이다.　　그러나 원오의 입장에서 본다면 설두는 지금 너무 이치적인 설명을 하고 있다. 그래서 '설두 자넬 절대로 묵과할 수 없다'고 원오는 엄포를 놓고 있는 것이다.

△ (원오는) 또 한 번 ~ 설두가 옳은가."　　원오는 느닷없이 쾅! 하고 선상을 치는 식으로 자신의 활구를 토해냈다. 그런 다음 우릴 향해 묻고 있다. "자, 내가 옳은가 설두가 옳은가."

◎ 쯧쯧　　설두는 지금까지 본칙공안에서 읊은 자신의 송(頌)을 모조리 지워 없애 버리고 있다. '쯧쯧' 하고 혀를 차는 이 구절이 바로 자신의 시구를 부정하는 대목이다.

△ (설두 자넨) ~ 어찌하려는가.　　그러나 아무리 부정한다고 하더라도 그 부정의 흔적('쯧쯧' 하고 혀를 차는 대목)만은 지울 수 없다. 그래서 원오는 이를 설두에게 추궁하고 있다.

【評　　唱】

〔評唱〕「徧身是　通身是라하니」若道背手摸枕子底便是며 以手摸身底便是라하야 若作恁麼見解하면 盡向鬼窟裏作活計라 畢竟徧身通

身이 都不是라 若要以情識去見他大悲話댄 直是猶較十萬里라 雪竇
弄得一句活道호대「拈來猶較十萬里라하니라」後句에 頌雲巖, 道吾의
奇特處云「展翅鵬[7]騰六合雲, 搏風鼓蕩四溟水라하니」大鵬呑龍에
以翼搏風鼓浪하면 其水開三千里라 遂取龍呑之니라 雪竇道호대「你
若[8]大鵬하야 能搏風鼓浪하면」也太煞雄壯이나 若以大悲千手眼觀之
하면 只是些子塵埃忽生相似며 又似一毫釐風吹未止相似라 雪竇道
호대「你若以手摸身으로 用作手眼인댄 堪作何用고하니」於是大悲話
上에 直是未在라 所以道호대 是何埃壚兮忽生이며 那箇毫釐兮未止오
하니라 雪竇自謂호대 作家一時拂迹了也라하나 爭奈後面依舊漏逗하야
說箇諺子리요 依前只在圈繢裏로다「君不見網珠垂範影重重이라하니」
雪竇引帝網明珠하야 以用垂範이라 手眼은 且道落在什麽處오

【평창번역】

"'몸의 한 부분〔偏身〕'이 옳은가/ '몸 전체〔通身〕'가 옳은가"라고 했으
니 뒷짐 지고 베개를 찾는 것이 옳으며 손으로 몸을 더듬는 것이 옳다고
말한다면, 만일 이런 식의 견해를 갖는다면 이 모두가 번뇌망상을 피우는
것일 뿐이다. 필경에는 편신(偏身)도 통신(通身)도 모두 옳지 않다. 만일
분별심〔情識〕으로 저 대비화(大悲話, 본칙공안)를 알려고 한다면 십만 리
나 멀어질 것이다. (그렇기에) 설두는 한 구절〔一句〕을 사용해서 힘차게
(자신 있게 다음과 같이) 말했던 것이다. "이런 식으로 지껄인다면 십만 리
나 멀어지리라." (송의) 후반부에서는 운암과 도오의 대단한 곳을 송해서
(이렇게) 말했다. "날개를 편 붕새는 우주〔六合〕의 구름 위로 오르며/ 바
람을 일으켜 온 바다를 뒤흔드네." 큰 붕새가 용을 삼킬 때 그 날개로 바

---

7) 鵬 = 崩(蜀本·福本).
8) 若 = 若得似(福本).

람을 일으켜 파도가 일면 그 물이 삼천 리나 갈라지는데 (붕새는 마침내 그 물속에 숨어 있는) 용을 집어삼켜 버린다.

설두는 (이렇게) 말했다. "그대들이 만일 큰 붕새가 되어 바람을 일으켜 파도를 치게 하면 (정말) 대단히 용맹스럽다고 할 수 있다. 그러나 만일 관음의 천수천안(千手千眼)으로 그것을 본다면 작은 먼지가 이는 것과 같으며 또 한 오라기의 티끌이 바람에 불려 날리는 것과도 같다." 설두는 (이어서 이렇게) 말했다. "그대들이 만일 손으로 몸을 더듬는 그것으로 (관음의) 손과 눈이라 한다면 (그런 엉터리 견해를) 어디에 쓰겠는가. 대비화(大悲話, 본칙공안)의 참뜻과는 거리가 멀다." 그러므로 (설두는 송에서 이렇게) 읊었던 것이다. "(그러나) 이 무슨 먼지며/ 어지러이 흩어지는 티끌인가." 설두는 말하길 "작가종사가 (이 모든 언어의 흔적을) 일시에 쓸어 없애 버렸다"고 했으나 송의 후반부는 여전히 지리멸렬하여 비유를 들어 말하고 있음을 어찌하겠는가. 전처럼 다만 (언어의) 올가미 속에 갇혀 있을 뿐이다. "그대는 알고 있으리/ 보배 그물의 구슬 빛 서로 비쳐 그 그림자 겹친다"고 했으니 설두는 (지금) 제석천의 '보배 그물 구슬〔帝網明珠〕'의 예를 들어서 그 본보기로 삼고 있다. (관세음보살의) 손과 눈은 자, 일러 보라. 그 참뜻이 무엇인가.

【평창해설】

'몸의 한 부분〔徧身〕'이라든가 '몸 전체〔通身〕'라는 이 말의 글자풀이를 통해서 본칙공안의 참뜻을 알려 한다면 그건 불가능한 일이다. 그리고 운암과 도오의 대답이 대단하긴 하나 관세음보살의 경지에서 본다면 한낱 티끌에 불과하다. 왜냐하면 관세음보살은 이 우주 전체를, 그 속에 존재하고 있는 각기 다른 모든 것들의 그 천차만별성을 자신의 손과 눈〔手眼〕으로 사용하고 있기 때문이다. 아니 이 현상계 전체가 그의 손과 눈, 바로 그 자체다. 그것은 마치 저 제석천 하늘을 덮고 있는 보배 그물의 빛과도 같다. 한 그물코의 빛이 저 모든 그물코에 비치고 저 모든 그물코의 빛이 또 한 그물코에 비치듯 풀 한 포기 속에도 관세음보살의 수많은 손과 눈이 있고 우리 각자 속에도 역시 그의 수많은 손과 눈이 있다. 그러나 우리가 그의 이 수많은 손과 눈을 내 것으로 활용하지 못하는 것은 무지(無知)와 자기중심적인 에고에 갇혀 있기 때문이다. 무지가 깨지는 순간, 새벽이 오는 순간, 이 조그만 내가 우주적인 나로 탈바꿈하는 순간 아아, 나는 관세음보살이 된다. 관세음보살의 손과 눈을 내 것으로 하여 제각기 다른 중생들의 제각기 다른 바람을 모두 들어줄 수가 있다. ―이건 생각만 해도 가슴 설레는 일이다.

【評　唱】

華嚴宗中에 立四法界라 一, 理法界니 明一味平等故요 二, 事法界니 明全理成事故요 三, 理事無礙法界니 明理事相融하야 大小無礙故요 四, 事事無礙法界니 明一事徧入一切事하고 一切事徧攝一切[9]事하야 同時交參無礙故라 所以道호대 一塵纔擧에 大地全收라하니 一一塵含無邊法界라 一塵이 旣你하면 諸塵도 亦然이라 網珠者는 乃天帝釋善法堂前에 以摩尼珠로 爲網하니 凡一珠中에 映現百千珠하며 而百千珠가 俱現一珠中하야 交映重重하고 主伴無盡하나니 此用明事事無礙法界也라 昔賢首國師가 立爲鏡燈諭하니 圓列十鏡하고 中設一燈이라 若看東鏡하면 則九鏡鏡燈이 歷然齊現하며 若看南鏡하면 則鏡鏡이 如然이라 所以世尊初成正覺하사 不離菩提道場하시고 而徧昇忉利諸天하시며 乃至於一切處, 七處九會에 說《華嚴經》이라 雪竇以帝網珠로 垂示事事無礙法界라 然이나 六相義甚明白하니 卽總卽別, 卽同卽異, 卽成卽壞라 擧一相하면 則六相俱該언마는 但爲衆生이 日

---

9) 切 = '切'字 恐衍字也(種電鈔).

用而不知니라 雪竇拈帝網明珠垂範하야 況此大悲話直是如此라

【평창번역】

화엄종(華嚴宗)에선 (다음의) 네 가지 차원〔四法界〕을 말하고 있다.

첫째, 진리의 차원〔理法界〕: 절대 무차별의 세계.

둘째, 현상의 차원〔事法界〕: 진리 전체가 현상화된 세계.

셋째, 진리와 현상이 걸림이 없는 차원〔理事無碍法界〕: 진리와 현상이 서로 융합, 큰 것과 작은 것이 서로에게 걸림이 없는 세계.

넷째, 현상과 현상이 걸림이 없는 차원〔事事無碍法界〕: 하나의 사물이 모든 사물 속으로 들어가고, 모든 사물이 하나의 사물 속으로 흡수되어 전체와 개체가 서로 섞이며 걸림이 없는 세계.

그러므로 (洛浦元安은) 말하길 "한 티끌이 일자 온 대지가 그 속에 흡수된다"고 했으니 낱낱의 티끌마다 모두가 이 무수한 세계를 포함하고 있다. 한 티끌이 이렇다면 모든 티끌도 또한 이럴 것이다. 보배 그물〔網珠〕이란 제석천의 선법당(善法堂) 앞에 쳐져 있는 마니 구슬로 짜여진 그물을 말한다. 그 (마니) 구슬 한 개 속에 백천 개의 (수많은) 구슬이 비치며, 또 백천 개의 구슬이 모두 한 개의 구슬 속에 비쳐서 그 (구슬의) 그림자가 겹겹이 겹치면서 한 개는 여러 개 속에, 또 여러 개는 한 개 속에…… 이런 식으로 끝없이 서로가 서로를 비치고 있나니 이는 '현상과 현상이 걸림 없는 차원〔事事無碍法界〕'을 밝히려고 사용한 비유이다. 옛적에 현수(賢首) 국사가 측천무후(則天武后)를 위해서 (다음과 같은) '거울과 등불의 비유〔鏡燈諭〕'를 사용했다.

― 우선 열 개의 거울을 둥글게 배치해 놓은 다음 그 중앙에 한 개의 등불을 밝혀 놓았다. 만일 동쪽의 거울〔東鏡〕을 보면 나머지 아홉 개의 거울과 거울 등불〔鏡燈〕이 (동쪽의 거울 속에) 분명하게 비친다. 또 만일 남쪽의 거울〔南鏡〕을 본다면 나머지 거울과 거울(등불)이 마찬가지로 (거기)

비친다. 그러므로 부처는 처음 정각(正覺)을 이룬 다음 그곳(정각을 이룬 菩提道場)을 떠나지 않고 도리천에 올라갔으며 내지 일체의 모든 곳과 일곱 장소 아홉 모임〔七處九會〕에서 《화엄경》을 설하셨던 것이다.

설두는 제석천의 보배 그물을 예로 들어 '현상과 현상이 걸림 없는 세계〔事事無碍法界〕'를 말했다. 그러나 육상(六相)의 뜻이 아주 분명하니 전체와 부분〔總別〕, 조화와 개성〔同異〕, 성장과 소멸〔成壞〕이 그것이다. 이 한 가지 상〔一相〕을 거론하게 되면 여섯 가지〔六相〕가 다 갖추지건마는 다만 중생들이 매일같이 그것을 사용하면서도 모르고 있다. 설두는 제석천의 보배 그물을 거론하여 그 본보기로 들어서 대비화(大悲話, 본칙공안)를 비유하고 있으니 (그 뜻이 명백하기가) 이와 같다.

【평창해설】

《화엄경》에서 말하고 있는 네 가지 차원〔四法界〕이란 무엇인가. 절대진리〔一眞法界〕의 전개 과정을 네 가지로 본 것이다.

첫째, 본질의 차원〔理法界〕: 절대 진리 그 자체를 말한다.

둘째, 현상의 차원〔事法界〕: 상대적인 이 물질과 형상의 세계를 말한다.

셋째, 본질과 현상이 서로 호환(互換)하는 차원〔理事無碍法界〕: 절대적인 진리가 그대로 상대적인 물질이 되고 상대적인 물질이 그대로 절대적인 진리가 되는 불가사의한 세계를 말한다.

넷째, 현상과 현상이 서로 호환하는 차원〔事事無碍法界〕: 하나의 개체 속에 이 세상의 모든 개체들이 포함되고, 이 세상의 모든 개체들 속에 그 하나의 개체가 흡수되어 들어가는 세계, 크고 작은 것의 구분이 사라진 세계를 말한다.

평창문의 다음 구절 "모든 사물이 모든 사물〔一切事〕 속으로 흡수되어"는 → '모든 사물이 하나의 사물〔一事〕 속으로 흡수되어'로 고쳐야 한다.

그래야 문맥과 뜻이 통한다. 《종전초》에서도 이 '체(切)'자를 잘못 끼어 들어간 글자로 보고 있다.

화엄경의 대가였던 현수(賢首)가 측천무후(則天武后)를 가르치기 위해서 '거울과 등불의 비유[鏡燈諭]'를 든 것은 무슨 뜻이 포함되어 있는가. ―중앙에 등불 하나를 켜 놓고 그 등불 주위로 열 개의 거울을 원형으로 배치해 놔 보라. 열 개의 거울 어느 것을 봐도 중앙의 등불과 그 등불을 비치고 있는 나머지 아홉 개의 거울이 보인다. 이것은 티끌 하나 속에 이 우주가 포함되어 있고 이 우주 안에 있는 그 수많은 티끌 마다마다에도 이 우주 전체가 포함되어 있다는 것을 암시해 주고 있는 것이다. 이런 입장에서 본다면 내가 이 글을 쓰고 있는 바로 이 자리가 부처님께서 깨달음을 이루신 그 자리며, 지금 이 순간이 그대로 저 영원의 시간인 것이다. 그렇기에 부처님께선 인도의 비하르 주 붓다가야 보리수 밑에서 깨달음을 이루신 다음 거기 그 자리 그대로 앉아 있으면서 도리천 하늘에 올라갔으며 인간계와 천상계의 각기 다른 일곱 군데서 아홉 번에 걸쳐 장장 80권이나 되는 《화엄경》을 설법하셨던 것이다.

여섯 가지 모양[六相]이란 무엇인가. 《화엄경》에서 존재와 사물의 역동현상을 관찰하는 여섯 가지 입장을 말한다. 우린 늘 이 여섯 가지 모양[六相], 즉 여섯 가지 역동적인 현상 속에서 살아가고 있다. 그러나 우리가 너무나 타성에 젖어 있기 때문에 그것을 감지하지 못하고 있다. 이 여섯 가지 모양[六相]에 대한 설명은 《벽암록 俗語 낱말 사전》(제89칙 '송'의 평창)에 자세히 언급되어 있다.

【評　　唱】

你若善能向此珠網中하야 明得拄杖子하야 神通妙用과 出入無礙하면 方可見得手眼이라 所以雪竇云「棒頭手眼從何起오하니」 教你棒頭取證하고 喝下承當이라 只如德山은 入門便棒하니 且道手眼在什麽

處오 臨濟는 入門便喝하니 且道手眼在什麽處오 且道雪竇末後에 爲什麽更著箇咄[10]字오 參하라

【평창번역】

그대들이 만일 이 '제석천의 보배 그물' 비유를 통해서 주장자를 얻어(안목을 얻어) 신통묘용(神通妙用)과 출입(出入)에 걸림 없게 되면 비로소 (관음의) 손과 눈(에 대한 참뜻)을 간파할 수 있을 것이다. 그러므로 설두는 말하길 "주장자의 손과 눈은 어디서 비롯됐는가"라고 했으니 그대들로 하여금 봉(棒)에서 증득하고 할(喝) 아래서 알도록 한 것이다. 그런 그렇고 덕산은 (누군가가) 문안으로 들어오자마자 봉(棒)을 휘둘러 댔으니 자, 일러 보라. (관음의) 손과 눈은 어디에 있는가. 임제는 (또 누군가) 문에 들어서자마자 할(喝)을 했으니 자, 일러 보라. (관음의) 손과 눈은 어디에 있는가. 자, 일러 보라. 설두는 (송의) 맨 끝에 무엇 때문에 다시 '돌(咄, 쯧쯧)' 자를 덧붙였는가. 잘 참구해 보라.

【평창해설】

제석천의 보배 그물 비유를 통해서 우린 알았다. 이 세상 전체가, 아니 제각기 다른 이 사물 하나하나가 그대로 저 관세음보살의 손과 눈이라는 이 엄청난 사실을……. 그렇기에 설두는 송의 끝 구절에서 이렇게 읊었던 것이다. "주장자의 손과 눈은 어디서 비롯됐는가?" 덕산의 봉(棒)과 임제의 할(喝)은, 아아 그게 바로 관세음보살의 살아 있는 손과 눈이 아니고 무엇이란 말인가. 그런데 설두는 왜 송의 맨 끝에서 '쯧쯧' 하고 혀를 차고 있는가. 바로 이 대목이 본칙송의 핵심이므로 우린 예서 한 소식을 하

---

10) 咄 = 喝(一夜本).

지 않으면 안 된다.

 자, 그렇다면 벗이여 설두는 왜 '쯧쯧' 혀를 차고 있는가. 마당은 깨끗이 쓸었다. 그러나 빗자루의 그 흔적을 어찌한단 말인가. 도대체 무엇으로 빗자루의 이 흔적을 없앤단 말인가.

第 90 則
智門般若體
지문의 반야체

【垂　示】

垂示[1]云「聲前一句는 千聖不傳이요 面前一絲는 長時無間이라 淨躶躶赤灑灑하야 頭蓬鬆하고 耳卓朔하면 且道作麼生고 試擧看하라」

【수시번역】

㈀ 말이 있기 이전의 한 구절(소식)은 모든 성인들도 전할 수 없고 지금 현재의 한 생각은 영원히 이어진다.
㈁ 실오라기 하나 걸치지 않은 본래 모습 그대로여서 머리칼이 마구 흩어지고 귀가 쫑긋 솟아올랐다면
㈂ 자, 일러 보라. 어떤가, 시험삼아 거론해 보자.

【수시해설】

세 마디로 되어 있다.

---

1) 此則垂示與九十四則之垂示同 今從福本 玆不載也(種電鈔).

첫째 마디(㉠) : 언어가 있기 그 이전의 본래 자리에 대하여 언급하고 있다.

둘째 마디(㉡) : 그 본래 자리를 체험한 사람의 자유분방한 모습에 대한 언급이다.

셋째 마디(㉢) : 결과적으로 본칙공안이 그 본래 자리에 대한 가장 적절한 언급이라는 것을 말하고 있다.

【 本　　則 】

〔本則〕擧 僧問智門호대「如何是般若體닛고」(通身無影象이니라 坐斷天下人舌頭라 用體作什麼오) 門云「蚌含明月이니라」(光呑萬象卽且止하고 棒頭正眼事如何오 曲不藏直이니 雪上加霜又一重이로다) 僧云「如何是般若用이닛고」(倒退三千里하라 要用作什麼오) 門云「兔子懷胎니라」(嶮, 苦瓠連根苦요 甛瓜徹蔕甛이라 向光影中作活計나 不出智門窠窟이라 若有箇出來하면 且道是般若體아 是般若用가 且要土上加泥[2]니라)

【본칙번역】

승이 지문(智門)에게 물었다. "어떤 것이 반야의 본질(般若體)입니까."
　(반야는) 그 몸 전체가 형체도 없고 그림자도 없다. 뭇 사람들의 말을 제압해 버렸다. 본질 따위를 들먹여서 뭘 하려는가.
지문이 말했다. "방함명월(蚌含明月, 조개가 달빛을 빨아들이고 있다)."
　달빛이 삼라만상을 삼키는 것은 그렇다 치고 봉(棒)과 올바른 안목의 일은 어찌할 것인가. 굽은 것(曲, 거짓)은 곧은 것(直, 진실)을 숨길 수 없다. 설상가상으로 또 한 번 겹쳤다.

---

2) 不出 ~ 加泥(27字) 없음(福本).

승이 말했다. "어떤 것이 반야의 작용〔般若用〕입니까."

　　삼천리 밖으로 급히 퇴각하라. (지혜의) 작용 따위를 들먹여서 뭘 하려는가.

지문이 말했다. "토자회태(兎子懷胎, 토끼가 (달의 정기를 받아) 임신하고 있다)."

　　위험천만. 쓴 오이는 뿌리까지 쓰고 단 오이는 줄기까지 달다. (지혜의) 빛과 그림자 속에서 망상을 피우고 있지만 지문의 손아귀에서 벗어나지 못하고 있다. 만일 어떤 사람이 썩 앞으로 나선다면 자, 일러 보라. 이것이 '반야의 본질〔般若體〕' 인가 '반야의 작용〔般若用〕' 인가. 일단은 흙 위에 진흙을 얹으려는 짓이다.

【본칙과 착어해설】

◎ "어떤 것이 반야의 본질〔般若體〕입니까."　　어떤 승이 지문(智門)에게 물은 말이다. 지문은 설두의 스승이요, 운문의 종지를 크게 드날린 선지식이다. 이 물음에서 우리가 알아야 할 것은 '반야(般若)'란 단어다. '반야(般若)'는 산스크리트어(고대 인도의 브라만 사제들이 사용하던 언어)의 쁘라즈냐(prajna)를 중국에서 음역(音譯, 소리 나는 대로 그 음을 옮김)한 말이다. 보통은 지혜(智慧)라고 번역하는데 그 뜻이 워낙 갈래가 많아 단 한 마디로 요약하기가 쉽지 않다. 그러나 단도직입적으로 말한다면 반야란 '우리의 본성 속에 내재되어 있는 직관력'이라고 말할 수 있다. 반야의 본질〔般若體〕이란 '이 직관력 그 자체'다. 그리고 반야의 작용〔般若用〕이란 '이 직관력이 감각 기관으로 가서 지각 능력으로 활성화되는 것'을 말한다. 즉 눈에선 시각 능력으로, 귀에선 청각 능력으로, 코에선 후각 능력으로, 혀에선 미각 능력으로, 피부에선 감촉 능력으로 활성화되는 것을 말한다.

△ (반야는) 그 몸 전체가 ~ 뭘 하려는가.　　그러나 이 직관 능력〔般若

體〕과 그 지각 작용〔般若用〕은 별개의 것이 아니다. 즉 직관 능력이 그대로 지각 작용이요, 지각 작용이 그대로 직관 능력이다. 단지 보는 입장에 따라 직관 능력이 되기도 하고 또 지각 작용이 되기도 하는 것이다. 그런데 이 승은 지금 이 직관 능력〔般若體〕과 지각 작용〔般若用〕을 별개의 것으로 보고 물음을 던지고 있다.

◎ 지문이 말했다. "방함명월(蚌含明月, 조개가 달빛을 빨아들이고 있다)." 여기서 지문은 반야를 달빛에 견주고 있다. 대답이 매우 시적(詩的)이다. 그러나 벗이여, 이 대목은 바로 반야 전체를 송두리째 드러내 보인 지문 자신의 활구라는 이 사실을 잊지 마라. 방함명월(蚌含明月)에 관한 이야기는 평창에 자세히 나온다.

△ 달빛이 ~ 어찌할 것인가.　달빛, 즉 반야의 이 빛이 저 영원한 공간과 시간에 충만하여 빛을 뿌리고 있는 것은 더 이상 논할 필요가 없다. 문제는 우리 각자가 자신 속에서 이 반야를 체험했느냐 하지 못했느냐 하는 바로 그것이다.

△ 굽은 것〔曲, 거짓〕은 ~ 한 번 겹쳤다.　반야 그 자체를 송두리째 드러낸 지문의 이 활구를, 이 거짓 없는 한 마디를 그 누가 꺾을 수 있겠는가. 그러나 보다 높은 차원에서 본다면 반야에 대한 이 갑론을박이야말로 옥에 흠집을 내는 것이다.

◎ "어떤 것이 반야의 작용〔般若用〕입니까?"　이 승은 다시 지문에게 반야의 작용에 대해서 묻고 있다. 그러나 반야의 본질〔般若體, 직관 능력〕과 그 작용〔般若用, 지각력〕은 둘이 아니다. 단지 보는 입장에 따라 두 가지 명칭으로 불리고 있을 뿐이다.

다시 반야의 작용〔般若用〕이란 무엇인가.

"보고 듣고 말하고 손발을 움직이는 이 모든 것이 반야의 이 지각력 아닌 게 없다〔萬般施爲　皆是般若照用.《종전초》〕."

△ 삼천리 ~ 뭘 하려는가.　굳이 비유하자면 반야 그 자체는 마치 활활 타고 있는 불과도 같고 예리한 칼날과도 같다. 그러므로 여기 섣불리

언어나 분별심으로 접근했다가는 뼈도 못 추린다. 반야의 본질과 작용은 둘이 아닌데 이 승은 지금 이것을 둘로 봤기 때문에 이런 식의 물음을 던진 것이다.

◎ "토자회태(兎子懷胎, 토끼가 (달의 정기를 받아) 임신하고 있다). 지문의 대답이다. 이 토자회태(兎子懷胎)에 관한 이야기는 평창에 자세히 나온다. 여기서의 토자(兎子, 토끼)는 달[月]의 상징으로도 볼 수가 있다. 지문은 반야를 달과 그 빛으로 비유하고 있다. 그러나 '토자회태'란 이 대목 역시 반야 전체를 송두리째 드러낸 지문 자신의 활구라는 이 사실을 잊어선 안 된다.

△ 위험천만.   반야의 작용은 언어와 사고가 닿을 수 없는 곳이다. 그러므로 언어와 사고를 가지고 접근하다가는 그대로 모가지가 날아갈 것이다. 조심조심!

△ 쓴 오이는 ~ 벗어나지 못하고 있다.   보라, 저 산은 굳이 높이 쌓아 올리지 않아도 높고 바다는 또 더 깊이 파지 않아도 깊기만 하다. 이처럼 이 세상 만물은 지금 있는 이대로 완벽한데 여기 더 이상 인간의 기준으로 다듬어야 할 이유가 없다. 쓴 오이는 철저하게 쓰고 단 참외는 뿌리까지 단 이 이치를 모르고 어디 감히 인간의 분별심을 들이대려 하는가. 우리가 제아무리 재주 자랑을 한다 해도 결국은 지문의 이 활구를 벗어나진 못할 것이다. 왜냐하면 지문은 지금 우리의 언어와 사고로 가 닿을 수 없는 바로 거기에 있기 때문이다.

△ 만일 어떤 사람이 ~ 없으려는 짓이다.   지문의 이 '토자회태(兎子懷胎)'란 활구를 듣고 누군가가 썩 앞으로 나와 한 마디를 이른다면 자, 이것이 반야의 본질[般若體]인가, 작용[般若用]인가. 벗이여, 어디 한번 그대 자신의 목소리로 일러 봐라. ……그러나 보라. 온누리가 그냥 이대로 반야의 빛으로 충만해 있지 않은가. 그런데도 여기 반야에 대하여 왈가왈부한다는 것은 쓸데없는 짓이다. 괜한 사족을 붙이려는 것이다.

【評　唱】

〔評唱〕智門道「蚌含明月, 兔子懷胎라하니」都用中秋意라 雖然如此나 古人意卻不在蚌兔上이라 他是雲門會下尊宿이니 一句語에 須具三句라 所謂函蓋乾坤句며 截斷衆流句며 隨波逐浪句라 亦不消安排라호 自然恰好라 便去嶮處하야 答這僧話하야 略露些子鋒鋩하니 不妨奇特이로다 雖然恁麼나 他古人終不去弄光影이요 只與你指些路頭하야 敎人見이라 這僧問「如何是般若體닛고」智門云「蚌含明月이라 하니라」漢江에 出蚌하고 蚌中에 有明珠라 到中秋月出하면 蚌於水面浮하야 開口含月光하면 感而産珠니 合浦珠是也라 若中秋有月則珠多하고 無月則珠少라「如何是般若用이닛고」門云「兔子懷胎라하니」此意亦無異라 兔屬陰이니 中秋月生에 開口呑其光하야 便乃懷胎라 口中産兒하니 亦是有月則多하고 無月則少라 他古人答處가 無許多事라 他只借其意하야 而答般若光也라 雖然恁麼나 他意不在言句上이어늘 自是後人이 去言句上作活計라 不見盤山道호대「心月孤圓하야 光呑萬象이니 光非照境이요 境亦非存이라 光境俱亡하니 復是何物고하니」如今人은 但瞠眼喚作光하야 只去情上生解하니 空裏釘橛이로다 古人道호대「汝等諸人이 六根門頭에 晝夜放大光明하야 照破山河大地니 不只止眼根放光이라 鼻舌身意도 亦皆放光也라하니라」到這裏하야는 直須打疊六根下無一星事하야 淨躶躶, 赤灑灑地니 方見此話落處하리라 雪竇正恁麼頌出이로다

【평창번역】

지문이 말하길 "방함명월(蚌含明月) 토자회태(兔子懷胎)"라 했으니 (이 두 대답은) 모두 '한가위 보름달의 뜻〔中秋意〕'을 사용하고 있다. 비록 그렇긴 하나 옛사람(지문)의 본뜻은 결코 조개나 토끼〔蚌兔〕위에 있지 않

다. 저(지문)는 운문 문하의 고승이니 한 글귀[一句] 속에 세 글귀[三句, 세 글귀의 뜻]가 구비되어 있다. '천지를 뒤덮는 구절[函蓋乾坤句]', '뭇 의식의 흐름을 절단하는 구절[截斷衆流句]', '생각과 감정의 파도를 따라 굽이치는 구절[隨波逐浪句]'이 그것이다. 또한 억지로 (이 세 글귀를) 포함시키려 하지 않더라도 (그 대답 속에는 이 세 글귀가) 저절로 조화를 이루게 된다. 그러므로 (묻는) 즉시 험준한 곳(본질적인 입장)에서 이 승의 물음에 대답하여 (지혜의) 칼날을 살짝 드러내 보였으니 정말 대단하다고 할 수 있다. 비록 그러나 저 옛사람(지문)은 마침내 잘난 체 허세를 부리지 않고 다만 그대들을 위해서 살짝 길을 가리켜서 그대들로 하여금 (그 길을) 손수 보도록 했던 것이다.

  이 승이 물었다. "어떤 것이 반야의 본질[般若體]입니까."

  지문이 말했다. "방함명월(蚌含明月, 조개가 달빛을 빨아들이고 있다)."

  한강(漢江, 廣東省의 合浦)에서는 조개가 나는데 그 조개 속에는 명주(明珠, 진주)가 들어 있다. 팔월 한가윗날 밤에 보름달이 뜨면 이 조개는 수면 위로 올라와 입을 벌리고 달빛을 빨아들이는데 (이 달빛은 조개의 몸속으로 흡수되어) 명주(진주)가 된다고 한다. 합포의 구슬[合浦珠]이 바로 이것이다. 만일 한가윗날 밤에 달이 뜨면 (조개의 몸속에) 구슬(진주)이 많고 달이 뜨지 않으면 (조개의 몸속에) 구슬(진주)이 적다고 한다. (승은 또 물었다.) "어떤 것이 반야의 작용[般若用]입니까."

  지문이 물었다. "토자회태(兔子懷胎, 토끼가 (달의 정기를 받아) 임신하고 있다)."

  (―라고 했으니) 이 뜻 역시 (앞 구절의 뜻과) 다르지 않다. 토끼는 음(陰)에 속하는 짐승인데 한가윗날 달이 뜨면 입을 벌리고 그 달빛(의 정기)을 빨아들여서 임신을 한다고 한다. (그런 후에) 입으로 새끼를 낳는데 또한 (한가윗날 밤) 달이 뜨면 (새끼를) 많이 낳고 달이 뜨지 않으면 (새끼를) 적게 낳는다고 한다. (그러나) 저 옛사람(지문)의 대답은 그렇게 복잡하지 않다. 저(지문)는 다만 그 뜻[月光徧滿之意, 달빛이 충만하다는 뜻]을 빌려 와

지혜의 빛〔般若光〕을 대답했을 뿐이다. 비록 그렇긴 하나 저(지문)의 본뜻은 언구(言句)상에 있지 않거늘 뒷사람들 스스로가 언구상에서 분별심을 일으키고 있다. 다음과 같은 반산보적(盤山寶積)의 말을 그대는 익히 알고 있지 않은가. "마음 달 외로 밝아/ 그 빛이 온누릴 삼켰네/ (그러나) 빛은 경(境)을 비추지 않고/ 경(境) 또한 존재하지 않네/ 빛과 경(境)이 모두 없으니/ 이게 도대체 무슨 물건인가." 지금 사람들은 다만 두 눈을 부릅뜨고 이를 빛〔光〕이라고 말하면서 오로지 (자기 멋대로의) 추측과 감정 위에서 분별심을 내고 있나니 (이는 마치) 허공에 말뚝을 박는 격이다.

옛사람(福州大安)은 말했다. "여러분의 여섯 감각〔六根門頭〕은 밤낮으로 큰 빛을 뿜는데 (그 빛이) 온누리를 비추고 있다. 눈〔眼根門頭〕에서만 빛을 뿜는 게 아니라 코·혀·몸·생각〔鼻舌身意〕에서도 또한 빛을 뿜어대고 있다." 여기(이런 경지)에 이르러서는 여섯 감각 속에 (번뇌의) 티끌이 전혀 없어 실오라기 하나도 남지 않도록 해야 하나니 (그래야만) 비로소 본칙공안의 참뜻을 간파할 수 있을 것이다. 설두는 이런 경지에 이르렀으므로 (다음과 같이) 송을 읊고 있다.

【평창해설】

지문의 활구 '방함명월(蚌含明月)'이나 '토자회태(兎子懷胎)'는 모두 보름달〔滿月〕을 주제로 삼고 있다. 왜냐하면 반야는, 반야의 빛은 마치 보름달처럼 온누리 모든 존재들을 골고루 비춰 주기 때문이다. 그러므로 보름날 밤에 조개가 물 위로 올라와 입을 벌리고 달빛을 빨아들여서 진주를 잉태하는 것〔蚌含明月〕이나 또 토끼가 보름달 빛을 들이마시고 임신을 한다〔兎子懷胎〕는 이야기는 모두 달빛이 누리에 충만하다는 것을 강조하기 위하여 임시로 빌려 온 민간 전설이다. 지문은 운문을 계승한 선지식이다. 그렇기에 그의 활구 속에는 예외 없이 운문 가풍의 세 가지 특성이 들어 있다.

첫째, 천지를 뒤덮는 기백〔涵蓋乾坤句〕: 반야의 본질과 작용을 묻는 데 조개〔蚌〕와 토끼〔兎子〕의 전설로 응답한 것은 그야말로 날벼락이 아닐 수 없다.

둘째, 모든 분별망상을 절단해 버리는 결단력〔截斷衆流句〕: 반야의 본질과 그 작용이 어째서 '방함명월'이며 '토자회태'란 말인가. 이건 일반적인 상식으로는 도저히 납득할 수 없다. 왜냐하면 이 두 대목은 분별망상으로는 그 접근이 불가능한 활구이기 때문이다.

셋째, 생각과 감정의 파도를 따라 굽이치는 기상〔隨波逐浪句〕: 그러나 지문은 반야의 본질과 작용을 달과 그 빛으로 비유하고 있으므로 이 승의 물음에 멋지게 박자를 맞췄다고 할 수 있다. 그러나 지문은 미리 이 승의 물음을 염두에 두고 이런 식의 대답을 구상한 것은 전혀 아니다. 물음이 있기가 무섭게 그 즉시 이런 식으로 활구가 쏟아져 나온 것이다.

보름날 밤에 조개가 수면 위로 올라와 달빛을 빨아들여서 진주를 잉태한다〔蚌含明月〕는 이야기는 《여씨춘추(呂氏春秋)》에 전해 오는 중국의 민간 전설이다. 또 토끼가 보름날 밤에 입으로 달의 정기를 빨아들여 임신한다〔兎子懷胎〕는 이 이야기 역시 《장화박물지(張華博物志)》에 전해 오는 중국의 민간 전설이다. 신비롭고 아주 환상적인 이 두 개의 전설을 지문이 인용한 것은 단지 반야의 빛을 달빛에 비교하기 위해서일 뿐이다. 그러므로 조개, 토끼, 달빛이라는 이 말뜻 속에서 분별심을 일으켜서는 안 된다. 왜냐하면 '방함명월'과 '토자회태'는 바로 지문 자신의 활구이기 때문이다. "마음 달 외로 밝아 ~ 이게 도대체 무슨 물건인가"라는 반산보적의 송은 뭘 뜻하는가. 반야(마음 달)의 빛 속에서는 더 이상 주관과 객관의 구별이 없으므로 빛 그 자체도 더 이상 존재하지 않는다. 아니 반야 그 자체도 더 이상 존재하지 않는다. 그렇다면 이게 도대체 무엇이란 말인가. 벗이여, 그대 전체가 그냥 송두리째로 활구가 되어 버린 경지다. 그러나 확실한 활구의 체험도 없으면서 두 눈을 부릅뜨고 이것을 '반야의 빛'이라고 말한다면 이건 정말 웃기는 일이다. 그것은 마치 저 허공에다 말뚝을 박는 짓과 같다. 생각해 보라. 허공 어디에다 말뚝을 박을 수 있겠는가. 다시 반야가, 그 반야의 빛이 마치 달빛처럼 온누리에 충만해 있다는 것은 무엇인가. 여기 복주대안(福州大安)의 멋진 말이 있다. 눈으로 사물을 보고 귀로 소릴 듣고 코로 냄새를 맡고 혀로 맛을 알고 피부로 감촉을 느끼는 이것을 그(복주대안)는 "눈, 귀, 코, 혀, 피부로 언제나 반야의 빛을 품는다〔六門晝夜常放光明〕"라고 말했다. 그렇다면 저 나무의 푸른 잎에서 흐르는 물까지, 공중에 나는 새에서 땅 위를 기어가는 개미에 이르기까지 이 세상에 있는 모든 존재들은, 그들의 그 특성과 움직임은, 아니 숨쉬는 그 자체가 바로 반야의 빛을 뿜어 대고 있는 게 아니겠는가. 이 세상 전체를 그냥 한 덩어리 살아 굽이치고 있는 반야의 빛으로 실감하기 위해서는 어찌해야 하겠는가. 번뇌망상, 즉 관념의 티끌을 모두 쓸어 없애 버려야 한다. 그래야만 비로소 이 반야의 세계를, 본칙공안의 활구를 간파할 수 있을 것이다.

【頌】

〔頌〕一片虛凝絶謂情이여(擬心卽差요 動念卽隔이니 佛眼也覰不見이로다) 人天從此見空生이로다(須菩提도 好與三十棒이니 用這老漢作什麼오 設使須菩提라도 也倒退三千里라) 蚌含玄兎深深意여(也須是當人始得이니 有什麼意오 何須更用深深意오) 曾與禪家作戰爭이로다(干戈已息하니 天下太平이로다 還會麼아 打云「闍黎喫得多少오」)

【송번역】

한 조각 텅 빈 결정체여, '위정(謂情, 언어와 생각)'이 끊겼나니
    마음을 쓰면 어긋나고 생각을 움직이면 막히나니 부처의 눈으로도 엿볼 수 없다.

인천(人天)은 이에서 수보리를 보았네
> 수보리도 30봉을 맞아야 한다. 이 노인네를 들먹여서 어쩔 셈인가. 설사 수보리라 해도 또한 삼천리 밖으로 급히 물러서야 한다.

방함(蚌含)과 현토(玄兎)의 깊고 깊은 뜻이여
> 당사자인 지문처럼 (이 깊고 깊은 뜻을) 알아야 한다. (그러나 여기) 무슨 (심오한) 뜻이 들어 있단 말인가. (그런데) 왜 '깊고 깊은 뜻'이란 말을 쓰고 있는가.

일찍이 선 수행자들의 말싸움거리가 되었네
> 전쟁은 끝나고 천하가 태평하다. 알겠는가. (원오는 선상을) 치며 말했다. "설두 자넨 몇 대나 맞을 텐가."

【송과 착어해설】

◎ 한 조각 텅 빈 결정체여, '위정(謂情, 언어와 생각)'이 끊겼나니   언어와 생각(謂情)이 끊긴 반야 그 자체를 읊은 구절이다. 반야는 텅 비고 밝아서 만물의 근원이다. 우리의 모든 동작과 생각과 감정, 그리고 이 세상 모든 만물이 보라, 반야 아닌 게 없다. 반야의 이 은은한 빛 속에 포함되지 않은 게 없다. 반야는 곧 생명이요, 사랑 그 자체이기 때문이다.

△ 마음을 쓰면 ~ 엿볼 수 없다.   그러나 여기 분별심을 일으키는 순간 우린 반야의 이 빛에서 멀어져 버리고 만다. 반야, 이것은 시작도 끝도 없는 영원무궁한 것이므로 깨달은 이(부처)의 눈으로도 감히 엿볼 수가 없다.

◎ 인천(人天)은 이에서 수보리를 보았네   부처의 제자 가운데 수보리는 이 반야의 빛을 깊이 체험한 사람이었다. 수보리에 관한 이야기는 평창에 나온다. 인천(人天)이란 '인간과 천상(天上, 神들)'의 준말이다.

△ 수보리도 ~ 급히 물러서야 한다.   왜냐하면 수보리는 일방적으로 반야의 정적(靜的)인 면만을 고수했기 때문이다. 살아 굽이치고 있는 반

야의 이 역동적인 면을 그는 미처 몰랐기 때문이다. 그래서 원오는 지금 수보리에게 30봉을 내리치고 있다. '수보리 정도 가지고는 어림도 없다'고 기염을 토하고 있다.

◎ **방함(蚌含)과 현토(玄兎)의 깊고 깊은 뜻이여** 이 반야를 달빛을 빨아들이는 조개〔蚌〕와 토끼〔玄兎〕에 비긴 것은 거기 심오한 뜻이 내포되어 있다. 언어풀이로는 그 참뜻을 알 수 없는 활구이면서도 동시에 시적인 깊은 암시가 있다. 조개와 토끼는 모두 입을 벌려 달빛을 빨아들이고 있으므로 여성적이다. 여기 비하여 누리에 충만한 달빛은 남성적이다. 그러나 이 남성적인 것은 부드럽기 그지없다. 이처럼 본질이란, 핵(核)이란 부드러움으로 충만해 있다. 여기 공격적인 요소는 전혀 없다. 이런 점에서 본다면 본질적인 것에 가까워지면 가까워질수록 말이 조용해지고 섬세해지고 부드러워진다. 보다 여성적이 된다.

△ **당사자인 지문처럼 ~ 알아야 한다.** 우리도 지문처럼 반야를 분명히 체험해야만 한다. 반야의 빛으로 살아가지 않으면 안 된다. 아니 아니, 우린 지금 반야의 빛 속에서 살아가고 있으면서도 그것을 미처 깨닫지 못하고 있을 뿐이다.

△ **(그러나 여기) ~ 쓰고 있는가.** 반야는 언어와 사고로 접근할 수가 없다. 그런데 설두는 왜 '깊고 깊은 뜻' 이란 말을 쓰고 있는가.

◎ **일찍이 선 수행자들의 말싸움거리가 되었네** 지문의 활구 '방함명월' 과 '토자회태' 는 선 수행자들 사이에서 일찍부터 뚫기 어려운 활구 공안으로 정평이 나 있다. 그렇기에 모두들 이 두 활구 공안에 대한 관심이 대단했던 것이다.

△ **전쟁은 끝나고 ~ 몇 대나 맞을 텐가."** 그러나 여기 원오의 입장에서 본다면 지문의 이 활구들은 전혀 뚫기 어려운 관문이 아니다. 원오는 이미 지문의 이 활구들을 밑바닥까지 꿰뚫었기 때문이다. 그래서 원오는 쾅! 하고 선상을 치며 설두를 혼내고 있다. "이런 잠꼬대를 하고 있는 설두, 자넨 몇 대나 더 맞아야 정신을 차리겠는가"라고.

【評　唱】

〔評唱〕「一片虛凝絶謂情이라하니」 雪竇一句에 便頌得好라 自然見得古人意로다 六根湛然하니 是箇什麽오 只這一片이 虛明凝寂이라 不消去天上討며 也不必向別人求라 自然常光現前하야 是處壁立千仞이라 謂情[3]은 卽是絶言謂情塵也라 法眼圓成實性頌에 云호대「理極忘情謂하니 如何得諭齊오 到頭霜夜月이 任運落前溪라 果熟兼猿重하고 山遙似路迷라 擧頭殘照在하니 元是住居西[4]로다 所以道호대 心是根, 法是塵이니 兩種猶如鏡上痕이라 塵垢盡時光始現하고 心法雙忘性卽眞이로다 又道호대「三間茅屋從來住하니 一道神光萬境閑이라 莫把是非來辨我하라 浮生穿鑿不相關이라하니」 只此頌도 亦見一片虛凝絶謂情也라 「人天從此見空生이라하니」 不見須菩提巖中宴坐에 諸天雨花讚歎이라 尊者云「空中雨花讚歎은 復是何人고」 天云「我是梵天이라」 尊者云「汝云何讚歎고」 天云「我重尊者善說般若波羅蜜多로다」 尊者云「我於般若未嘗說一字거니 汝云何讚歎고」 天云「尊者無說하고 我乃無聞하니 無說無聞이 是眞般若라하고」 又復動地雨花하니 看他須菩提善說般若하라 且不說體用이라 若於此見得하면 便可見智門道「蚌含明月, 兎子懷胎하리라」 古人意가 雖不在言句上이나 爭奈答處有深深之旨리요 惹得雪竇道「蚌含玄兎深深意라」 到這裏하야는 曾與禪家作戰爭하니 天下禪和子가 鬧浩浩地商量이나 未嘗有一人이 夢見在라 若要與智門, 雪竇로 同參인댄 也須是自著眼始得이니라

佛果圜悟禪師碧巖錄卷第九 終

---

3) 謂情 = 疑是 '絶謂情'也(看雲子).
　謂情 ~ 塵也(10字) = 謂卽言之意也 絶情塵言謂(一夜本).
4) 法眼 ~ 居西(48字) = 法眼頌云 理極忘情謂 如何得諭齊(福本).

【평창번역】

"한 조각 텅 빈 결정체여, '위정(謂情, 언어와 생각)'이 끊겼나니"라고 했으니 설두의 (이) 한 구절은 정말 멋지게 읊은 구절이라고 할 수 있다. (설두는) 전혀 힘을 들이지 않고 옛사람(지문)의 뜻을 간파하고 있다. 여섯 감각〔六根〕이 고요하니 이것이 무엇인가. 다만 이 한 조각 (마음이) 텅 비고 밝으며 섬세하고 고요하거니 천상(天上)에 가서 찾을 필요가 없으며 또한 다른 사람에게서 찾아볼 필요도 없다. 저절로 그 영원한 빛〔常光〕이 현전(現前)하나니 이곳〔一片虛凝處〕이 바로 명칭과 모양이 끊어진 절대의 경지〔壁立千仞〕인 것이다. '위정(謂情이 끊어졌다는 것)'은 즉 언어와 정진(情塵, 번뇌)이 끊겼다는 말이다. 법안(法眼文益)은 '원성실성송(圓成實性頌)'에서 (이렇게) 읊었다.

이치의 극치에선 정위(情謂, 謂情)를 잊나니
이를 어떻게 비유로써 설명하리
머리 위에 이른 늦가을 밤의 달이
어느새 앞 개울에 잠겼네
과일이 익으면 잔나비(의 몸도) 무거워지고
산은 멀어(깊어) 길은 미로와 같네
고갤 들면 남은 빛(석양 빛)이 있나니
원래부터 살던 곳이 서녘〔西方淨土〕이었네.

그리고 (영가는 또 《증도가》에서 이렇게) 읊었다.

마음은 (만물이 비롯되는) 근원이요
진리〔法〕란 (한낱) 티끌에 불과하니
이 두 가지는 거울에 끼인 먼지와 같네

먼지가 다할 때 (거울) 빛은 나타나고
마음과 진리〔心法〕를 모두 잊을 때
본성은 그대로 영원불멸 그것이네.

또 (용산(龍山)은 이렇게) 읊었다.

초가삼간에서 살고 있나니
한길 신령스러운 빛이여, 모든 경계가 한가로워라
시비의 눈으로 나를 평하지 마라
덧없는 이 삶, 집착한들 무엇 하리

이 송 역시 '위정(謂情)'이 끊긴 한 조각 텅 빈 결정체를 말하고 있다. '인천(人天)은 이에서 수보리를 봤다'고 했으니 수보리 존자가 바위에 앉아 있을 때 천신(天神)들이 꽃비를 내리며 찬탄했다는 고사를 그대는 익히 알고 있을 것이다.

수보리 존자가 말했다. "공중에서 꽃비를 내리며 (나를) 찬탄하는 이는 도대체 누구인가."

천신(天神)이 말했다. "저는 브라만 신입니다."

수보리 존자가 말했다. "그대는 왜 나를 찬탄하고 있는가."

천신이 말했다. "저는 존자께서 반야바라밀다(般若波羅蜜多)를 잘 말씀하시는 것을 귀중히 여기고 있습니다."

수보리 존자가 말했다. "나는 (일찍이) 반야(般若)에 대해서 단 한 글자도(단 한 마디도) 말하지 않았거늘 그대는 왜 (나를) 찬탄하고 있는가."

천신이 말했다. "존자께선 말한 일 없고 나 또한 들은 일 없으니 말한 일도 없고 들은 일도 없는 이것이 바로 진정한 의미에서의 반야(般若)입니다."

(─이렇게 말한 다음 천신은) 또다시 지축을 흔들며 꽃비를 내렸다. 보

라, 저 수보리가 '반야'에 대해서 정말 멋지게 말하고 있는 것을. (그는) 전혀 (반야의) 본질과 작용[體用]에 대해서 말하지 않았으니 만일 여기[無說處]서 (문제의 핵심을) 간파한다면 지문이 말한 '방함명월(蚌含明月)'과 '토자회태(兎子懷胎)'의 참뜻을 즉시 깨닫게 될 것이다. 옛사람(지문)의 뜻이 비록 언구(言句)상에 있지 않으나 (그) 대답 속에는 심오한 뜻이 있음을 어찌하겠는가. 그렇기에 설두는 말하길 "방함(蚌含)과 현토(玄兎)의 깊고 깊은 뜻이여"라고 했던 것이다. 여기(지문의 대답) 이르러서는 "일찍이 선 수행자들의 말싸움거리가 됐으니" 천하의 선 수행자들이 (본칙공안에 대하여) 이러쿵저러쿵 말들을 하고는 있지만 꿈속에서조차도 (지문의 참뜻을) 간파한 사람은 단 한 사람도 없다. 만일 지문과 설두의 경지에 동참하려고 한다면 반드시 스스로 깨닫지 않으면 안 된다.

【평창해설】

'언어와 분별심이 끊어진 텅 빈 이 결정체[一片虛凝絶謂情]'란 무엇인가. 우리 각자가 본래적으로 가지고 태어난 우리 자신의 본래 자리를 말한다. 우리가 만일 이 모든 타성과 관념에서 벗어날 수만 있다면 지금 이곳이 바로 명칭과 형상이 끊어진 그 본래 자리인 것이다. 이 본래 자리는 나 자신에게 있으므로 굳이 다른 사람에게 가서 찾거나 하늘에 올라가서 찾을 필요가 없다. 아니 우리는 언제나 이 본래 자리 안에서 살아가고 있지만 그러나 그 사실을 까맣게 모르고 있을 뿐이다. 문제는 자각(自覺)이다. 의식의 혼수상태에서 깨어나는 것이다. 여기 법안의 원성실성(圓成實性 = 본래 자리)에 관한 시와 영가의 증도가(證道歌) 한 구절, 그리고 용산의 시는 모두 이 본래 자리를 읊은 것이다. 용산의 시 가운데 '한 길 신령스러운 빛[一道神光]'이란 바로 이 '본래 자리[一片虛凝處 本覺般若]'를 말하는 것이다. 수보리(修菩提 = 空生)와 제석천신(帝釋天神)의 대화는 반야를 간파하는 데 아주 중요한 단서를 제공하고 있다.

진정한 반야는 '말할 수도 없고 들을 수도 없는 바로 그 자리'란 말은 너무나 고마운 가르침이다. 우리가 만일 이 대목에서 한 소식을 할 수만 있다면 본칙공안에서의 지문의 활구 '방함명월'과 '토자회태'를 꿰뚫기는 어렵지 않다. 지문의 이 활구의 참뜻은 문자풀이를 통해선 도저히 알 수가 없지만 그러나 이 속에는 심오한 뜻이 깃들어 있다는 이 사실을 잊어선 안 된다. 왜냐하면 지문의 이 활구 속에는 언어와 사고로는 접근할 수 없는 그 '본래 자리'가 송두리째 드러나 있기 때문이다.

　생각해 보라. 우리의 근원인 이 '본래 자리'가 그냥 팬티 한 조각 걸치지 않은 채 송두리째 드러나 버렸으니 이보다 더 심오한 말이 이 세상 어디에 또 있단 말인가. 이 말은 결코 과장이 아니다. 선 수행자들은 지문의 이 활구에 대해서 예로부터 많은 토론을 벌이고 있다. 그러나 지문 활구의 참뜻을 정확히 간파한 사람은 많지 않다. '많지 않다'는 이 말을 강조하기 위해서 평창에서 원오는 "꿈속에서조차 이를 간파한 사람은 단 한 사람도 없다〔未嘗有一人夢見在〕"라는 문구를 쓰고 있다.

佛果圜悟禪師碧巖錄 卷第十

第 91 則
鹽官犀牛扇子
염관의 무소 뿔 부채

【垂　　示】

　垂示云「超情離見하고 去縛解粘하야 提起向上宗乘하며 扶豎正法眼藏인댄 也須十方齊應하고 八面玲瓏이니라 直到恁麼田地하야는 且道還有同得同證, 同死同生底麼아 試擧看하라」

【수시번역】

　㉠ 분별심을 초월하고 집착에서 벗어나 선풍(禪風)을 드날리고 불법의 올바른 안목을 내세우려는가. (그렇다면) 이 모든 곳에 자유자재로 대응하며 몸과 마음이 모두 티끌 한 점 없이 맑아야만 한다.
　㉡ 이런 경지에 이르러서는 자, 일러 보라. 증득한 바가 같고 생사를 같이할 수 있는 사람이 있겠는가. 시험삼아 거론해 보자.

【수시해설】

두 마디로 되어 있다.

첫째 마디(㉠) : 분별심이 끊어진 그 본래 자리에서 펼치는 선지식의 전술전략을 말하고 있다.

둘째 마디(㉡) : 본칙공안의 주역 염관이야말로 그런 선지식의 본보기임을 강조하고 있다.

【本　　則】

〔本則〕擧 鹽官一日喚侍者하야 「與我將犀牛扇子來하라하니」(打葛藤不少로다 何似這箇오 好箇消息고) 侍者云「扇子破也니다」(可惜許, 好箇消息이라 道什麽오) 官云「扇子旣破댄 還我犀牛兒來하라」(漏逗不少로다 幽州猶自可나 最苦是新羅[1]라 和尙用犀牛兒作什麽오) 侍者無對라(果然是箇無孔鐵鎚라 可惜許로다) 投子云「不辭將出이나 恐頭角不全이로다」(似則似나 爭奈兩頭三面이리요 也是說道理라) 雪竇拈云「我要不全底頭角이로다」(堪作何用고 將錯就錯이로다) 石霜云「若還和尙인댄 卽無也라」(道什麽오 撞著鼻孔이로다) 雪竇拈云「犀牛兒猶在니라」(嶮, 泊乎錯認이라 收頭去로다) 資福은 畵一圓相하고 於中書一牛字라(草藁不勞拈出이로다 弄影漢이라) 雪竇拈云「適來爲什麽不將出고」(金鍮不辨이니 也是草裏漢이로다) 保福云「和尙年尊하니 別請人好니다」(僻地裏罵官人이라 辭辛道苦作什麽오) 雪竇拈云「可惜勞而無功이로다」(兼身在內니 也好與三十棒이로다 灼然)

---

1) 新羅(2字) = 崖州(福本).

【본칙번역】

염관(鹽官)이 하루는 시자를 불러 (이렇게) 말했다. "나를 위해서 무소 뿔로 만든 부채〔犀牛扇子〕를 가져오너라."

    말이 많군. 이것과 비교해서 어떤가. 멋진 소식이다.

시자가 말했다. "부채가 부서져 버렸습니다."

    애석하군. 멋진 소식이다. (지금) 뭐라고 했는가.

염관이 말했다. "부채가 부서졌으면 무소를 가져오너라."

    낭패가 많군. 유주(幽州, 北京)는 그런대로 견딜 만하다. 가장 고통스러운 것은 신라다. 화상은 (도대체) 무소를 가지고 뭘 할 작정인가.

시자는 아무 말이 없었다.

    과연 아무짝에도 쓸모없는 무용지물이군. 애석하다.

투자(投子)는 말했다. "불사장출 공두각부전(不辭將出 恐頭角不全, 가져올 순 있지만 뿔이 상할까 걱정됩니다)."

    비슷하긴 하나 좀 아리송한 걸 어쩌하겠는가. (이 말) 역시 이치적인 설명이다.

설두는 (투자의 말을) 평하여 (이렇게) 말했다. "난 완전하지 않은 뿔이 필요하다."

    뭣에 쓰겠는가. 실수를 역이용하고 있다.

석상(石霜)은 말했다. "약환화상즉무야(若還和尙卽無也, 만일 화상께 가져온다면 없을 것입니다)."

    뭐라 말했는가. 본래면목(本來面目, 본래자기)에 부딪혔다.

설두는 (석상의 말을) 평하여 (이렇게) 말했다. "무소가 아직 (여기) 있군."

    위험천만! 하마터면 잘못 알 뻔했다. 머리를 끌고 가라.

자복(資福)은 일원상(一圓相)을 그린 다음 그 속에 한 개의 '우(牛)'자를 썼다.

    초고(草稿)를 수고스럽게 들먹이지 마라. 폼만 재는 놈이로군.

설두는 (자복을) 평하여 (이렇게) 말했다. "아까 왜 진작 내놓지 않았는가."

　　황금과 구리를 구분 못한다. (설두) 또한 망상의 풀 속에서 (뒹굴고) 있는 놈이다.

보복(保福)은 말했다. "화상연존 별청인호(和尙年尊 別請人好, 화상께선 연세가 많아 (정신이 오락가락하시니) 저 이외의 다른 사람을 시자로 삼으십시오)."

　　시골 벽지에 가서 관리를 욕하고 있다. 고달프다고 하소연해서 어쩔 셈인가. 설두는 (보복을) 평하여 (이렇게) 말했다. "애석하군. 노력은 했는데 그 보람[功]이 없다."

　　이렇게 말하고 있는 설두, 자네도 또한 한통속이다. 설두, 자네에게 30봉을 먹이리라. 명백하다.

【본칙과 착어 해설】

◎ "나를 위해서 무소 뿔로 만든 부채[犀牛扇子]를 가져오너라." 　염관이 시자를 불러 한 말이다. '무소 뿔로 만든 부채'란 무소 뿔로 자루를 만든 부채를 말한다.

　△ 말이 많군. ~ 멋진 소식이다. 　시자의 수행력을 시험해 보려는 염관의 이 물음은 정말 멋지다. 왜냐하면 일상의 부채를 빌려서 본래 자리를 묻고 있기 때문이다. 그래서 원오는 그 특유의 반어법으로 "말이 많군" 하고 염관을 칭찬하고 있다. 그런 다음 '이것(지금 말하고 있는 바로 이것)과 염관이 찾고 있는 무소 뿔 부채는 같은가 다른가' 하고 우리에게 반문하고 있다.

　……그렇다. '이것'과 '무소 뿔 부채'는 다를 까닭이 없다.

◎ "부채가 부서져 버렸습니다." 　시자가 염관에게 대답한 말이다. 시자는 염관의 의중을 간파하지 못하고 그만 염관의 말에 떨어져 버리고

말았다. 그래서 곧이곧대로 '부채가 부서져 버렸다'고 대답하고 있다.

△ 애석하군. ~ 했는가.　　그러나 시자는 염관의 의중을 전혀 알아차리지 못하고 이렇게 대답했던 것이다. 화살을 쏘긴 쐈는데 그만 과녁을 빗나가 버리고 말았다. 그러나 시자가 만일 염관을 꿰뚫어 보고 이렇게 말한 것이라면 이건 정말 굉장한 대답이 아닐 수 없다. '부채가 부서져 버렸다'는 시자의 말 가운데 '부서져 버렸다'는 대목은 참으로 의미심장하다. 왜냐하면 바로 이 대목이 거의 과녁에 적중할 뻔했기 때문이다. 그러나 시자 자신이 이것을 모르고 있으니 정말 기가 찰 노릇이다.

◎ "부채가 부서졌으면 무소를 가져오너라."　　염관은 다시 한 번 시자에게 기회를 주고 있다. 시자가 만일 무소를 가져올 수만 있다면 수행 공부는 예서 끝난다.

△ 낭패가 ~ 뭘 할 작정인가.　　염관은 시자를 깨닫게 하기 위해서 점점 더 언어의 진창 속으로 들어오고 있다. 이것이 바로 염관이 낭패를 본 곳이다. '무소 뿔 부채를 가져오라'는 앞의 물음은 그래도 대답하기가 비교적 쉬웠다. 그러나 '무소를 가져오라'는 뒤의 물음은 그 의미가 깊어 대답이 쉽지 않다. 이를 원오는 다음과 같은 식으로 말하고 있다. "유주(幽州, 지금의 북경)는 그런대로 견딜 만하다(앞의 질문은 비교적 쉬웠다). 가장 고통스러운 것은 신라다(뒤의 물음은 정말 대답하기가 쉽지 않다)." 이 '본래 자리'에는 아무것도 없다. 그런데 염관은 무소를 찾아서 도대체 뭘 할 작정인가.

◎ 시자는 아무 말이 없었다.　　시자는 예서 그만 더 이상 염관을 방어할 힘이 없었다. 그래서 그만 말문이 꽉 막혀 버리고 만 것이다.

△ 과연 ~ 애석하다.　　과연 예상했던 대로 시자는 염관을 전혀 간파하지 못하고 있다. 그러므로 시자는 아무짝에도 쓸모가 없는 무쇠 덩어리에 불과하다. 염관이 '무소'를 찾았는데 시자는 자신이 무소 안에 있으면서 그것을 모르다니 참으로 애석한 일이 아닐 수 없다.

◎ "불사장출 공두각부전(不辭將出 恐頭角不全, 가져올 순 있지만 뿔이 상

할까 걱정됩니다)." 시자를 대신해서 투자가 염관에게 한 말이다. '무소'라고 말하는 그 순간 이미 언어의 굴레에 떨어져 버리고 만다. 그래서 '뿔이 상할까 걱정된다'고 말한 것이다. 그러나 벗이여, 투자의 이 말은 무소 그 자체를 송두리째 드러내 보인 투자 자신의 활구라는 사실을 결코 잊어선 안 된다.

△ 비슷하긴 하나 ~ 이치적인 설명이다. 투자의 말은 정말 멋지긴 하나 깔끔한 맛이 없다. 왜냐하면 '무소를 가져온다'느니 '뿔이 상할까 걱정된다'느니 잔말이 너무 많기 때문이다. 그리고 "그냥 단칼에 요절을 내지 않았기 때문에 투자 역시 이치적인 설명의 수준을 벗어나지 못했다"라는 원오의 이 말을 곧이곧대로 믿어선 안 된다. 왜냐하면 투자는 이치적인 설명의 형식으로 그 자신의 활구를 펼쳐 보이고 있기 때문이다.

◎ "난 완전하지 않은 뿔이 필요하다." 투자의 말에 대한 설두의 평이다. 설두는 지금 투자의 전술전략을 그대로 답습하고 있다.

△ 뭣에 쓰겠는가. 실수를 역이용하고 있다. '그런 완전하지 않은 뿔을 어디에 쓰겠는가'라고 원오는 설두를 꾸짖고 있다. 그런 다음 투자의 전술전략을 그대로 다시 집어 쓰고 있는 설두를 꿰뚫어 보고 있다.

◎ "약환화상즉무야(若還和尙卽無也, 만일 화상께 가져온다면 없을 것입니다)." 시자를 대신해서 석상이 염관에게 한 말이다. 투자가 방행(放行)의 입장을 취했다면 석상은 지금 철저하게 파주(把住)의 입장을 취하고 있다고 볼 수 있다. 염관이 찾고 있는 그 무소(본래 자리)는 이미 벌써 바닷속으로 들어가 그 흔적조차 찾아볼 수가 없다. 그러나 벗이여, 이 대목 역시 파주의 형식으로 펼쳐 보이고 있는 석상 자신의 활구라는 이 사실을 명심하기 바란다.

△ 뭐라 말했는가. ~ 부딪혔다. 원오는 석상의 말에 적극 찬동하고 있다. 그래서 '자네 지금 뭐라고 했는가'라고 반문하고 있는 것이다. 찾아보면 흔적도 없는 바로 그 자리가 '본래면목'이 아니겠는가라고 아는 순간 아, 아, 화살은 이미 신라를 지나가 버렸다[箭過新羅, 너무나 멀리 빗나

가 버렸다〕.

◎ "무소가 아직 (여기) 있군."　　석상의 말에 대한 설두의 평이다. 무소를 송두리째 드러내 보인 석상의 활구를 극찬하고 있다.

△ 위험천만! ~ 끌고 가라.　　무소가 두 눈을 부릅뜨고 있으니 가까이 가지 마라. 까딱 잘못했다간 아차 '여기 있군'의 '있다〔有〕'에 걸려들 판이다. 벗이여 보라. 무소는 어디에도 없다. 그러면서 동시에 이 누리 전체가 그냥 무소로 꽉 차 있다. 눈에 보이는 것이 무소요, 손에 걸리는 것이 무소다. 그러니 뭐 굳이 애써서 무소를 끌고 갈 필요도 없다.

◎ 자복(資福)은 일원상(一圓相)을 그린 다음 그 속에 한 개의 '우(牛)' 자를 썼다.　　자복은 지금 방행의 입장에 서서 그 자신의 무소를 드러내 보이고 있다. 이 역시 자복 자신의 활구다.

△ 초고(草稿)를 ~ 놈이로군.　　일원상(一圓相)은 자복 이전에 위앙종 계통에서 이미 사용하던 본래면목의 상징이다. 그러므로 이 일원상은 자복의 특허품이라고 볼 수가 없다. 남이 이미 써 놓은 초고를 자복은 지금 자신이 쓴 양 들먹이고 있는 꼴이다. 자복은 지금 음풍농월조로 그 자신의 활구를 드러내 보이고 있다.

◎ "아까 왜 진작 내놓지 않았는가."　　자복의 팬터마임에 대한 설두의 평이다. 설두는 이미 자복의 이 전술전략을 훤히 꿰뚫어 보고 있다.

△ 황금과 ~ (뒹굴고) 있는 놈이다.　　'설두는 지금 진짜(황금)와 가짜(구리)를 구분하지 못하고 있다'라고 원오는 반어적으로 설두를 칭찬하고 있다. 설두는 자복을 그냥 한 방망이 내리쳤어야 한다. 그러나 그렇질 않았기 때문에 원오는 설두를 몰아붙이고 있는 것이다.

◎ "화상연존 별청인호(和尚年尊 別請人好, 화상께선 연세가 많아 (정신이 오락가락하시니) 저 이외에 다른 사람을 시자로 삼으십시오)."　　시자를 대신하여 보복이 염관에게 한 말이다. "먼젓번엔 무소 뿔 부채를 찾으시더니 이번에는 무소를 찾으시니 왜 이렇게 말씀이 오락가락하십니까. 저로선 이런 노망기 있는 노인을 더 이상 시봉할 수 없으니 다른 사람을 찾아 시

자로 삼으십시오"라는 보복의 이 말은 아아, 이게 정말 기막힌 활구라는 이 사실을 누가 알 수 있겠는가. 무소 전체가 그냥 백일하에 드러나 버린 자리라는 이 사실을 누가 안단 말인가. 이처럼 무소 뿔 부채와 무소의 그림자도 없이 무소 전체를 내보이고 있다. 손가락 하나 까딱하지도 않고 그냥 상대방의 목을 날려 버리고 있다.

△ 시골 벽지에 ~ 어쩔 셈인가.   보복의 대답은 정말 엉뚱한 데가 있다. 왜냐하면 염관이 '무소'를 가져오라고 했는데 앞뒤 말이 한결같지 않다고 불평을 하고 있으니 말이다. 이것은 마치 관리에게 혼쭐이 나 놓고는 아무도 없는 시골 벽지에 가서 그 관리를 욕하는 격이다. "보복이여, 시자 노릇이 고달프다고 하소연해서 어쩔 셈인가"라고 원오는 보복을 나무라고 있다. 그러나 원오의 이 책망은 보복을 극찬한 반어적인 대목이다.

◎ "애석하군. 노력은 했는데 그 보람(功)이 없다."   보복의 말에 대한 설두의 평이다. '지금껏 애써서 시자 노릇을 해 놓고는 가겠다니 이제까지의 공로가 수포로 돌아가게 됐다'는 말이다. 그러나 이는 설두가 지금 보복의 전술전략을 이미 모두 꿰뚫어 봤다는 뜻이다.

△ 이렇게 말하고 있는 ~ 명백하다.   그러나 원오는 그런 설두마저 간파해 버렸다. 입 닥치라고 호통을 치고 있다. '설두 자넨 지금 분명히 언어의 함정에 빠져 있다'고 일할(一喝)을 하고 있다.

【評　　唱】

〔評唱〕鹽官一日喚侍者하야「與我將犀牛扇子來하라하니」 此事雖不在言句上이나 且要驗人平生意氣作略인댄 又須得如此藉言而顯이니라 於[2]臘月三十日에 著得力하야 作得主하면 萬境摐然이라도 睹之不動하리니 可謂無功之功이요 無力之力이라 鹽官은 酒齊安禪師라 古時

---
2) 於 = 於理(福本·蜀本).

에 以犀牛角爲扇이라 時鹽官이 豈不知犀牛扇子破리요 故問侍者하니 侍者云「扇子破也라하니」 看他古人하라 十二時中에 常在裏許하야 撞著磕著이라 鹽官云「扇子旣破댄 還我犀牛兒來하라하니」 且道他要犀牛兒作什麼오 也只要驗人知得落處也無니라 投子云「不辭將出이나 恐頭角不全이로다」 雪竇云「我要不全底頭角이라하니」 亦向句下便投機라 石霜云「若還和尙卽無也라」 雪竇云「犀牛兒猶在로다」 資福畫一圓相하고 於中書一牛字하니 爲他承嗣仰山할새 平生愛以境致接人하야 明此事라 雪竇云「適來爲什麼不將出고하니」 又穿他鼻孔了也라 保福云「和尙年尊, 別請人好라하니」 此語가 道得穩當이라 前三則語却易見이어니와 此一句語는 有遠意3)하니 雪竇亦打破了也라 山僧이 舊日在慶藏主處하야 理會道호대「和尙年尊老耄하야 得頭忘尾라 適來索扇子하고 如今索犀牛兒하니 難爲執侍라 故云別請人好라하니라」 雪竇云「可惜勞而無功이라하니」 此皆是下語格式이라 古人이 見徹此事하니 各各雖不同이나 道得出來하면 百發百中하야 須有出身之路하니 句句不失血脈이라 如今人은 問著하면 只管作道理計較하나니 所以로 十二時中에 要人咬嚼하고 敎滴水滴凍하야 求箇證悟處니라 看他雪竇頌一串하라 云

【평창번역】

염관이 하루는 시자를 불러 (이렇게) 말했다. "나를 위해서 무소 뿔로 만든 부채를 가져오너라." 이 일(본래자기를 찾는 일)은 비록 언구(言句)상에는 있지 않으나 일단 사람의 평생 의기(意氣, 굳건한 기상)와 그 전술전략(이 어떤가)을 시험해 보고자 한다면 또한 이처럼 언구를 통해서 밝혀야만 한다. (그리하여) 마지막 임종의 순간에 (생사를 해탈할 수 있는) 힘을

---

3) 遠意(2字) = 深遠處(福本).

얻어 주체적이 되면(생사의 파도에 휩쓸려 가지 않으면) 모든 경계가 일제히 일어나더라도 그것을 보면서 전혀 움직이지 않으리니(영향을 받지 않으리니) 이를 일러 '공이 없는 공〔無功之功〕'이요 '힘이 없는 힘〔無力之力〕'이라 한다.

염관은 제안(齊安) 선사를 말한다. 옛적에는 무소 뿔로 부채를 만들어 사용했다. 그 당시 염관이 어찌 무소 뿔로 만든 부채가 부서진 것을 몰랐겠는가. (염관은 시자의 안목을 시험해 보기 위하여) 고의로 시자에게 물었나니 시자는 (이렇게) 말했다. "부채가 부서져 버렸습니다."

저 옛사람(염관)을 보라. 하루 24시간 동안 언제나 본래자기 속에 머물면서 늘 본질적인 것에 연결되어 있었던 것이다. 염관은 말하길 "부채가 부서졌으면 무소를 가져오너라"라고 했으니 자, 일러 보라. 저(염관)는 왜 무소를 필요로 하고 있는가. (이는) 사람(시자)이 문제의 핵심을 알고 있는지 모르는지를 시험해 보기 위해서였던 것이다.

투자가 말했다. "불사장출 공두각부전(不辭將出 恐頭角不全, 가져올 순 있지만 뿔이 상할까 걱정됩니다)."

설두는 (투자의 이 말을 평하여 이렇게) 말했다. "난 완전하지 않은 뿔이 필요하다." (이처럼 설두는) 또한 (투자의) 말을 듣자마자 즉시 그 의도를 간파해 버렸던 것이다.

석상이 말했다. "약환화상즉무야(若還和尙卽無也, 만일 화상께 가져온다면 없을 것입니다)."

설두는 (석상의 이 말을 평하여 이렇게) 말했다. "무소가 아직 (여기) 있군."

자복은 일원상(一圓相)을 그린 다음 그 속에 한 개의 '우(牛)'자를 썼다. 저(자복)는 앙산의 법(法)을 이었으므로 평생 동안 구체적인 어떤 사물을 제시해서 사람을 지도하여 이 일(본래자기를 찾는 일)을 밝히길 즐겨했다.

설두는 (자복의 이 말을 평하여 이렇게) 말했다. "아까 왜 진작 내놓지 않앉는가."(이처럼 설두는) 저(자복)의 콧구멍을 꿰뚫어 버렸던 것이다(자복을 간파해 버렸던 것이다).

보복이 말했다. "화상연존 별청인호(和尙年尊 別請人好; 화상께선 연세가 많아 (정신이 오락가락하시니) 저 이외에 다른 사람을 시자로 삼으십시오)."

(보복의) 이 말이 가장 확실한 대답이다. 앞의 세 사람 말은 (그 뜻을) 알기가 쉽지만 (그러나 보복의) 이 한 구절 속에는 심오한 뜻이 (내포되어) 있다. 그러나 설두는 (보복의 이 한 구절마저) 간파해 버리고 말았다.

산승(원오)이 옛적 경장주(慶藏主)의 문하에 있을 때 (본칙공안을 다음과 같이) 이치로 해석한 일이 있었다. "화상께선 연로하셔서 처음 말만 알고 끝말을 잊으셨습니다. 먼젓번에는 '무소 뿔로 만든 부채를' 찾으시더니 지금은 '무소'를 찾으시는군요. 전 더 이상 (화상을) 모실 수가 없습니다. 이렇기 때문에 (보복은) '저 이외의 다른 사람을 시자로 삼으라〔別請人好〕'고 말했던 것이다."

설두는 (보복의 이 말을 평하여 이렇게) 말했다. "애석하군. 노력은 했는데 그 보람〔功〕이 없다." (그러나 설두의) 이런 식 말투는 이 모두가 촌평을 붙이는 격식인 것이다. (이처럼) 옛사람들은 이 일을 철저하게 깨달았던 것이다. 그러므로 각자가 그 입장은 다르나 말을 하게 되면 백발백중이어서 반드시 이 모든 속박에서 벗어났었나니 그 한 마디 한 마디가 혈맥(조화와 품격)을 상실하지 않았다. (그러나) 지금 사람들에게 (이를) 물을라치면 오직 이치로만 따지고 있다. 그러므로 (설두는) 하루 24시간 가운데 사람들이 (본칙공안에 나오는 위의 말들을) 참구하여 조금도 틈이 없이 치밀해져서 (마침내는) 깨달음을 향해 나아가길 원했던 것이다. 보라. 저 설두가 (이 네 사람을) 한데 묶어 송(頌)하고 있는 것을······.

【평창해설】

　앞서도 말했듯이 염관이 시자에게 무소 뿔 부채를 가져오라고 한 것은 시자의 수행력을 가늠해 보기 위해서였다. 그러나 시자는 염관의 의중을 전혀 알아차리지 못하고 '부채가 부서져 버렸다'고 대답했다. 그러자 염관은 '그럼 무소를 가져오라'고 했다. 시자는 그제서야 염관의 의도를 알아차렸다. 그러나 자신의 수행력으로는 염관의 이 기습 공격을 막아낼 힘이 없었다. 그래서 그만 꿀 먹은 벙어리 되어 버리고 말았던 것이다. 염관은 더 이상 시자를 다그치지 않고 그만둬 버렸다. 본칙공안은 이것으로 싱겁게 끝나 버리고 말았다. 그런데 그후 투자, 석상, 자복, 보복 이 네 사람이 시자를 대신해서 각각 염관에게 한 마디씩을 일렀다. 즉 투자는 능청스럽게 우회적인 공격을 펼쳤고 석상은 대담하게 정면 돌파를 시도하고 있다. 이에 대하여 자복은 음풍농월조로 공격을 폈으며 보복은 전혀 흔적을 남기지 않고 기습적으로 공격을 하고 있다. 그러나 설두는 이 네 사람의 전술전략을 모조리 간파, 이 네 사람의 말 뒤에 각각 촌평을 붙이고 있다. 이 네 사람 가운데 앞의 세 사람(투자, 석상, 자복)은 비교적 그 전술전략을 알기가 쉽다. 왜냐하면 공격 방향이 분명하게 드러나고 있기 때문이다. 그러나 보복만은 예외다. 보복은 전혀 그 자신을 드러내지 않고 그야말로 번개 같은 기습 공격을 펼치고 있다. 그래서 원오는 평창에서 보복을 일러 "심오한 뜻을 내포하고 있다〔有遠意〕"고 칭찬하고 있다. 그러나 이 네 사람은 제각각 염관이 찾고 있는 무소(본래면목)를 분명하게 드러내 보였던 것이다. 그러나 지금 사람들은 무소를 물을라치면 그만 문자풀이나 이치적으로 설명하기에 급급해하고 있다. 그것은 그 자신이 무소를 직접 체험해 본 일이 전혀 없기 때문이다. 자신의 돈은 단 한푼도 없이 결국 일생동안 남의 돈만을 셌기 때문이다.

【頌】

〔頌〕犀牛扇子用多時어늘(遇夏則涼이요 遇冬則暖이니 人人具足이라 爲甚不知오 阿誰不曾用이리오) 問著元來總不知로다(知則知나 會則不會라 莫瞞人好하라 也怪別人不得이니라) 無限淸風與頭角이나(在什麼處오 不向自己上會거니 向什麼處會오 天上天下라 頭角重生, 是什麼오 無風起浪[4]이로다) 盡同雲雨去難追라(蒼天, 蒼天, 也是失錢遭罪로다) 雪竇復云「若要淸風再復하야 頭角重生이면(人人有箇犀牛扇子라 十二時中全得他力이거니 因什麼問著總不知[5]오 還道得麼아) 請禪客하노니 各下一轉語하라(鹽官猶在라 三轉了也[6]로다) 問云「扇子旣破, 還我犀牛兒來하라」(也有一箇半箇로다 咄, 也好推倒禪床하라) 時有僧出云「大衆, 參堂去하라」(賊過後張弓이라 被奪卻槍이로다 前不搆村이요 後不迭店이라) 雪竇喝云「抛鉤釣鯤鯨터니 釣得箇蝦蟆라하고」便下座하다(招得他恁麼地니 賊過後張弓이로다 佛果自徵此語云「又直[7]問你諸人하노니 這僧道大衆參堂去가 是會不會아 若是不會댄 爭解恁麼道오 若道會댄 時雪竇又道 抛鉤釣鯤鯨, 只釣得箇蝦蟆라하고 便下座하니 且道誵訛在什麼處오 試請參詳看하라」)

【송번역】

무소 뿔 부채를 늘상 쓰면서도
　여름에는 시원하고 겨울엔 따뜻하다. 사람마다 가지고 있는데 왜 모르는가. 누가 (이 부채를) 사용하지 못하겠는가.

---

4) 頭角 ~ 起浪(11字) = 唯我獨尊(福本).
5) 人人 ~ 不知(24字) 없음(福本). (← 此下著語二十四字 評中語 誤入于此 今從福本削(種電鈔).
6) 鹽官 ~ 了也(8字) = 還道得三轉了 鹽官猶在(福本).
7) 佛果 ~ 又直(9字) = 又且(福本). (← 自此以下 六十九字(佛果 ~ 詳看) 多是評中 故今削之(種電鈔).

물어보면 모두들 알지 못하네

알긴 알았지만 정확히 간파하지는 못했다. 사람을 속이지 마라. 또한 다른 사람을 괴이하게 생각지 마라.

무한한 청풍과 뿔이여

어디 있는가. 자신 속에서 알지 못하고 어느 곳에서 알려 하는가. 절대적인 존재다. 뿔이 거듭 솟아나니 이게 무엇인가. 바람 없는데 물결이 인다.

모두들 구름과 비 같아서 뒤쫓기가 어렵네

아이고 아이고. 또한 돈 잃고 쇠고랑을 차는 격이다.

설두는 다시 (대중들에게) 말했다.

"청풍이 다시 불어 뿔을 거듭 솟아나게 하려거든

사람마다 제각각 무소 뿔 부채가 있어 하루 24시간 내내 전적으로 이것의 힘을 빌려 쓰고 있으면서도 물어보면 왜 모두들 모르는가. (한 마디) 말해 볼 수 있겠는가.

선객들에게 청하노니 각각 한 마디씩 일러 보라."

염관이 아직도 (여기) 있다. 세 번에 걸쳐 언급했다.

(설두는) 물었다. "부채가 부서졌으면 무소를 가져오너라."

또한 여기 한 개의 반개(절반) 정도는 있다. 쯧쯧, 선상을 그냥 뒤집어 버렸어야 한다.

(그때) 어떤 승이 (대중 속에서 앞으로) 나오며 말했다.

"대중참당거(大衆參堂去, 법문이 끝났으니 여러분은 이제 그만 돌아가시오)."

도적이 지나간 다음에 활을 당기고 있다. (이 승에게) 창을 뺏겼군. 진퇴양난(의 지경)에 처했다.

설두는 할(喝)을 하며 말했다.

"포구약곤경 약득개하마(抛鉤釣鯤鯨 釣得箇蝦蟆, 고래를 잡으려고 낚시를 던졌는데 고작 새우가 낚였구나)." (이렇게 말한 다음 설두는) 즉시 선상을 내려가 버렸다.

저(설두)로 하여금 이런 식으로 말하도록 했으니 도적이 지나간 다음에 화살을 당기는 꼴이 되었다. 원오는 스스로가 이 말(의 뜻)을 분명히 밝히기 위하여 (이렇게) 말했다. "여러분에게 묻노니 이 승이 '대중참당거'라고 말한 것이 (그 참뜻을) 안 것인가, 알지 못한 것인가. 만일 몰랐다면 어찌 이런 식으로 말할 수 있겠는가. (그러나) 만일 알았다면 그 당시 설두는 (왜) 또 (다음과 같이) 말하고는 선상을 내려갔는가. '포구약곤경 지약득개하마.' 자, 일러 보라. 잘못이 어디에 있는가. 시험삼아 청하노니 참구하여 자세히 살펴보라."

【송과 착어 해설】

◎ **무소 뿔 부채를 늘상 쓰면서도**　우린 누구나 본래면목 속에서 살아가고 있다. 아니, 나 자신이 그대로 본래면목이다. 그러면서도 우린 지금 본래면목으로서의 나를 찾고 있으니 이 얼마나 기막힌 일인가. 여기 무소 뿔 부채는 '본래면목'을 말한다.

△ **여름에는 ~ 못하겠는가.**　우린 언제나 이 본래면목 속에서 그 장소, 그 상황에 가장 알맞게 잘 살아가고 있다. 보라, 내뿜고 마시는 이 호흡이, 이 심장의 맥박이, 이 체온이 바로 본래면목의 굽이침 아니겠는가. 그런데 벗이여, 왜 이를 깨닫지 못하고 있는가.

◎ **물어보면 모두들 알지 못하네**　그러나 막상 '어떤 것이 그대 자신의 본래면목이냐'고 물을라치면 앞이 캄캄해져 버린다. 왜냐하면 번뇌망상과 분별심의 구름이 앞을 가려 버리기 때문이다.

△ **알긴 알았지만 ~ 괴이하게 생각지 마라.**　머리로는 막연하게 이해하고 있지만 그러나 이 본래면목에 대한 확실한 체험이 전혀 없기 때문에 힘을 쓰지 못하고 있다. 이처럼 머리로 아는 것과 가슴으로 하는 체험은 엄청난 차이가 있다. 그러나 본질적인 입장에서 본다면 이 본래면목의 경지는 알고 모르고를 초월해 있다. 그러므로 "'안다' 느니 '모른다' 느니

이런 식의 말로 사람을 기만하지 마라"고 원오는 설두를 한 방 먹이고 있다. "사람들을 괴이하게 생각지 마라(얕잡아보지 마라)"고 설두를 꾸짖고 있다.

◎ **무한한 청풍과 뿔이여**　본래면목으로서의 이 무소 뿔 부채는 처음의 시발점도 없고 끝의 종결점도 없다. 그냥 이대로 영원불멸한 것이 저 티끌 한 점 없는 청풍과도 같다.

△ **어디 있는가. ~ 이게 무엇인가.**　본래면목, 그 자리에는 '본래면목'이란 이 말조차도 접근할 수 없는데 무슨 '청풍'이며 또 무슨 '뿔'이란 말인가. 벗이여, 지금 여기 그대 자신 속에서 이것을 찾아라. 보라, 이 천지가 온통 이것뿐이다. 설두는 지금 염관의 활구를 참 멋지게 읊고 있다. 염관의 활구는 설두의 송을 통해서 더욱 새로워지고 있다. 벗이여, 염관의 이 활구(무소 뿔 부채)를 남의 것으로 여기지 마라. 바로 그대 자신의 것으로 간파하라.

△ **바람 없는데 물결이 인다.**　그러나 설두는 언어의 접근이 불가능한 곳에 언어를 들이대고 있으니 이것이 바로 바람 없는데 물결이 이는 게 아니겠는가.

◎ **모두들 구름과 비 같아서 뒤쫓기가 어렵네**　이 본래면목에 대한 네 사람(투자, 석상, 자복, 보복)의 응답은 전혀 관념의 흔적을 남기지 않고 있다. 그것은 마치 구름과 비 같아서 일상의 차원에 있는 우리로서는 도저히 따라잡을 수가 없다.

△ **아이고 아이고.**　그 속에서 살아가고 있으면서도 그것을 모르고 있는 우리 자신이 얼마나 한심한가. 아이고 아이고, 가슴을 치며 통곡이라도 해야 할 판이다.

△ **또한 돈 잃고 ~ 차는 격이다.**　당나라 때는 돈을 잃으면 오히려 돈 잃은 사람이 형벌을 받았다고 한다. 언어의 접근이 불가능한데 그럼에도 불구하고 설두는 애써서 송을 읊어 대고 있으니 이것은 마치 돈 잃고 그 형벌로 쇠고랑을 차는 격이다.

◎ "청풍이 다시 불어 뿔을 거듭 솟아나게 하려거든/ 선객들에게 청하노니 각각 한 마디씩 일러 보라."   설두가 그 당시 자신의 법문을 듣던 대중들에게 한 말이다. '자, 여러분. 한 마디씩 일러 자신의 본래면목을 드러내 보시지요' 라는 뜻이다.

△ 사람마다 ~ 말해 볼 수 있겠는가.   그(본래면목) 속에서 밥 먹고 잠자면서도 그것을 물을라치면 캄캄해져 버리니 그 이유가 도대체 무엇인가. ……너무 멀리 가 있기 때문이다. 우리의 시선이 너무 밖으로만 밖으로만 치닫고 있기 때문이다.

△ 염관이 ~ 언급했다.   설두의 이 반문을 통해서 염관의 활구는 다시 되살아나고 있다. 이 무소 뿔 부채에 대하여 첫 번째로 염관이 언급했고 두 번째로 설두가 송에서 언급했고 세 번째로 원오가 송의 착어에서 언급했기 때문에 "세 번에 걸쳐 언급했다"라고 말한 것이다.

◎ "부채가 부서졌으면 무소를 가져오너라."   첫 번째 물음에서 대답하는 사람이 없자 설두는 재차 대중들에게 되묻고 있다. '그럼 무소라도 가져오라' 고.

△ 또한 여기 ~ 뒤집어 버렸어야 한다.   '나 원오는 설두 자네의 의중을 간파했다' 라는 이 말을 '여기 한 개의 반개 정도는 있다' 는 식으로 표현하고 있다. 원오가 혀를 차며 '그냥 선상을 뒤집어 버렸어야 한다' 고 말한 것은 파주의 극치에 선 원오 자신의 무소(활구)를 드러내 보이고 있는 대목이다.

◎ "대중참당거(大衆參堂去, 법문이 끝났으니 여러분은 이제 그만 돌아가시오)."   어떤 승이 대중 속에서 설두 앞으로 걸어나오며 한 말이다. 말하자면 설두가 요구한 무소(본래면목)를 그 자신의 방법으로 송두리째 드러내 보이는 순간이다.

△ 도적이 ~ 지경)에 처했다.   그러나 이 승은 너무 늦었다. 설두의 첫 번째 물음에서 이렇게 나왔어야 한다. 법문이 모두 끝난 다음 설두가 대중들을 향해 해야 할 말을 이 승이 자신의 활구로 가로채어 말해 버렸으

니 설두가 이 승에게 창을 뺏겨 버린 꼴이 되고 말았다. 자, 이 진퇴양난의 형국을 설두는 어떻게 헤쳐 나갈 것인가.

◎ 설두는 할(喝)을 하며 말했다. "포구약곤경 약득개하마(抛鉤釣鯤鯨 釣得箇蝦蟆, 고래를 잡으려고 낚시를 던졌는데 고작 새우가 낚였구나)." (이렇게 말한 다음 설두는) 즉시 선상을 내려가 버렸다.   이 승에게 주도권을 뺏겨 버린 설두는 그 즉시 제갈공명의 둔갑술로 연막탄을 터트려 버렸다. 그런 다음 아무도 모르게 그 자리를 빠져나가 버렸다. 산전수전 공중전까지 모두 겪은 백전백승의 노장이 아니면 이런 전술전략은 쓸 수가 없다.

△ 저(설두)로 하여금 ~ 참구하여 자세히 살펴보라."   이 승이 만일 설두의 의중을 간파하지 못했다면 어찌 '참당거'라고 말할 수 있었겠는가. 그런데 설두는 또 왜 이 승을 깎아내리는 투로 마무리를 짓고 있는가. 이 문제의 핵심이 도대체 어디에 있는가. 벗이여, 이를 분명히 간파하지 못하면 오늘밤 잠은 압수다.

【評　　唱】

〔評唱〕「犀牛扇子用多時어늘 問著元來總不知라하니」 人人有箇犀牛扇子하야 十二時中에 全得他力이어늘 爲什麼問著總不知去著[8]고 侍者, 投子, 乃至保福이 亦總不知라 且道雪竇還知麼아 不見無著이 訪文殊하니 喫茶次에 文殊擧起玻璃盞子云「南方還有這箇麼아」 著云「無니다」 殊云「尋常用什麼喫茶오」 著이 無語라 若知得這箇公案落處하면 便知得犀牛扇子有無限淸風하며 亦見犀牛頭角峥嶸하리라 四箇老漢恁麼道가 如朝雲暮雨하야 一去難追라 雪竇復云「若要淸風再復하야 頭角重生하면 請禪客各下一轉語하라하고」 問云「扇子旣破댄 還我犀牛兒來하라하니라」 時有一禪客이 出云「大衆, 參堂去하라

---

8) 去著(2字) 없음(福本).

하니」這僧이 奪得主家權柄이라 道得也煞道나 只道得八成이라 若要十成인댄 便與掀倒禪床이니라 你且道這僧會犀牛兒아 不會아 若不會댄 卻解恁麼道하며 若會댄 雪竇因何不肯伊오 爲什麼道호대 抛鉤釣鯤鯨터니 只釣得箇蝦蟆라하는고 且道畢竟作麼生고 諸人無事에 試拈掇看하라

【평창번역】

"무소 뿔 부채를 늘상 쓰면서도/ 물어보면 모두들 알지 못한다"고 했다. 사람마다 이 무소 뿔 부채가 있어 하루 24시간을 전적으로 그 힘을 빌려 쓰고 있으면서도 왜 물어보면 모두들 문제의 핵심을 모르는 것일까. 시자, 투자 그리고 보복이 모두들 (이 무소 뿔 부채를) 몰랐다. (그렇다면) 자, 일러 보라. 설두는 알았단 말인가.

무착(無著)이 문수(文殊)를 찾아갔다. 차를 마시는데 문수가 유리 찻잔을 들면서 말했다. "남방환유자개마(南方還有這箇麼, 남방에도 이런 것이 있는가)."

무착이 말했다. "없습니다."

문수가 말했다. "그럼 보통 때 무엇으로 차를 마시는가."

무착은 아무 말을 못 했다.

만일 이 공안의 핵심을 간파한다면 그 즉시 무소 뿔 부채에 무한한 청풍이 (불고) 있다는 것을 깨달을 것이며 또한 무소 뿔이 드높이 치솟는 것을 보게 될 것이다. 네 어르신네(투자, 석상, 자복, 보복)의 이런 식 말씀이 마치 아침 구름과 저녁 비 같아서 한번 가면 (다신) 뒤쫓아가기가 어렵다. 설두는 다시 (이렇게) 말했다. "만일 청풍이 다시 불어 뿔을 거듭 솟아나게 하려거든 선객들에게 청하노니 각각 한 마디씩 일러 보라." (설두는) 물었다. "부채가 부서졌으면 무소를 가져오너라." (그때) 어떤 승이 (대중 속에서 앞으로) 나오며 "대중참당거(大衆參堂去, 법문이 끝났으니 여러분은

이제 그만 돌아가시오)"라 했으니 이 승이 (되려) 주인의 칼자루를 빼앗은 꼴이 됐다. 말은 멋졌으나 완전한 대답이라고는 볼 수 없다. 만일 완벽한 대답을 원한다면 즉시 선상을 뒤엎어 버렸어야만 한다. 그대들은 자, 일러 보라. 이 승이 (과연) 무소를 알았는가, 알지 못했는가. 만일 알지 못했다면 어찌 이런 식으로 말할 줄 알았겠는가. (그러나) 만일 알았다면 (설두는) 무엇 때문에 (다음과 같이) 말했는가. "포구약곤경 지약득개하마(抛鉤釣鯤鯨 只釣得箇蝦蟆, 고래를 잡으려고 낚시를 던졌는데 고작 새우가 낚였구나)." 자, 일러 보라. 필경 (이게) 무슨 뜻인가. 일이 없을 때 여러분은 이 문제를 (한번) 거론해 보라.

【평창해설】

"시자, 투자 그리고 보복이 모두들 (이 무소 뿔 부채를) 몰랐다. (그렇다면) 자, 일러 보라. 설두는 알았단 말인가"라는 이 말뜻은 무엇인가. '알았다'는 분별심의 차원으로 떨어져 버리는 그 순간 무소 뿔 부채(본래면목)와는 너무 멀어져 버린다. '알았다'는 이 분별심이 완전히 없어져 버린 바로 그 자리가 무소 뿔 부채의 자리다. 그래서 이런 식(몰랐다)의 표현을 한 것이다.

본칙공안과 그 구조가 비슷한 '무착과 문수의 공안'을 소개하고 있다. 이 가운데 '이런 것(這箇)'은 본칙공안의 '무소 뿔 부채'와 그 뜻이 같다. 즉 '이런 것'이나 '무소 뿔 부채'는 모두 본래면목을 상징하는 말이다. 그러므로 '무착과 문수의 공안'에서 '이런 것'을 간파하게 되면 본칙공안의 '무소 뿔 부채'와 '무소'를 모두 간파할 수가 있다.

자신의 송이 끝난 다음 설두는 그 자리에 모인 청중들을 향해 이렇게 말했다. "부채가 부서졌으면 무소를 가져오너라." 그때 어떤 승이 앞으로 나오며 "대중참당거(大衆參堂去)"라고 말했는데 이것은 말하자면 이 승의 방식으로 무소(활구)를 드러내 보인 것이다. 그런데 이 승은 아주 심술

굿은 데가 있다. 왜냐하면 법문이 끝난 다음 설두가 해야 할 말을 자신의 활구로 낚아채어 사용하고 있기 때문이다. 이렇게 하여 설두는 이 승에게 그만 칼자루를 뺏겨 버리고 말았다. 그러나 이것으론 아직 부족하다. 왜냐하면 이 승은 파주가 아닌 방행의 입장을 취했기 때문이다. 그냥 다짜고짜로 설두의 선상을 뒤엎어 버렸더라면 정말 멋진 한판이 됐을 텐데……. 그건 그렇고 이 승은 정말로 무소를 알았는가, 알지 못했는가. 만일 그가 무소를 알지 못했다면 어떻게 감히 이런 식의 말(대중참당거)을 할 수 있었겠는가. 그러나 만일 그가 진짜로 무소를 알았다면 설두는 왜 그를 인정치 않았는가. 그를 깎아내리는 식의 말로 마무리를 했는가. 이게 도대체 어찌된 일인가. 이 승과 설두는 제각각 전혀 엉뚱한 변장술을 쓰고 있다는 것을 벗이여 알겠는가. 자, 그렇다면 이 두 사람이 변장술을 쓴 곳이 어디인가.

第 92 則
世尊一日陞座
세존이 어느 날 법상에 오르다

【垂　示】

垂示云「動絃別曲은 千載難逢이요 見兎放鷹은 一時取俊이라 總一切語言爲一句하고 攝大千沙界爲一塵이라 同死同生하고 七穿八穴하니 還有證據者麽아 試擧看하라」

【수시번역】

㉠ 지음인(知音人)은 천 년이 되어도 만나기 어렵고 기회를 포착하여 거기 적절하게 대응하는 것은 (주객이) 일시에 대단한 역량의 소유자라야만 가능하다.
㉡ 모든 언어를 모아 한 구절로 압축하고 온 우주를 포섭하여 한 티끌로 만든다.
㉢ 생사를 같이하고 자유자재하나니
㉣ (이를) 확인할 자가 있는가. 시험삼아 거론해 보자.

【수시해설】

네 마디로 되어 있다.

첫째 마디(㉠) : 서로 그 경지를 공감할 수 있는 사람[知音人]을 만나기란 정말 쉽지 않다는 것을 강조하고 있다.

둘째 마디(㉡) : 선지식(여기선 부처)의 자유자재한 전술전략을 말하고 있다.

셋째 마디(㉢) : 수행자(여기선 문수)의 자유자재한 대응에 대한 언급이다.

넷째 마디(㉣) : 선지식의 자유자재한 전술전략과 수행자의 능숙한 대응은 본칙공안이 그 좋은 본보기임을 말하고 있다.

【本　則】

〔本則〕擧　世尊一日陞座하니(賓主俱失이니　不是一回漏逗라)　文殊白槌云「諦觀法王法하라　法王法如是니라」(一子親得이로다)　世尊便下座하다(愁人莫向愁人說하라　說向愁人愁殺人이라　打鼓弄琵琶하며　相逢兩會家로다)

【본칙번역】

세존(世尊, 부처)이 하루는 (설법을 하기 위해서) 자리에 오르자

　　주객이 모두 (안목을) 잃었군. 이번 한 번만 잘못된 게 아니다.

문수가 백추(白槌)를 치면서 말했다. "법왕(法王)의 법(法, 진리의 말씀)을 자세히 관찰하라. 법왕의 법은 이와 같다."

　　아들만이 아버지의 뜻을 알고 있다.

세존은 즉시 자리에서 내려가 버렸다.

수심(愁心) 어린 사람은 수심 있는 사람에게 (수심거리를) 말하지 마라. 수심 있는 사람에게 (수심거리를) 말하게 되면 더욱 수심에 차게 된다. 북을 치고 비파를 타며 두 고수(高手)가 서로 만나고 있다.

【본칙과 착어 해설】

◎ 세존(世尊, 부처)이 하루는 (설법을 하기 위해서) 자리에 오르자   본래 그 자리에는 주객의 구분마저 없는데 여기 설법을 하는 자와 그것을 듣는 청중이 있는 것은 웬일인가. 부처는 지금 사족을 붙이려 하고 있다. 긁어 부스럼을 내려 하고 있다.

△ 주객이 모두 ~ 잘못된 게 아니다.   설법을 하는 그 순간 설법하는 부처와 그것을 듣는 청중은 모두 주객의 이원적인 차원으로 떨어져 버리고 만다. 부처는 평생 동안(깨달음을 얻은 후 열반할 때까지 49년 동안) 360여 회에 걸쳐 설법을 했으니 이번만 실수를 저지른 게 아니다. 이미 360여 회의 실수를 저질렀던 것이다.

◎ 문수가 백추(白槌, 설법 때 치는 나무판)를 치면서 말했다. "법왕의 법(法, 진리의 말씀)을 자세히 관찰하라. 법왕의 법은 이와 같다."   부처가 설법 자리에 오르는 그 순간 문수보살은 이미 부처의 전술전략을 간파해 버리고 말았다. 설법 자리에 오르는 이 행위 자체가 무진법문(無盡法門)이 아니겠는가. 그러나 더 높은 차원에서 본다면 설법 자리에 오르는 그 순간 그 본래 자리는 그만 산산조각 부서져 버리고 만다. 그러나 문수보살은 한 차원 내려와서 일단은 긍정적인 입장에서 부처를 치켜올리고 있다. '이 침묵의 설법을 여러분은 잘 관찰하라'고 말하고 있다.

△ 아들만이 ~ 알고 있다.   그 많은 청중들 가운데 오직 문수(아들) 한 사람만이 부처(아버지)의 의중을 알아차렸다.

◎ 세존은 즉시 자리에서 내려가 버렸다.   과연 부처는 단 한 마디 말씀도 없이 그대로 설법의 자리에서 내려가 버렸다. 이렇게 하여 부처의 설

법은 침묵에서 시작되어 침묵으로 끝나 버리고 말았다.

　△ 수심(愁心) 어린 ~ 수심에 차게 된다.　　원오 역시 문수보살처럼 부처의 침묵 설법을 정확히 간파하고 있다. 그래서 이토록 간절한 착어를 내리고 있다.

　△ 북을 치고 ~ 서로 만나고 있다.　　여기서의 두 고수(高手)란 부처와 문수보살이다. 자유자재하게 전술전략을 펴고 있는 선지식과 여기 능숙하게 대응하고 있는 수행자가 지금 멋지게 만남을 갖고 있다. 그것은 마치 어느 화창한 봄날 북을 치고 비파를 뜯으며 두 사람의 고수가 서로 만나는 것과도 같다.

【評　　唱】

〔評唱〕世尊未拈花已前에 早有這箇消息하니 始從鹿野苑으로 終至拔提河히　幾曾用著金剛王寶劍가　當時衆中에　若有衲僧氣息底漢하야 綽得去댄 免得他末後拈花, 一場狼藉하리라 世尊良久間에 被文殊一拶하야 便下座하니 那時에 也有這箇消息가 釋迦掩室과 淨名杜口가 皆似此這箇하야 則已說了也라 如肅宗問忠國師造無縫塔話하며 又如外道問佛, 不問有言, 不問無言之語하니 看佗向上人行履하라 幾曾入鬼窟裏作活計아 有者道호대「意在默然處라하며」有者道호대「在良久處라하고」有言明無言底事요 無言明有言底事라하나니라 永嘉道호대「默時說, 說時默이라하니」總恁麽會댄 三生六十劫이라도 也未夢見在라 你若便直下承當得去하면 更不見有凡有聖하리라 是法平等, 無有高下하야 日日與三世諸佛로 把手共行하리라 後面에 看雪竇自然見得頌出하라

【평창번역】

　세존이 (영산회상에서) 염화미소를 하기 이전에 일찍이 이 소식이 있었나니 처음 녹야원(鹿野苑, 사르나드)에서부터 마지막 발제하(拔提河, 쿠시나가르)에 이르기까지 몇 번이나 금강왕보검(金剛王寶劍, 지혜의 검)을 쓴 일이 있는가. 그 당시 대중 가운데 만일 수행자다운 기상을 가진 사람이 있어서 단도직입적으로 나왔더라면 저(세존)가 (법화경을 설한) 뒤에 꽃을 들어 보인(염화미소) 이 엉망진창인 한 장면을 면할 수 있었을 것이다. 세존이 잠자코 있다가[良久間] 문수에게 한 방망이 얻어맞고 (설법의) 자리에서 내려왔으니 어느 때 또한 이런 소식이 있었는가. 부처가 깨달음을 얻은 직후 묵묵히 앉아 있었던 일[釋迦掩室]과 유마 거사가 (不二法門을 묻자) 잠자코 있던 일[淨名杜口]이 모두가 이것[這箇, 良久]과 비슷하며 (말할 수 없는 소식을) 이미 다 말해 버린 것이다. 숙종 황제가 충국사에게 무봉탑(無縫塔)을 만들어 드린다는 이야기('제18칙'에서 충국사가 잠자코 있은 곳[良久])와도 같으며 또한 외도가 부처에게 물은 "'유언(有言)'으로도 묻지 않고 '무언(無言, 침묵)'으로도 묻지 않는다"는 말('제65칙'에서 부처가 잠자코 있은 곳[良久])과도 같나니 저 깨달음마저 초월한 사람의 모습을 보라. 번뇌망상을 피운 일이 있는가. 어떤 이는 말하길 "그 뜻이 침묵한 곳[默然處]에 있다"고 하며 (또) 어떤 이는 말하길 "잠자코 있는 곳[良久處]에 있다"고 하면서 '유언(有言, 언어)'으로 '무언의 일(침묵)'을 밝혔고 '무언(無言)'으로 '유언의 일'을 밝힌 것이라고 말한다. (그리고 또 말하길) "영가 대사는 '묵시설 설시묵(默時說 說時默, 침묵할 때가 말이요, 말할 때가 침묵이다)'"이라고 했나니 모두들 이런 식으로만 안다면 미래 영겁토록 또한 꿈에도 (본칙공안의) 참뜻을 간파하지 못할 것이다. 그대들이 만일 이 자리에서 (그 참뜻을) 알아차린다면 다시는 범부와 성인(의 차별)이 있음을 보지 않을 것이다. 이 진리[法]는 평등하여 높낮이가 없어서 나날이 삼세의 모든 부처님과 손잡고 같이 가리라. 이 뒤에서 설두가 아주 자연스럽게 (본칙공안의) 참뜻을 간파하고 송(頌)을 읊은 것을 보라.

【평창해설】

본칙공안에서 부처가 설법 자리에 올라 잠깐 동안 앉아 있다가 그대로 내려온 대목은 정말 꿰뚫기가 쉽지 않다. 이 대목은 다음 네 개의 활구와 일맥상통하고 있다.

첫째, 부처가 깨달음을 얻은 직후 보리수 아래서 묵묵히 앉아 있었던 일〔釋迦掩室〕.

둘째, 불이법문(不二法門)을 묻는 문수의 물음에 유마가 잠자코 있던 일〔淨名杜口〕.

셋째, 숙종 황제가 충국사에게 무봉탑(無縫塔) 모양을 묻자 충국사가 잠자코 있던 일〔忠國師良久〕.

넷째, 말〔有言〕로도 묻지 않고 침묵〔無言〕으로도 묻지 않겠으니 한 마디 일러 보라는 이교도의 질문을 받고 부처가 잠자코 있던 일〔世尊據坐良久〕.

그러나 사람들은 이 대목들이 언어의 접근이 불가능한 활구라는 이 사실을 전혀 알지 못하고 있다. 그래서 다음과 같은 식으로 떠들어대고 있다.

"부처가 잠자코 있은 것은 침묵의 귀중함을 보인 것이다."

"침묵으로 언어의 이치를 밝혔고 언어를 통해서 침묵의 위대함을 밝힌 것이다."

그러나 이런 식의 이치적인 설명으론 절대로 본칙공안의 핵심(활구)을 간파할 수가 없다. 여기 오직 체험만이 있을 뿐이다. 그대 자신이 부처가 되어, 유마가 되어 거기 그 자리에 그렇게 앉아 보는 그 방법밖에 없다. 거기 그 자리에서 벗이여, 그대는 만나게 될 것이다. 먼저 가신 그 모든 선각자들과 앞으로 올 그 많은 후배, 동료들을……. 아니 아니, 바로 그대 자신의 또 다른 모습들을…….

【頌】

〔頌〕列聖叢中作者知니(莫謗釋迦老子好하라 還佗臨濟, 德山이니 千箇萬箇中에 難得一箇半箇로다) 法王法令不如斯라(隨他走底가 如麻似粟이라 三頭兩面이니 灼然能有幾人到這裏오) 會中若有仙陀客이면(就中難得伶俐人이니 文殊不是作家라 闍黎定不是로다) 何必文殊下一槌리요(更下一槌又何妨고 第二第三槌總不要라 當機一句를 作麼生道오 嶮!)

【송번역】

영산회상의 큰 제자들 중에 작자(作者, 눈밝은 수행자)는 알고 있나니
    석가 세존을 비난하지 마라. 저 덕산과 임제에게 맡겨야 하나니 (영산회상의 대중 가운데) 한 개의 반개도 얻기 어렵다.
법왕의 법령은 이 같지 않네
    저(문수)의 꽁무니를 따라가는 자가 무수히 많다. 그 정체를 알 수가 없나니 분명히 몇 사람이나 이런 경지에 이르렀는가.
그 모임 가운데 눈밝은 이〔仙陀客〕가 있었더라면
    그 중에서도 특히 영리한 사람을 얻기가 어렵다. 문수는 작가종사가 아니다. 설두, 자네도 (또한) 작가종사가 아니다.
어찌 문수가 백추를 칠 필요가 있었겠는가
    다시 백추를 한 번 더 친들 무슨 상관 있겠는가. (그러나) 두 번째 세 번째의 백추는 더 이상 필요치 않다. 직면한 한 구절을 어떻게 말할 수 있겠는가. 험준하다!

【송과 착어해설】

◎ 영산회상의 큰 제자들 중에 작자(作者, 눈밝은 수행자)는 알고 있나니
부처 당시(영산회상) 늘상 부처를 따라다니며 부처의 설법을 듣던 제자들

가운데 만일 눈밝은 수행자〔作者〕가 있었더라면 알 것이다. 부처의 진짜 설법은 설법 자리에 오르기 그 이전에 있다는 이 사실을…….

△ 석가 세존을 ~ 얻기 어렵다.　제아무리 눈밝은 수행자이기로서니 흔적도 없는 부처를 어떻게 알 수 있단 말인가. 그가 만일 '난 부처를 봤다' 고 말한다면 이건 부처를 모독하는 말이다. 부처 당시(영산회상)의 그 많은 제자들 가운데 어떤 흔적도 없는 그 본래 자리를 간파한 사람은 몇이나 되겠는가. 아아, 단 한 사람의 반개(1/2)도 없다. 왜냐하면 그네들은 하나같이 '난 부처의 거룩한 제자다' 라는 바로 여기에 걸려 있었기 때문이다.

◎ 법왕의 법령은 이 같지 않네　법왕(法王, 부처)의 법령(法令, 참된 가르침)은 결코 설법 자리에 오르는 이런 식이 아니다. 설법 자리에 오르기 그 이전(언어 이전)을 간파하지 않으면 우린 결코 부처의 참된 가르침을 알 수가 없다.

△ 저(문수)의 ~ 무수히 많다.　그러나 대부분의 사람들이 문수의 말 ('법왕의 법령을 자세히 관찰하라. 법왕의 법령은 이와 같다' 는 말)에 놀아나고 있다.

△ 그 정체를 ~ 이르렀는가.　설두는 지금 '영산회상의 큰제자' 라느니 '눈밝은 수행자' 라느니 '법왕' 이라느니 참으로 별말을 다 하고 있다. 그래서 원오는 이렇게 말하고 있다. "설두, 자네 정체가 도대체 무엇인가. 왜 이렇게 사람을 헷갈리게 하는가."

그러나 원오는 다음 대목에서 180도 방향전환을 하여 설두를 이렇게 칭찬하고 있다. "설두와 같은 경지에 이른 사람은 많지 않다."

◎ 그 모임 가운데 눈밝은 이〔仙陀客〕가 있었더라면　영산회상의 모임 가운데 부처가 설법 자리에 오르기 그 이전을 간파한 수행자가 있었더라면 어찌됐겠는가. 문수는 굳이 이런 식으로 백추를 치며 주석을 달 필요가 없었을 것이다.

△ 그 중에서도 ~ 자네도 (또한) 작가종사가 아니다.　그러나 영산회

상의 제자들 중에는 그런 눈밝은 수행자가 단 한 사람도 없었다. 문수도 작가종사(눈밝은 수행자)라고 볼 수가 없다. 왜냐하면 부처가 설법 자리에 올라간 것을 보고 그제서야 백추를 치며 주석을 붙였기 때문이다. '저 지혜의 상징인 문수보살마저 작가종사가 아닌데 하물며 설두이겠는가. 설두 가지고는 어림도 없다' 라는 이 말은 사실인즉 문수와 설두를 극찬하고 있는 대목이다.

◎ **어찌 문수가 백추를 칠 필요가 있었겠는가**   사실 문수가 백추를 치며 주석을 붙인 것은 청중 가운데 어느 누구도 부처를 간파하는 이가 없었기 때문이다. 그래서 문수는 스스로가 화약을 지고 타는 불 속으로 뛰어들어간 것이다.

△ **다시 백추를 ~ 상관 있겠는가.**   원오는 방행의 입장에 서서 이 누리 전체를 본래 그 자리의 나타남〔全體現成〕으로 보고 있다. 그렇다면 백추를 한 번 치는 이 행위 자체도 '본래 그 자리의 나타남'이다. 그러므로 백추를 한 번 더 치는 것이 뭐 잘못이라고 할 수 있겠는가.

△ **(그러나) 두 번째 ~ 필요치 않다.**   들어 보이는(백추를 한 번 치는) 이 순간 그대로 알아차리지 못하면 그만 영영 빗나가 버리고 만다. 그러므로 여기 두번 세번 반복해서 백추를 쳐 댈 필요는 없다.

△ **직면한 ~ 험준하다!**   분별심이 일어나기 그 이전을 벗이여, 한 마디 일러 보라. 이 자리는 결코 접근이 쉽지가 않다. 위험천만!

잔나비 우는 삼협을 이미 지나왔거니
무쇠 심장이라 해도 단장의 슬픔 금치 못하리.
(曾經巴陝猿啼處 鐵作心肝也斷腸)

《종전초》

【評　唱】

〔評唱〕「列聖叢中作者知라하니」 靈山八萬大衆이 皆是列聖이라 文殊, 普賢, 乃至彌勒과 主伴이 同會라 須是巧中之巧, 奇中之奇니 方知他落處라 雪竇意謂호대 列聖叢中에 無一箇人知有라 若有箇作家者댄 方知不恁麽하리라 何故오 文殊白槌云「諦觀法王法하라 法王法如是라하며」 雪竇道호대 法王法令不如斯라하니 何故如此오 當時會中에 若有箇漢하야 頂門具眼하고 肘後有符댄 向世尊未陞座已前에 覷得破하리니 更何必文殊白槌리요 《涅槃經》云「仙陀婆는 一名四實이라 一者鹽이요 二者水며 三者器요 四者馬라 有一智臣하야 善會四義라 王若欲灌洗하야 要仙陀婆하면 臣卽奉水하고 食索奉鹽하며 食訖奉器飮漿하고 欲出奉馬하니 隨意應用이 無差라」 灼然須是箇伶俐漢始得이니라 只如僧問香嚴호대 「如何是王索仙陀婆닛고」 嚴云「過這邊來하라」 僧過하니 嚴云「鈍置殺人이로다」 又問趙州호대「如何是王索仙陀婆닛고」 州下禪床하고 曲躬叉手라 當時若有箇仙陀婆하야 向世尊未陞座已前透去하면 猶較些子라 世尊更陞座하고 便下去하니 已是不著便了也라 那堪文殊更白槌리요 不妨鈍置他世尊一上提唱이로다 且作麽生是鈍置處오

【평창번역】

"영산회상의 큰제자들 중에 작자는 안다"고 했으니 영산회상의 수많은 대중(청중)들은 모두가 성인의 대열에 드는 분들이다. 문수보살, 보현보살, 미륵보살과 부처와 (여타의) 보살들이 (한자리에) 같이 모였으니 (이분네들 속에서도) 교묘한 속에 더욱 교묘하며 기이한 가운데 더욱 기이해야만 하나니 (그래야만) 비로소 저(본칙공안)의 참뜻을 알 수가 있다. 설두의 말(송의 첫 구절)이 의미하고 있는 뜻은 다음과 같다. '영산회상의 큰제자들 가운데 단 한 사람도 (부처의 참뜻을) 아는 사람이 없었다.' 만일 작가

종사(作家宗師, 안목이 밝은 이)가 있었더라면 이렇지 않다는 것을 비로소 알았을 것이다. 문수가 백추를 치면서 말하길 "법왕의 법을 자세히 관찰하라. 법왕의 법은 이와 같다"라고 말한 데 대하여 설두는 "법왕의 법령은 이 같지 않다"라고 반박했기 때문이다. 왜 이와 같은가. 그 당시 영산회상의 대중 가운데 안목 있는 이가 있었더라면 세존이 (설법의) 자리에 오르기 전에 이미 간파해 버렸을 것이다. (그러니) 문수가 다시 백추를 칠 필요가 있었겠는가.

《열반경》에서는 ('눈밝은 이〔仙陀客〕'의 '눈밝음〔仙陀婆〕'에 대하여 이렇게) 말하고 있다. "선타바(仙陀婆)에는 네 가지 뜻이 있다. 첫째는 '소금', 둘째는 '물', 셋째는 '그릇', 넷째는 '말〔馬〕'이 그것이다. 지혜로운 한 신하가 있어서 이 네 가지 뜻을 잘 알 경우 왕이 손 씻으려 할 때 선타바를 찾으면 신하는 '물'을 바칠 것이다. 음식 먹을 때 선타바를 찾으면 '소금'을 바칠 것이요, 밥을 다 먹고 나서 선타바를 찾으면 '그릇'을 바쳐 장국물을 마시게 할 것이다. (그리고 마지막으로) 외출할 때 선타바를 찾으면 '말〔馬〕'을 바칠 것이니 (왕의) 뜻에 따라 거기 알맞은 선타바를 바치는 것이 (정확하여 조금도) 어긋남이 없을 것이다." (그러므로) 이런 영리한 사람이 아니면 안 된다.

그건 그렇고 (어떤) 승이 향엄(香嚴)에게 물었다. "어떤 것이 왕께서 선타바를 찾는 것입니까."

향엄이 말했다. "과자변래(過這邊來, 이쪽으로 오게)."

승이 향엄 쪽으로 오자 향엄은 (이렇게) 말했다. "사람을 바보 취급하는군."

또 (어떤 승이) 조주에게 물었다. "어떤 것이 왕께서 선타바를 찾는 것입니까."

조주는 선상을 내려와서 두 손을 모으고 몸을 굽혔다.

(이처럼) 그 당시 만일 선타바(영리한 사람)가 있어서 세존이 (설법의) 자리에 오르기 이전에 간파해 버렸더라면 그런대로 봐줄 만하다. (그러나)

세존이 다시 (설법의) 자리에 올랐다가 내려왔으니 이미 어긋나 버리고 말 았던 것이다. (그런데) 어찌 감히 문수가 다시 백추를 친단 말인가. (문수 는) 저 세존의 금상첨화격인 한바탕 설법을 아주 망쳐 버리고 말았다. 자, 그렇다면 어떤 것이 (문수가) 망쳐 버린 곳인가.

【평창해설】

평창문 속의 "《열반경》에는 ~ 영리한 사람이 아니면 안 된다(《涅槃經》 云 ~ 須是箇伶俐漢始得)"라는 문장은 선타바(仙陀婆)를 설명하는 대목 이다. 따라서 문맥의 앞뒤 흐름과는 전혀 관계가 없는 문장이다. 《복본(福 本)》에는 이 부분이 없다. 이 부분을 삭제시켜 버리면 문장의 뜻이 한층 선명해진다. 그래서 《종전초》에서는 《복본》에 근거하여 이 부분을 삭제시 켜 버렸다. 필자도 《종전초》의 입장을 따르고 싶다. 그럼에도 불구하고 굳 이 이 부분을 설명하자면 이렇게 된다.

― 즉 '선타객(仙陀客)'의 어원인 산스크리트어 선타바(仙陀婆, saindhava)라는 단어에는 소금, 물, 그릇, 말〔馬〕의 네 가지 뜻이 있다는 것이다. 그런데 영리한 사람은 상대방이 선타바를 찾으면 그때그때의 상 황에 따라 소금을 주기도 하고 물을 주기도 하고 그릇을 주기도 하고 말 〔馬〕을 가져다주기도 한다는 것이다. 그래서 안목이 밝은 수행자를 일러 '선타바를 아는 수행자〔仙陀客〕'라 부르게 된 것이다.

이어서 이 선타바라는 말을 사용하고 있는 두 개의 공안을 소개하고 있 다.

첫 번째 공안 : 어떤 승과 향엄(香嚴)의 문답.

선타바를 묻는 어떤 승의 물음에 향엄은 "과자변래(過這邊來, 이쪽으로 오게)"라고 말했는데 이것이 바로 향엄의 선타바(활구)라는 사실을 알아 야 한다. 그러나 이 승은 그것을 모르고 향엄 쪽으로 가까이 왔다. 그러자 향엄은 "사람을 바보 취급하는군"이라고 이 승을 책망했다. 참 멋진 한 장면이다.

두 번째 공안 : 어떤 승과 조주의 문답.

선타바를 묻는 어떤 승의 물음에 조주는 즉시 선상에서 내려와 두 손을 모으고 몸을 굽혀 절을 했다. 조주가 '선상에서 내려와 두 손을 모으고 몸을 굽혀 절한' 바로 이 대목이 조주의 선타바(활구)라는 사실을 아아, 도대체 어느 누가 알 수 있단 말인가. 정말 미칠 지경이다. 부처 당시에 만일 향엄과 조주가 있었더라면 어찌됐겠는가. 부처가 설법 자리에 오르기 그 이전에 이미 부처를 간파해 버렸을 것이다. 그러나 부처는 이미 설법의 자리에 올라갔고 문수는 또 백추를 쳐서 여기에 주석을 붙이고 말았으니 아아, 이를 어찌한단 말인가. 다 된 밥에 부처는 재를 뿌렸고 문수는 또 그 재 뿌린 밥을 그냥 짓밟아 뭉개 버리고 말았다. 부처가 재 뿌린 곳은 그렇다 치고 자, 그렇다면 문수가 망쳐 버린 곳이 어디인가. 벗이여, 적어도 이 정도는 꿰뚫어야 하지 않겠는가.

第 93 則
大光師作舞
대광, 너울너울 춤추다

【本　則】

〔本則〕擧　僧問大光호대「長慶道『因齋慶讚이라하니』意旨如何닛고」(重光這漆桶이여 不妨疑著이로다 不問不知라) 大光이 作舞하니(莫瞒殺人하라 依舊從前恁麽來오) 僧禮拜하다(又恁麽去也아 是則是나 只恐錯會라) 光云「見箇什麽便禮拜오」(也好一拶이로다 須辨過始得이니라) 僧이 作舞하다(依樣畵貓兒니 果然錯會라 弄光影漢이로다) 光云「這野狐精아」(此恩難報로다 三十二祖只傳這箇[1]라)

【본칙번역】

승이 대광(大光)에게 물었다. "장경이 이르길 '인재경찬(因齋慶讚, 식사 때에 잘 먹겠습니다(라고 말한 것과 같다))'이라고 했는데 그 뜻이 무엇입니까."

거듭 빛을 발하는군. 이 먹칠통아. 아주 의심스럽군. (그러나) 묻지 않으면

---

1) 三十 ~ 這箇(8字) = 此語評之初句 誤入 此可削也(種電鈔).

알 수가 없다.

대광은 춤을 췄다.

사람을 속이지 마라. 여전히 이전처럼 이런 식이군.

승은 절을 했다.

또 이런 식인가. 옳긴 옳으나 잘못 알았을까 걱정이 된다.

대광이 말했다. "무엇을 봤길래 절을 하는가."

또한 한 방 잘 먹였다. (진위를) 분명히 밝히지 않으면 안 된다.

승은 춤을 췄다.

견본대로 고양이를 그렸다. 과연 잘못 알았다, 이 사이비여.

대광이 말했다. "자야호정(這野狐精, 이 여우 같은 놈)."

이 은혜는 (참으로) 갚기 어렵다. 역대의 조사들은 다만 '이것〔這箇〕'을 전해 줬을 뿐이다.

【본칙과 착어해설】

◎ "장경이 이르길 '인재경찬(因齋慶讚, 식사 때에 잘 먹겠습니다(라고 말한 것과 같다))'이라고 했는데 그 뜻이 무엇입니까." 어떤 승이 대광에게 물은 말이다. 이 말의 출처를 좀더 자세하게 알기 위해선 우선 제74칙(金牛和尙呵呵笑) 공안을 다시 보지 않으면 안 된다.

• 제74칙 공안 금우 화상하하소(金牛和尙呵呵笑) :

금우 화상은 매일 점심때가 되면 손수 밥통을 들고 승당(僧堂) 앞에서 춤을 추며 껄껄 웃었다. (그러고는 이렇게) 말했다. "보살자 끽반래(菩薩子喫飯來, 수행자들아, 밥 먹어라)." 그후 (어떤) 승이 장경에게 물었다. "옛사람(金牛和尙)이 이르기를 '보살자 끽반래'라 했으니 그것이 무슨 뜻입니까."

장경이 말했다. "대사인재경찬(大似因齋慶讚, 식사 때에 잘 먹겠습니다(라고 말하는 것과 같다))."

△ 거듭 빛을 발하는군.　　금우 화상의 공안을 다시 한 번 거론하여 빛내고 있기 때문이다.

△ 이 먹칠통아.　　이 승은 지금 장경의 활구 '인재경찬'을 간파하지 못했기 때문에 이런 식의 질문을 한 것이다. 그래서 원오는 "이 새까만 놈아(이 무지한 놈아)"라고 말하고 있다.

△ 아주 의심스럽군. ~ 알 수가 없다.　　장경의 활구 '인재경찬'을 간파하지 못했다면 당연히 여기에 의문부호를 붙이지 않으면 안 된다. 그리고 모르면 무조건 물어봐야 한다. 묻는 것은 아무리 많이 묻는다 해도 잘못된 게 아니다.

◎ 대광은 춤을 췄다.　　장경의 활구 '인재경찬'에 화답하고 있는 대광 자신의 '춤사위 활구'다.

△ 사람을 속이지 마라.　　대광의 이 춤사위 활구를 사람들은 대부분 잘못 알고 있다. 그래서 원오는 반어적으로 대광을 향해 "사람을 속이지 마라"라고 말하고 있다.

△ 여전히 ~ 이런 식이군.　　대광의 춤은 금우 화상의 춤과 쏙 빼닮았다. 그것은 마치 한 주형(틀) 속에서 찍혀 나온 두 개의 물건과도 같다.

◎ 승은 절을 했다.　　그러자 승은 즉시 대광에게 넙죽 절을 했다. 자, 그렇다면 이 승이 과연 대광의 활구를 간파한 것일까, 아니면 그냥 연극을 해본 것일까. 금과 구리를 구분하기가 참 어렵게 됐다.

△ 또 이런 식인가.　　좀더 박진감 있게 나오지 못하고 이 승은 왜 또 이런 식의 흉내를 낸단 말인가.

△ 옳긴 옳으나 ~ 걱정이 된다.　　이 승의 대응은 참 멋진 것 같으나 실은 그렇지가 못하다. 근거는 이 뒤에 전개되고 있는 상황 변화를 보면 곧 알 수가 있다.

◎ "무엇을 봤길래 절을 하는가."　　대광이 이 승을 검증해 보기 위하여 이 승에게 물은 말이다.

△ 또한 한 방 ~ 밝히지 않으면 안 된다.　　대광의 일격은 참으로 통

쾌하다. 이처럼 진짜와 가짜를 철저하게 검증하지 않으면 안 된다.

◎ 승은 춤을 췄다.　승은 대광의 흉내를 내며 춤을 췄다. 바로 이 대목에서 이 승이 진짜가 아니라 사이비라는 게 극명히 드러나고 있다.

△ 견본대로 ~ 이 사이비여.　범을 그린다는 것이 그만 고양이를 그리고 말았다. 왜냐하면 이 승은 대광의 춤사위 활구를 분명히 간파하지 못했기 때문이다.

◎ "자야호정(這野狐精, 이 여우 같은 놈)."　이 승에게 던진 대광의 말이다. 그러나 이 말은 이 승을 책망하는 말이면서 동시에 본래 자리를 송두리째 드러내 보인 대광 자신의 두 번째 활구다.

△ 이 은혜는 ~ 전해 줬을 뿐이다.　왜냐하면 실오라기 한 가닥 걸치지 않은 채 그 본래 자리를 송두리째 드러내 보였기 때문이다. '자야호정'이라는 이 활구야말로 역대 조사들이 서로서로 건네주고 건네받은 바로 그것이 아닐 수 없다. 그런데 이 대목('역대 조사들은 다만 '이것'을 전해 줬을 뿐이다' 라는 착어)은 평창문의 앞부분이 편집 과정에서 착어 쪽으로 잘못 끼어 들어온 것이다. 그래서《종전초》에서는 "이 부분을 삭제해야 한다〔此語評之初句 誤入 此可削也〕"고 말하고 있다.

【評　　唱】

〔評唱〕西天四七과 唐土二三이 只傳這箇些子라 諸人還知落處麼아 若知댄 免得此過어니와 若不知댄 依舊只是野狐精이라 有者道호대「是裂轉他鼻孔來瞞人이라하니」若眞箇恁麼댄 成何道理오 大光이 善能爲人하니 他句中에 有出身之路라 大凡宗師는 須與人抽釘拔楔하며 去粘解縛하야사 方謂之善知識이라 大光作舞하니 這僧禮拜라 末後僧卻作舞어늘 大光云「這野狐精아하니」不是轉這僧이라 畢竟不知的當[2]이로다 你只管作舞하니 遞相恁麼댄 到幾時得休歇去리오 大光道호대「野狐精아하니」此語가 截斷金牛라 不妨奇特이로다 所以道호대 他

參活句하고 不參死句하라하니라 雪竇只愛他道「這野狐精이라」 所以頌
出하니 且道這野狐精與「藏頭白, 海頭黑」是同是別가 這漆桶又道
好師僧이라하니 且道是同是別가 還知麼아 觸處逢渠로다 雪竇頌云

【평창번역】

　　인도의 28대 조사들과 중국의 6대 조사들이 다만 '이것〔這箇, 대광이 춤을 춘 것 = 활구〕'을 전해 줬을 뿐이다. 여러분은 이 참뜻을 간파할 수 있겠는가. 만일 알았다면 이 잘못(이 승이 대광으로부터 '자야호정'이라고 꾸지람을 들은 잘못)을 면할 수 있었을 것이다. (그러나) 만일 알지 못했다면 여전히 '야호정(野狐精, 여우 같은 놈)'일 뿐이다. 어떤 이는 말하길 "이는 (대광의 말은) 저(이 승)의 콧구멍을 비틀어서 사람(이 승)을 속인 것이다"라고 한다. (그러나) 만일 정말로 이렇다면 (대광의 말 속에) 무슨 이치가 성립될 수 있겠는가. 대광은 아주 극진하게 사람을 위했나니 저(대광)의 구절 속에는 해탈의 길〔出身之路〕이 있다. 종사(宗師, 선지식)라면 반드시 (사람들의) 번뇌망상의 못과 쐐기를 뽑아 줘야 하며 집착의 매듭을 풀어 줘야 하나니 (그래야만) 비로소 '좋은 스승(선지식)'이라 할 수 있다. 대광이 춤을 추니 이 승이 절을 했다. 뒤에 가서 승이 되려 춤을 추자 대광은 "자야호정(這野狐精, 이 여우 같은 놈)"이라 했으니 이 말은 이 승을 속이려고 한 말이 아니다. (그러나 이 승은) 그 참뜻을 (전혀) 알지 못했던 것이다. 이 승은 오로지 (대광을 흉내내어) 춤을 췄으니 번갈아 가며 (모두들) 이런 식이라면 어느 날에야 깨달을 날이 있겠는가. 대광이 말하길 "자야호정"이라 했으니 이 말이 금우(金牛, 본칙공안의 시발점이 된 제74칙 공안의 주역)마저 제압해 버리고 말았던 것이다. 정말 대단하다고 하지 않을 수 없다. 그러므로 (옛사람은 이렇게) 말했다. "저 '활구'를 참구하고 '사

---

2) 不知的當(4字) = 這僧不知端的(福本).

구'를 참구하지 마라." 설두는 다만 저(대광)가 "자야호정"이라고 말한 것을 좋아했다. 그래서 (이 말을 가지고) 송을 읊고 있다. 자, 일러보라. '자야호정'이라는 말과 '장두백 해두흑(藏頭白 海頭黑, 제72칙)'이 같은가 다른가. (설봉은) '자칠통(這漆桶, 이 먹칠통아)'이라 했고 (남전은 또) '호사승(好師僧, 모습만은 그럴듯한 승)'이라 했으니 자, 일러 보라. (본칙공안의) '자야호정'이란 말과 같은가 다른가. 알겠는가. 가는 곳마다 저(본래자기)를 만난다. 설두는 송에서 이렇게 읊었다.

【평창해설】

"만일 알았다면 이 잘못을 면할 수 있었을 것이다. (그러나) 만일 알지 못했다면 여전히 '야호정(野狐精)'일 뿐이다"라는 이 대목의 뜻은 무엇인가. 우리가 만일 대광의 활구 '자야호정'을 간파했다면 이제 꾸지람으로서의 '자야호정(這野狐精, 이 여우 같은 놈)'이란 핀잔을 더 이상 듣지 않을 것이다. 그러나 '자야호정'의 활구적인 면을 간파하지 못했다면 꾸지람으로서의 '자야호정'이란 핀잔을 면할 수 없을 것이다. 어떤 이는 말하길 "대광이 '자야호정'이라 말한 것은 순전히 이 승을 속이기 위한 것이다"라고 한다. 그러나 이건 틀린 말이다. 대광은 '자야호정'이란 이 꾸지람을 동시에 '꾸지람으로 변장을 한 활구'로 사용했던 것이다. 그러므로 우리가 만일 대광의 이 참뜻을 간파하기만 한다면 언어의 속박에서 완전히 벗어날 수가(해탈을 할 수가) 있을 것이다.

이 승은 대광을 흉내내어 춤을 췄는데 만일 수행자들 모두가 이런 식으로 흉내만 낸다면, 그것을 선의 핵심을 간파한 것이라 착각한다면 깨달음은 영영 체험할 수가 없다. 보라, 대광의 이 활구(자야호정)가 본칙공안의 근거가 된 '제74칙' 공안의 주역 저 금우(金牛) 화상의 춤사위마저 꿰뚫어 보고 있지 않은가. 그렇다면 다음에 열거하는 세 개의 활구와 대광의 활구가 같은가 다른가. 같다면 어느 면이 같으며 또 다르다면 어디가 어떻게 다른가. 벗이여, 온몸 박치기로 이 문제를 풀어 보지 않겠는가.

　첫 번째 : 마조의 활구인 '장두백 해두흑(藏頭白 海頭黑, 제73칙 공안)'.

　두 번째 : 설봉의 활구인 '자칠통(這漆桶)'.

　세 번째 : 남전의 활구인 '호사승(好師僧)'.

【頌】

〔頌〕前箭猶輕後箭深이라(百發百中이니 向什麽處迴避오) 誰云黃葉是黃金고(且作止啼니 瞞得小兒라도 也無用處라) 曹溪波浪如相似댄(弄泥團漢이여 有什麽限고 依樣畫貓兒하야 放行一路로다) 無限平人被陸沈하리라(遇著活底人이로다 帶累天下衲僧하야 摸索不著이니라 帶累闍黎出頭不得이라)

【송번역】

앞 화살은 가벼웠으나 뒤 화살이 깊게 박혔네
　　백발백중, 어디로 피하겠는가.
'누런 잎을 황금이라' 누가 말했는가
　　잠시 울음을 그치게 할 뿐이다. 어린애는 속일 수 있을지라도 또한 (아무짝에도) 쓸데가 없다.
조계의 물결 이 같다면
　　형편없는 무리들이여, 어느 날에야 깨달을 기약 있겠는가. 견본대로 고양이를 그려서 하나의 길을 풀어 놨다.
무수한 사람들이 침몰해 버리고 말았으리
　　(비로소) 살아 있는 사람을 만났다. 천하의 수행자들을 번거롭게 하여 그 참 뜻을 파악하지 못하게 했다. 여러분을 번거롭게 하여 꼼짝 못하게 했다.

【송과 착어해설】

◎ **앞 화살은 가벼웠으나 뒤 화살이 깊게 박혔네**   앞 화살은 '대광이 춤을 춘 대목'이요, 뒤 화살은 '자야호정'이라 말한 대목이다. 앞 대목의 뜻은 그런대로 지레짐작이라도 할 수가 있다. 그러나 뒤의 대목의 뜻은 도저히 짐작조차 할 수가 없다.

△ **백발백중, 어디로 피하겠는가.**   앞 대목도 뒤 대목도 모두 정확하게 '본래자기'를 꿰뚫고 있다. 그러므로 벗이여, 그대는 대광의 이 화살을 피할 도리가 없다.

◎ **'누런 잎을 황금이라' 누가 말했는가**   대광이 이 승을 깨닫게 하기 위하여 내뱉은 두 개의 활구는 보다 높은 차원에서 본다면 어린애의 울음을 달래기 위한 임시 수단에 불과하다. 어린애가 울면 누런 잎을 주며 "아가야, 울지 마라. 황금을 줄게"라고 말한다. 그러면 어린애는 그 누런 잎을 진짜 황금인 줄 알고 울음을 뚝 그친다고 한다.(그러나 요즈음의 어린애들에겐 이런 식의 눈 가리고 아웅이 더 이상 통하지 않는다. 왜냐하면 워낙 보고 듣는 게 많아 영악해졌기 때문이다.)

△ **잠시 울음을 ~ 쓸데가 없다.**   언어는 본래 자리로 가는 교통수단이지 본래 자리 그 자체는 아니다. 그러므로 눈밝은 이에겐 더 이상 언어의 위력이 통하지 않는다.

◎ **조계의 물결이 같다면**   대광을 흉내내어 이 승이 춤을 추듯, 이런 식의 흉내를 조계의 물결(禪의 핵심)이라고 착각한다면 어찌되겠는가.

△ **형편없는 ~ 길을 풀어 놨다.**   옛사람의 말과 행위를 그대로 흉내내는 그것을 깨달음이라 착각한다면 벗이여, 여기 깨달음의 날은 영영 오지 않는다. 호랑이를 그린다는 것이 결국은 고양이를 그린 꼴이 되고야 말 것이다.

◎ **무수한 사람들이 침몰해 버리고 말았으리**   옛사람의 선문답을 흉내내는 그것을 깨달음이라 착각한다면 선의 길을 가는 이들은 모두 풍비

박산이 나 버리고 말았을 것이다. 선은 이미 오래전에 흔적도 없이 사라져 버리고 말았을 것이다.

△ (비로소) 살아 있는 ~ 꼼짝 못하게 했다.   "비로소 여기 설두와 같은 살아 있는 사람을 만났다"라고 원오는 설두를 극찬하고 있다. 아울러 설두는 송의 제3구와 제4구에서 선의 본질을 우회적으로 표현하고 있다. 그러므로 그 참뜻을 파악하기가 결코 쉽지만은 않다.

벗이여, 흉내는 안 된다. 그대 자신의 온몸 박치기와 전력투구를 통한 직접 체험만이 필요할 뿐이다. 이 직접 체험이 없을 때 공안의 활구는 절대로 열리지 않는다는 이 사실을 명심하라.

【評　　唱】

〔評唱〕「前箭猶輕後箭深이라하니」 大光作舞는 是前箭이요 復云「這野狐精은」 是後箭이니 此是從上來爪牙라 「誰云黃葉是黃金고」 仰山示衆云 「汝等諸人은 各自回光返照하고 莫記吾言하라 汝等이 無始劫來로 背明投暗하니 妄想根深하야 卒難頓拔이라 所以假設方便하야 奪汝麤識하니 如將黃葉하야 止小兒啼며 如將蜜果하야 換苦葫蘆相似라하니라」 古人權設方便爲人이 及其啼止라 黃葉非金이니라 世尊說一代時敎도 也只是止啼之說이라 這野狐精은 只要換他業識이니 於中에 也有權實하고 也有照用하니 方見有衲僧巴鼻라 若會得하면 如虎挿翼라 「曹溪波浪如相似」라하니 儻忽四方八面學者와 只管大家如此作舞하야 一向恁麽댄 無限平人被陸沈하리니 有什麽救處리요

【평창번역】

"앞 화살은 가벼웠으나 뒤 화살이 깊게 박혔네"라고 했으니 대광이 춤을 춘 것〔大光作舞〕은 앞 화살이요, 다시 이르기를 "자야호정(這野狐精)"

이라 한 것은 뒤 화살로서 이는 예로부터 수행자를 제접하는(가르치는) 스승의 엄격한 교육법이다. (설두는 이어서 다음과 같이 읊었다.) "누런 잎을 황금이라 누가 말했는가." (설두의 이 시구를 이해하기 위해선 앙산의 다음 말을 유념할 필요가 있다.)

앙산은 대중들에게 (이렇게) 말했다.

"여러분은 각자가 자신의 빛으로 그 빛이 나오는 근원을 관찰[回光返照]하라. 내 말을 (애써서) 기록하거나 기억하지 마라. 그대들은 오랜 옛적부터 '빛을 등지고 어둠 속으로 들어갔나니 망상의 뿌리가 깊어 뽑아내기가 쉽지 않다. 그러므로 임시방편을 설정하여 그대들의 그 업식(業識)을 빼앗나니 이것은 마치 누런 잎으로 어린애의 울음을 그치게 하는 것과도 같으며 단 과일로 쓰디쓴 호로병 박과 바꾸는 것과도 같다."

옛사람은 임시로 방편을 설정하여 사람들을 위했는데 (이는 마치 어린애의) 울음을 그치게 한 것과도 같으니 누런 잎(방편)은 (결코) 황금(본질)은 아니다. 세존(부처)이 말씀하신 '모든 경전의 가르침[一代時敎]'도 또한 (어린애의) 울음을 그치게 하는 말일 뿐이다. (본칙공안에서 대광이 말한) "자야호정(這野狐精)"은 저(이 승)의 업식을 (본성과) 바꾸려는 뜻에서 한 말이니 이 속에는 방편[權]과 본질[實]이 있으며 상대를 간파하는 힘[照]과 그 활용력[用]이 있나니 (우린 여기서) 비로소 수행자(대광)의 단서를 발견할 수 있다. 만일 (대광의 참뜻을) 알아차린다면 호랑이에게 날개를 단 것과도 같이 자유자재할 것이다. "조계의 물결 이 같다면"이라고 (설두는) 읊었으니 만일 모든 학자들과 사람들이 오로지 이런 식으로 (대광을 흉내내어) 춤을 춘다면 무수한 사람들이 흔적도 없이 침몰해 버리고 말았을 것이다. 그러니 이를 어떻게 구제할 수 있단 말인가.

【평창해설】

"대광의 활구 '자야호정'이란 말 속에는 방편[權]과 본질[實]이 있다"

는 것은 무슨 뜻인가. 언어를 매개로 하고 있다는 점에서만 본다면 대광의 활구 '자야호정'은 하나의 교통수단(방편)일 뿐이다. 그러나 그 자체를 활구적인 면으로만 본다면 이 '자야호정' 전체가 그대로 본래 자리의 드러남(본질)인 것이다. 또한 대광의 이 활구 '자야호정'은 이 승(상대)을 간파한 일할〔照〕이며 동시에 이 승을 깨닫게 하기 위한 기폭제〔用〕이기도 한 것이다. 대광은 훌륭한 선지식이었으므로 한 개의 활구를 이처럼 아주 다양하게 활용하고 있다.

第 94 則
楞嚴經若見不見
능엄경의 한 구절

【垂　　示】

垂示云「聲前一句는 千聖不傳이요 面前一絲는 長時無間이라 淨躶躶, 赤灑灑한 露地白牛라 眼卓朔, 耳卓朔한 金毛獅子則且置하고 且道作麼生是露地白牛오」

【수시번역】

㉠ 말이 있기 이전의 한 구절(소식)은 모든 성인들도 전할 수 없고 지금 현재의 한 생각은 영원히 이어진다.
㉡ 실오라기 하나 걸치지 않은 본래 모습의 흰 소〔露地白牛〕라. 눈빛이 날카롭고 귀가 쫑긋한 금빛 털의 사자는 그만두고
㉢ 자, 일러 보라. 어떤 것이 본래 모습의 흰 소〔露地白牛〕인가.

【수시해설】

세 마디로 되어 있다.

첫째 마디(㉠) : 언어 이전의 '그 본래 자리'는 시공을 초월하여 '지금 현재'인 채로 영원히 이어진다는 것을 강조하는 대목이다.

둘째 마디(㉡) : 이 눈으로 볼 수 없는 그 본래 자리에 대한 묘사다.

셋째 마디(㉢) : 여기서의 '흰 소'란 '언어의 접근이 불가능한 그 본래 자리'를 뜻한다. 이 본래 자리에 대한 가장 적절한 언급은 본칙공안이 그 좋은 본보기임을 말하고 있다.

【本　　則】

〔本則〕擧《楞嚴經》云「吾不見時에 何不見吾不見之處오(好箇消息[1])이니 用見作什麼오 釋迦老子漏逗不少로다) 若見不見인댄 自然非彼不見之相이라(咄, 有甚閑工夫아 不可敎山僧作兩頭三面去也[2]로다) 若不見吾不見之地댄(向什麼處去也오 釘鐵橛相似로다 咄) 自然非物이니(按牛頭喫草라 更說什麼口頭聲色고) 云何非汝오(說你說我[3]나 總沒交涉이라 打云「還見釋迦老子麼아 爭奈古人不肯承當이리요」 打云「脚跟下自家看取하라 還會麼[4]아」)

【본칙번역】

《능엄경》에서는 (이렇게) 말했다. "내〔佛〕가 (사물을) 보지 않을 때 어찌 나의 '보지 않는 곳〔不見之處〕'을 보지 못하는가?

멋진 소식이다. 봐서 뭘 하겠는가. 부처가 실수를 많이 하는군.

---

1) 好箇消息 = 본문 '吾不見時' 뒤에 있다(福本).
2) 不可 ~ 去也(12字) = 釋迦旣是不見 兩頭三面(福本).
3) 說你說我 = 說得(福本).
4) 爭奈 ~ 會麼(20字) 없음(福本).

만일 (나의) '보지 않는 곳'을 볼 수 있다면 자연히(분명히) 그것은 '보지 않는 곳 그 자체〔不見之相〕'는 아닐 것이다.

　　쯧쯧. 무슨 한가한 짬이 있단 말인가. 산승(원오)을 혼란스럽게 하지 마라.

만일 나의 '보지 않는 곳〔不見之地〕'을 볼 수 없다면

　　어디로 가는가. 쇠말뚝을 박는 것 같다. 쯧쯧.

(그것은) 자연히(분명히) (눈으로 볼 수 있는) '물건'이 아닐 것이니

　　소머리를 만지며 풀을 먹인다. (또)다시 입으로 소리와 형체〔聲色〕를 말해서 뭘 하려는가.

(이것이) 어찌 그대(본래자기)가 아니겠는가."

　　너를 말하고 나를 말하나 모두가 틀렸다. (원오는 선상을) 치면서 말했다. "석가 세존을 봤는가. 옛사람(아난)이 인정치 않음을 어찌하겠는가."(원오는 또 선상을) 치며 말했다. "발밑에서 스스로 깨달아라. 알겠는가."

【본칙과 착어 해설】

　◎ "내〔佛〕가 (사물을) 보지 않을 때 어찌 나의 '보지 않는 곳〔不見之處〕'을 보지 못하는가?　《능엄경》(제2권)의 한 문장을 떼내어 독립된 한 개의 공안으로 사용하고 있다. 문장이 워낙 까다롭기 때문에 정신 바짝 차리지 않으면 안 된다. 이 글을 쓰고 있는 내가 사물을 보지 않을 때 나의 '보지 않는 그곳'을 누가 볼 수 있겠는가. 그 누구도 나의 이 '보지 않는 그곳'을 볼 수는 없다. 왜냐하면 그곳은 보이는 객관적 대상이 아니기 때문이다.

　△ 멋진 소식이다. ~ 많이 하는군.　사물을 '보지 않는 바로 그곳'이야말로 사물의 핵심을 꿰뚫어 볼 수 있는 직관력의 원천이다. 그래서 원오는 "멋진 소식이다"라고 박수를 치고 있다. 단 하나의 사물도 보지 않는 바로 그 자리야말로 언어 이전의 그 '본래 자리'다. 부처는 지금 우리를 일깨우기 위하여 너무 많은 언어를 사용하고 있다. 언어의 잡풀 속으로 들

어오고 있다.

◎ 만일 (나의) '보지 않는 곳'을 볼 수 있다면 자연히(분명히) 그것은 '보지 않는 곳 그 자체〔不見之相〕'는 아닐 것이다. 내가 사물을 보지 않을 때 벗이여, 나의 '보지 않는 그곳'을 볼 수 있겠는가. 그대가 만일 나의 이 '보지 않는 그곳'을 볼 수 있다고 가정한다면 어찌되겠는가. 그대가 지금 보고 있는 그것은 분명히 말해 두지만 나의 '보지 않는 그곳'은 아닐 것이다. 왜냐하면 나의 이 '보지 않는 그곳'은 그대의 눈으로 볼 수 있는 객관적 대상물이 아니기 때문이다.

△ 쯧쯧. ~ 있단 말인가. 말이 많은 부처를 향해 원오는 '쯧쯧' 하고 혀를 차고 있다. 우리를 일깨우기 위하여 동분서주하고 있는 부처에게 한가한 틈은 있을 수 없다.

△ 산승(원오)을 ~ 하지 마라. 부처는 지금 '본다'느니 '보지 않는다'느니 이런 식의 상반된 말로 우리를 혼란스럽게 하고 있다. 그래서 원오는 이런 착어를 내린 것이다.

◎ 만일 나의 '보지 않는 곳〔不見之地〕'을 볼 수 없다면 그러므로 벗이여, 그대는 절대로 나의 '보지 않는 그곳'을 볼 수 없을 것이다. 동시에 나 또한 그대의 '보지 않는 그곳'을 볼 수가 없을 것이다.

△ 어디로 가는가. 쇠말뚝을 박는 것 같다. 부처의 논리가 전혀 빈틈이 없어 우리가 피할 곳이 없다. 단 한치의 허점도 없는 부처의 이 말씀은 마치 쇠말뚝을 박는 것처럼 그렇게 야무지고 단단할 수가 없다.

△ 쯧쯧. 그러나 부처는 언어의 정글 속으로 너무 깊이 들어왔다.

◎ (그것은) 자연히(분명히) (눈으로 볼 수 있는) '물건'이 아닐 것이니 나의 '보지 않는 그곳'을 벗이여, 그대가 볼 수 없는 것은 그곳은 눈으로 볼 수 있는 객관적 대상이 아니기 때문이다.

△ 소머리를 만지며 풀을 먹인다. 부처는 지금 우리를 일깨우기 위하여 너무나 자상하게 말하고 있다. 그것은 마치 소의 머리를 쓰다듬어 주면서 소에게 손수 풀을 먹이는 것과도 같다.

△ (또)다시 ~ 뭘 하려는가.　이 눈으로 볼 수 없는 그곳은 벗이여, 그대 스스로가 수행을 통해 직접 체험해 보는 그 수밖에 없다. 그러므로 이에 대해선 더 이상 왈가왈부하지 마라.

◎ (이것이) 어찌 그대(본래자기)가 아니겠는가."　나의 '보지 않는 곳'과 그대의 '보지 않는 곳'은 어떻게 다른가. 여기선 나와 남의 다름도 없고 많고 적음, 높고 낮음의 차이도 없다. 그러므로 '보지 않는 그곳'이야말로 우리 모두의 본성(본래 자리)이 아닐 수 없다. 따라서 이 본래 자리는 객관적 대상이 아니기 때문에 누구도 그것을 보지 못하는 것이다.

△ 너를 말하고 ~ 모두가 틀렸다.　왜냐하면 이 '본래 자리'에는 너 나의 구별이 있을 수 없기 때문이다.

△ (원오는 선상을) ~ 않음을 어찌하겠는가."　그리하여 너와 나의 구별심이 깡그리 없어져 버릴 때 우린 감지할 수가 있다. 이 누리 전체가 그대로 부처라는 것을, 깨달음의 에너지로 충만해 있다는 것을. 그러나 질문을 하고 있는 아난 존자는 단순하고도 분명한 이 이치를 전혀 깨닫지 못하고 있다.

△ (원오는 또 ~ 알겠는가."　벗이여, 그대가 사물을 보지 않을 때 그대의 그 '보지 않는 곳'을 간파하라. 열쇠는 바로 여기에 있다.

【評　　唱】

〔評唱〕《楞嚴經》云「吾不見時에 何不見吾不見之處오 若見不見인댄 自然非彼不見之相이라 若不見吾不見之地댄 自然非物이니 云何非汝오하니」雪竇到此하야 引經文不盡이라 全引則可見이니라 經云「若見이 是物인댄 則汝亦可見吾之見이요 若同見者를 名爲見吾댄 吾不見時에 何不見吾不見之處오 若見不見인댄 自然非彼不見之相이라 若不見吾不見之地댄 自然非物이니 云何非汝오하니」辭多不錄이라 阿難意道호대「世界, 燈籠, 露柱가 皆可有名이라 亦要世尊이 指出此

妙精元明하야 喚作什麼物고 教我見佛意라」世尊云「我見香臺라」阿難云「我亦見香臺니 即是佛見이니다」世尊云「我見香臺則可知어니와 我若不見香臺時에는 你作麼生見고」阿難云「我不見香臺時에는 即是見佛이니다」佛云「我云不見은 自是我知요 汝云不見은 自是汝知라 他人不見處를 你如何得知오」古人云「到這裏하야는 只可自知요 與人說不得이로다」只如世尊道호대「吾不見時에 何不見吾不見之處오 若見不見인댄 自然非彼不見之相이라 若不見吾不見之地댄 自然非物이니 云何非汝오」若道認見爲有物인댄 未能拂迹이라 吾不見時는 如羚羊掛角하야 聲響, 蹤跡과 氣息이 都絶하니 你向什麼處摸索고 經意는 初縱破요 後奪破라 雪竇出敎眼頌이라 亦不頌物, 亦不頌見與不見하고 直只頌見佛也라

【평창번역】

《능엄경》에서는 말했다. "내〔佛〕가 (사물을) 보지 않을 때 어찌 나의 '보지 않는 곳〔不見之處〕'을 보지 못하는가. 만일 (나의) '보지 않는 곳'을 볼 수 있다면 자연히(분명히) 그것은 '보지 않는 곳 그 자체〔不見之相〕'는 아닐 것이다. 만일 나의 '보지 않는 곳〔不見之地〕'을 볼 수 없다면 (그것은) 자연히(분명히) (눈으로 볼 수 있는) '물건'이 아닐 것이니 (이것이) 어찌 그대(본래자기)가 아니겠는가."

설두는 여기 이르러서(본칙에서) 경문(經文)을 모두 인용하지 않았다. (이 부분의 경문을) 전부 인용한다면 다음과 같다.

"만일 '보는 이 시각 작용〔見〕'이 (구체적인 형태가 있는) 물건이라면 너(아난)는 또한 나〔佛〕의 '보는 이 시각 작용〔見〕'을 볼 수 있을 것이다. 만일 이런 식으로 보는 것을 나〔佛〕를 보는 것이라고 한다면 내〔佛〕가 (사물을) 보지 않을 때 어찌 나의 '보지 않는 곳〔不見之處〕'을 보지 못하는가. 만일 (나의) '보지 않는 곳'을 볼 수 있다면 자연히(분명히) 그것은 '보지

않는 곳 그 자체〔不見之相〕는 아닐 것이다. 만일 나의 '보지 않는 곳〔不見之地〕'을 볼 수 없다면 (그것은) 자연히(분명히) (눈으로 볼 수 있는) '물건'이 아닐 것이니 (이것이) 어찌 그대(본래자기)가 아니겠는가."

(이 뒤의 문장은) 말이 길어서 더 이상 싣지 않는다. (부처로부터 본칙공안의 말을 이끌어 낸) 아난의 말에는 대강 다음과 같은 뜻이 깃들어 있다.

'이 세상과 등롱(燈籠)과 노주(露柱)는 모두 그 명칭이 있다. 부처님은 이 '묘정원명(妙精元明, 본성)'을 가리켜서 무슨 물건이라고 명칭을 붙이려는가. 나는 부처님의 그 의중을 알고 싶다.'

부처가 말했다. "나는 향대(香臺, 향로를 놓는 받침)를 보고 있다."

아난이 말했다. "저도 또한 향대를 보고 있나니 부처님의 보는 것과 똑같습니다."

부처가 말했다. "내가 향대를 볼 때는 (네가) 알 수 있거니와 내가 만일 향대를 보지 않을 때는 네가 어떻게 (나의 보지 않는 곳을) 볼 수 있겠는가."

아난이 말했다. "제가 향대를 보지 않을 때는 부처님을 봅니다."

부처가 말했다. "내가 보지 않는다고 말한다면 (그것은) 나 자신이 알 것이요, 네가 보지 않는다고 말한다면 (그것은) 너 자신 스스로가 알 것이다. (그러므로) 타인의 '보지 않는 곳〔不見處〕'을 네가 어떻게 알 수 있단 말인가."

(그렇기에) 옛사람들은 (이렇게) 말했던 것이다.

"여기〔不見之處〕 이르러서는 다만 스스로가 알 뿐이요, 다른 사람에게 설명할 수가 없다."

그래서 부처는 (이렇게) 말했던 것이다. "내〔佛〕가 (사물을) 보지 않을 때 어찌 나의 '보지 않는 곳〔不見之處〕'을 보지 못하는가. 만일 (나의) '보지 않는 곳'을 볼 수 있다면 자연히(분명히) 그것은 '보지 않는 곳 그 자체〔不見之相〕'는 아닐 것이다. 만일 나의 '보지 않는 곳〔不見之地〕'을 볼 수 없다면 (그것은) 자연히(분명히) (눈으로 볼 수 있는) '물건'이 아닐 것이니

(이것이) 어찌 그대(본래자기)가 아니겠는가." 만일 '보는 이 시각 작용〔見〕'을 (구체적인 형태를 가진) 물건이라고 한다면 아직 그 흔적이 완전히 없어지지 않은 상태다.

'내〔佛〕가 (아무것도) 보지 않을 때는 영양(羚羊)이 나무에 그 뿔을 걸어 놓은 것과 같아서 소리와 발자취와 기척이 모두 없나니' 그대들은 어디서 (부처를) 찾을 수 있겠는가.

(본칙공안에서 인용한《능엄경》) 경문의 뜻은 처음 부분에서는 긍정의 입장〔放行〕을 취했고 뒷부분에서는 부정의 입장〔把住〕을 취했다. 설두는 교안(敎眼, 경전적인 안목)으로 송을 읊었다. (그러나) 또한 '물건'에 대해서 송을 읊지 않았으며 '봄〔見〕'과 '보지 않음〔不見〕'에 대해서도 송을 읊지 않고 곧바로 '부처를 봄〔見佛, 본래자기를 깨닫는 것〕'에 대해서만 송을 읊고 있다.

【평창해설】

'보지 않는 곳〔不見之處, 본성〕'에 대하여 평창은 여러 가지로 설명을 하고 있다. 그러나 그 설명의 핵심은 다음과 같이 아주 간단명료하다.

ㅡ나의 이 '보지 않는 곳'은 눈으로 볼 수 있는 객관적인 사물이 아니기 때문에 어느 누구도 볼 수 없다. 어느 누구도 볼 수 없는 이곳이야말로 언어와 사고의 접근이 불가능한 그 '본래 자리'인 것이다. 따라서 이 '본래 자리'에는 어떤 흔적도 없기 때문에 우리 각자가 스스로 깨달아 체험해 보는 그 방법밖엔 없다.

부처는《능엄경》에서 그의 사촌동생이며 비서인 아난을 일깨우기 위하여 이처럼 간곡한 말을 했다. 그러나 그럼에도 불구하고 아난은 이를 깨닫지 못했다. 아난은 그후 부처가 입멸한 다음 형님뻘인 가섭을 통해서 비로소 깨달음을 얻을 수 있었던 것이다.

【頌】

〔頌〕全象全牛瞖不殊어늘(牛邊瞎漢[5]이라 半開半合이니 扶籬摸壁作什麼오 一刀兩段이로다)　從來作者共名模로다(西天四七과 唐土二三과 天下老和尙이 如麻似粟이나 猶自少在[6]라)　如今要見黃頭老아(咄, 這老胡로다 瞎漢在你脚跟下[7]라)　刹刹塵塵在半途니라(脚跟下蹉過了也라 更敎山僧說什麼오 驢年還曾夢見麼아)

【송번역】

코끼리 전체와 소 전체를 본다 해도
눈병의 상태와 다름없나니

　반쯤은 눈이 먼 놈이다. 반은 열렸고 반은 닫혔으니 울타리를 잡고 벽을 더듬어 어쩔 셈인가. 한칼에 두 동강을 내 버렸다.

저 모든 선지식들이 하나같이 그 이름뿐이네

　인도와 중국의 33조사들과 천하의 거장들이 좁쌀같이 많았지만 (그러나 이 참뜻을 알았던 이는) 별로 없었다.

지금 여기서 '황두노(黃頭老, 부처)'를 보려 하는가

　쯧쯧. 이 늙은 오랑캐여. 눈먼 놈. 그대의 발밑에 있다.

이 모든 곳에서 부처를 보더라도 아직은 길 중간이네

　발밑에서 어긋나 버리고 말았다. 다시 산승(원오)으로 하여금 뭐라 말하게 하려 하는가. 나귀해〔驢年〕가 되면 꿈속에라도 볼 수 있겠는가.

---

5) 牛邊瞎漢 없음(福本).
6) 猶自少在 = 自在自在(福本).
7) 瞎漢 ~ 下(7字) = 在你脚跟下 瞎漢(福本).

【송과 착어 해설】

◎ 코끼리 전체와 소 전체를 본다 해도 눈병의 상태와 다름없나니   '볼 수 없는 그곳(본래 자리, 본성)'을 감지했다고 하더라도 보다 높은 차원에서 본다면 아직 멀었다고 말할 수 있다. 왜냐하면 여기 '감지했다'가 앞을 가리고 있기 때문이다. 여기서의 코끼리 전체〔全象〕와 소 전체〔全牛〕는 '본래 자리'를 상징하는 말이다.

△ 반쯤은 눈이 먼 놈이다.   '감지했다'는 이 생각이 눈을 가리고 있기 때문이다. 그렇기에 반쯤은 눈이 먼 것이다.

△ 반은 열렸고 ~ 어쩔 셈인가.   '감지했다'라는 생각이 있는 한 여기 완벽이란 있을 수 없다. 그저 두 눈 감고 울타리를 잡고 벽을 더듬는 식이다.

△ 한칼에 내 버렸다.   설두의 시구를 칭찬한 대목이다.

◎ 저 모든 선지식들이 하나같이 그 이름뿐이네   '볼 수 없는 그곳', 즉 본래 자리는 그 누구도 이를 딱 부러지게 알 수는 없다. 왜냐하면 그곳은 언어와 사고의 영역이 아니기 때문이다. 그러므로 부처를 비롯한 그 많은 선지식들조차 그곳을 몰랐던 것이다. 그분들조차 그곳의 외곽만을 만졌을 뿐 그 누구도 그 속으로 들어가진 못했다.

△ 인도와 중국의 ~ 별로 없었다.   그렇기에 그 본래 자리는 아직도 그대를 기다리고 있는 처녀림이다. 벗이여, 어서 떠날 채비를 서둘러라. 여기 목마르게 그대를 기다리는 처녀림이 있다.

◎ 지금 여기서 '황두노(黃頭老, 부처)'를 보려 하는가   벗이여, '지금 여기서' 부처를 보려 하는가. 보려면 즉시 봐라. 생각으로 헤아리거나 이론으로 따지려 든다면 아아, 부처는 고사하고 부처의 꽁무니조차 볼 수가 없을 것이다.

△ 쯧쯧. 이 늙은 오랑캐여.   원오는 지금 반문의 형식으로 부처 전체를 그냥 송두리째 드러내 보이고 있다. 그래서 원오는 "이 늙은 오랑캐여"

라고 탄성을 지르고 있다.

△ 눈먼 놈, 그대의 발밑에 있다.　　부처는 지금 어디 있는가. 벗이여, 멀리 가지 마라. "지금 어디 있는가"라고 묻는 내 말이 들리는가. 내 말이 들리는 바로 그곳을 놓치지 마라. 부처는 거기 그곳에 있다. 아아, 그럼에도 불구하고 그대는 이를 감지하지 못하고 있다. 눈뜨고 눈먼 놈 행세를 하고 있다.

◎ 이 모든 곳에서 부처를 보더라도 아직은 길 중간이네　　이 우주 전체에서, 그리고 이 티끌 하나하나에서 부처를 볼 수 있다 하더라도 벗이여, 아직 멀었다. 왜냐하면 여기 '부처' 라는 괴물이 그대의 시야를 가리고 있기 때문이다. 그러므로 부처마저 보지 않을 때 비로소 진짜 부처를 볼 수가 있는 것이다.

△ 발밑에서 어긋나 버리고 말았다.　　자기 자신 안에서 부처를 보지 못하고 또 어디 가서 부처를 보려 하는가. 처음부터 단추를 잘못 끼웠다.

△ 다시 산승(원오)으로 ~ 볼 수 있겠는가.　　우리는 누구나 그 본래 자리에서 살아가고 있다. 그러므로 이에 대해서 제삼자가 왈가왈부 간섭할 필요가 없다. 벗이여, '진짜 부처(본래자기)'를 보고자 하는가. '보고자 하는 그 마음' 이 있는 한 그대는 결코 부처를 볼 수가 없다. 나귀해〔驢年〕란 12지(十二支)에 없는 해이다. 그러므로 나귀해는 결코 오지 않는다. 벗이여, 그대는 영원히 진짜 부처를 감지할 수가 없다. 부처를 보고자 하는 그 마음이 남아 있는 한……

【評　　唱】

〔評唱〕「全象全牛翳不殊라하니」衆盲摸象하 各說異端이라 出《涅槃經》이니라 僧問仰山호대 「和尙見人問禪問道하고 便作一圓相하야 於中書牛字하니 意在於何닛고」 仰山云 「這箇也是閑事라 忽若會得인댄 不從外來라 忽若不會댄 決定不識이니라 我且問你하노라 諸方老

宿이 於你身上에 指出那箇是你佛性고 爲復語底是아 默底是아 莫是
不語不默底是아 爲復總是아 爲復總不是아 你若認語底是댄 如盲人
摸著象尾요 若認默底是댄 如盲人摸著象耳요 若認不語不默底是댄
如盲人摸著象鼻요 若道物物都是댄 如盲人摸著象四足이요 若道總
不是라하면 抛本象하고 落在空見이라 如是衆盲所見이 只於象上에 名
邈差別이라 你要好댄 切莫摸象이니라 莫道見覺是며 亦莫道不是하라」
祖師云「菩提本無樹요 明鏡亦無臺라 本來無一物이거니 爭得染塵埃
리요」又云「道本無形相이니 智慧卽是道라 作此見解者가 是名眞般
若라하니」明眼人이 見象하면 得其全體라 如佛見性도 亦然이니라 全牛
者는 出《莊子》라 庖丁解牛에 未嘗見其全牛하고 順理而解하야 游刃이
自在라 更不須下手하고 纔擧目時에 頭角蹄肉이 一時自解了라 如是
十九年에 其刃利如新發於硎하니 謂之全牛라 雖然如此奇特이나 雪
竇道호대「縱使得如此라도 全象全牛與眼中瞖更不殊로다」「從來作
者共名摸라하니」直是作家라도 也去裏頭摸索不著이니라 自從迦葉으로
乃至西天此土祖師와 天下老和尙이 皆只是名摸라 雪竇直截道호대
「如今要見黃頭老아하니라」 所以道호대 要見卽便見이니 更要尋覓方
見하면 則千里萬里也라 黃頭老는 乃黃面老子也라 你如今要見가 刹
刹塵塵在半途로다 尋常道호대「一塵一塵刹이요 一葉一釋迦라하나니」
盡三千大千世界所有微塵을 只向一塵中見이라도 當恁麼時하야 猶在
半途라 那邊에 更有半途在오 且道在什麼處오 釋迦老子가 尙自不知
거니 敎山僧作麼生說得고

【평창번역】

"코끼리 전체와 소 전체를 본다 해도/ 눈병의 상태와 다름없다"고 했으
니 뭇 장님들이 코끼리를 만져 보면 제각각 말이 다른데 (이 이야기는 원
래)《열반경》에서 나온 말이다.

(어떤) 승이 앙산에게 물었다. "화상께선 사람들이 (찾아와) 선을 묻고 도를 물을라치면 즉시 일원상(一圓相)을 그리고 그 속에 '우(牛)' 자를 쓰시는데 그게 무슨 뜻입니까?"

앙산이 말했다. "이것은 뭐 굉장한 뜻이 있는 게 아니다."

만일 (이 뜻을) 안다면 (그것은 그대의) 밖에서 비롯되지 않았다. 만일 (이 뜻을) 모른다면 결코 알지 못할 것이다. 나 그대에게 묻노라. 여러 선원의 어르신네〔老宿〕들께서 그대의 몸 가운데 어느 것을 가리켜 그대 자신의 불성(佛性)이라 하던가. '말' 이 이것(佛性)인가, '침묵' 이 이것인가. '말도 아니요, 침묵도 아닌 것' 이 이것인가. '모든 것(말, 침묵, 말도 침묵도 아닌 것)' 이 이것인가. '모든 것' 이 이것이 아닌가. 그대들이 만일 '말' 을 이것이라 인정한다면 장님이 코끼리 꼬리를 더듬는 것과도 같다. 만일 '침묵' 을 이것이라고 한다면 장님이 코끼리 귀를 더듬는 것과도 같다. 만일 '말도 침묵도 아닌 것' 을 이것이라고 한다면 그것은 장님이 코끼리 코를 만지는 것과 같다. 만일 사물이 전부 이것이라고 한다면 그것은 장님이 코끼리의 네 발을 만지는 것과 같다. 그리고 만일 '모든 것' 이 이것이 아니라고 한다면 그것은 본래 코끼리를 근거로 해서 (아무것도 없다고 하는) 공견(空見, 허무)에 떨어져 있는 것이다. 이처럼 여러 장님들이 보는 것이 다만 (똑같은) 코끼리인데 그 위에서 이름과 형태의 차별(다름)이 있게 된 것이다. 그대들이 좋은 결과를 원한다면 제발 코끼리(의 여기저기)를 더듬지 마라. 보고 듣고 지각하는 것〔見聞覺知〕이 이것이라고 말하지 말며 또한 이것이 아니라고도 말하지 마라.

(그렇기에) 조사(祖師, 육조 대사)는 (이렇게) 말했다. "보리(菩提, 지혜)는 원래 나무가 없고/ 밝은 거울 또한 (거울)대에 없네/ 본래부터 한 물건도 없거니/ 어찌 먼지와 티끌에 물들겠는가."

(《육조단경》에서는) 또 (이렇게) 말했다. "'도(道)' 는 본래 형상이 없나니/ 지혜가 곧 '도' 그 자체네/ 이렇게 생각하는 것을/ 진정한 반야(般若, 지혜)라 부르네."

눈밝은(안목이 있는) 사람이 코끼리를 보면 (부분이 아닌) 그 전체를 본다. 부처의 성품〔佛性〕을 보는 것도 또한 이와 같다.

'소 전체〔全牛, 완전한 소〕'라는 말은 《장자(莊子)》에서 나온 말이다. ― 포정(庖丁)이란 사람은 소를 해체할 때 '소 전체'를 보지 않고 순리대로 해체해서 칼놀림이 자유자재했다. 다시 손을 쓰지 않아도 (소를) 보기만 하면 그 즉시 머리, 뿔, 발굽, 살점들이 일시에 저절로 해체돼 버렸다. 이같이 하기 19년, 그 칼날(소 잡는 칼)의 예리하기가 숫돌에서 새로 간 것과도 같았으니 이를 일러 '소 전체'라 일컫는다. 비록 이처럼 대단하다고 하더라도 설두는 (이렇게) 말하고 있다. "비록 이 같다 하더라도 코끼리 전체와 소 전체는 눈병이 난 상태에서 보는 것과 전혀 다를 바가 없다."

"저 모든 선지식들이 하나같이 그 이름뿐이라"고 (설두는 송에서 말)했으니 작가종사라 하더라도 또한 그 속(佛性)을 모색할 수가 없다. 가섭 존자로부터 비롯하여 인도와 중국의 역대 조사들과 천하의 노화상들이 모두가 다만 그 이름뿐이다. 설두는 (송의 제3구에서) 단도직입적으로 (이렇게) 말했다. "지금 여기서 '황두노(黃頭老, 부처)'를 보려 하는가." 그렇기에 (옛사람은 이렇게) 말했던 것이다. "보려면 즉시 봐라. 다시 찾고 (생각으로) 헤아려서 보려 한다면 천리만리의 격차가 나 버릴 것이다."

황두노(黃頭老)는 즉 '황면노자(黃面老子 = 부처)'를 말한다. 그대들이 지금 여기서 (황두노)를 보려 하는가. "이 모든 곳에서 부처를 보더라도 아직은 길 중간이다." 보통 말하길 "한 티끌 속에 하나의 세계가 있고/ 나뭇잎 하나가 (그대로) 한 분의 부처〔一塵一塵刹 一葉一釋迦〕"라 한다. 이 우주 전체에 있는 티끌을 다만 한 개의 티끌 속에서 볼 수 있다 하더라도, 이런 경지에 이르렀다 하더라도 아직은 길의 중간〔半途〕일 뿐이다. (그렇다면) 어느 곳에 (나머지) 반절의 길이 있는가. 자, 일러 보라. 어디에 있는가. 부처도 오히려 알지 못했거늘 산승(원오)으로 하여금 어떻게 무슨 말을 하라는 건가.

【평창해설】

 옛날 어느 현명한 왕이 장님들을 모아 놓고 코끼리를 만져 보라고 했다. 그런 다음 장님 하나하나에게 코끼리가 어떻게 생겼느냐고 물었다. 그러자 장님들은 제각기 자기가 만져 본 부위의 모양을 코끼리라고 했다. 즉 코끼리 다리를 만진 장님은 "코끼리는 기둥과 같다"고 말했다. 코끼리 배를 만져 본 장님은 "코끼리는 옹기와 같다"고 말했다. 그리고 코끼리 머리를 만져 본 장님은 "코끼리는 바윗덩이와 같다"고 말했다.
 이 이야기는《열반경》에 나오는 비유로서 사물 전체를 보지 못하고 어느 한 부분을 전체라고 고집하는 어리석음을 말하는 것이다.
 어떤 승과 앙산의 문답에서 앙산은 이 '장님 코끼리 만지는 비유'를 인용하고 있다. 이어서 평창은 육조의 게송과《육조단경》의 문구를 인용하고 있는데, 여기서 강조하고 있는 것은 부분이 아닌 전체를 간파하라는 것이다. 진정한 깨달음은 부분이 아닌 전체를 있는 그대로 볼 수 있을 그때 가능한 것이다.
 다음 '소 전체〔全牛〕'에 대한 말의 출처로서《장자(莊子)》(養生主篇)를 인용하고 있다.
 ―포정(庖丁)이란 사람이 19년 동안 소를 잡았는데 그는 마침내 소 잡는 도를 깨쳤다. 말하자면 그는 척 보기만 해도 소의 모든 것을(소 전체) 한 눈에 간파할 수 있었던 것이다. 이처럼 소 전체를 간파하고 코끼리 전체를 볼 수 있다 하더라도 도(道, 본래 자리)의 경지에 들기엔 아직 멀었다는 것이다.
 그 본래 자리는 그 누구도 알 수가 없다. 역대의 선지식들과 부처마저 그 본래 자리 앞에선 꿀 먹은 벙이 될 수밖에 없다. 왜냐하면 그 본래 자리는 언어와 사고의 접근을 용납지 않기 때문이다. 제아무리 심오한 철학적 사유를 한다 해도 그건 어디까지나 언어와 사유의 차원일 뿐이다. 이 우주 전체를 한 개의 먼지 속에 집어넣을 수 있다 하더라도, 이 한 개의 티끌 속에서 우주 전체를 속속들이 볼 수 있다 하더라도, 그리하여 풀 한 포기 나뭇잎 하나하나가 그대로 부처로 보인다 하더라도 벗이여, 그 본래 자리에 이르기엔 아직 멀었다. 자, 그렇다면 어찌해야 그 본래 자리에 이를 수 있겠는가. 여기 오직 체험만이 있을 뿐이니 머리가 아니라 가슴으로, 온몸으로 다가가라.

第 95 則
長慶有三毒
장경의 삼독에 대한 법문

【垂　示】

　垂示云「有佛處不得住니 住著頭角生이니라 無佛處急走過하라 不走過하면 草深一丈이라 直饒淨躶躶, 赤灑灑하야 事外無機하고 機外無事라도 未免守株待兔니라 且道總不恁麽댄 作麽生行履오 試擧看하라」

【수시번역】

　㉠ 부처가 있는 곳에 머물지 마라. (여기) 머물면 뿔이 난다. 부처가 없는 곳에서는 급히 달아나라. (만일) 달아나지 않는다면 풀이 한 길이나 자라게 될 것이다.
　㉡ 실오라기 하나 걸치지 않은 본래 모습이어서 '사물 외에 마음이 없고 마음 외에 사물이 없다〔心境不二〕'하더라도 어리석음을 면치 못하리라.
　㉢ 자, 일러 보라. 모두가 이렇지 않으면 어떻게 해야 하겠는가. 시험삼아 거론해 보자.

【수시해설】

세 마디로 되어 있다.

첫째 마디(㉠) : '부처'라는 생각〔有〕과 '부처 아니라'는 생각〔無〕에서 모두 벗어날 것을 권하고 있다.

둘째 마디(㉡) : 주관과 객관이 하나 된 경지〔心境一如〕에 이르렀다 하더라도 아직 번뇌망상의 차원을 벗어나지 못했음을 말하고 있다.

셋째 마디(㉢) : 첫째 마디와 둘째 마디를 초월한 것은 어떤 것인가. 본칙공안이야말로 그 좋은 본보기임을 강조하고 있다.

【本　　則】

〔本則〕擧　長慶有時云「寧說阿羅漢有三毒이언정(焦穀不生芽로다) 不說如來有二種語니라(已是謗釋迦老子了라)　不道如來無語라(猶自顚頂이니　早是七穿八穴이로다)　只是無二種語니라(周由者也[1]라　說什麼第三第四種고)　保福云「作麼生是如來語오」(好一掜이라　道什麼오)　慶云「聾人爭得聞이리요」(望空啓告요　七花八裂이라)　保福云「情知你向第二頭道라」(爭瞞得明眼人고　裂轉鼻孔이니　何止第二頭오)　慶云「作麼生是如來語오」(錯, 卻較些子라)　保福云「喫茶去하라」(領[2], 復云「還會麼아」蹉過了也로다)

【본칙번역】

장경(長慶)이 어느 때 (이렇게) 말했다. "차라리 아라한(阿羅漢)은 삼독(三毒)이 있다고 말할지언정

---

1) 周由者也 = 之乎者也(福本).
2) 領 = 謹(蜀本), 一(楊本). 領 ~ 麼(6字) = 須還會著(福本).

　　　　불에 탄 곡식은 싹이 나지 않는다.
부처에게 '두 가지 말(진실하지 않은 말)'이 있다고는 말하지 마라.
　　　　이미 부처를 비난했다.
(이는) 부처가 말이 없었다는 뜻이 아니라
　　　　아주 멍청하군. 이미 발기발기 찢어져 버렸다.
다만 '두 가지 말(진실하지 않은 말)'이 없었다는 뜻이다."
　　　　쓸데없는 말을 하고 있다. 왜 제3, 제4 종류를 들먹이고 있는가.
보복(保福)은 말했다. "어떤 것이 부처의 말〔如來語〕인가."
　　　　한 방 잘 먹였다. 뭐라 말하고 있는가.
장경이 말했다. "농인쟁득문(聾人爭得聞, 귀머거리가 어찌 들을 수 있겠는 가)."
　　　　아이고, 아이고. 산산조각이 나 버렸다.
보복이 말했다. "자네가 제2류의 입장에서 말했음을 알겠다."
　　　　어찌 눈밝은 이를 속일 수 있겠는가. (장경의) 콧구멍을 잡아 비틀었다. 어찌 제2류에 그치겠는가.
장경이 말했다. "어떤 것이 부처의 말〔如來語〕인가."
　　　　빗나갔다. 제법이군.
보복이 말했다. "끽다거(喫茶去, 차나 마시게)."
　　　　좋았어! (원오는) 다시 (이렇게) 말했다. "알겠는가." (이미) 어긋나 버리고 말았다.

【본칙과 착어해설】

　◎ "차라리 아라한(阿羅漢)은 삼독(三毒)이 있다고 말할지언정 부처에게 '두 가지 말(진실하지 않은 말)'이 있다고는 말하지 마라.　　장경의 말이다. 아라한(阿羅漢)이란 도를 깨쳐 최고의 경지에 이른 불교 수행자를 말한다. 모든 번뇌의 근원은 탐욕〔貪〕, 분노〔嗔〕, 어리석음〔癡〕의 세 가지다.

그래서 이 세 가지 근본적인 번뇌를 세 개의 독약(三毒)이라고도 한다. 이 세 개의 근본적인 번뇌를 모두 없애 버려야만 비로소 아라한의 경지에 이를 수 있다. 그러므로 이 아라한의 경지에 이른 사람에게는 삼독(三毒)이 있을 수 없다. 그런데 이 아라한의 경지에 이른 사람에게 '삼독이 남아 있다'고 말한다면 이건 정말 어불성설이다. 부처의 말은 모두 진실하다. 왜냐하면 그것은 진리의 말씀들이기 때문이다. 그러므로 부처의 말 속에는 결코 거짓이 있을 수 없다. 그럼에도 불구하고 부처의 말 속에 거짓이 있다고 말한다면 이건 정말 어불성설이 아닐 수 없다.

△ **불에 탄 곡식은 싹이 나지 않는다.** 일단 불에 타 버린 곡식은 아무리 물을 주고 거름을 뿌려도 거기 싹이 트지 않는다. 이처럼 번뇌를 뿌리째 태워 버린 저 아라한 성자에게는 다시는 번뇌의 싹이 트지 않는다.

△ **이미 부처를 비난했다.** 그러나 더 높은 차원에서 본다면 저 새 우는 소리, 바람소리, 물소리를 비롯하여 이 세상의 모든 소리들이 하나같이 부처의 광장설 아닌 게 없기 때문이다. 진실한 말이 부처의 말이라면 진실하지 않은 말 역시 부처의 말이다. 왜냐하면 이 세상 모든 말들이, 그 갖가지 소리들이 모두 부처의 바다에서 이는 크고 작은 파도들이기 때문이다.

◎ **(이는) 부처가 말이 없었다는 뜻이 아니라** 그러나 보다 더 높은 차원에서 본다면 그 많은 말을 했음에도 불구하고 부처는 단 한 마디도 하지 않았다. 왜냐하면 부처는 '나는 말을 하고 있다'는 생각이 전혀 없었기 때문이다. 말 속에 관념의 흔적이 없었기 때문이다.

△ **아주 멍청하군. ~ 찢어져 버렸다.** 이런 관점에서 본다면 '부처가 말을 했다'고 주장하는 장경이야말로 멍청하기 이를 데 없다고 할 수 있다. 부처의 말 없는 말씀을 장경은 지금 발기발기 찢어발기고 있다. 난장판을 만들고 있다.

◎ **다만 '두 가지 말(진실하지 않은 말)'이 없었다는 뜻이다."** "부처의 말은 이 모두가 진실뿐이다"라고 장경은 말하고 있다. 그러나 그는 몰랐

다. 진실을 들고 나오는 순간 거짓이 뒤따른다는 이 역설적인 현상을 장경은 전혀 몰랐던 것이다.

△ 쓸데없는 ~ 들먹이고 있는가.　　그러므로 장경은 쓸데없이 '진실 운운'을 들먹이고 있다. 생각해 보라. 부처에겐 두 가지 말도 없는데 세 가지 말, 네 가지 말이 과연 있을 수 있겠는가.

◎ "어떤 것이 부처의 말〔如來語〕인가."　　보복이 장경에게 던진 질문이다. '부처의 말이 진실 그 자체라면 도대체 어떤 것이 부처의 말인가' 라고 보복은 장경을 한 방 먹였다.

△ 한 방 ~ 말하고 있는가.　　보복의 일격은 정말 통쾌하기 이를 데 없다. 부처는 사람들을 가르치기 위해서 49년 동안 그 많은 말을 했음에도 불구하고 단 한 마디의 말도 한 일이 없다. 그런데 보복은 왜 '부처의 말'에 대해서 묻는 것인가.

◎ "농인쟁득문(聾人爭得聞, 귀머거리가 어찌 들을 수 있겠는가)."　　장경은 지금 보복을 형편없이 깎아내리고 있다. '너 따위 귀머거리가 어떻게 부처의 말을 들을 수 있겠느냐'고 호통을 치고 있다. ……그러나 벗이여, 이 대목은 장경 자신의 활구라는 이 사실을 누가 알 수 있겠는가. 활구를 마치 사구처럼 교묘하게 사용하고 있다는 이 사실을 누가 알겠는가. 장경은 지금 이 '농인쟁득문'을 통해서 부처의 말 전체를 그대로 드러내 보이고 있다.

△ 아이고, 아이고. 산산조각이 나 버렸다.　　장경은 좀더 박력 있게 나왔어야 한다. 그러나 이렇질 못하고 그만 한발 뒤로 물러선 자리에서 활구를 전개했다. 그래서 원오는 '아이고, 아이고' 하고 가슴을 치며 통탄해하고 있다. 장경의 말이 분명 활구는 활구인데 펄펄 살아 있는 활구가 아니라 산산조각이 나 버린 활구임을 어찌한단 말인가.

◎ "자네가 제2류의 입장에서 말했음을 알겠다."　　보복이 장경에게 한 말이다. 장경의 활구가 박진감이 없었기 때문에 보복은 이런 식으로 말한 것이다.

△ 어찌 눈밝은 ~ 그치겠는가.　　장경은 보복의 눈을 속일 순 없었다. 왜냐하면 보복은 이미 장경의 위장 전술을 속속들이 간파하고 있기 때문이다. 장경은 이제 보복의 사정권에서 벗어날 길이 없다. 냉정하게 본다면 장경은 비단 제2류에만 떨어진 게 아니다. 제3류, 제4류로 여지없이 추락해 버리고 말았다.

◎ "어떤 것이 부처의 말〔如來語〕인가."　　장경이 보복에게 던진 물음이다.

△ 빗나갔다. 제법이군.　　이쯤에서 장경은 보복을 기습적으로 공격했어야 한다. 그러나 그렇질 못하고 또다시 한발 뒤로 물러서서 질문을 던지고 있다. 아아, 화살은 이미 과녁을 빗나가 버리고 말았다. 그러나 이 정도라도 물을 줄 알았으니 싹수는 있다고 할 수 있다.

◎ "끽다거(喫茶去, 차나 마시게)."　　장경에게 대답한 보복의 말이다. '부처의 말'을 송두리째 드러내 보인 보복의 활구다.

△ 좋았어! ~ 어긋나 버리고 말았다.　　보복의 활구 전개는 거침이 없다. 자, 그렇다면 벗이여 보복의 이 활구를 간파할 수 있겠는가. 그러나 그러나 보복의 이 기찬 활구조차도 '부처의 말'이라는 이 과녁을 명중시키진 못했다. 그렇다면 도대체 어떤 것이 진정한 '부처의 말'인가. 간각하(看脚下, 발밑을 보라)!

【評　　唱】

〔評唱〕長慶, 保福이 在雪峰會下에 常互相擧覺商量이라 一日에 平常如此說話云「寧說阿羅漢有三毒이언정 不說如來有二種語라하니」梵語에 阿羅漢은 此云殺賊이니 以功能彰名이라 能斷九九八十一品煩惱하야 諸漏已盡하고 梵行已立하니 此是無學阿羅漢位라 三毒은 卽是貪嗔癡根本煩惱라 八十一品을 尙自斷盡커니 何況三毒이리오

【평창번역】

장경과 보복은 설봉의 문하에 있을 때 늘 서로가 서로를 깨우쳐 주기 위하여 (옛 공안들을) 논평하곤 했다. 그래서 어느 날도 평상시처럼 (장경은) 이런 식으로 (다음과 같이) 말했다.

"차라리 아라한은 삼독이 있다고 말할지언정 부처에게 '두 가지 말(진실하지 않은 말)'이 있다고는 말하지 마라."

범어(梵語, 산스크리트어)의 아라한(阿羅漢, Arahat)은 여기(중국)서는 '살적(殺賊, 번뇌의 적을 무찌른 자)'이라 하는데 (이는) 그 능력에 알맞게 명칭을 붙인 것이다. 81가지 번뇌를 끊어서 모든 번뇌가 다하고 청정한 독신 수행[梵行]이 확립됐으니 이것이 바로 '더 이상 배울 게 없는 아라한의 경지[無學阿羅漢位]'인 것이다. 삼독(三毒)은 곧 탐욕[貪], 분노[嗔], 어리석음[癡]이니 (이는 모든 번뇌의 근본인) '근본 번뇌'다. (아라한은 이처럼 삼독에서 파생된) 81가지의 번뇌를 모두 끊어 버렸거니 어찌 하물며 삼독을 끊지 못했겠는가.

【평창해설】

아라한(阿羅漢, Arahat)이란 최고의 수행 경지에 이른 불교 수행자를 말한다. 모든 수행이 끝났으므로 '더 이상 배울 게 없는 자[無學]' 또는 '번뇌의 적을 무찔러 버린 자[殺賊]'라는 뜻이다. 때문에 아라한의 경지에 이르게 되면 이제 더 이상 번뇌는 없다. 평창에서 '81가지[八十一品] 번뇌'라는 말을 하고 있는데 이 부분에 대한 약간의 보충 설명이 필요하다.

번뇌(煩惱)란 무엇인가. 그것은 우리의 본성을 가리는 구름과도 같은 것이다. 이 번뇌의 구름이 본성의 해를 가리고 있기 때문에 우린 영적인 어둠 속에서 방황하고 있는 것이다. 그러나 이 번뇌의 구름이 걷히는 순간 우린 더 이상 어둠 속을 헤매지 않게 된다. 빛 그 자체로서 살아가게 된다. 이 번뇌에는 이지적(理智的)인 번뇌와 감정적인 번뇌의 두 가지가 있는데 전자를 '견혹(見惑)', 후자를 '사혹(思惑)'이라 일컫는다. '견혹'을 다시 세분하면 88종류가 되며 '사혹'을 세분해 보면 81종류가 된다. 평창문에서의 '81가지〔八十一品〕 번뇌'란 바로 이 '사혹'을 가리킨 것이다. '견혹'은 이지적인 번뇌이기 때문에 어느 한순간에 그릇처럼 깨부숴 버릴 수가 있다. 그러나 감정적인 번뇌인 '사혹'은 그렇지가 않다. 마치 연근을 자르면 끈끈한 실 같은 액체가 자꾸 이어지듯 끊어도 끊어도 완전히 끊어지지가 않는다. 생각으론 분명히 그것을 하지 말아야 한다고 다짐하면서도 자꾸자꾸 그것을 하게 되는 것은 그것이 바로 이 감정적인 번뇌인 '사혹'에 연결돼 있기 때문이다. 그래서 평창에서 원오는 '사혹' 81가지만을 언급한 것이다. 그리고 이 '견혹'과 '사혹'이 일어나는 그 근본 뿌리는 탐욕〔貪〕, 분노〔嗔〕, 어리석음〔癡〕이다. 그래서 이 세 가지를 '모든 번뇌의 근본 뿌리〔根本煩惱〕'라고 하는 것이다. 이 탐진치를 보통 삼독(三毒)이라고 하는 것은 이 세 가지가 모든 번뇌를 불타오르게 하는 '세 가지 독약〔三毒〕'과도 같기 때문이다. 아라한의 경지는 이 삼독을 완전히 제거함으로써만 가능하다. 그런데 '아라한에게 아직도 삼독이 남아 있다'라고 말하는 것은 정말 어불성설이다.

```
        ┌─ 견혹(見惑, 이지적인 번뇌) = 88종 ─┐
번뇌 ─┤                                              ├─ ← 삼독(三毒 · 貪嗔癡)
        └─ 사혹(思惑, 감정적인 번뇌) = 81종 ─┘
```

【評　　唱】

長慶道호대「寧說阿羅漢有三毒이언정 不說如來有二種語라하니」大意는 要顯如來無不實語라 《法華經》云「唯此一事實이요 餘二則非眞이로다」又云「唯有一乘法하고 無二亦無三이라하니」世尊이 三百餘

會에 觀機逗敎하야 應病與藥하니 萬種千般說法이 畢竟無二種語라 他意到這裏하야는 諸人作麽生見得고 佛以一音演說法은 則不無어늘 長慶은 要且未夢見如來語在라 何故오 大似人說食이나 終不能飽라 保福이 見他平地上說敎하고 遂問「作麽生是如來語오」 慶云「聾人爭得聞이라하니」 這漢이 知他幾時在鬼窟裏作活計來也아 保福云 「情知你向第二頭道라하니」 果中其言이로다 卻問「師兄 作麽生是如來語오」 福云「喫茶去라하니」 鎗頭倒被別人奪卻了也라 大小長慶이 失錢遭罪라 且問諸人하노니 如來語還有幾箇오 須知恁麽見得하야사 方見這兩箇漢敗缺이라 子細檢點將來댄 盡合喫棒이나 放一線道하야 與他理會라

【평창번역】

　　장경이 말하길 "차라리 아라한은 삼독이 있다고 말할지언정 부처에게 '두 가지 말(진실하지 않은 말)'이 있다고는 말하지 마라" 했으니 그 뜻은 부처에게는 진실하지 않은 말이 없다는 것을 밝히려고 한 것이다.
　　《법화경》에서는 (이렇게) 말했다. "오직 이 하나의 사실(이 있을) 뿐이요, 나머지 둘(이 있다면 그것)은 곧 진실이 아니다."
　　(《법화경》에서는) 또 (이렇게) 말했다. "오직 유일한 진리〔一乘法〕가 있을 뿐이니 둘도 없고 또한 셋도 없다."
　　부처가 300여 회에 걸쳐 사람들의 수준에 맞게 가르침을 펴면서 그 병에 따라 (거기 맞는) 약을 줬으니 수만 가지의 가르침이 결국은 (모두) 진실하지 않은 말은 없다. 저(부처)의 뜻이 여기(진실하지 않은 말이 없는 경지) 이르렀으니 여러분은 어떻게 (이 뜻을) 알 수 있겠는가.
　　부처가 한 음성〔一音〕으로 설법한 것은 사실이나 장경은 결국 부처의 설법을 꿈속에서조차 깨닫지 못했다. 왜냐하면 입으로 밥에 대하여 말한다고 해서 배가 불러지는 것은 아닌 것과 같기 때문이다. 보복은 저(장경)

가 상식적인 말을 하고 있는 것을 보고는 (이렇게) 물었다. "어떤 것이 부처의 말[如來語]인가?"

장경이 말했다. "농인쟁득문(聾人爭得聞, 귀머거리가 어찌 들을 수 있겠는가)."

(―이라고 했으니) 이 친구가 어느 때라야 비로소 번뇌망상을 피우고 있다는 것을 알겠는가. 보복은 "자네가 제2류의 입장에서 말했음을 알겠다"고 했으니 과연 그 말이 적중했다. (그래서 장경은) 다시 물었다. "사형, 어떤 것이 부처의 말[如來語]입니까?" 보복은 "끽다거(喫茶去, 차나 마시게)"라 했으니 (장경은) 되려 창을 다른 사람(보복)에게 뺏겨 버린 꼴이 되고 말았다. (이렇게 하여) 별 볼일 없는 장경은 돈 잃고 쇠고랑을 찬 꼴이 되었다. (그렇다면) 자, 여러분께 묻노니 '부처의 말'이 (도대체) 몇 개(몇 가지)나 있는가. 이런 식으로 간파해야만 하나니 그래야만 비로소 이 두 사람의 낭패를 알 수 있을 것이다. 자세히 점검해 본다면 (이 두 사람) 모두가 봉(棒)을 맞아야 하나 (보복은) 하나의 암시를 줘서 저(장경)로 하여금 (그 참뜻을) 알도록 했다.

【평창해설】

장경이 강조하고자 하는 바는 '부처의 말은 모두 진실하다'는 것이다. 부처는 깨달음을 얻은 후 입멸할 때까지 49년 동안 300여 회에 걸쳐 각기 다른 계층의 사람들에게 각기 다른 식으로 말을 했다. 그러나 부처의 근본 뜻은 각기 다른 이 사람들을 모두 깨닫게 하고자 하는 것이었다. 그러므로 부처의 말은 모두 간절하기 이를 데 없고 진실하기 그지없다고 할 수 있다. 그러나 한 차원 높이 본다면 장경은 아직도 부처의 말을 이해하지 못하고 있다. 왜냐하면 진실한 부처의 말은 '진실하다'는 이 '진실'마저 초월했기 때문이다. 진실이 진실 이상일 때 비로소 진실이 되기 때문이다. 보복은 장경이 지금 상식적인 말을 하고 있다는 것을 알아차렸다. 그래서 이렇게 기습 공격을 했다. "(그렇다면) 어떤 것이 '부처의 말'인가." 보복의 이 물음에 장경은 "농인쟁득문(聾人爭得聞)"이라고 대답했다. 우선 장경의 이 대답이 활구라는 사실을 알자. 그런데 장경의 이 활구에는 박진감이 없다. 그래서 보복은 이렇게 장경의 배후를 쳤다. "자네가 제2류의 입장에서 말했음을 알겠다." 그러자 장경은 예상대로 보복의 올가미에 걸려들어 버렸다. "(사형) 어떤 것이 '부처의 말'입니까"라고 되물었다. 그러자 보복은 "끽다거(喫茶去)"라고 말했다. 이 싸움에서 선제공격을 한 것은 장경 쪽이었다. 그러나 결국 장경은 자신의 창을 보복에게 뺏겨 버린 꼴이 되어 버리고 말았다. 자, 그렇다면 벗이여 부처의 말이 도대체 몇 가지나 되겠는가. 부처는 단 한 마디도 단 한 글자도 말한 바가 없다는 것을 알아야 한다. 이 두 사람(장경과 보복)은 결국 부처의 말에 초를 친 꼴이 되고 말았다. 그러나 보복 쪽이 장경 쪽보다 더 박진감이 있다는 것을 인정해 줘야 한다.

【評　唱】

有底云「保福道得是요 長慶道得不是라하나니」 只管隨語生解하야 便道有得有失이나 殊不知古人如擊石火, 似閃電光이로다 如今人은 不去他古人轉處看하고 只管去句下走하야 便道호대「長慶이 當時不便用이라 所以落第二頭요 保福云喫茶去는 便是第一頭라하나니」 若只恁麽看인댄 到彌勒下生이라도 也不見古人意니라 若是作家댄 終不作這般見解하고 跳出這窠窟하야 向上自有一條路니라 你若道호대 聾人爭得聞이 有什麽不是處며 保福云喫茶去가 有什麽是處오하면 轉沒交涉이니라 是故道호대 他參活句하고 不參死句하라하나니 這因緣은 與徧身是, 通身是因緣으로 一般이니 無你計較是非處라 須是你脚跟下가 淨躶躶地니 方見古人相見處라 五祖老師云「如馬前相撲相似하야 須是眼辨手親이니라」 這箇公案을 若以正眼觀之컨대 俱無得失處에

辨箇得失하며 無親疎處에 分箇親疎³⁾니 長慶也須禮拜保福始得이니라 何故오 這箇些子, 巧處를 用得好하야 如電轉星飛相似라 保福이 不妨牙上生牙하고 爪上生爪로다 頌云

【평창번역】

어떤 이는 말하길 "보복의 말은 옳고 장경의 말은 틀렸다"고 한다. (그러나 이런 식으로) 오로지 말에 따라 분별심을 내어서 '득(得)'이 있고 '실(失)'이 있다고 말하나 저 옛사람(장경과 보복)의 경지가 전광석화와 같다는 것을 전혀 모르고 있다. 지금 사람들은 저 옛사람의 전환처를 보지 못하고 오로지 말을 쫓아서 (다음과 같이) 말하고 있다.

"장경은 그 당시 (말을) 잘 사용하지 못했기 때문에 제2류에 떨어진 것이요, 보복이 말한 '끽다거'는 (이것이야말로) 제1류이다."

그러나 만일 이런 식으로 안다면 미륵불이 출현하더라도 옛사람의 참뜻을 알지 못할 것이다. 만일 작가종사라면 이런 식의 견해를 갖지 않을 것이다. 언어의 이 굴레에서 벗어나 (깨달음으로 가는) 절대적인 한 가닥 길이 있을 것이다. (그러나) 그대들이 만일 (다음과 같이) 말한다면 전혀 빗나가 버렸다는 것을 알아야 한다. "(장경의) '농인쟁득문'이 무슨 옳지 않은 곳〔不是處〕이 있으며 보복이 말한 '끽다거'가 무슨 옳은 곳〔是處〕이 있단 말인가."

그러므로 (옛사람은 이렇게) 말했던 것이다.

"저 활구(活句)를 참구하고 사구(死句)를 참구하지 마라."

이 인연(본칙공안)은 ('제89칙'의 송) '편신시 통신시(偏身是 通身是)' 인연과 그 뜻이 같나니 그대들이 이치로써 따지고 시시비비를 가릴 수 없

---

3) 處辨 ~ 親疎(13字) = 却於無得失處辨箇得失 無親疎處分箇親疎(蜀本), (← 是非 却於無得失處 辨箇得失 分箇親疎(福本).

는 곳이다. 그대들의 발밑이(그대들 자신이) 실오라기 하나 없어야 하나니 그래야만 비로소 옛사람(장경·보복)의 상견처(相見處)를 깨달을 수 있을 것이다. 오조(오조법연) 노사(老師)는 (이렇게) 말했다. "서로가 정면으로 마주쳐 버린 것과 같아서 척 보면 알아차리고 그 일을 처리하는 데 능수능란하지 않으면 안 된다." 이 공안을 올바른 안목으로 살펴본다면 (두 사람) 모두 득실(得失)이 없는 곳에서 득실을 가리며 친소(親疏)가 없는 곳에서 친소를 구분하고 있다. (그러나) 장경은 보복에게 절을 해야만 한다. 왜냐하면 (보복은) 이것(本分 자리)을 교묘하게 사용하여 (그 수법이) 마치 전광석화와도 같았기 때문이다. (이처럼) 보복은 어금니 위에 어금니가 돋아나고 손톱 위에 손톱이 돋아난 아주 대단한 사내였다.

(설두는) 송에서 이렇게 읊었다.

【평창해설】

그러나 '장경의 말은 틀렸고 보복의 말은 옳다'는 식으로 분별심을 내어 이 두 사람을 평한다면 이건 맞지 않다. 이 두 사람의 활구 전개 방식을 모르고 사구적인 입장에서 한 논평이기 때문이다. 본칙에서 장경과 보복의 활구 전개 방식은 '제89칙' 공안에서의 운암과 도오의 활구 전개 방식과 닮은 곳이 있다. 오조 선사의 말처럼 본칙공안에서의 장경과 보복의 활구를 간파하기 위해선 척 보면 그냥 알아 버려야만 한다. 마치 두 적장이 말 위에서 서로 마주친 것과 같아서 여기 도무지 생각이 끼어들 틈이 없다. 상대의 목을 베지 않으면 그냥 내 목이 날아갈 판이다. 장경과 보복은 지금 절대 활구의 경지에서 마치 우열이 있고 높낮이가 있는 것처럼 연기를 하고 있다. 그러나 연기라는 이 관점에서만 본다면 보복이 단연 장경을 앞지르고 있다. 왜냐하면 보복은 아주 박진감 있고 당당하게 활구를 전개하고 있기 때문이다.

【頌】

〔頌〕頭兮第一第二여(我王庫中無如是事라 古今榜樣이니 隨邪逐惡作什麼오) 臥龍不鑒止水라(同道方知로다) 無處有月波澄하고(四海孤舟獨自行이라 徒勞卜度이라 討什麼椀고) 有處無風浪起로다(嚇殺人이로다 還覺寒毛卓豎麼아 打云「來也로다」) 稜禪客, 稜禪客이여(勾賊破家라 鬧市裏莫出頭하라 失錢遭罪로다) 三月禹門遭點額이로다(退己讓人이니 萬中無一이라 只得飮氣呑聲이로다)

【송번역】

제1류, 제2류여
    이런 일은 원래부터 없었다. 예로부터 변치 않는 하나의 표본이다. 지나친 농담을 해서 어쩔 셈인가.
살아 있는 용[臥龍 = 活龍]은 고인 물에 나타나지 않네
    지음인(知音人)만이 서로를 안다.
없는 곳엔 달빛이 물결에 젖고
    저 바다에 조각배 홀로 간다. 피곤하게 지레짐작만 하고 있다. (끼니때가 지났는데) 웬 그릇을 찾고 있는가.
있는 곳엔 바람 없이 파도가 이네
    사람을 놀라게 한다. 머리털이 곤두서는 걸 느끼겠는가. (원오는 선상을) 치며 말했다. "(산 용이) 오고 있다."
능선객, 능선객이여
    도적을 끌어들여 집안 망했다. 시장바닥에서 모습을 드러내지 마라. 돈 잃고 쇠고랑을 찬다.
삼월의 용문에서 낙방을 먹었네
    자신이 물러나고 (대신 그 자리를) 남에게 양보하는 이는 만 명 중에 단 한

명도 없다. 말문이 꽉 막혀 버렸군.

【송과 착어 해설】

◎ 제1류, 제2류여   "자네가 제2류의 입장에서 말했음을 알겠다"라고 한 보복의 말을 읊은 대목이다. '제1류, 제2류'라는 보복의 말에 붙잡힌다면 보복의 참뜻을 알 수 없다는 것을 강조하는 시구다.

△ 이런 일은 ~ 없었다.   제1류라느니 제2류라느니…… 이런 식의 등차는 원래부터 있는 게 아니다.

△ 예로부터 ~ 표본이다.   보복의 대답(활구)은 그 본래 자리를 드러낸 하나의 본보기다. 영원히 변치 않는…….

△ 지나친 ~ 어쩔 셈인가.   원오는 '제2류'라고 말한 보복을 일러 '지나친 농담을 하고 있다'고 내리누르고 있다. 그러나 내심으로는 보복을 치켜올리기 위한 반어적인 표현이다.

◎ 살아 있는 용(臥龍 = 活龍)은 고인 물에 나타나지 않네   '제1류, 제2류'라는 식의 이런 사구(고인 물)를 통해선 보복을 알 수가 없다. 그것은 마치 살아 있는 용은 고인 물에 살지 않는 것과도 같다.

△ 지음인(知音人)만이 서로를 안다.   설두는 보복의 참뜻을 아주 잘 간파했다는 말이다.

◎ 없는 곳엔 달빛이 물결에 젖고   장경의 박진감 없는 활구('농인재득문')를 읊은 대목이다. 그것은 마치 용이 없는데 달빛만이 물결에 젖는 것과도 같다.

△ 저 바다에 ~ 홀로 간다.   파도 한 점 일지 않는 저 망망대해에 조각배 한 척 홀로 가고 있다. 그렇듯 장경의 활구는 너무나 고요하기만 하다.

△ 피곤하게 ~ 찾고 있는가.   그러나 보복의 경지는 지레짐작으로 불가능하다. 보복은 절대로 고인 물(죽은 물)에는 살지 않는다. 그러므로

고인 물에서 보복을 찾는 것은 끼니때가 지났는데 밥그릇을 찾고 있는 것과도 같다.

◎ 있는 곳엔 바람 없이 파도가 이네　　보복의 활구('꺽다거')를 읊은 대목이다. 보복은 살아 있는 용과도 같다. 이 살아 있는 용이 깃든 물에선 바람 한 점 없는데도 큰 파도가 인다. 그러므로 결코 고여서 썩는 일은 없다.

△ 사람을 ~ 느끼겠는가.　　보복의 활구는 박진감이 넘치기에 신선한 충격이 아닐 수 없다. 그 충격이 우리를 놀라게 한다. '머리털이 곤두선다'는 원오의 표현은 좀 과장이 심하다.

△ (원오는 ~ 오고 있다."　　살아 있는 용은, 보복은 지금 어디 있는가. 벗이여, 내 말 들리는가. 내 말 들리는 바로 거기에 있다. 쾅! 소리 들리는 바로 여기에 있다.

◎ 능선객, 능선객이여　　장경을 두고 읊은 구절이다. 장경혜릉(長慶慧稜)의 끝자인 '릉(稜)'에다 '선객(禪客)'을 붙여 '능선객'이라 부르고 있다.

△ 도적을 ~ 집안 망했다.　　장경은 결국 보복이라는 이 도적을 끌어들여 패가망신한 꼴이 되고 말았다.

△ 시장바닥에서 ~ 드러내지 마라.　　장경처럼 조용한 사람은 살아 굽이치는 이 시장바닥이 맞지 않는다. 역동적인 이 삶에 어울리지 않는다. 그저 모범생적인 삶으로 만족해야만 한다.

△ 돈 잃고 쇠고랑을 찬다.　　장경은 너무 많은 것을 잃어버렸다. 그것은 마치 돈을 잃고 게다가 쇠고랑을 찬 격이다.

◎ 삼월의 용문에서 낙방을 먹었네　　삼월 삼짇날 고기들은 용문의 삼단폭포를 거슬러 올라가 용이 되어 등천한다. 그러나 이 삼단폭포를 거슬러 오르지 못한 고기들은 떨어져 모래펄에 머리를 처박는다고 한다. 장경은 지금 보복에게 한 방 얻어맞고는 용문의 이 추락하는 고기처럼 여지없이 낙방해 버렸다.

△ 자신이 물러나고 ~ 단 한 명도 없다.　박력 없는 장경을 두고 반농담조로 읊은 구절이다. 우린 예서 심술꾸러기 원오를 엿볼 수 있다.

△ 말문이 꽉 막혀 버렸군.　장경을 읊은 대목이다. 보복에게 한 방 얻어맞고 낙방을 해 버리고 말았으니 이에 더 할 말이 있겠는가.

피 흘려 울어 봤자 소용없으니
입 다물고 남은 봄날 보내는 게 보다 나으리.
(啼得血流無用處　不如緘口過殘春)

【評　唱】

〔評唱〕「頭兮第一第二라하니」人只管理會第一第二댄 正是死水裏作活計라 這箇機巧를 你只作第一第二會하면 且摸索不著在하리라 雪竇云「臥龍不鑒止水라하니」死水裏豈有龍藏이리오 若是第一第二댄 正是止水裏作活計라 須是洪波浩渺하고 白浪滔天處라야 方有龍藏이니라 正似前頭云「澄潭不許蒼龍蟠이라」不見道 死水不藏龍이로다 又道호대 臥龍長怖碧潭淸이로다 所以道호대 無龍處有月波澄하고 風恬浪靜하며 有龍處無風起浪이라하니 大似保福道「喫茶去가」正是無風起浪이로다 雪竇到這裏하야 一時에 與你打疊情解頌了也라 佗有餘韻하야 敎成文理라 依前就裏頭하야 著一隻眼하니 也不妨奇特이로다 卻道호대「稜禪客, 稜禪客이여 三月禹門遭點額이라하니」長慶이 雖是透龍門底龍이나 卻被保福驀頭一點이로다

【평창번역】

"제1류, 제2류여"라 했으니 사람들이 오로지 제1류, 제2류 식으로 이해한다면 이것이 바로 죽은 물(고인 물)속에서 망상을 피우고 있는 것이다.

이 격외구(格外句, 보복의 '끽다거')의 교묘함을 그대들이 오로지 제1류, 제2류 식으로 이해한다면 그 참뜻을 전혀 알 수 없을 것이다. 설두는 말하길 "살아 있는 용〔臥龍 = 活龍〕은 고인 물에 나타나지 않는다"고 했으니 죽은 물〔死水, 고인 물〕속에 어찌 용이 깃들겠는가. 만일 제1류, 제2류 식으로 이해하고 있다면 이것이 바로 죽은 물속에서 번뇌망상을 피우고 있는 것이다. 큰 물결이 아득하고 흰 파도가 하늘을 넘어야만 하나니 그런 곳이라야 비로소 용이 깃든다.

(송의 제2구는) 앞('제18칙'의 '송')에서 말한 "고요한 못에는 용이 서리지 않는다"고 한 것과 그 뜻이 같다. (그리고) 다음의 말('제20칙')을 그대는 익히 알고 있을 것이다. "고인 물에는 용이 깃들지 않는다〔死水不藏龍〕." 또 ('제18칙' 송의 평창에서 용아는 이렇게) 말했다. "산 용은 푸른 못의 그 푸름을 두려워하네〔臥龍長怖碧潭淸〕."

그러므로 (옛사람은 또 이렇게) 말했다.

"용이 없는 곳에선 달빛이 물결에 젖어 바람과 물결이 자지만/ 용이 있는 곳에선 바람 없이 파도가 인다."

보복이 말한 "끽다거(喫茶去)"가 이와 같나니 이것이 바로 '바람 없이 파도가 이는 소식'이다. 설두는 여기 이르러 일시에 그대들을 위해서 정해(情解, 번뇌망상)를 해결하고 송을 끝마쳐 버렸다. (그러나) 저(설두)는 남은 흥〔餘興〕이 있어서 (송의 제5구와 제6구의) 문장을 읊고 있다. 여전히 이 속(本分 자리)에는 (작가종사로서의) 안목이 분명하니 정말 대단하다고 말하지 않을 수 없다. 그래서 (설두는 이렇게) 말했던 것이다. "능선객, 능선객이여/ 삼월의 용문에서 낙방을 먹었네."

장경이 비록 용문을 통과한 용이긴 하나 되려 보복에게 정통으로 한 방 얻어맞았던 것이다.

【평창해설】

　보복의 활구('끽다거')야말로 살아 굽이치는 소식이다. 그것은 마치 '살아 있는 용이 깃든 물은 바람이 없는데도 세차게 파도 이는 것'과도 같다. 이에 비하면 장경은 용문의 삼단폭포를 거슬러 오르다가 보복에게 한 방 얻어맞고 낙방을 먹은 꼴이 되고 말았다. 그러나 이것은 어디까지나 즉흥적인 연기에 지나지 않는다. 사실 보복이나 장경이나 모두들 활구를 체험한 선지식들이다. 이 선지식들이 지금 한 사람은 주연이 되고 또 한 사람은 조연이 되어 이기고 지는 연기를 하고 있다. 그러므로 송과 평창의 말들을 곧이곧대로 이해해선 안 된다. 송과 평창의 말대로라면 보복은 살아 있는 용이요, 장경은 죽은 용이다. 그러나 이건 겉으로 보기에 그렇다는 말이지 사실이 그렇다는 뜻은 아니다. 벗이여, 그대 스스로가 본칙공안의 활구들('농인쟁득문', '끽다거')을 간파하는 순간 이를 분명히 알게 될 것이다.

第 96 則
趙州三轉語
조주의 세 마디 말

【本　　則】

〔本則〕擧 趙州示衆三轉語하다(道什麽오 三段不同이로다)

【본칙번역】

'깨달음에 이를 수 있는 세 마디 말〔三轉語〕'을 조주는 대중들에게 보였다.

　　뭐라고 하는가. 세 마디 말이 똑같지 않다.

【본칙과 착어해설】

◎ '깨달음에 이를 수 있는 세 마디 말〔三轉語〕'을 조주는 대중들에게 보였다.　　본칙공안은 아주 특이하다. 조주의 삼전어(三轉語)는 전혀 없고 단지 조주가 삼전어를 했다는 기록만을 남기고 있다. 조주의 삼전어는 이 뒤에 나오는 세 개의 송 첫 구절에 언급되어 있다. 그렇다면 조주의 삼전어란 무엇인가.《조주록》의 다음 문장을 설두가 임의대로 간추려서 '삼전

어'라 이름 붙인 것이다.

> 무쇠 부처, 용광로를 건너가지 못하고〔金佛不渡鑪〕
> 나무 부처, 불을 건너가지 못하고〔木佛不渡火〕
> 진흙 부처, 물을 건너가지 못하지만〔泥佛不渡水〕
> 진짜 부처는 내 안에 앉아 있네〔眞佛內裡坐〕.

설두는 조주의 이 문장 가운데 맨 끝 대목인 "진짜 부처는 내 안에 앉아 있네〔眞佛內裡坐〕"를 삭제해 버렸다. 그런 다음 앞의 세 문장을 그것도 제멋대로 순서를 바꿔서 송의 첫 구절로 인용한 다음 이것을 조주의 '삼전어'라고 이름 붙이고 있다.

△ 뭐라고 하는가. ~ 똑같지 않다.　원오는 지금 조주의 삼전어 자체를 공격하고 있다. 왜냐하면 이 역시 사족에 지나지 않기 때문이다. 다음에 드는 삼전어는 세 마디 말이 똑같지 않아 보인다. 그러나 속뜻은 똑같다.

【評　　唱】

〔評唱〕趙州示此三轉語了하고 末後卻云「眞佛屋裏坐라하니」這一句가 忒煞郎當이로다 他古人이 出一隻眼하야 垂手接人에 略借此語하야 通箇消息은 要爲人이라 你若一向에 正令全提댄 法堂前草深一丈하리라 雪竇嫌他末後一句漏逗라 所以削去하고 只頌三句라 泥佛若渡水하면 則爛卻了也요 金佛若渡鑪中하면 則鎔卻了也요 木佛若渡火하면 便燒卻了也라 有什麼難會리요 雪竇一百則頌古가 計較葛藤이나 唯此三頌이 直下有衲僧氣息이라 只是這頌이 也不妨難會로다 你若透得此三頌하면 便許你罷參하리라

【평창번역】

　조주는 이 세 마디 말(三轉語)을 하고 나서 끝에 가서 또 이르길 "진불옥리좌(眞佛屋裏坐, 진짜 부처는 집(내) 안에 앉아 있네)"라 했으니 이 한 구절이 아주 형편없다. 저 옛사람(조주)이 (자신만의) 독특한 안목으로 사람들을 지도함에 있어서 이 (세 마디) 말을 빌려서 (본래 자성 부처의) 소식에 통하게 한 것은 사람들을 깨우쳐 주기 위해서였다. (그러나) 만일 그대들에게 원리원칙대로만 한다면 법당 앞에 풀이 한 길이나 자랄 것이다. 설두는 저 끝(조주 '삼전어' 후반부)의 형편없는 한 구절('眞佛屋裏坐')을 싫어했다. 그래서 (그 구절을) 삭제해 버리고 다만 세 구절만을 송했다.

　진흙으로 만든 부처(泥佛)가 만일 물을 건너게 되면 (물에 젖어) 부서져 버린다. 쇠로 만든 부처(金佛)가 만일 용광로를 건너가게 되면 (모두) 녹아 버리고 만다. 나무로 만든 부처(木佛)가 만일 불을 건너가게 되면 다 타 버리고 만다.

　(그러니 이 세 마디 말에) 무슨 알기 어려운 뜻이 있단 말인가. 설두의《벽암록》100칙 송고(頌古, 공안에 대한 시)는 (그 대부분이) 언어로 온갖 기교를 부린 것이었다. (그러나) 오직 (본칙의 송인) 이 세 개의 송(頌)만이 수행자다운 기상에 넘치고 있다. (그러나) 이 (세 개의) 송은 그 참뜻을 간파해 내기가 쉽지 않다. 그대들이 만일 이 세 가지 송의 참뜻을 간파한다면 그대들은 수행을 완성했으므로 더 이상 스승의 지도를 받을 필요가 없다.

【평창해설】

　앞서 말했듯 "진짜 부처는 집(내) 안에 앉아 있네(眞佛屋裏坐.《조주록》의 '內裡'가《벽암록》에는 '屋裏'로 되어 있다. 그러나 뜻은 같다)"라는 대목을 설두는 삭제해 버렸다. 왜냐하면 이 대목은 너무 냄새가 나기 때문이다. 너무나 상투적인 문구이기 때문이다. 그래서 원오도 "이 한 구절이 아주 형편없다"고 맞장구를 치고 있다. 조주의 말뜻은 전혀 어려울 게 없다. '진흙으로 빚은 부처〔泥佛〕를 물속에 넣게 되면 뭉개져 버린다. 무쇠로 제조한 부처〔金佛〕는 용광로에 다시 집어넣으면 다 녹아서 그 형체가 없어져 버린다. 그리고 나무로 깎아 만든 부처〔木佛〕는 불 속에 집어넣으면 재가 되어 버리고 만다'는 말은 너무나 당연하다.

여기 더 이상의 뜻도 더 이하의 뜻도 없다. 말 그대로일 뿐이다. 그러나 문제는 이 뒤에 나오는 설두의 송이다. 조주는 아주 직설적으로 말했기 때문에 그 뜻이 명백했다. 그러나 설두는 조주의 이 직설을 암시적으로 한번 굴려서 송의 첫 구절로 재인용하고 있다. 자, 그렇다면 설두는 도대체 어떤 식으로 조주의 말을 굴리고 있는가.

【頌】

〔頌〕泥佛不渡水여(浸爛鼻孔이요 無風起浪이라) 神光照天地라(干他什麽事오 見兎放鷹이로다) 立雪如未休댄(一人傳虛에 萬人傳實이라 將錯就錯이니 阿誰曾見你來오) 何人不雕僞리요(入寺看額하라 二六時中走上走下是什麽오 闍黎便是라)

【송번역】

진흙 부처〔泥佛〕, 물을 건너지 못함이여
    콧구멍이 젖어 뭉개졌다. 바람 없는데 물결이 인다.
신광(神光)이 온누리를 비추네
    무엇 때문에 저(二祖神光)를 간섭하는가. 토끼가 달아나는 걸 보고 매를 풀어 놓는다.
만일 입설단비(立雪斷臂)를 통해서 깨닫지 않았더라면

원래 사실무근인 것이 최초의 한 사람으로부터 많은 사람들에게 전승되고 있는 동안에 엄연한 사실로 둔갑해 버렸다. 실수를 역이용하고 있다. (도대체) 누가 그(二祖)를 봤단 말인가.

그 누군들 흉내내지 못했겠는가
　　절에 들어가선 (먼저 그 절의) 현판을 봐야 한다. 온종일 설쳐 대는 (무리들은) 뭣인가. 설두 자네 또한 이런 부류다.

【송과 착어 해설】

　◎ 진흙 부처(泥佛), 물을 건너지 못함이여　　조주의 말을 그대로 송의 첫 구절로 인용하고 있다.

　△ 콧구멍이 ~ 물결이 인다.　　진흙으로 빚은 부처가 물을 건너게 되면 물에 젖어 콧구멍 뭉개져 버리고 만다. 조주는 지금 누구나 다 아는 사실을 굳이 거론하고 있다. 그래서 원오는 "바람 없는데 물결이 인다"라고 말하고 있다.

　◎ 신광(神光)이 온누리를 비추네　　신광(神光)이란 무엇인가. '본래 자리의 빛'을 말한다. 시작도 끝도 없는 그 둥근 빛을 말한다. 부처가 보리수 밑에서 새벽별을 보고 깨달은 것도 이 신광(神光)이요, 삼세의 모든 부처들과 조사들이 법(法)을 전해 주고 전해 받는 그것도 이 신광이다. 그리고 이조 혜가가 입설단비(立雪斷臂)를 통해서 깨달은 것도 이 신광이다. 이 신령스런 빛의 힘이다. 이조 혜가(二祖慧可)의 원이름은 신광(神光)이다. 그래서 설두는 이 송의 두 번째 구절에서 이조의 일을 언급하고 있다. 본래적인 빛(神光)에서 → 이조의 고사로 방향전환을 하고 있는 설두의 시구를 보라. 정말 굉장한 언어의 구사력이다.

　△ 무엇 때문에 ~ 간섭하는가.　　이조는 이조고 나(원오)는 난데 설두여, 자넨 무엇 때문에 굳이 이조의 일을 들먹이고 있는가.

　△ 토끼가 ~ 풀어 놓는다.　　설두의 이 제2구는 조주의 말인 제1구에

딱 들어맞는 시구다. 그것은 마치 토끼가 달아나는 것을 보자마자 즉시 그 토끼를 잡으려고 매를 풀어 놓는 그것과도 같다.

◎ **만일 입설단비(立雪斷臂)를 통해서 깨닫지 않았더라면**   이조신광(神光 → 慧可)은 달마 대사를 찾아가 도를 물었다. 밤새도록 뜰 밑에 서 있었으므로 눈이 허리까지 쌓였는데도 달마는 묵묵부답이었다. 그래서 이조는 자신의 왼팔을 잘라서 달마에게 바쳤다. 그리하여 마침내는 달마의 제자가 되어 큰 깨달음을 얻었다. 달마의 법을 이어 중국 선종의 제2조가 됐다.

이조가 눈 위에 서서 자신의 왼팔을 잘라 달마에게 바친 이것을 후세사람들은 '입설단비(立雪斷臂)'라 불렀던 것이다. 만일 이조가 이 입설단비의 고통을 통과하지 않았더라면 어찌됐겠는가. '깨달음'이란 대가는 주어지지 않았을 것이다. 이처럼 깨달음을 체험하기 위해선 누구라도 예외 없이 이 입설단비식의 죽었다가 다시 살아나는 고통의 대가를 치러야 한다. 산모의 고통을 치르지 않고는 깨달음의 아기는 절대로 태어나지 않는다는 이 사실을 우린 명심해야 한다.

원문의 '여미휴(如未休)'는 '만일〔如〕 깨닫지 않았더라면〔未休〕'이라고 해석해야 한다. 여기서의 '휴(休)'는 '푹 쉰다〔休歇〕'는 말로서 '깨달음〔悟〕'을 뜻하기 때문이다.

△ **원래 사실무근인 것이 ~ 봤단 말인가.**   그러나 본질적인 입장에서 본다면 입설단비는 사족이다. 왜냐하면 본래부터 그것은 내 안에 있기 때문이다. 아니 내가 그 안에서 살아가고 있기 때문이다. 맨 처음에 한 사람이 거짓말을 하자 그 거짓말이 세대에서 세대로 전해 내려오는 동안 엄연한 진짜 말로 둔갑을 해 버렸다. 생각해 보라. 여러분 가운데 누가 이조를 직접 본 일이 있는가. 이조를 본 사람은 아무도 없다. 그러나 원오의 이 말은 반어적으로 이조의 입설단비를 강조하는 대목이라는 이 사실을 잊지 마라. ……그렇다. 원래부터 내 안에 있지만, 내가 그 안에서 살아가고 있지만 그러나 땅을 파지 않으면 샘물은 솟지 않고 씨를 심고 가꾸지

않으면 열매는 열리지 않는다.

　◎ 그 누군들 흉내내지 못했겠는가　　만일 이조가 입설단비의 고통을 통해서 깨닫지 않았더라면 개나 걸이나 모두들 깨달았다고 날뛸 것이다. 말 몇 마디 주워 듣고는 '난 깨달은 성자'라고 떠벌리고 다닐 것이다. 그러나 벗이여, 깨달음은 그렇게 대가 없이 얻어지는 것이 절대 아니다. 보라. 흐르는 물도 공짜가 없다.

　△ 절에 들어가선 ~ 봐야 한다.　　사람을 직접 상대해 보면 알 수 있다. 그가 정말 깨달았는지 깨닫지 않았는지를 한눈에 알 수 있다. 자기 자신의 눈은 얼마든지 속일 수 있지만 그러나 남의 눈은 절대로 속일 수 없다. '나보다 남이 먼저 알고 있다'는 이 엄연한 사실을 왜 나만은 모르고 있는가.

　△ 온종일 ~ 이런 부류다.　　설치는 무리들을 두려워 마라. 그들은 모두 사이비들이다. 빈 깡통들이다. '설두여, 자네 역시 빈 깡통이긴 마찬가지다'라고 원오는 설두마저 도매금으로 넘기고 있다. 그러나 이 대목은 반어적이다. 반어적으로 설두를 칭찬하고 있는 대목이다.

【評　　唱】

〔評唱〕「泥佛不渡水, 神光照天地라하니」這一句에 頌分明了라 且道爲什麼卻引神光고 二祖初生時에 神光燭室하야 亘於霄漢이라 又一夕에 神人現하야 謂二祖曰「何久于此오 汝當得道時至니 宜卽南之하라」 二祖以神遇로 遂名神光이라 久居伊洛하야 博極群書러니 每嘆曰「孔老之敎는 祖述[1]風規라 近聞達磨大師住少林이라하고」 乃往彼하야 晨夕參扣라 達磨端坐面壁하고 莫聞誨勵라 光自忖曰「昔人求道호대 敲骨出髓하고 刺血濟飢하며 布髮掩泥하고 投崖飼虎하니 古尙若

---

1) 祖述 = 禮術(福本·蜀本·傳燈錄).

此라 我又何如오」 其年十二月九日夜에 大雪이라 二祖立於砌下하야 遲明에 積雪過膝이라 達磨憫之曰「汝立雪於此하니 當求何事오」 二祖悲淚曰「惟願慈悲로 開甘露門하사 廣度群品하소서」 達磨曰「諸佛妙道는 曠劫精勤하야 難行能行하고 非忍而忍이어늘 豈以小德小智와 輕心慢心으로 欲冀眞乘이리요 無有是處니라」 二祖聞誨勵하고 向道益切이라 潛取利刀하야 自斷左臂하야 致于達磨前이라 磨知是法器하고 遂問曰「汝立雪斷臂하니 當爲何事오」 二祖曰「某甲心未安하니 乞師安心하소서」 磨曰「將心來하라 與汝安하리라」 祖曰「覓心了不可得이니다」 達磨云「與汝安心竟이라」 後達磨爲易其名曰慧可라 後接得三祖燦大師라

【평창번역】

"진흙 부처(泥佛), 물을 건너지 못함이여 / 신광(神光)이 온누리를 비추네"라 했으니 이 한 구절(두 구절)로써 송의 뜻 분명해졌다. 자, 말해 보라. 무엇 때문에 신광(神光)을 인용했는가. 이조(慧可, 즉 '神光')가 처음 태어났을 때 신령스러운 빛(神光)이 방안을 밝히고 하늘에까지 뻗었다. 또 어느 날 저녁에 신인(神人)이 나타나서 이조에게 말했다. "어찌 여기 오래 머물고 있는가. 너의 득도(得道)의 때가 이르렀으니 마땅히 남쪽으로 가거라." 이조는 신인을 만났으므로 그 이름을 신광(神光)이라 했다. (그는) 오랫동안 이락(伊洛, 공자와 그의 제자들이 살던 곳)에 머물면서 모든 책을 두루 섭렵했다. (그는) 매번 한탄하면서 (이렇게) 말했다. "공자의 가르침은 예의범절과 법도뿐이다. 요즈음 듣자하니 달마 대사라는 이가 (숭산의) 소림사(少林寺)에 머물고 있다고 한다." 그래서 (이조는) 소림사로 가서 저녁에 달마의 방문을 두드렸다. 그러나 달마는 벽을 보고 앉아 있을 뿐, 가르치고 격려해 달라는 (이조의 말은) 들은 체도 하지 않았다. 그래서 (이조) 신광은 스스로에게 마음속으로 이렇게 말했다. "옛사람들

은 도를 구할 때 뼈를 부러뜨려서 골수를 내었고〔敲骨出髓〕, 피를 뽑아 굶주린 아귀들을 제도했다〔刺血濟飢〕. 그리고 머리칼을 펴서 진흙을 덮어 (스승이 밟고 지나가도록) 했다〔布髮掩泥〕. 또한 낭떠러지에서 몸을 던져 굶주린 호랑이 밥이 되기도 했다〔投崖飼虎〕. 옛사람들은 이 같았거늘 나는 또 어떠한가."

그해 12월 9일 밤에는 폭설이 내렸다. 이조가 섬돌 아래 서 있었는데 새벽이 되자 쌓인 눈이 무릎을 넘었다. 달마는 (그런 이조를) 측은히 여겨 (이렇게) 말했다. "네가 (밤새도록) 눈 속에 그렇게 서 있으니 무엇을 구하려 하는가." 이조는 슬피 울며 말했다. "오직 바라옵건대 자비심으로 감로의 문을 열어서 뭇 중생들을 널리 제도해 주십시오."

달마는 말했다. "제불(諸佛)의 미묘한 가르침(을 깨닫기 위해서는) 오랜 세월 동안 부지런히 수행해야 하며 행하기 어려운 것을 능히 행하고 참을 수 없는 것을 참을 수 있어야 한다. 그런데 어찌 그 조그만 덕과 조그만 지혜, 그리고 경솔하고 거만한 마음으로 (부처님의 그) 진실한 가르침을 (깨닫기를) 바라는가. 이런 일은 있을 수 없다."

이조는 (달마의) 가르침과 격려의 말을 듣고 도(道)를 향하는 마음이 더욱 간절해졌다. (그래서) 가만히 칼을 뽑아 왼쪽 팔을 잘라서 달마에게 바쳤다. 달마는 (이조가) 법기(法器, 禪法을 전수받기에 충분한 사람)인 것을 알고는 (이렇게) 물었다. "네가 눈 속에 서서 (왼)팔을 잘라 (내게 바쳤으니) 무슨 일 때문인가."

이조가 말했다. "제 마음이 편치 않습니다. 스승님께서는 (부디 제 마음을) 편안케 해주십시오."

달마가 말했다. "(그렇다면 그 불안한) 마음을 가져오너라. 편케 해주리라."

이조가 말했다. "(이 불안한) 마음을 찾아봐도 찾을 수 없습니다."

달마가 말했다. "(그렇다면) 네 마음은 이제 편안해졌다."

그 뒤 달마는 (이조의 '神光'이란) 이름을 바꿔서 '혜가(慧可)'라 했다.

그후 (이조 혜가는) 삼조승찬(三祖僧燦) 대사를 만났다.

【평창해설】

"'진흙 부처(泥佛), 물을 건너지 못함이여/ 신광(神光)이 온누리를 비추네' 라는 이 두 구절로써 송의 뜻은 분명해졌다"고 했는데 이게 무슨 뜻인가. 진흙 부처(泥佛)는 신광(神光), 즉 이조혜가의 입설단비(立雪斷臂)를 통과할 수 없다는 뜻이다. 이 말을 다시 한 번 알기 쉽게 풀이해 본다면 이렇게 된다.

─진흙 전체가 부처(泥佛)인 경지에 이르렀다 하더라도 신광(神光 = 이조)의 입설단비 앞에서는 여지없이 뭉개져 버리고 만다. 왜냐하면 입설단비의 소식은 목숨과 맞바꾼 활구이기 때문이다.

평창은 이어서 이조의 탄생에서부터 달마를 만나 깨닫기까지의 사연을 기록하고 있다. 이 가운데 다음의 네 가지 이야기는 경전의 고사에서 연유한 것이다.

첫째, 뼈를 부러뜨려서 골수를 내었다(敲骨出髓).

《대반야경(大般若經)》(卷398)에 나오는 이야기다.

─구도자 상제(常啼)는 법용(法湧)보살을 찾아가 반야의 가르침을 받고자 했다. 그러나 법용보살에게 드릴 선물이 없었다. 그래서 그 선물 사는 데 필요한 돈을 마련하기 위해 자신의 몸을 팔았다. 그때 하늘의 제석신은 바라문 사제로 변장을 하고 상제보살 앞에 나타났다. 하늘에 제사지내기 위해 산 사람의 뼈와 골수를 사겠다고 했다. 그러자 구도자 상제는 자신의 뼈를 부러뜨리고 골수를 뽑아 브라만(바라문) 사제에게 팔았다. 브라만 사제로 변장한 제석신은 그 순간 본래 자신의 모습으로 돌아갔다. 그는 상제의 구도심을 시험해 보기 위해서 브라만 사제로 변장을 한 것이다. 제석신은 아주 기뻐하며 상제의 뼈와 골수를 원래 모습대로 복원시켜 줬다. 그러고는 선물 사는 데 필요한 돈까지 줬다. 그래서 상제는 그 돈으로

선물을 산 다음 담무덕성(曇無德城)으로 가서 법용보살을 뵙고 반야의 깊은 가르침을 얻었다.

둘째, 피를 뽑아 굶주린 아귀들을 제도했다〔刺血濟飢〕.

《현우인연경(賢愚因緣經)》(卷二, 慈力王血施緣品)에 나오는 이야기다.

─머나먼 옛날, 이 지구상에는 큰 나라가 있었는데 미거라발라(彌去羅拔羅)왕이 다스리고 있었다. 왕은 구도심이 열렬하여 백성들에게 선행(善行)을 하도록 적극 권장했다. 그래서 그 나라 백성들은 모두들 선행만을 했기 때문에 귀신들과 아귀들이 감히 사람들을 범하지 못했다. 사람의 피를 먹고사는 아귀들은 더 이상 나쁜 사람의 피를 구할 수 없었다. 왜냐하면 백성들은 모두들 악을 멀리했으므로 사람들을 더 이상 해칠 수가 없었기 때문이다. 그래서 아귀들은 왕을 찾아가 이렇게 하소연했다. "대왕이시여, 우리는 나쁜 사람의 피를 먹고사는 아귀들입니다. 대왕께서 백성들에게 선행만을 권장했기 때문에 백성들은 더 이상 악을 행하지 않습니다. 그래서 우리는 악한 사람의 피를 더 이상 구할 수 없게 됐습니다. 이러다간 머지않아 우리 아귀들은 모조리 굶어 죽을 것입니다. 그러니 제발 자비를 베풀어 주십시오."

왕은 아귀들의 이 말을 듣고 연민에 젖었다. 그래서 왕 자신의 동맥을 끊어 피를 뽑았다. 그러자 아귀들은 저마다 그릇을 가지고 달려들어 왕의 피를 받아먹었다. 받아먹고는 배가 불러 왕에게 고맙다는 인사를 했다. 왕은 아귀들에게 말했다. "난 지금 내 몸의 피를 뽑아 그대들의 굶주림을 없애 줬다. 아귀들이여, 그대들은 모두 평안 있기를……."

셋째, 머리칼을 펴서 진흙을 덮어 스승이 밟고 지나가도록 했다〔布髮掩泥〕.

《보적경(寶積經)》에 나오는 이야기다.

─부처(석가모니)가 수행자로 있을 머나먼 옛날이다. 그는 그때 마납선인(摩納仙人)이라고 불렸다. 마납 선인은 연등불을 공양하려는 참이었는데 마침 앞에 조그만 진흙덩이가 떨어져 있었다. 그래서 마납 선인은 그

자신의 옷을 벗어 진흙을 덮었다. 그러나 그래도 또 진흙덩이가 앞에 놓여 있었다. 그래서 그는 그 자신의 머리칼로 진흙을 덮어 연등 부처가 그의 머리칼을 밟고 지나가도록 했다.

넷째, 낭떠러지에서 몸을 던져 굶주린 호랑이 밥이 됐다〔投崖飼虎〕.

《금광명경(金光明經)》(卷四, 捨身品)에 나오는 이야기다.

― 머나먼 옛날 호랑이가 담배 먹던 시절에 마하라타(摩訶羅陀)라는 왕이 있었는데 그에게는 세 명의 왕자가 있었다. 어느 날 세 명의 왕자는 숲속에 놀러 갔다가 다 죽어 가는 암호랑이를 만났다. 호랑이는 새끼를 일곱 마리 낳은 지 7일 동안 물 한 모금도 먹지 못한 채 굶어 죽어 가고 있었다. 세 왕자는 이를 보기가 안쓰러워 어떻게든 호랑이를 살려 보려고 애를 썼다. 그러나 그들 가운데 한 사람이 호랑이 밥이 되기 전에는 죽어 가는 이 호랑이를 구해 낼 방법이 없었다. 세 사람은 서로의 얼굴만을 바라보면서 깊은 수심에 잠겼다. 그때 셋째 왕자가 앞으로 나서며 말했다. "형들, 제가 기꺼이 굶주린 호랑이의 밥이 되겠습니다." 그러고는 낭떠러지로 올라가 몸을 던져 굶주린 암호랑이의 밥이 됐다.

【評　　唱】

旣傳法하고 隱於舒州皖公山타니 屬後周武帝破滅佛法沙汰僧하야 師往來太湖縣司空山하니 居無常處라 積十餘載에 無人知者라 宣律師《高僧傳》에 載二祖事不詳이라 〈三祖傳〉云「二祖妙法이 不傳於世라」 賴値末後에 依前悟他當時立雪이라 所以雪竇道호대「立雪如未休댄 何人不雕僞라하니라」 立雪若未休댄 足恭謟詐之人이 皆效之하야 一時只成雕僞하리니 則是謟詐之徒也라 雪竇頌泥佛不渡水에 爲什麼卻引這因緣來用고 他參得하야 意根下無一星事하고 淨躶躶地하야 方頌得如此라

【평창번역】

(삼조승찬은) 이미 (사조도신에게) 법을 전하고 서주 완공산(皖公山)에 은거했다. (그런데 이때가 바로) 후주(後周)의 무제가 불교를 탄압하고 승려들을 (강제로) 환속시킬 때였다. 삼조승찬은 태호현(太湖縣)의 사공산(司空山과 완공산)을 왕래했는데 그 주거지가 일정치 않았다. (이렇게) 10여 년이 지나갔는데도 (그를) 아는 사람이 전혀 없었다. 도선(道宣) 율사의 고승전(高僧傳)에 실려 있는 이조에 관한 사항은 자세하지 않다(잘못되었다). 삼조전(三祖傳)에 이르기를 "이조의 가르침은 세상에 전해지지 않았다"고 했다. 그러나 다행히도 (삼조는) 만년에 가서 저(사조)를 만나 (이조의) 입설단비(立雪斷臂)의 깊은 뜻을 전하게 됐다〔賴値末後依前悟他當時立雪[2]〕. 그래서 설두는 (이렇게) 읊고 있다. "만일 입설단비를 통해서 깨닫지 않았더라면〔未休〕/ 그 누군들 흉내내지 못했겠는가."

만일 입설단비(의 고통)를 통해서 깨닫지 않았더라면 남의 흉내를 잘 내는 사이비들이 모두들 그것을(깨달음을) 흉내내어 일시에(온통) 사이비 수행자들로 득실거릴 것이니 이것이 바로 가짜 수행자의 집단인 것이다. 설두는 "이불불도수(泥佛不渡水, 진흙 부처, 물을 건너지 못함이여)"를 송했는데 무엇 때문에 이 인연(이조신광의 고사)을 끌어 와 쓰고 있는가. 저(설두)는 철저하게 수행을 해서 깨달음을 얻었기 때문에 그 마음속에는 번뇌 망상의 티끌 한 오라기도 없었다. 그렇기 때문에 이런 식으로 송을 읊을 수 있었던 것이다.

【평창해설】

평창문은 돌연 삼조승찬에 관해 언급하고 있는데 문장의 비약이 너무

---

[2] 이 대목은 원문대로 옮기면 무슨 말인지 전혀 뜻이 통하지 않는다. 그래서 이런 식으로 사정없이 걸러내고 덧붙여서 뜻 번역을 할 수밖에 없었다.

나 심하다. "후주(後周)의 무제가 불교를 탄압했다"는 대목은 북주 무제 건덕 6년(北周武帝建德六年, A.D. 577년)에 일어난 법난(法難, 불교탄압사건)을 말한다. 이때 대대적인 불교탄압사건이 있었는데 14만 개의 사원이 파괴되고 300만 명의 승려들을 강제로 환속시켰다. 평창문에서는 "도선 율사의《고승전》에 실려 있는 이조에 관한 사항은 자세치 않다"고 말하고 있다. 그런데 이 '자세치 않다〔不詳〕'는 말은 '잘못됐다'는 뜻이다.《속고승전(續高僧傳)》(즉 도선의《고승전》)에는 이조에 대해서 다음과 같이 기록되어 있다. "이조혜가는 도적에게 팔을 잘렸다〔可遭賊斷臂〕." 그러나《속고승전》의 이 기록은 잘못됐다는 것이다.

【評　　唱】

　　五祖尋常에 敎人看此三頌이라 豈不見洞山初和尙이 有頌示衆云 五臺山上雲蒸飯하니 古佛堂前狗尿天이라 刹竿頭上煎䭔子하니 三箇胡孫夜簸錢이라 又杜順和尙道호대 懷州牛喫禾에 益州馬腹脹이라 天下覓醫人하야 灸豬左膊上이로다 又傅大士頌云 空手把鋤頭하고 步行騎水牛라 人從橋上過나 橋流水不流로다 又云 石人機似汝면 也解唱巴歌라 汝若似石人하면 雪曲應須和하리라하니 若會得此語하면 便會他雪竇頌하리라

【평창번역】

　　오조법연 선사는 늘상 (조주의 三轉語에 대한 설두의) 이 세 개의 송을 사람들로 하여금 잘 살펴보라고 권했다. 동산수초(洞山守初) 화상이 대중들에게 말한 (다음의) 게송을 그대는 왜 익히 알고 있지 않은가.

　　　　오대산 위에서 구름으로 밥을 짓고

고불당(古佛堂) 앞, 개는 하늘에 오줌 싸네
　　찰간(刹竿) 위에서 떡을 찧고
　　세 마리 원숭이는 밤에 노름을 하네.

또 두순(杜順) 화상은 (이렇게) 읊었다.

　　회주의 소가 벼를 먹자
　　익주의 말이 배가 불렀네
　　천하(제일)의 의원을 찾아서
　　돼지의 왼쪽 다리 위에 뜸을 뜨네.

또 부대사(傅大士)는 (이렇게) 읊었다.

　　빈손인데 호미를 들었고
　　걸어가는데 무소를 탔네
　　사람은 다리 위를 지나가는데
　　다리는 흘러가고 물은 흐르지 않네.

또 (洛浦元安은 이렇게) 읊었다.

　　돌사람〔石人〕의 마음이 너와 같다면
　　또한 유행가를 부를 줄 알았으리라
　　네가 만일 돌사람 같다면
　　가곡으로 화답할 수 있었으리라.

만일 이 말(앞의 네 개의 송)의 속뜻을 간파할 수 있다면 저 설두의 송을 즉시 간파할 수 있을 것이다.

【평창해설】

　평창에서 언급하고 있는 동산수초 화상의 송과 두순 화상의 송, 그리고 부대사의 송은 하나같이 언어와 생각이 가 닿을 수 없는 경지〔言語道斷 心行處滅〕를 읊고 있다. 이 가운데 특히 부대사의 송은 선시(禪詩) 중에서도 백미에 속하는 작품이다. 벗이여 알겠는가. '다리는 흐르지 않기 때문에 흘러가고/ 물은 흘러가기 때문에 오히려 흐르지 않는' 이 기막힌 소식을 벗이여 알겠는가. 마지막에 나오는 낙보원안의 송은 무심(無心, 돌사람)과 유심(有心, 너)의 자유자재한 활용을 읊고 있다. 이 역시 언어와 생각이 가 닿을 수 없는 체험의 세계다. 이조신광의 입설단비(立雪斷臂)를 깨닫는 순간 이 네 개의 송도 알게 될 것이다. 아니 이 네 가지 송의 참뜻을 깨닫는 순간 입설단비의 참뜻을 알게 될 것이다.

【頌】

　〔頌〕金佛不渡鑪여(燎卻眉毛라 天上天下에 唯我獨尊[3]이라)　人來訪紫胡라(又恁麼去也아 只恐喪身失命이라)　牌中數箇字하니(不識字底라면 猫兒라도 也無話會處[4]라 天下衲僧挿觜不得이니 只恐喪身失命이라)　淸風何處無리요(又恁麼去也아 頭上漫漫이요 脚下漫漫이라 又云「來也로다」)

【송번역】

무쇠 부처〔金佛〕, 용광로를 건너지 못함이여
　　눈썹이 타 버린다. 천상천하 유아독존이다.

---

3) 唯我獨尊 없음(福本).
4) 不識 ~ 會處(11字) = 不識字 猫兒也無話會(福本).

사람들이 자호(紫胡)를 찾아오네

 또 이런 식인가. 목숨을 잃을까 걱정스럽다.

비석에는 몇 글자가 있으니

 글자를 모른다면 고양이라도 또한 말 붙일 곳 없을 것이다. 천하의 수행자들이 발붙일 곳 없다. 목숨을 잃어버릴까 걱정된다.

청풍은 어딘들 없겠는가

 또 이런 식이군. 머리 위에도 (청풍이) 가득하고 발밑에도 (청풍으로) 가득하다. (원오는) 또 (이렇게) 말했다. "(저기 자호의 개가) 오고 있다."

【송과 착어해설】

◎ 무쇠 부처〔金佛〕, 용광로를 건너지 못함이여 역시 조주의 말을 그대로 송의 첫 구절로 재인용하고 있다.

△ 눈썹이 타 버린다. 무쇠 부처를 용광로에 집어넣는 순간 그대로 눈썹이 타 버린다. 흔적도 없이 사라져 버리고 만다.

△ 천상천하 유아독존이다. 그러나 무쇠 부처의 입장에서 본다면 이 세상 전체가 그대로 무쇠 부처일 뿐, 여기 무쇠 부처 그 이상도 그 이하도 없다.

◎ 사람들이 자호(紫胡)를 찾아오네/ 비석에는 몇 글자가 있으니 무쇠 부처〔金佛〕에서 설두는 자호의 석비(石牌)를 연상하고 있다. 무쇠는 돌 속에 박혀 있기 때문이다.

△ 또 이런 식인가. ~ 걱정스럽다. 설두는 첫 번째 송에서 신광(神光, 이조혜가)을 끌어 와 본래 자리를 드러내 보였다. 이번에는 또 자호의 비석〔紫胡石牌〕을 끌어 와 본래 자리를 드러내 보이고 있다. 설두는 지금 언어의 접근이 불가능한 활구('자호의 석비')를 끌어 와 송의 구절로 쓰고 있다. 그러나 이건 너무나 대담하고 위험한 짓이다.

△ 글자를 모른다면 ~ 발붙일 곳 없다. 자호의 이 비석 속에 새겨진

글자(활구 소식)를 모른다면 무심(無心)의 극치에 있는 저 고양이조차 발붙일 곳이 없다. 그러니 예사 수행자들이 어떻게 여기 접근할 수 있겠는가.

△ 목숨을 ~ 걱정된다.   자호의 이 비석 속에 새겨진 글자(활구 소식)는 그 기상이 워낙 험악하고 거칠어서 아차! 하는 순간 그대로 그대의 모가지가 날아가 버린다. 요주의(要注意)!

◎ 청풍은 어딘들 없겠는가   보라. 이 세상 전체가 그대로 청풍(활구)으로 가득 차 있다. 아니 청풍이 그대로 이 세상이다. 자호의 비석 속에만 청풍이 불고 있는 게 아니거늘 왜 자호의 손아귀에서 벗어나지 못하고 있는가.

△ 또 이런 식이군.   설두는 또다시 활구 소식을 청풍에 비기고 있다.

△ 머리 위에도 ~ 가득하다.   보라. 이 누리 전체가 그대로 한 덩어리 진짜 부처[眞佛]이다. 부처의 경지다.

△ (원오는) 또 ~ 오고 있다."   그러나 이 청풍 속에서 마저 더 이상 머물지 마라. 머무는 순간 잡풀이 나기 때문이다. 그러므로 하루 24시간을 펄펄 살아 굽이치는 자호의 활구로 살아야 한다. 자호의 개로 살아야 한다.

【評　　唱】

〔評唱〕「金佛不渡鑪, 人來訪紫胡라하니」 此一句에 亦頌了也라 爲什麼卻引人來訪紫胡오 須是作家鑪鞴始得이니라 紫胡和向이 山門立一牌라 牌中有字云「紫胡有一狗하니 上取人頭하고 中取人腰하며 下取人脚이라 擬議則喪身失命하리라」 凡見新到하면 便喝云「看狗하라」 僧纔回首하면 紫胡便歸方丈이라 且道爲什麼卻咬趙州不得5)고 紫胡又一夕夜深하야 於後架叫云「捉賊, 捉賊이로다」 黑地逢著一僧하야 攔胸捉住云「捉得也, 捉得也로다」 僧云「和尙, 不是某甲이니다」 胡

云「是則是나 只是不肯承當이라하니」 你若會得這話댄 便許你咬殺一切人하고 處處淸風凜凜하리라 若也未然인댄 牌中數箇字를 決定不奈何라 若要見他댄 但透得盡하야사 方見이니라 頌云[6]

【평창번역】

 "무쇠 부처(金佛), 용광로를 건너지 못함이여/ 사람들이 자호를 찾아오네"라고 했으니 이 한 구절(두 구절)로써 송은 끝나 버렸다. (그런데) 무엇 때문에 '사람들이 자호를 찾아온다'는 말(자호의 고사)을 인용하고 있는가. 작가종사가 (수행자들을 깨달음에 이르도록) 단련시키는 방법은 (당연히) 이와 같지 않으면 안 된다.
 자호 화상은 산문(山門)에 비석 하나를 세워 놨는데 그 비석 속에는 다음과 같이 씌어 있었다. "자호에게 한 마리의 개(狗)가 있는데 위는 사람 머리를 했고 중간은 사람 허리를 했고 아래는 사람의 다리 모양을 했다. (그러나 그대들이 만일) 머뭇거리며 (생각으로 헤아리려 한다면) 목숨을 잃어버리고 말 것이다." 그래서 처음 온 수행승이 (이 산문에) 이르기만 하면 (자호는) 즉시 할(喝)을 하고는 (이렇게) 말했다. "간구(看狗, 개를 봐라)." (처음 온) 수행승이 고개를 돌릴라치면 자호는 즉시 방장실로 돌아가 버리곤 했다. (그러나) 자, 일러 보라. 무엇 때문에 (이 자호의 개는) 조주만은 물지 못했는가.
 자호는 또 어느 날 밤이 깊어지자 세면대에서 (이렇게) 외쳤다. "촉적 촉적(捉賊 捉賊, 도둑을 잡아라, 도둑을 잡아라)." 캄캄한 어둠 속에서 한 승을 만나자 (자호는 다짜고짜로 그의) 멱살을 잡고는 (이렇게) 말했다. "붙

---

5) 且道 ~ 不得(11字) = 諸錄不見此緣 盖此三佛趙州說出故乎 又有狗子無佛性話故乎(種電鈔).
6) 頌云 = 雪竇頌(楄本).

잡았다 붙잡았다."
  승이 말했다. "스님, 저는 도둑이 아닙니다."
  자호가 말했다. "(도둑은) 분명한데 아니라고 발뺌하는군."
  그대들이 만일 이 말의 참뜻을 간파할 수 있다면 그대들은 이제 모든 사람들을 물어 버리고(제압해 버리고) 가는 곳마다 청풍으로 가득하리라. (그러나) 만일 그렇질 못한다면 (자호의) 비석 속에 있는 글자들을 정말 어찌할 수 없을 것이다. 만일 저(비석 속의 글자들)를 간파하고자 한다면 철저하게 간파해야만 한다. (그래야만) 비로소 (그 참뜻을) 분명하게 알 수 있을 것이다. (설두는 세 번째) 송을 (다음과 같이) 읊었다.

【평창해설】

  "'무쇠 부처〔金佛〕, 용광로를 건너지 못함이여/ 사람들이 자호를 찾아오네'라고 했으니 이 두 구절로써 송은 끝나 버렸다"란 말은 무슨 뜻인가. 무쇠 부처〔金佛〕는 자호의 비석(자호의 개)을 통과할 수 없다는 뜻이다. 이 말을 다시 한 번 좀더 산문적으로 풀이한다면 이렇게 된다.
  ―무쇠 전체가 그대로 부처인 경지〔金佛〕에 이르렀다 하더라도 자호의 비석(자호의 개)을 만나면 그만 여지없이 녹아 버리고 만다. 왜냐하면 자호의 비석(자호의 개)은 활구이기 때문이다.
  평창은 이어서 자호의 비석에 관한 자초지종을 기술하고 있다. 이 대목 가운데 다음의 문장은 그 뜻이 선명하지 않다. "자, 일러 보라. 무엇 때문에 (이 자호의 개는) 조주만은 물지 못했는가〔且道爲什麽卻咬趙州不得〕." 자호의 이 석비(石牌)를 문제삼아 조주와 자호는 단 한 번도 문답을 한 일이 없다. 아마도 조주의 구자무불성(狗子無佛性) 공안이 있기 때문에 개〔狗子〕를 연상하여 이런 식의 문구를 쓰지 않았나 생각된다.

【頌】

〔頌〕木佛不渡火여(燒卻了也라 唯我能知로다) 常思破竈墮라(東行西行有何不可오 癲兒牽伴이라) 杖子忽擊著에(在山僧手裏나 山僧不用이로다 人阿誰手裏無[7]리요) 方知辜負我로다(似你相似나 摸索不著이니 有什麼用處리요 蒼天 蒼天, 三十年後始得이니라 寧可永劫沈淪이언정 不求諸聖解脫이로다 若向箇裏薦得하면 未免辜負니 作麼生得不辜負去오 拄杖子未免在別人手裏로다)

【송번역】

나무 부처〔木佛〕, 불을 건너지 못함이여
    모두 불타 버렸다. 오직 나 자신만이 알고 있다.
언제나 파조타(破竈墮) 화상을 생각하네
    동으로 서로 마음대로 가나니 어찌 옳지 않음이 있겠는가. 동병상련이다.
주장자로 내려치자
    산승(원오)의 손에 있으나 산승은 (더 이상) 필요치 않다. 누구의 손엔들 (이 주장자가) 없겠는가.
비로소 '나'를 배반한 줄 알았네
    그대들과 엇비슷하나 찾을 길이 없다. 어디에 쓰겠는가. 아이고 아이고. (배반했다는 이 말뜻을 알려면) 당연히 30년은 더 걸려야만 한다. 차라리 영겁토록 (미망에) 빠진 채로 있을지언정 뭇 성인네들의 해탈은 구하지 않을 것이다. 만일 여기(파조타 화상이 주장자를 내리친 곳)서 깨우친 바가 있다 하더라도 (나를) 배반한 것(과오)은 면할 수 없다. (그렇다면) 어찌하면 (나를) 배반하지 않을 수 있겠는가. 주장자가 (이미) 다른 사람(파조타 화상)의

---

7) 人阿 ~ 裏無(6字) = 在誰手裏(福本).

손에 있음을 어찌하겠는가.

【송과 착어해설】

◎ 나무 부처(木佛), 불을 건너지 못함이여　　이 역시 조주의 말을 그대로 송의 첫 구절로 쓴 것이다.

△ 모두 불타 버렸다.　　나무 부처(木佛)를 불 속에 넣으면 모조리 불타 버리고 만다.

△ 오직 ~ 알고 있다.　　그러나 끝끝내 불타지 않는 하나가 있으니 그것은 오직 나 자신만이 알고 있을 뿐…….

◎ 언제나 파조타(破竈墮) 화상을 생각하네/ 주장자로 내려치자　　나무 부처(木佛)에서 설두는 저 '파조타 화상의 주장자'를 연상하고 있다. 파조타 화상의 주장자는 어떤 것인가. 그 해답은 평창에 나온다.

△ 동으로 서로 ~ 동병상련이다.　　파조타 화상은 그야말로 그 자신의 주장자를 자유자재로 쓰고 있다. 거꾸로 쓰든 옳게 쓰든 여하튼 적재적소에 딱딱 들어맞는다. 설두 또한 이 파조타의 주장자를 마음대로 다룰 줄 안다.

△ 산승(원오)의 ~ 없겠는가.　　그러나 원오는 이 파조타의 주장자가 더 이상 필요치 않다. 그 역시 군더더기에 불과하기 때문이다. 우린 누구나 이 주장자를 가지고 있다. 그러므로 주장자를 찾으러 문밖으로 나가야 할 필요가 없다. 그러나 어찌하겠는가. 내 안에 분명 있긴 있는데 찾을 수 없는 것을…….

◎ 비로소 '나'를 배반한 줄 알았네　　이 주장자를 내 것으로 쓰지 못하면 그게 바로 '나'를 배반한 경우다. 나 자신의 능동적 삶이 아니라 끌려가는 꼭두각시의 삶이다.

△ 그대들과 ~ 찾을 길이 없다.　　그대들 자신과 주장자는 둘이 아니기 때문이다. 주장자가 주장자를 찾고 있기 때문에 진짜 주장자를 찾을 수

없는 것이다.

△ 어디에 ~ 걸려야만 한다.　　그러나 그 주장자를 찾아 도대체 어디에 쓴단 말인가. 주장자마저 없는 그곳이야말로 진정한 의미에서의 주장자다. 아아, 그러나 이런 말조차 옥의 티다. '나 자신을 배반했다'는 이 말의 참뜻을 알고자 하는가. 아직도 30년은 더 수행에 힘쓰도록…….

△ 차라리 영겁토록 ~ 면할 수 없다.　　문제는 깨닫고 나서다. '난 깨달았다'는 이 '깨달음'의 진드기는 좀처럼 떨어지지 않기 때문이다. 여기 아직 깨달음의 진드기가 붙어 있는 한 '나'를 배반한 그 과오를 면할 수 없다. 왜냐하면 깨달음의 진드기가 바로 나를 향한 배반 그 자체이기 때문이다.

△ (그렇다면) ~ 손에 있음을 어찌하겠는가.　　그렇다면 이 깨달음의 진드기를 어떻게 떼어 버릴 수 있겠는가. 주장자는 이미 파조타의 수중으로 들어가 버렸으니 여기 더 이상의 방법이 없다. 그저 파조타의 손아귀에 내 모든 것을 맡겨 버리는 수밖에…….

【評　　唱】

〔評唱〕「木佛不渡火, 常思破竈墮라하니」此一句에 亦頌了라 雪竇因此木佛不渡火하야 常思破竈墮라 嵩山破竈墮和尙은 不稱姓字며 言行叵測이라 隱居嵩山하더니 一日에 領徒入山塢間하니 有廟甚靈이라 殿中唯安一竈하니 遠近祭祀不輟하야 烹殺物命甚多라 師入廟中하야 以拄杖으로 敲竈三下云「咄, 汝本搏土合成이어늘 靈從何來며 聖從何起건대 恁麽烹殺物命고하고」又乃擊三下하니 竈乃自傾破墮落이라 須臾에 有一人이 靑衣峨冠으로 忽然立師前設拜曰「我乃竈神이니다 久受業報러니 今日蒙師說無生法하야 已脫此處하고 生在天中일새 特來致謝니다」師曰「汝本有之性이라 非吾强言이라하니」神再拜而沒이라 侍者曰「某甲等이 久參侍和尙하대 未蒙指示어늘 竈神은 得何徑

旨건대 便乃生天이닛고」 師曰「我只向伊道호대 『汝本塼土合成이거니 靈從何來며 聖從何起오하니라』」侍僧8)이 俱無對라 師云「會麽아」僧云「不會니다」 師云「禮拜著하라」 僧禮拜하니라 師云「破也 破也 墮也 墮也라하니」 侍者忽然大悟하니라 後有僧이 擧似安國師하니 師歎云「此子가 會盡物我一如로다」 竈神悟此則故是하고 其僧은 乃五蘊成身이어늘 亦云「破也 墮也라하니」 二俱開悟라 且四大五蘊이 與塼瓦泥土로 是同是別가 旣是如此댄 雪竇爲什麼道호대「杖子忽擊著에 方知辜負我라하는가」 因甚卻成箇辜負去오 只是未得拄杖子在니라 且道雪竇頌木佛不渡火에 爲什麼卻引破竈墮公案고 老僧이 直截與你說하노라 他意只是絶得失, 情塵, 意想하고 淨躶躶地하야 自然見他親切處也니라

【평창번역】

"나무 부처〔木佛〕, 불을 건너지 못함이여/ 언제나 파조타 화상을 생각하네"라 했으니 이 한 구절(두 구절)로써 송은 모두 끝났다. 설두는 "나무 부처〔木佛〕, 불을 건너지 못함이여"라는 이 말로 하여 언제나 파조타 화상(의 고사)을 생각했다.

숭산(崇山) 파조타 화상은 이름도 (잘) 알려지지 않았으며 언행도 예측할 수 없었다. (그는) 숭산에 은거했는데 하루는 무리(제자)들을 이끌고 산간의 (어느) 부락으로 들어갔다. (거기 그 마을에는) 사당이 있는데 (이 사당에 안치된 조왕신상은) 아주 영험이 있었다. 사당 안에는 오직 한 개의 조왕신(竈王神, 부엌을 관장하는 신)상이 안치돼 있었는데 원근에서 제사가 끊이지 않아 (이 조왕신에게 바치려고) 짐승을 죽이고 삶는 일이 아주 많았다. 파조타 화상은 사당에 들어가서 주장자로 조왕신상을 세 번 치면

---

8) 侍僧 = 有僧(福本·蜀本).

서 (이렇게) 말했다. "돌 여본전토합성 영종하래 성종하기 임마형살물명 (咄 汝本塼土合成 靈從何來 聖從何起 恁麽烹殺物命, 쯧쯧, 그대는(그대의 모습은) 본시 벽돌과 흙으로 만들어졌다. (그런데) 영험이 어디서 나오며 성스러움은 또 어디서 일어나길래 (사람들은) 이렇듯 많은 짐승들을 죽이고 삶아 (그대에게) 바치는가)."

(파조타 화상은) 또 (주장자로 조왕신상을) 세 번 쳤다. (그러자) 조왕신상은 저절로 기울어지며 깨져 버렸다. 조금 후 (그 깨진 신상 속에서) 푸른 옷에 근엄한 관을 쓴 한 사람이 나타나 파조타 화상 앞에 서서 절하며 말했다. "저는 조왕신입니다. 오랫동안 (조왕신의) 업보를 받고 있었는데 오늘 비로소 스님의 높은 가르침〔無生法〕을 듣고 이미 이곳에서 벗어나 하늘에 태어나게 됐습니다. (그래서) 고맙다는 인사를 하러 온 것입니다."

파조타가 말했다. "(그대가 깨달은 것은 전적으로) 그대 자신에게 본래적으로 있는 성품 때문이지 결코 나의 어거지말 때문은 아니다."

(조왕)신은 다시 절을 하고는 사라져 버렸다.

(이 모습을 보고 있던) 시자가 (파조타 화상에게) 말했다. "저희들은 오랫동안 스님을 모시면서 수행을 했습니다. 그런데도 깨달은 바가 없거늘 조왕신은 무슨 분명한 가르침〔徑旨〕을 받았길래 하늘에 태어났습니까?"

파조타가 말했다. "나는 다만 저(조왕신)에게 이렇게 말했을 뿐이다. '여본전토합성 영종하래 성종하기.'"

(이 말을 들은) 시자와 승들은 모두 아무 말이 없었다.

파조타가 말했다. "회마(會麽, 알겠는가)."

승들이 말했다. "모르겠습니다."

파조타가 말했다. "절을 하라."

승들은 절을 했다.

파조타가 말했다. "부서졌다. 부서졌다. 떨어졌다. 떨어졌다."

(이 말을 들은) 시자는 문득 크게 깨달았다.

그후 어떤 승이 (파조타의 이야기를) 안국사(安國師)에게 들려줬다. (그러자) 안국사는 (다음과 같이) 칭찬의 말을 했다. "이 친구(파조타)가 물아일여(物我一如)의 경지를 남김없이 증득했구나."

　조왕신이 이를 깨달은 것은 그렇다 치고 그 승(승들과 시자)은 곧 그 몸이 오온(五蘊)으로 되어 있거늘 또한 '부서졌다. 떨어졌다'는 말에 둘(조왕신과 시자)이 모두 깨달았던 것이다. 자, (그렇다면) 사대(四大)와 오온이 벽돌, 기와, 진흙 등과 같은가 다른가. 이미 이와 같다면 설두는 왜 (이렇게) 말했는가. "주장자로 내려치자 비로소 '나'를 배반한 줄 알았네." 무엇 때문에 ('나'를) 배반했는가. (그것은) 다만 (이) 주장자를 얻지 못했기 때문이다. 자, 일러 보라. 설두는 '목불부도화(木佛不渡火)'를 송하는데 무엇 때문에 파조타 (화상)의 공안을 인용했는가. 노승(원오)은 단도직입적으로 그대들께 말하노라. 저(설두)의 뜻은 다만 (그대들이) 얻고 잃는 마음〔得失〕, 번뇌망상〔情塵〕, 분별심〔意想〕 등을 끊어 버려 티끌 한 점 없도록 해서 저(파조타 화상)의 친절한 곳(친절하게 가르쳐 보인 곳)을 간파하도록 한 것이다.

【평창해설】

　"'나무 부처〔木佛〕, 불을 건너지 못함이여/ 언제나 파조타 화상을 생각하네'라 했으니 이 두 구절로써 송은 다 끝나 버렸다"란 대목은 무슨 뜻인가. 나무 부처〔木佛〕는 파조타 화상의 주장자를 통과할 수 없다는 말이다. 이를 다시 한 번 좀더 쉽게 풀이해 본다면 이렇게 된다.
　―나무 전체가 부처인 경지〔木佛〕에 이르렀다 해도 파조타 화상의 주장자를 만나면 그만 산산조각이 나 버리고 만다. 왜냐하면 파조타 화상의 주장자는 그대로 활활 불타고 있는 활구이기 때문이다.
　이어서 평창은 파조타 화상의 주장자에 관한 자초지종을 언급하고 있다. 송에서도 말했지만 우리가 본래의 나(나 자신)를 배반한 것은, 끌고 가는 삶이 아니라 끌려가는 삶을 살고 있는 것은 바로 이 '파조타의 주장자'

를 얻지 못했기 때문이다. 활활 불타고 있는 이 활구를 통과하지 못했기 때문이다. 그 불 속을 통과하는 순간 나무 부처처럼 재가 되는 게 아니라 지그프리드 왕자가 된다. 저 불사(不死)의 몸이 된다. 그러므로 두려워 마라, 벗이여.

第 97 則
金剛經輕賤
금강경의 한 구절

【垂　示】

垂示云「拈一放一이라도 未是作家요 擧一明三이라도 猶乖宗旨라 直得天地陡變하고 四方絶唱하며 雷奔電馳하고 雲行雨驟하며 傾湫倒嶽하고 甕瀉盆傾이라도 也未提得一半在라 還有解轉天關하고 能移地軸底麼아 試擧看하라」

【수시번역】

㉠ 잡고〔拈, 把住〕 놓기를〔放, 放行〕를 마음대로 하더라도 작가종사가 아니요, 하나를 거론하는 순간 셋을 안다 해도 (禪의) 근본 취지에는 어긋났다.

㉡ 천지가 갑자기 변하고 그 어디에도 (자신의 곡조에) 화답할 자가 없으며 우레 울고 번개 치며 구름 가고 비 오듯 그 전략이 자유자재하여 경천동지의 말재주가 있다 하더라도 또한 문제의 절반 정도밖에는 거론하지 못할 것이다.

㉢ 하늘을 움직이고 지축을 옮길 수 있는 사람이 있는가. 시험삼아 거

론해 보자.

【수시해설】

세 마디로 되어 있다.

첫째 마디(㉠) : 제아무리 영리하다 하더라도 선의 본질〔宗乘〕에는 이를 수 없음을 말하고 있다.

둘째 마디(㉡) : 무궁무진한 전술전략을 구사할 수 있다 해도 깊고 깊은 저 반야(般若, 직관적인 지혜)에는 이를 수 없다는 것을 강조하고 있다.

셋째 마디(㉢) : 저 선의 본질〔宗乘〕과 깊고 깊은 반야는 본칙공안을 통하여 극명하게 드러나고 있음을 말하고 있다.

【本　　則】

〔本則〕擧 《金剛經》云 「若爲人輕賤하면(放一線道니 又且何妨[1]고) 是人은 先世罪業으로(驢駝馬載라) 應墮惡道어든(陷墮了也로다) 以今世人輕賤故로(酬本及[2]末이니 只得忍受라) 先世罪業이(向什麼處摸索고 種穀不生豆苗라) 則爲消滅이니라」(雪上加霜又一重이나 如湯消冰이로다)

【본칙번역】

《금강경》에서는 (이렇게) 말했다.
(이 《금강경》을 수지독송하는 이가) 만일 사람들에게 멸시를 당한다면
　　넌지시 암시를 주는 것 또한 괜찮다.

---

1) 放一 ~ 何妨(8字) = 放一線也何妨(福本).
2) 及 = 返(福本).

그는 전생의 죄업으로

    (업보가) 낙타와 말에 실을 정도로 많다.

반드시 악도(惡道)에 떨어질 (운명이거늘)

    이미 (악도에) 떨어져 버렸다.

현세 사람들에게 멸시를 당했기 때문에

    원인에 따라 결과가 나타난다. 다만 견딜 수 있을 만큼 받았을 뿐이다.

전생의 죄업이

    어느 곳에서 찾을 수 있겠는가. 곡식을 심으면 (결코) 콩의 싹은 나지 않는다.

(모두) 소멸해 버린다.

    설상가상에다가 또 한 번 겹쳤군. 끓는 물에 얼음 녹는 것과 같다.

【본칙과 착어해설】

◎ 《금강경》에서는 (이렇게) 말했다.

  (이 《금강경》을 수지독송하는 이가) 만일 사람들에게 멸시를 당한다면 구도의 길은 결코 순탄치가 않다. 도처에서 복병이 나타나 앞길을 가로막는다. 이 현세를 휘두르는 것은 진리에 앞서 돈과 권력이다. 그래서 '법은 멀고 주먹은 가깝다' 는 말이 생겨나지 않았는가.

  이 험난한 세상에 구도의 길을 간다는 것은 그 자체가 바로 수난의 길이다. 갖은 멸시와 비난의 화살이 사방에서 날아온다. 벗이여, 그러나 그래도 이 길을 가야만 한다. 왜냐하면 이 길만이 내가 이 세상에 태어난 진정한 이유이기 때문이다. 환상을 갖지 마라. 사람들로부터 존경을 받을 생각은 아예 하지 말라. 구도자에겐 그 따위는 사치에 지나지 않는다.

  △ **넌지시 ~ 괜찮다.** 본래 자리에서 본다면 여기 멸시를 당할 자도 멸시를 할 자도 없다. 그러나 한 걸음 내려서서 본다면 멸시가 없는 가운데 멸시가 있고 비난이 없는 가운데 비난이 있다. 그러나 벗이여, 저 바다

에는 무수한 파도가 일듯 이 세상의 온갖 희로애락은 멸시와 비난조차 저 본질의 바다에서 이는 파도일 뿐이다. 그러나 이건 어디까지나 이치적으로 그렇다는 것이요, 비난과 멸시의 수렁에 빠져 보지 않고는 모른다. 멸시와 비난이 얼마나 견디기 힘든가를……. 왜냐하면 그것은 마지막 보루인 내 자존심을 건드리기 때문이다.

◎ 그는 전생의 죄업으로 무슨 잘못이 이리도 많았기에 전생의 죄업이 지금까지 따라다니고 있단 말인가. 이 지독한 고리대금업자를 어떻게 하면 떼어 버릴 수 있을까.

△ (업보가) 낙타와 ~ 정도로 많다. 우린 너무나 많은 업보(業報)를 지고 태어났다. 그 업보의 짐을 지고 나는 오늘도 저 높은 고개를 넘어가야 한다. 등줄이 휘고 흰머리가 나도록 뼈가 빠지게 일을 해야만 한다. 이 멍에가 어느 날에야 풀리겠는가. 이 노예의 생활에서 언제라야 해방되겠는가.

◎ 반드시 악도(惡道)에 떨어질 (운명이거늘) 여기 악도(惡道)란 암흑의 세계를 말한다. 공포와 굶주림이 지배하는 절망의 한가운데를 말한다.

△ 이미 (악도에) 떨어져 버렸다. 뭐 다음을 기다릴 것까지도 없다. 왜? 무엇 때문에 사는지도 모르면서 어디론가 끝없이 끌려가고 있는 이 삶이, 앞날을 전혀 예측할 수 없는 이 삶이 그대로 암흑 아니겠는가. 공포와 정신적인 굶주림이 지배하는 나라가 아니겠는가.

◎ 현세 사람들에게 멸시를 당했기 때문에 그 암흑의 나라에 비하면 멸시쯤이야 얼마든지 견딜 수 있다. 상대방에 대한 연민심만 있다면 멸시를 하는 쪽보다 멸시를 당하는 쪽이 훨씬 편하다. 멸시를 당하는 쪽은 적어도 상대방에게 상처 줄 일은 하지 않기 때문이다. 두고두고 후회할 그런 일은 하지 않기 때문이다.

△ 원인에 따라 ~ 받았을 뿐이다. 사실 따지고 보면 멸시를 당한다는 것은 견딜 수 없는 그런 극심한 고통은 아니다. 그러나 멸시를 당하는

것이 죽기보다 더 괴롭다고 느끼는 사람들이 있다. 왜 그네들이 멸시를 그렇게 고통으로 느끼는가. 그것은 거기 자신의 주관이 상당 부분 개입해 들어갔기 때문이다.

◎ 전생의 죄업이/ (모두) 소멸해 버린다.　몇 번의 멸시를 통해서 전생의 진드기들이 모두 떨어져 나갈 수만 있다면 이 얼마나 반가운 소식인가.

△ 어느 곳에서 ~ 있겠는가.　그 본래 자리에서 본다면 여기 죄업이란 빛의 부재(不在)로서의 어둠일 뿐이다. 어둠은 실재하지 않는다. 그것은 다만 빛의 결여일 뿐이다. 그러나 여기 아직 빛이 비추지 않는 한 '빛의 결여로서의 어둠'은 엄연히 존재하고 있다. 꿈은 깨고 나면 없는 것이지만 그러나 적어도 꿈을 꾸는 자에게 있어선 꿈은 엄연히 존재하고 있다. 팥을 심으면 팥이 나고 녹두를 심으면 어김없이 녹두가 난다. 팥 심은 데 녹두가 나지 않고 녹두 심은 데 팥이 나지는 않는다. 이것이 바로 인과(因果)의 법칙이다. 어둠은 인과의 법칙에서 단 한 발자국도 나가지 못한다. 이 인과의 법칙이 그 회전을 멈추는 것은 빛이 어둠을 몰아내는 바로 그 순간이다.

△ 설상가상 ~ 겹쳤군.　그 본래 자리에서 본다면 죄업 자체마저도 실재하지 않는다. 그런데 여기에다가 죄업의 소멸을 운운하고 있으니……. 이것이 바로 설상가상에다가 또 한 번 더 겹친 셈이다.

△ 끓는 물에 얼음 녹는 것과 같다.　멸시를 잘 견딤으로써 전생부터 따라다니던 진드기 떼들이 모두 떨어져 나가는 것은 마치 끓는 물 속에서 얼음덩이들이 흔적도 없이 녹는 그것과도 같다라는 원오의 비유가 통쾌하기 이를 데 없다.

【評　　唱】

〔評唱〕《金剛經》云「若爲人輕賤하면 是人은 先世罪業으로 應墮惡

道어든 以今世人輕賤故로 先世罪業이 則爲消滅이라하니」只據平常講究댄 乃經中常論이라 雪竇拈來頌這意하야 欲打破敎家鬼窟裏活計라 昭明太子가 科此一分하야 爲能淨業障하니 敎中大意는 說此經靈驗이라 如此之人은 先世造地獄業이나 爲善力强하야 未受하고 以今世人이 輕賤故로 先世罪業이 則爲消滅이라 此經이 故能消無量劫來罪業하야 轉重成輕하고 轉輕不受하며 復得佛果菩提라 據敎家하면 轉此二十餘張經을 便喚作持經이라하나니 有什麽交涉이리요 有底道호대「經이 自有靈驗이라하나니」若恁麽댄 你試將一卷하야 放在閑處看하라 他有感應也無아

【평창번역】

《금강경》에 이르기를 "(이 금강경을 수지독송하는 이가) 만일 사람들에게 멸시를 당한다면 그는 전생의 죄업으로 반드시 악도(惡道)에 떨어질 (운명이거늘) 현세 사람들에게 멸시를 당했기 때문에 전생의 죄업이 (모두) 소멸해 버린다"라고 했으니 단지 평범한 입장에서 생각해 본다면 (이런 식의 말은) 경전 속에 늘상 있는 구절이다. (그러나) 설두는 《금강경》의 이 구절을 거론하여 그 참뜻을 읊어서 (오직 문자풀이에만 급급하고 있는) 학자들의 번뇌망상을 부수고자 했다. 소명 태자(昭明太子)는 이 대목을 분류하여 '능정업장분(能淨業障分)'이라 했는데 이 구절의 큰 뜻은 이 경(금강경)의 영험을 말하고 있는 것이다. 이 같은 사람(금강경을 수지독송함으로써 다른 사람들에게 멸시를 당하는 이)은 전생에 지옥에 떨어질 악업을 지었으나 선력(善力, 금강경을 수지독송하는 공덕)이 강해져서 (더 이상 지옥업을) 받지 않는다. 즉 지금 사람들에게 멸시를 당했기 때문에 전생의 죄업이 모두 소멸된다. 이 경(금강경)은 그러므로 무량겁래(無量劫來)의 죄업을 소멸시켜서 무거운 죄는 가볍게 하고 가벼운 죄는 받지 않게 해서 마침내는 깨달음에 이르게 한다. 교학적(敎學的, 학문적)인 입장에서 본다면

이《금강경》을 해설하고 외우는 것을 지경(持經, 즉 경전을 受持독송하는 것)이라 한다. 그러나 본질적인(禪的인) 입장에서 본다면 이는 전혀 맞지 않는 말이다. 어떤 이는 말하길 "(금강)경 자체가 영험(靈驗, 불가사의한 힘)이 있다"고 한다. 그러나 만일 이렇다면 그대들은 시험삼아 (금강경) 한 권을 한가한 곳에 갖다 놓고 보라. 부사의한 감응이 일어나는지 어떤지를…….

【평창해설】

특히 우리나라의 불교에서《금강경》은 약방 감초다. 중요한 의식이나 행사 때는 어김없이 금강경 독송(금강경 읽기)이 등장한다. 그만큼 금강경은 불가사의한 영험이 있다는 것이다. 명부전(冥府殿)에 가 보면 심지어 염라대왕까지 금강경을 머리에 이고 있다. 금강경 독송자(애독자)가 염라대왕 앞에 오면 염라대왕은 그 사람에게 넙죽 큰절을 올린다는 것이다. 《금강경》이 이토록 인기를 독차지한 것은 육조혜능 이후 중국 선종에서 금강경을 선의 기본 경전으로 채택하고 나서부터다. 설두가 살았던 송대(宋代)에도 이 금강경의 인기는 대단했을 것이다. 그래서 금강경을 만병통치약으로까지 생각하는 경향이 있었을 것이다. 그러나 이건 금강경의 '금강(金剛, Vajra)'이 뭔지 전혀 모르기 때문에 잘못 생겨난 경전 신앙이다. 그래서 설두는 지금 그 잘못된 금강경 신앙을 바로잡기 위하여 금강경의 한 구절을 뽑아 본칙공안으로 가져온 것이다. 교학적(교리적)인 이해가 아니라 선적인 활구로 되살려 내고 있는 것이다. 금강경의 영험이란 금강경 자체에 어떤 힘이 있다기보다는 그 금강경을 수지독송하는 사람에게 힘이 있는 것이다. 왜냐하면 '금강(金剛, Vajra)'이란 바로 그 본래 자리, 나의 본성을 뜻하는 말이기 때문이다. 이 점을 염두에 두고 자, 지금부터 설두의 날카로운 안목을 주시해 보자.

양무제의 아들 소명 태자(昭明太子)는 금강경 본칙공안의 문장을 '능정업장분(能淨業障分, 모든 죄업을 정화시키는 대목)'이라 일컫고 있다.

【評　　唱】

　法眼云「證佛地者를　名持此經이로다」經中云「一切諸佛及諸佛阿耨多羅三藐三菩提法이　皆從此經出이라하니」且道喚什麼作此經고 莫是黃卷赤軸底是麼아　且莫錯認定盤星하라　金剛은　諭於法이니　體堅固故로　物不能壞하며　利用故로　能摧一切物하나니　擬山則山摧하고 擬海則海竭이라　就諭彰名하니　其法도　亦然이니라

【평창번역】

　법안(法眼文益)은 말했다. "부처의 경지를 증득하는 것〔證佛地者〕을 일러 '이 (금강)경을 수지독송하는 것'이라 한다."
　《금강경》에 이르길 "모든 부처님과 부처님네들의 완전한 깨달음이 모두 이 경에서 나왔다"고 했으니 자, 일러 보라. 무엇을 일러 이 경(금강경)이라 하는가. 종이와 활자로 만들어진 한 권의 책(경전)이 아니겠는가. 정말이지 저울 눈금을 잘못 알지 마라. (금강경의) 금강(金剛)은 법(法, 부처가 가르치신 진리)을 비유한 것이니 그 본체(本體, 본바탕)가 (금강석처럼) 견고하기 때문에 (어떤) 물건으로도 (이것을) 부술 수 없으며 (또한) 아주 예리하기 때문에 모든 것을 절단할 수 있다. 산에 들이대면 산이 무너지고 바다에 들이대면 바다가 말라 버린다. (절대 진리 자체는 이렇듯 이름과 형상이 전혀 없기 때문에) 비유를 들어 그 명칭을 붙인 것이니 저 절대 진리는 마치 금강석(다이아몬드)과도 같다고 할 수 있다.

【평창해설】

　원오는 여기서 《금강경》의 '금강'에 대한 정의를 내리고 있다. 즉 '금강'이란 우리의 본성(본래면목)을 뜻하는 것이다. 그리고 "진정한 의미에서의 금강경 수지독송은 부처의 경지를 증득하는 것이다〔證佛地者 名持此經〕"란 법안의 말을 인용하고 있다. 우리의 본성은 마치 금강석(다이아몬드)처럼 날카롭고 단단하다. 그러므로 그 어떤 것으로도 이를 부술 수 없다—는 뜻에서 본성을 금강(금강석)에 비유한 것이다.

【評　　唱】

　此般若有三種하니라 一, 實相般若요 二, 觀照般若요 三, 文字般若라 實相般若者는 卽是眞智니 乃諸人脚跟下一段大事라 輝騰今古하고 逈絶知見하야 淨躶躶, 赤灑灑者가 是라 觀照般若者는 卽是眞境이니 二六時中에 放光動地하며 聞聲見色者가 是라 文字般若者는 卽能詮文字니 卽如今에 說者聽者라 且道是般若아 不是般若아 古人道호대「人人有一卷經이라하며」又道호대「手不執經卷하야도 常轉如是經이라하니」若據此經靈驗인댄 何止轉重令輕하며 轉輕不受리요 設使敵聖功能이라도 未爲奇特이니라

【평창번역】

　이 반야(般若)에 세 종류가 있으니 첫째는 실상반야(實相般若), 둘째는 관조반야(觀照般若), 셋째는 문자반야(文字般若)가 그것이다.
　첫째, 실상반야(實相般若) : 진지(眞智), 즉 우리 모두의 안에 있는 가장 본질적인 것〔一段大事, 본성〕을 말한다. 지금과 옛날의 시간 차원을 초월하여 빛나고 있으며 알고 보는〔知見〕이 감각으로도 감지할 수 없는 것,

(번뇌망상의) 실오라기 하나 걸치지 않은 것, 그것이 바로 이것이다.

둘째, 관조반야(觀照般若) : 진경(眞境), 하루 24시간 가운데 (모든 사물과 그 사물들의) 형태, 색깔, 동작[放光動地], 그리고 (그 사물들의) 소리를 듣고 형태와 색깔을 보는 이것(이 지각 작용)을 말한다.

셋째, 문자반야(文字般若) : 언어와 문자를 통해서 설명된 진리(경전의 말씀)를 말한다. 즉 지금 (반야에 대해서) 설명하고 있는 자와 (이를) 듣고 있는 자는, 자 일러 보라. 이것이 반야인가, 반야가 아닌가. 옛사람(天台智顗)은 말했다. "사람마다 제각각 한 권의 경전이 있다." 또 이렇게 말했다. "굳이 손으로 경전을 들고 펴 보지 않더라도 (마음속에서는) 언제나 이 경전을 읽고 있다." 만일 이 경전(마음속의 경전)에 근거해 본다면 어찌 무거운 죄를 가볍게 하고 가벼운 죄를 받지 않는 데 그치겠는가. 설령 성인[佛]과 맞먹는 공덕과 능력이 있다 하더라도 그리 대단하다고 말할 수가 없다.

【평창해설】

이 금강을 또한 반야(般若)라고도 하는데 이 반야를 다음의 세 가지 방면에서 고찰할 수가 있다.

첫째, 본질적인 고찰[體] : 반야를 우리의 본성 그 자체로 보는 입장이다. 언어와 사고가 미칠 수 없는 그 절대 자리로 보는 입장이다. 이를 실상반야(實相般若)라 한다.

둘째, 역동적인 고찰[用] : 이 반야를 역동적으로 파악하는 입장이다. 즉 우리의 보고 듣고 말하고 가고 오는 것을 감지하는 이 지각력으로서의 반야다. 반야의 이 역동적인 면을 관조반야(觀照般若)라 한다.

셋째, 언어적인 고찰[言] : 이 반야에 대해서 언어문자로 기록해 놓은 문서를 말한다. 즉 반야에 대한 기록으로서의 경전(금강경을 위시한 모든 경전)을 일컫는다.

이어서 평창은 천태지의의 말을 인용하고 있다. 이 천태지의의 말을 통해서 우린 우리의 본성 그 자체가 바로 금강(반야)이라는 것을 다시 한 번 확신할 수 있다.

【評　　唱】

不見龐居士聽講《金剛經》하고 問座主曰「俗人이 敢有小問하니 不知如何오」主云「有疑請問하라」士云「無我相, 無人相이라하니 旣無我人相인댄 敎阿誰講이며 阿誰聽고」座主無對하고 卻云「某甲이 依文解義니 不知此意니다」居士乃有頌云 無我亦無人하니 作麽有疏親이리오 勸君休歷座하라 爭似直求眞이리요 金剛般若性은 外絕一纖塵이니 我聞幷信受가 總是假稱名이라하니 此頌이 更好라 分明一時說了也라

【평창번역】

방거사가《금강경》을 강의하는 승에게 다음과 같이 질문한 것을 그대는 익히 알고 있을 것이다.

방거사는《금강경》강의를 듣다가 (금강경을) 강의하고 있는 승에게 (이렇게) 물었다.

"속인이 작은 질문이 있는데 물어도 되겠습니까?"

승이 말했다. "의문점이 있거든 물어보십시오."

방거사가 말했다. "(금강경에 이르기를) 아상(我相)과 인상(人相)이 없다고 했습니다. 이미 아상과 인상이 없다면 도대체 누가 강의할 수 있으며 도대체 누가 들을 수 있단 말입니까?"

승은 (방거사의 이 질문에는) 대답을 하지 못하고 되려 이렇게 말했다. "전 그저 글자대로 풀이했을 뿐 이 뜻은 전혀 모르겠습니다."

방거사는 이에 (다음과 같이) 송을 읊었다.

'나〔我〕'도 없고 또한 '남〔人〕'도 없거니
어찌 친소(親疎, 가깝고 멂)가 있겠는가
그대에게 권하노니 강의를 그만둬라
어찌 곧바로 '참〔眞性〕'을 구하는 것만 같겠는가
금강반야의 성품은
밖으론 (번뇌망상의) 티끌 한 오라기도 없나니
(금강경의) 처음에서 끝까지가
이 모두 거짓 명칭일 뿐······.

(방거사의) 이 송은 정말 멋지다. (금강반야의 참뜻을) 분명하게 모두 말했다.

【평창해설】

이 대목에서는 방거사의 송을 통해서 금강경의 '금강'이 뭔지를 다시 한 번 확인시키고 있다.

"금강반야의 성품(반야 그 자체)은/ 번뇌망상의 티끌 한 오라기도 없다"는 방거사의 이 시구는 명쾌하기 이를 데 없다. 그러나 또 다른 입장에서 본다면 번뇌망상의 이 모든 티끌들이 그대로 반야 아닌 게 없다. 방거사의 마지막 시구처럼 '금강경의 처음에서 끝까지가/ 이 모두 거짓 명칭일 뿐'이지만 그러나 그 거짓 명칭(언어문자)을 통해서 반야는 그 자신의 전부를 드러내 보이고 있다. 그러므로 방거사의 이 시구는 원오의 말처럼 '정말 멋지지만' 그러나 완벽하다고는 말할 수 없다. 왜냐하면 반야의 본질적인 면만을 강조했기 때문이다. 본질(알맹이)이 살아 숨쉬기 위해선 여기 비본질적인 것(껍데기)도 필요하다.

【評　　唱】

　圭峰科四句偈云 凡所有相이 皆是虛妄이라 若見諸相非相하면 即見如來라하니 此四句偈義가 全同「證佛地者, 名持此經이로다」 又道호대 若以色見我거나 以音聲求我하면 是人行邪道라 不能見如來라하니 此亦是四句偈라 但中間에 取其義全者라 僧問晦堂호대 「如何是四句偈닛고」 晦堂云 「話墮也不知라하니」

【평창번역】

　규봉(圭峰宗密)은 (그의 저서 《金剛經纂要》에서 금강경의 본문을 단락지을 적에 몇 개의) 사구게(四句偈, 네 구절로 된 시문체)를 다음과 같이 나누어 놓았다.

　　형상이 있는 것들은
　　모두 덧없이 변해 가나니
　　만일 이 모든 형상과 형상 아닌 것을 본다면
　　곧 부처를 보게 된다.
　　　　　　　　　　　　《금강경》(제15장 如理實見分)

　이 사구게의 뜻은 (앞서 법안이 말한) 다음 구절과 그 뜻이 같다. "부처의 경지를 증득하는 것을 일러 '금강경을 수지독송하는 것'이라 한다."
　(금강경에서는) 또 이렇게 말했다.

　　만일 형상과 색깔로 나(부처)를 보려 하거나
　　음성으로 나를 찾는 자는
　　이런 사람은 옆길〔邪道〕로 가고 있나니

여래(如來, 부처)를 볼 수가 없다.

《금강경》(제26장 法身非相分)

이 역시 사구게다. (《금강경》 제32장 應化非眞分에는 대표적인 사구게가 있는데) 그 중간(제26장)에 있는 이 사구게가 (제32장의 대표적인 사구게와) 그 뜻이 상통하기 때문에 (여기선) 이것을 취한 것이다.
(어떤) 승이 회당(晦堂)에게 물었다.
"어떤 것이 (금강경의) 사구게입니까?"
회당이 말했다. "화타야부지(話墮也不知, 말에 떨어진 것도 또한 모르고 있구나)."

【평창해설】

"진정한 의미에서의 금강경 수지독송은 '부처의 경지를 증득하는 것(깨달음)'이다〔證佛地者 各持此經〕"란 법안의 말을 기억하라. 이것을 뒷받침하기 위하여 평창에서는 금강경의 대표적인 네 구절 시구〔四句偈〕두 개를 언급하고 있다.
이 네 구절 시구는 너무나 잘 알려진, 너무나 유명한 구절들이다. '소리와 형상을 통해서 부처(본래의 나)를 찾는 것은 이 모두가 잘못됐다'는 것을 말하고 있는 시구들이다. 그렇다면 절에선 왜 나무나 돌로 부처 형상을 빚어 모신 다음 여기에 절을 하고 있는가. 이건 금강경의 이 네 구절 시구 뜻과 정반대되지 않는가.
그러나 벗이여, 이렇게 한번 생각을 돌려 봐라. 그러면 이 양자의 모순이 절묘하게 조화를 이룰 것이다. "이 모든 것은, 아니 이 세상 전체는 부처의 생명 바다에서 이는 파도들이다. 그러므로 소리와 형상을 통해서도 얼마든지 부처에게로의 접근이 가능하다(《법화경》)."
그리고 이어서 어떤 승과 회당(晦堂, 黃龍)의 사구게(四句偈)에 대한 문답을 싣고 있다. "어떤 것이 금강경의 진정한 사구게인가"라는 승의 물음에 회당은 "화타야부지(話墮也不知, 말에 떨어진 것도 또한 모르고 있구나)"라고 대답했다. 자, 이게 도대체 어째서 사구게가 되는가. '화타야부지'와 사구게는 같은가 다른가. 같다면 어떤 점이 같고 다르다면 어디가 다른가. 회당의 이 '화타야부지'를 간파할 수만 있다면 금강경의 사구게는 이제 그대의 손안에 있다.

【評　　唱】

雪竇於此經上에 指出이라 若有人이 持此經者댄 卽是諸人의 本地風光이며 本來面目이니라 若據祖令當行인댄 本地風光과 本來面目도 亦斬爲三段이라 三世諸佛과 十二分敎도 不消一捏이라 到這裏하야는 設使有萬種功能이라도 亦不能管得이라 如今人은 只管轉經하고 都不知是箇什麽道理로다 只管道호대 我一日轉得多少라하니 只認黃卷赤軸하야 巡行數墨하고 殊不知全從自己本心上起로다 這箇는 唯是轉處些子니라

【평창번역】

설두는 이 《금강경》에서 금강(金剛)의 본체를 가리켜 (이렇게 말했다.) "만일 어떤 사람이 이 금강경을 수지독송한다면 그것은 곧 여러분의 본래적인 풍경[本地風光]이며 본래 모습[本來面目]이다." 그러나 만일 불조(佛祖)의 법령을 원리원칙대로 행하는 입장에서 본다면 이 본래적인 풍경과 본래 모습조차도 발기발기 찢어져 풍비박산이 날 것이다. 삼세제불과 그 모든 가르침[十二分敎]조차도 무용지물이 될 것이다.

여기(불조의 법령이 가차없이 행해지는 곳) 이르러서는 설사 수많은 공덕과 능력이 (이 금강경 속에) 있다 하더라도 그것을 별로 중요하게 생각지

않는다. 지금 사람들은 오로지 경전을 읽고 풀이할 줄만 알았지 이게 무슨 이치인지를 전혀 모르고 있다. 그래서 다음과 같은 식으로만 말하고 있다. "나는 (오늘) 하루 동안 많은 경전을 읽었다." (이런 식으로 경전을) 종이와 활자로만 알기 때문에 글자 해석에 막혀 그 내용을 정확하게 파악하지 못하고 있다. (경전의 영험한 힘이) 전적으로 자기 자신의 본마음〔本心〕에서 일어나는 것을 전혀 모르고 있다. 보고, 듣고, 생각하는 것 그 자체가 바로 이것〔本心〕이다. 이것의 굽이침이다.[3]

【평창해설】

진정한 의미에서의 금강경 수지독송은 깨달음이다. 본성(본래면목)의 드러남이다. 그러나 더 높은 차원에서 본다면 본성이니 본래면목이니 하는 이런 말조차 군더더기에 불과하다. 어디 그뿐인가. 삼세의 모든 부처님들과 그분들의 그 오묘한 가르침조차 무용지물이다. 쓰레기일 뿐이다. 이런 경지에서 본다면 설사 이 금강경 속에 어마어마한 공덕이 있다 하더라도 별 볼일 없다. 그러나 금강경을 읽고 공부하는 사람들은 이런 이치를 전혀 모르고 있다. 그저 글자로서의 금강경을 읽고 쓰는 그것만을 금강경의 수지독송이라고 굳게 믿고 있다. 금강경의 영험은 바로 금강경을 수지독송하는 자기 자신의 마음에서 일어나고 있는 것을 전혀 모르고 있다. 금강경을 수지독송하고자 하는 바로 그 마음이 모든 기적과 영험의 발원지라는 것을 전혀 모르고 있다.

---

[3] "보고 듣고 생각하는 것 그 자체가 바로 이것〔本心〕이다. 이것의 굽이침이다." —이 부분을 직역하면 다음과 같다. '이것〔本心〕은 오직 작용처가 이것이다〔這箇唯是轉處些子〕.' 이 직역을 통해선 전혀 의미 파악이 되지 않는다. 그래서 부득이 뜻 번역을 할 수밖에 없었다.

【評　　唱】

　　大珠和尙云「向空屋裏하야 堆數函經하고 看他放光麽아하니」只以 自家一念發底心이 是功德이니라 何故오 萬法皆出於自心이니 一念是 靈이라 旣靈卽通이요 旣通卽變이니라 古人道호대「靑靑翠竹이 盡是眞 如요 鬱鬱黃花가 無非般若라하니」若見得徹去인댄 卽是眞如라 忽未見 得인댄 且道作麽生喚作眞如오《華嚴經》云「若人欲了知, 三世一切 佛인댄 應觀法界性, 一切唯心造하라하니」你若識得去하면 逢境遇緣에 爲主爲宗하리라 若未能明得인댄 且伏聽處分하라 雪竇出眼頌大槪하야 要明經靈驗也라 頌云

【평창번역】

　　대주(大珠) 화상은 (이렇게) 말했다.

　　"빈집 속에 경전들을 쌓아 놓고 (어디 한번) 보라. 빛을 발하고 있는지를……."

　　(그러므로) 다만 (경을 보려는) 나 자신의 한 생각을 내는 이 마음이 바로 공덕(功德)인 것이다. 왜냐하면 모든 이치가 바로 나 자신의 이 마음에서 비롯되기 때문이다. (나 자신의 마음에서 나온) 한 생각[一念]이 곧 신령스럽다. 신령스러우면 통하게 되고 통하면 변하게 된다. (그러므로) 옛사람(道生, ?~434)은 말했다. "푸른 저 대나무는 모두 진여(眞如)요/ 울창하게 핀 노란 꽃은 반야(般若) 아닌 것 없네."

　　만일 (이런 소식을) 분명하고 투철하게 간파한다면 (이 모든 것이) 그대로 진여(眞如)가 된다. 그러나 만일 간파하지 못했다면 자, 일러 보라. 어떤 것을 진여(眞如)라 일컬을 수 있겠는가.

　　《화엄경》에서는 (이렇게) 말했다. "만일 삼세의 모든 부처님들을 알고자 한다면/ 이 우주의 본질[法界性]은/ 모두가 이 마음이 만들었다는 것을 관찰해야 한다."

그대들이 만일 (이런 이치를) 간파했다면 경계에 부딪치고 인연을 만났을 때 주인이 되고(주체적이 되고) 중심이 될 것이다. 그러나 만일 아직도 분명하게 간파하지 못했다면 엎드려서 처분을 들어야(기다려야) 한다.

설두가 (자신의) 안목으로 (이 이치를) 분명하게 읊은 것은 경(自心經, 내 마음속에 있는 경전)의 영험을 밝히려는 뜻에서였다.

송에 이르기를…….

【평창해설】

대주 화상은 열렬한 금강경 애독자였는데 마조의 법을 이었다. 그런 그가 경전의 영험에 대하여 멋진 결론을 내리고 있다. "경전의 영험은 경전을 읽는 바로 그 사람의 마음으로부터 비롯된다"고 말하고 있다. 밝아진 이 마음 자리에서 본다면 저 푸른 대나무와 노란 꽃이 그대로 반야의 드러남이다. 저 흐르는 개울물소리가 그대로 오묘한 법문소리다. 아니 이 누리 삼라만상 천차만별 그 자체가 반야의 굽이침이다. 그렇기에 《화엄경》에서는 "이 마음이 창조의 발원지〔一切唯心造〕"라고 말하지 않았는가. 이렇듯 내가 주체적일 때 이 삶은 끌려가는 게 아니라 끌고 가는 것이다. 내가 변두리가 아니라 중심이 된다. 만달라의 그 중앙이 된다.

【頌】

〔頌〕明珠在掌하니(上通霄漢하고 下徹黃泉이라 道什麼오 四邊諸訛요 八面玲瓏이로다) 有功者賞하리라(多少分明隨他去也라 忽若無功時에는 作麼生 賞고) 胡漢不來하면(內外絶消息이니 猶較些子라) 全無伎倆이로다(展轉沒交涉이니 向什麼處摸索고 打破漆桶來하면 相見하리라) 伎倆旣無댄(休去歇

去하라 阿誰恁麼道오) 波旬失途라(勘破了也라 這外道魔王尋蹤跡不見이라) 瞿曇, 瞿曇이여(佛眼覷不見이라 咄⁴)) 識我也無아(咄, 勘破了也⁵)로다) 復云「勘破了也로다」(一棒一條痕이로다 已在言前이라)

【송번역】

밝은 구슬[明珠] 손안에 있으니
　위로는 하늘에 통하고 아래로는 황천까지 사무친다. 뭐라 말하고 있는가. 사방팔방에 영롱하다.
공(功) 있는 자에겐 상을 주리라
　아주 분명하다. 저(설두)의 뜻에 따른다. (그러나) 만일 공이 없을 때는 어떻게 상을 줄 것인가.
(그러나) 오랑캐와 한인(漢人)이 오지 않는다면
　안팎으로 소식이 끊겼으니 그런대로 봐줄 만하다.
(구슬은) 그 능력을 발휘할 수 없네
　점점 더 빗나가 버린다. 어디서 찾겠는가. (無知의) 옻칠통을 부순다면 서로 보게 될 것이다.
능력을 발휘할 수 없으니
　쉬어라. 쉬어라. 누가 이런 식으로 말하고 있는가.
악마의 왕 파순(波旬)도 엿볼 틈을 잃었네
　(이미) 감파해 버렸다. 이 외도(外道) 악마의 왕조차도 그 흔적을 찾지 못했다.
구담(부처)이여 구담이여
　부처의 눈으로도 엿보지 못한다. 쯧쯧.
나(설두)를 알겠는가

---

4) 咄 없음(福本).
5) 勘破了也 없음(福本).

쯧쯧. (이미) 감파해 버렸다.
(설두는) 다시 (이렇게) 말했다. "감파해 버렸다."
　　철두철미하다. 이미 말이 있기 그 이전이다.

【송과 착어해설】

　◎ **밝은 구슬[明珠] 손안에 있으니**　　우린 누구나 이 구슬을 본래적으로 가지고 있다. 그러나 애석하게도 이 구슬을 사용할 줄 모르고 있다. 이 구슬은 무엇인가. 나지도 죽지도 않는 그 본래 자리[本性]를 말한다. 이 본래 자리를 빛의 응집인 밝은 구슬[明珠]에 비긴 것이다.
　△ **위로는 하늘에 ～ 영롱하다.**　　이 구슬은 우주 전체에 충만해 있다. 아니 이 우주 전체가 이 구슬 안에 있다. 밝음도 어둠도 예외 없이 이 구슬 안에 있다.
　◎ **공(功) 있는 자에겐 상을 주리라**　　여기서의 공(功)이란 무엇인가. 온갖 고난을 극복하고 구도의 길을 잘 가고 있는 것을 말한다. 이런 구도자에겐 그 보답으로 이 구슬이 주어진다. 아니 내 안에 본래 있었던 것을 재확인할 뿐이다. 그러나 그것도 역시 상(賞)은 상이니만큼 기뻐하지 않을 수 없다. 밖으로 밖으로만 찾아 헤맸던 것이 내 안에 있음을 확인했으니 말이다.
　△ **아주 분명하다. ～ 따른다.**　　원오 역시 설두의 이 시구에 전적으로 동의하고 있다. 쌍수를 들어 환영의 뜻을 표하고 있다.
　△ **(그러나) 만일 ～ 상을 줄 것인가.**　　그러나 한 차원 높은 곳에서 볼 때는 공(功) 자체도 무의미하다. 왜냐하면 그것은 본래적으로 이미 내 안에 있었던 것의 재확인이기 때문이다. 생각해 보라. 공(功) 자체도 이미 초월해 있거늘 여기 상이 무슨 소용 있겠는가.
　◎ **(그러나) 오랑캐와 한인(漢人)이 오지 않는다면/ (구슬은) 그 능력을 발휘할 수 없네**　　우리 본성으로서의 이 구슬[明珠]은 마치 거울과도 같아

서 붉은 놈이 오면 붉게 비추고 푸른 놈이 오면 푸르게 비춘다. 이처럼 대상을 있는 그대로 비춰 주기 때문에 여기 단 한치의 선입관이나 사사로움이 없다. 그러나 붉은 놈도 푸른 놈도 모두 오지 않을 땐 어찌되겠는가. 이 구슬은 텅 비게 된다. 더 이상 반사 능력을 발휘할 수 없게 된다. 이 절대진공(絶代眞空)의 자리에는 부처가 접근할 수 없고 마(魔)의 무리들도 감히 엿볼 수 없다. 그렇기에 이런 시구가 있지 않았는가.

옛 부처 태어나기 전/ 둥근 이 빛의 덩어리여
석가도 몰랐거니/ 가섭이 어찌 전했겠는가.
(古佛未生前 凝然一圓相 釋迦猶不知 迦葉豈能傳)

△ 안팎으로 ~ 봐줄 만하다.   안으로는 그 반사 작용이 정지됐고 밖으로 비춰 줄 대상이 더 이상 없으니 이 절대 진공의 경지는 매우 값어치가 있는 것이다.

△ 점점 더 ~ 보게 될 것이다.   이 구슬에 대하여 왈가왈부를 하면 할수록 점점 더 빗나가 버리고 만다. 왜냐하면 말〔言語〕이 말을 낳고 그 낳은 말이 또 다른 말을 낳기 때문이다. 이 구슬의 경지에서 본다면 시간도 없고 공간도 없고 부처도 없고 깨달음마저 언어의 유희일 뿐이다. 이 모든 방황이, 이 무지의 어둠이 걷힐 때 우린 알게 될 것이다. 나 자신이 바로 내가 찾아 헤매던 그 구슬이라는 이 어처구니없으면서도 엄청난 사실을…….

◎ 능력을 발휘할 수 없으니/ 악마의 왕 파순(波旬)도 엿볼 틈을 잃었네
'능력을 발휘할 수 없다'는 것은 절대 무심의 상태가 됐다는 말이다. 눈멀고 귀먹고 벙어리가 됐다는 말이다. 일체의 분별심이 끊어져 버렸다는 말이다. 이렇듯 일체의 분별심(번뇌망상)이 끊어져 버렸으니 악마의 왕 파순인들 어찌 그를 엿볼 수 있겠는가.

△ 쉬어라. ~ 말하고 있는가.   눈멀고 귀먹고 벙어리가 됐다면 철저

한 무심의 상태에 이른 것이다. 이 무심의 상태에선 '능력을 발휘할 수 없다'는 설두의 시구조차 사족에 불과하다.

△ (이미) 감파해 버렸다. ~ 찾지 못했다.　《복본》에는 "(이미) 감파해 버렸다〔勘破了也〕"는 대목이 없다. 따라서 이 대목은 없는 게 더 문맥이 분명해진다.《종전초》에서는《복본》에 근거하여 이 대목을 삭제하고 있는데 일리가 있다고 생각한다. 여기 어떤 흔적도 없거니 악마의 왕 파순이 어찌 엿볼 틈이 있겠는가. 이 절대 무심의 경지에 이르게 되면 염라대왕도 그를 찾아내지 못한다.

◎ 구담(부처)이여 구담이여/ 나(설두)를 알겠는가　악마의 왕 파순은 또 그렇다 치고 이 절대 무심의 경지를 부처인들 어찌 엿볼 수 있단 말인가. '구담(瞿曇, Gotama)'이란 부처(석가모니)를 지칭하는 말이다. 설두는 자신이 이 절대 무심의 경지에 이르렀다고 자부하고 있다. 그래서 '부처여 나를 알겠는가' 라고 호통을 치고 있는 것이다.

△ 부처의 ~ 쯧쯧.　부처의 그 혜안으로도 이 절대 무심의 경지를 엿볼 수 없다면 어느 누가 이를 엿볼 수 있단 말인가.

△ 쯧쯧, ~ 버렸다.　아아, 그러나 '부처여 나를 알겠는가' 라고 외쳐대는 그 순간 설두는 이미 원오의 사정권에 들어오고 말았다. 원오의 손아귀에 걸려들고야 말았다.

◎ (설두는) 다시 (이렇게) 말했다. "감파해 버렸다."　이렇게 하여 설두는 그 절대 무심의 경지에서 부처와 악마를 동시에 꿰뚫어 버렸다. 보는 자(주관)와 보이는 자(객관)를 동시에 초월해 버렸다.

△ 철두철미하다. ~ 그 이전이다.　설두의 안목은 치밀하기 이를 데 없다. 설두가 부처와 악마를 동시에 꿰뚫어 본 그 자리는 언어 이전 소식이다.

【評　　唱】

〔評唱〕「明珠在掌, 有功者賞이라하니」 若有人이 持得此經하야 有功驗者는 則以珠賞之라 他得此珠하면 自然會用이라 胡來胡現하고 漢來漢現하야 萬象森羅가 縱橫顯現하리니 此是有功勳이라 法眼云「證佛地者가 名持此經이라하니」 此兩句에 頌公案畢이니라「胡漢不來, 全無伎倆이라하니」 雪竇裂轉鼻孔이라 也有胡漢來하면 則敎你現이어니와 若忽胡漢俱不來時에는 又且如何오 到這裏하야는 佛眼也覰不見이라 且道是功勳가 是罪業가 是胡是漢가 直似羚羊掛角이니 莫道聲響, 蹤跡이라 氣息也無거니 向什麼處摸索이리요 至使諸天捧花無路하고 魔外潛覷無門이라 是故洞山和尙이 一生住院호대 土地神이 覓他蹤跡不見이라 一日에 廚前抛撒米麵이라 洞山이 起心曰「常住物色을 何得作踐如此오하니」 土地神이 遂得一見하고 便禮拜라

【평창번역】

"밝은 구슬〔明珠〕 손안에 있으니/ 공(功) 있는 자에겐 상을 주리라"라고 했으니 만일 어떤 사람이 이《금강경》을 수지독송해서 공덕과 영험이 있다면 이 구슬〔明珠〕로 상을 줄 것이다. 저가 이 구슬을 얻게 되면 저절로 사용할 줄을 알게 될 것이다. 오랑캐가 오면 (이 구슬에) 오랑캐가 나타나고(비치고) 한인(漢人, 중국인)이 오면 한인이 나타나서 삼라만상이 종횡무진으로 비칠 것이니 이는 (구슬을 얻은 자의) 공(功)이 있기 때문이다. 법안(法眼)이 이르길 "부처의 경지를 증득하는 것을 일러/ 이 금강경을 수지독송하는 것이라" 했으니 이 두 구절로써 (본칙)공안의 송은 끝난 셈이다.

"(그러나) 오랑캐와 한인이 오지 않는다면/ (구슬은) 그 능력을 발휘할 수 없네"라고 했으니 설두는 (여러분의) 콧구멍을 사정없이 찢어 버렸다

(송의 흐름을 백팔십 도로 바꿔 버렸다). 오랑캐와 한인이 오면 그대들의 (구슬에) 나타나도록 할 수 있겠거니와 만일 오랑캐와 한인이 모두 오지 않을 때는 또 어찌할 것인가. 여기(이런 경지) 이르러서는 부처의 눈으로도 또한 엿볼 수가 없다. 자, 일러 보라. 이것이 공(功)인가, 죄업인가, 오랑캐인가, 한인인가. 이는 마치 영양(羚羊)이 나무에 그 뿔을 건 것과 같나니 소리와 발자취가 없다고 말하지 마라. 숨소리조차 없거니 어디서 찾겠는가. 제천(諸天, 하늘의 신들)이 꽃을 바칠 길이 없고 악마와 이교도가 숨어 들어와 엿볼 틈이 없게 하는 데까지 이르게 된다. 그러므로 동산(洞山良价) 화상이 절에 머무는 평생 동안 토지신(土地神)은 저(동산)의 자취를 찾아볼 수가 없었다. 그런데 어느 날 쌀알과 보릿가루가 부엌 앞에 떨어져 있는 것을 보고 동산은 문득 생각을 일으켜 (이렇게) 혼잣말을 했다. '대중들이 먹는 양식을 어찌 이렇게 (마구) 짓밟고 다니는가?' (그러자) 토지신은 (동산 화상을) 한번 뵙고는 즉시 절을 했다.

【평창해설】

　진정한 의미에서의 금강경 독송은 부처의 경지(깨달음)에 이르는 것이다. 이 깨달음이야말로 수행자에게 주어지는 최고의 선물이 아닐 수 없다. 이제 그의 눈에는 삼라만상의 온갖 것들이 속속들이 비치게 된다. 아니 그는 삼라만상을 꿰뚫어 볼 수 있는 직관력을 얻었다. 그러나 이 직관의 세계마저 넘어가 버린다면 거긴 절대 무심의 경지다. 이 절대 무심의 경지에 들어가게 되면 부처도 그를 찾아낼 수 없다. 영양(羚羊)이란 산양(山羊)의 일종인데 이놈이 잠잘 땐 그 뿔을 나뭇가지에 걸어 놓는다고 한다. 뿔을 나뭇가지에 걸고 매달려 자기 때문에 이놈을 찾아낼 수가 없다. 절대 무심의 경지에 이른다는 것은 이를테면 이 영양이 나뭇가지에 그 뿔을 매달고 잠자는 그것과도 같다. 여기 어떤 흔적도 없거니 누가 그를 찾아내겠는가. 저 수보리 존자는 무심삼매(無心三昧)에 들어 있었기 때문에 하늘의 신들이 그에게 꽃비를 뿌렸다. 그러나 그 무심(상대적인 무심)마저 초월한 이 절대 무심의 경지에 이르게 되면 이제 하늘의 신들조차 그를 찾아낼 길이 없다. 그러니 악마와 이교도들이 어떻게 감히 엿볼 수 있겠는가.

저 동산 화상은 바로 이 절대 무심의 경지에 이른 선승이었다. 그의 절을 수호하던 토지신(土地神)이 그를 한번 뵙고 싶었으나 도저히 그 모습을 볼 수가 없었다. 왜냐하면 그는 늘 절대 무심의 경지에서 흔적 없이 살고 있었기 때문이다. 그래서 어느 날 토지신은 그 절 원주 스님의 꿈에 나타나 자신의 소망을 말했다. 원주는 저만치서 동산이 오는 것을 보고는 일부러 부엌문 앞에 쌀과 보릿가루를 뿌려 놓았다. 동산은 부엌문 앞을 지나가다가 쌀과 보릿가루가 흩뿌려져 있는 것을 보고는 문득 한 생각을 일으켰다. '아까운 식량을 이런 식으로 낭비해서야 되겠는가'라는 생각을 일으켰다. 그러자 그 생각의 흔적을 통해서 토지신은 비로소 동산의 모습을 볼 수가 있었다고 한다.

【評　　唱】

雪竇道호대「伎倆旣無라하니」若到此無伎倆處하야는 波旬도 也教失途라 世尊以一切衆生으로 爲赤子라 若有一人이 發心修行하면 波旬宮殿이 爲之振裂일새 他便來惱亂修行者라 雪竇道호대「直饒波旬이 恁麽來라도 也須教失卻途路하야 無近傍處라」雪竇更自點胸云「瞿曇, 瞿曇이여 識我也無아하니」莫道是波旬이요 任是佛來라도 還識我也無아 釋迦老子도 尙自不見이라 諸人은 向什麽處摸索고「復云勘破了也라하니」且道是雪竇勘破瞿曇가 瞿曇勘破雪竇아 具眼者는 試定當看하라

【평창번역】

 설두는 말하길 "능력을 발휘할 수 없으니……"라 했으니 만일 능력을 발휘할 기회조차 없는 이런 곳(경지)에 이르러서는 악마의 왕인 파순(波旬)조차도 길을 잃어버리고 말 것이다. 세존(부처)은 모든 중생을 어린 아들로 여기고 있다. 그런데 만일 어떤 한 사람이 구도의 마음을 일으켜 수행하게 되면 악마의 왕인 파순의 궁전이 흔들리고 부서진다. 그래서 저(파순)는 즉시 (인간계로) 와서 수행자를 괴롭힌다고 한다. 그렇기에 설두는 (다음과 같이) 말했던 것이다. "비록 악마의 왕인 파순이 이런 식으로 오더라도 또한 그 길을 잃어버려서 (수행자의) 근방에도 얼씬거리지 못하게 될 것이다." 설두는 다시 자신 있게 (이렇게) 말했다. "구담이여 구담이여/ 나(설두)를 알겠는가." 악마의 왕인 파순을 들먹이지 마라. 비록 부처가 온다 하더라도 나(설두)를 알 수(찾을 수)가 없을 것이다. 부처도 오히려 보지 못하거늘 여러분은 어디서 (나 설두를) 찾겠는가. "(설두는) 다시 말하길 '감파해 버렸다'"고 했으니 자, 일러 보라. 설두가 구담(부처)을 감파했는가, 구담이 설두를 감파했는가. 안목 있는 이는 시험삼아 분명히 살펴보라.

【평창해설】

 도고마성(道高魔盛)이란 말이 있다. 수행의 경지가 높아지면 높아질수록 거기 정비례하여 방해 요인도 많아진다는 말이다. 불경 속에는 이에 대한 아주 멋진 이야기가 있다.
 ─이 사바세계에서 한 사람의 수행자가 구도의 마음을 일으키게 되면 악마의 나라에 지진이 난다. 그래서 악마의 대장인 파순은 그의 부하들을 데리고 구도의 마음을 일으킨 수행자를 찾아내어 갖은 방법으로 방해 공작을 한다. 우선 첫 번째로 미인계를 쓰고 그 다음은 명예와 황금의 미끼

를 던지고 잇달아 수행자의 마음에 회의감과 공포심이 일도록 한다. 그러나 이 온갖 시련을 묵묵히 견딘 수행자는 마침내 저 절대 무심의 경지에 이르게 된다. 이 절대 무심의 경지에 이르게 되면 어떤 흔적도 남지 않기 때문에 악마의 대장인 파순조차 그를 찾아낼 방법이 없다.

 송의 마지막 구절에서 설두는 "(이미 모두) 감파해 버렸다"고 자신 있게 말하고 있다. 자, 그렇다면 과연 누가 누구를 간파(감파)했단 말인가. 설두가 부처와 악마를 동시에 간파했는가, 아니면 부처와 악마가 설두를 간파했는가. 아니면 벗이여, 그대와 내가 설두, 부처, 악마를 모조리 간파해 버렸는가. ……이미 간파해 버렸다.

第 98 則
天平和尚兩錯
천평 화상의 두 번 실수

【垂　　示】

垂示云「一夏嘮嘮打葛藤하니 幾乎絆倒五湖僧이로다 金剛寶劍當頭截하니 始覺從來百不能이로다 且道作麼生是金剛寶劍고 眨上眉毛하고 試請露鋒鋩看하라」

【수시번역】

㉠ 여름 하안거 동안 마구 지껄여 댔으니 하마터면 뭇 수행자들을 잘못되게 할 뻔했다. 금강석처럼 예리한 (지혜의) 검으로 즉석에서 두 동강을 내 버리니 지금까지 (지껄인 것이) 전혀 쓸모가 없다는 것을 비로소 깨달았다.

㉡ 자, 일러 보라. 어떤 것이 '금강석 같은 지혜의 검〔金剛寶劍〕'인가. 두 눈썹을 치켜뜨고(정신을 바짝 차리고) 시험삼아 간청하노니 드러난 칼날을 보라.

【수시해설】

두 마디로 되어 있다.

첫째 마디(㉠) : 언어문자는 어디까지나 언어문자일 뿐, '본래 그 자리'는 아니라는 것이다.

둘째 마디(㉡) : 언어문자가 접근할 수 없는 지혜의 검, 그 칼날은 본칙 공안을 통해서 분명히 드러났음을 말하고 있다.

【本　　則】

〔本則〕擧 天平和尙이 行脚時에 參西院이라 常云「莫道會佛法하라 覓箇擧話人也無라하니라」(漏逗不少라 這漢是則是나 爭奈靈龜曳尾리요) 一日에 西院遙見하고 召云「從漪여하니」(鐃鉤搭索了也라) 平擧頭라(著, 兩重公案이로다) 西院云「錯이로다」(也須是鑪裏煅過始得이니 劈腹剜心이라 三要印開朱點窄하니 未容擬議主賓分이라) 平이 行三兩步라(已是半前落後니 這漢泥裏洗土塊라) 西院又云「錯이로다」(劈腹剜心이로다 人皆喚作兩重公案이라하나 殊不知似水入水요 如金博金이로다) 平이 近前이라(依前不知落處니 展轉摸索不著이로다) 西院云「適來這兩錯은 是西院錯가 是上座錯가」(前箭猶輕後箭深이라) 平云「從漪錯이니다」(錯認馬鞍橋하야 喚作爺下頷이라 似恁麽衲僧인댄 打殺千箇萬箇有什麽罪리요) 西院云「錯이로다」(雪上加霜이라) 平休去하다(錯認定盤星이니 果然不知落處라 軒知你鼻孔在別人手裏아) 西院云「且在這裏過夏하며 待共上座商量這兩錯하라」(西院尋常脊梁硬似鐵이거니 當時何不趁將出去오) 平이 當時便行이라(也似衲僧이로다 似則似나 是則未是라) 後住院, 謂衆云(貧兒思舊債라 也須是點過라) 我當初行脚時에 被業風吹하야 到思明長老處하야 連下兩錯이라 更留我過夏하야 待共我商量이라하니라 我不道恁麽時錯이라 我發足向南方去時에 早知道錯了也라(爭奈這兩錯何오 千錯萬錯이나 爭奈

426

沒交涉이리요 轉見郞當愁殺人이로다)

【본칙번역】

천평(天平) 화상이 행각할 때 (思明이 주석하고 있는 汝州의) 서원(西院)을 방문했다. (서원에 머물면서 그는) 늘상 (입버릇처럼 이렇게) 말했다. "불법을 안다고 말하지 마라. 더불어 얘기할 사람을 찾아봐도 없다."

    낭패가 적지 않다. 이 친구가 옳긴 옳았으나 흔적이 나 버린 걸 어찌하겠는가.

하루는 서원(西院思明)이 멀리서 (천평이 오는 것을) 보고는 "종의(天平從猗)"하고 불렀다.

    쇠갈퀴와 올가미로 꽁꽁 묶어 버렸다.

(그러자) 천평은 고개를 들었다.

    착(著), 이중으로 과오를 범했다.

서원은 말했다. "착(錯, 틀렸다)."

    또한 용광로 속에서 (이런 식으로) 단련되지 않으면 안 된다. 가슴을 찢어 심장을 도려냈다(가진 것을 모두 보여 줬다). 삼요의 도장〔三要印〕을 열자 붉은 점이 비좁게 찍히나니 생각으로 헤아리기 이전에 주객이 분명하다.

(그러나 여기 개의치 않고) 천평은 두세 걸음 (앞으로) 계속 걸어갔다.

    이미 그 태도가 불분명하다. 이 친구가 진흙 속에서 흙덩이를 씻는다.

서원은 또 이렇게 말했다. "착(錯, 틀렸다)."

    가슴을 찢어 심장을 도려냈다. 사람들은 모두들 '이중의 공안'이라고 말한다. 그러나 물을 물에 붓는 것과 같으며 금(金)으로 금을 사는 것과 같다는 걸 전혀 모르고 있다.

천평이 (서원 쪽으로) 가까이 왔다.

    여전히 문제의 핵심을 모르고 있다. 점점 더 찾아볼 수가 없다.

서원이 말했다. "방금 (내가 말한) 이 두 개의 착〔兩錯〕은 서원의 착(錯, 틀림)인가, 상좌(上座, 천평)의 착(錯, 틀림)인가."

앞의 화살은 오히려 가벼웠다. 뒤 화살이 더 깊게 박혔다.

천평이 말했다. "종의(천평종의)의 착(錯, 틀림)입니다."

말의 등뼈를 잘못 알고서 (전사하신) 아버님의 턱뼈라고 부르고 있다. 이런 수행자라면 천 놈 만 놈을 때려죽인들 무슨 죄가 되겠는가.

서원이 말했다. "착(錯, 틀렸다)."

설상가상이로군.

천평은 더 이상 응수를 하지 않았다.

저울 눈금을 잘못 읽었다. 과연 문제의 핵심을 파악하지 못했다. 그대의 콧구멍이 다른 사람(서원)의 손안에 있다는 걸 알겠는가.

서원이 말했다. "자, 여기서 여름 하안거를 보내며 상좌와 함께 이 '두 개의 착[兩錯]'에 대해서 이야기해 보자."

서원은 늘상 그 등뼈가 무쇠처럼 단단하거니 그 당시에 어째서 (천평을) 내쫓아 버리지 않았는가.

(그러나) 천평은 그 당시 즉시 떠나 버렸다.

또한 수행자다운 데가 있는 듯하다. 그러나 비슷하긴 하나 정확하게 맞는 건 아니다.

(천평은 그 뒤) 천평원에 머물 때 대중들에게 (이렇게) 말했다.

가난뱅이가 묵은 빚을 생각하는군. 또한 (이런 식으로) 점검해 봐야만 한다. "내가 처음 행각할 때에 업풍(業風)에 끌려 사명(西院思明) 장로가 계신 곳에 이르러 연거푸 '두 번 틀렸다[兩錯]'는 말을 듣게 되었다. (서원은) 나를 붙잡고 여름 하안거를 지내면서 나와 더불어 (이 兩錯에 대해서) 이야기해 보자고 했다. (그러나) 나는 이때 (내가) 틀렸다[錯]고는 말하지 않겠다. (그러나) 내가 발길을 돌려 남방(중국의 남쪽 지방)으로 갈 때 (행각길에 오른 이 자체가) 일찍이(이미) 잘못됐다[錯]는 것을 알게 되었다."

(서원의) 이 두 개의 착[兩錯]은 어찌할 것인가. 천착만착(千錯萬錯)이라도 (서원의 이 兩錯과는 전혀) 관계가 없는 걸 어찌하려는가. 점점 더 형편

없어져서 사람을 근심스럽게 만들고 있다.

【본칙과 착어 해설】

◎ 천평(天平) 화상이 행각할 때 ~ 늘상 (입버릇처럼 이렇게) 말했다. "불법을 안다고 말하지 마라. 더불어 얘기할 사람을 찾아봐도 없다." 천평은 지금 자신이 깨달음을 얻었다는 생각으로 가득 차 있다. 그래서 자신과 대화를 나눌 사람이 없다고 한탄하고 있다. 그러나 천평은 지금 깨달았다는 이 생각으로 꽉 차 있기 때문에 참으로 깨달았다고는 볼 수 없다. 왜냐하면 진정한 깨달음은 '깨달았다'는 이 생각마저 사라진 곳이기 때문이다.

△ 낭패가 ~ 어찌하겠는가. 천평은 단지 '난 깨달았다'는 이 생각만을 꽉 잡고 있을 뿐, 깨달음이 뭔지를 모르고 있다. 그러므로 낭패가 이만저만이 아니다. 설령 천평이 뭔가를 깨달았다고 하더라도 '깨달음'이라는 이 흔적을 어떻게 지울 것인가.

◎ 하루는 서원(西院思明)이 멀리서 (천평이 오는 것을) 보고는 "종의(天平從漪)"하고 불렀다. 서원은 임제선의 정맥을 이은 선지식이다. 서원은 천평의 얘기를 들어서 익히 알고 있었다. 그래서 천평의 수행 정도를 점검해 보기 위해서 일단 이런 식으로 낚싯밥을 던진 것이다. 천평이 어떻게 나오는지 궁금하다.

△ 쇠갈퀴와 ~ 묶어 버렸다. 서원은 지금 천평의 앞과 뒤를 완전히 차단해 버렸다.

◎ (그러자) 천평은 고개를 들었다. 과연 천평은 즉시 서원의 미끼에 걸려들고야 말았다.

△ 착(著), ~ 범했다. 천평은 서원의 사정권 안으로 들어왔다. 자, 그렇다면 천평이 이중으로 과오를 범한 곳은 어디인가. 첫째, '더불어 불법을 얘기할 사람이 없다'고 마구 지껄여 댄 것이요, 둘째는 서원의 미끼

에 걸려든 것이다.

◎ 서원은 말했다. "착(錯, 틀렸다)."　　서원은 느닷없이 "착(錯, 틀렸다)"이라고 말했는데 도대체 천평의 어디가 틀렸다는 것일까. ……그러나 여기서의 '착(錯)'은 '틀렸다'는 뜻이 아니라 서원 자신의 활구라는 이 기막힌 사실을 누가 알 수 있겠는가. '틀렸다(錯)'는 말로 변장을 하고 나타난 이 활구를 과연 어느 누가 알 수 있단 말인가.

△ 또한 용광로 ~ 보여 줬다).　　백번 천번 용광로 속에서 단련된 수행자가 아니면 서원의 이 활구('착')를 어떻게 알 수 있겠는가. 서원은 지금 이 '착(錯)'이란 한 글자를 통해서 그 자신 전부를 드러내 보이고 있다.

△ 삼요의 도장(三要印)을 ~ 주객이 분명하다.　　삼요(三要)란 삼현삼요(三玄三要)의 준말로서 임제가 제자들을 가르칠 때 사용하던 일종의 교육 방법이다. 그러나 어떤 것이 '세 가지 현묘한 이치(三玄)'며 또 '세 가지 요점(三要)'인지는 자세하지 않다. 그러나 확실한 것은 임제의 말 한 마디 한 마디 속에는 '세 가지 현묘한 이치(三玄)'와 '세 가지 요점(三要)'이 들어 있다는 것이다. 거두절미하고 이 착어의 참뜻은 서원의 활구('착')를 칭찬하는 데 있다.

◎ (그러나 여기 개의치 않고) 천평은 두세 걸음 (앞으로) 계속 걸어갔다. 그러나 천평은 서원의 이 활구를 간파하지 못하고 계속 서원의 사정권 깊숙이 들어가고 있다.

△ 이미 그 태도가 ~ 흙덩이를 씻는다.　　천평은 지금 도저히 손쓸 수조차 없는 구렁 속으로 들어가고 있다.

◎ 서원은 또 이렇게 말했다. "착(錯, 틀렸다)."　　도대체 뭐가 또 틀렸단 말인가. ……그러나 이 역시 서원 자신의 두 번째 활구라는 사실을 분명히 알아야 한다.

△ 가슴을 ~ 도려냈다.　　서원은 두 번째로 이 활구('착')를 통해서 그 자신의 전부를 드러내 보이고 있다.

△ 사람들은 ~ 전혀 모르고 있다.　　사람들은 서원의 이 두 개의 활구

('착', '착')를 일러 두 개의 공안이라고 일컫는다. 그러나 엄밀한 의미에서 본다면 이 두 개의 활구는 제각각 독립된 게 아니라 연이어져 있다. 말하자면 단 하나의 활구를 서원은 단지 한 번 더 반복했을 뿐이다. 이는 마치 물에 물을 붓고 금으로 금을 사는 것과 같아서 물이요 금이긴 마찬가지다.

◎ 천평이 (서원 쪽으로) 가까이 왔다. 천평은 저 스스로 사자의 아가리 속으로 걸어 들어왔다. 이제 천평의 목숨은 바람 앞의 촛불이다.

△ 여전히 ~ 찾아볼 수가 없다. 천평은 서원의 활구를 전혀 간파하지 못했다. 첫 번째 활구도 놓쳐 버렸고 두 번째 활구마저 그만 놓쳐 버리고 말았다.

◎ 서원이 말했다. "방금 (내가 말한) 이 두 개의 착(兩錯)은 서원의 착(錯, 틀림)인가, 상좌(上座, 천평)의 착(錯, 틀림)인가." 서원은 천평을 깨우쳐 주기 위하여 이토록 간절한 말을 하고 있다. 천평의 눈높이로 내려와서 다시 한 번 더 되묻고 있다.

△ 앞의 화살은 ~ 깊게 박혔다. 서원이 내뱉은 앞의 활구는 그런대로 지레짐작이라도 가능했다. 그러나 지금의 이 물음을 대답하기란 정말 난감한 일이 아닐 수 없다.

◎ 천평이 말했다. "종의(천평종의)의 착(錯, 틀림)입니다." 그러나 애석하게도 천평은 또 한 번의 기회를 놓쳐 버리고 있다. 서원의 말꼬리를 따라가다가 그만 그 말의 참뜻을 놓쳐 버리고 말았다.

△ 말의 등뼈를 ~ 되겠는가. 천평은 서원의 말뜻을 전혀 간파하지 못하고 있다. 그것은 마치 전사하신 부친의 뼈를 찾으러 갔다가 말의 등뼈를 부친의 턱뼈로 잘못 알고 가져온 경우와도 같다. '이런 친구라면 만 명을 때려죽여도 죄가 안 된다'고 원오는 흥분하고 있지만 이건 좀 지나친 표현이다. 일종의 낭만주의식 과장법으로 이해하기 바란다.

◎ 서원이 말했다. "착(錯, 틀렸다)." 서원은 천평의 일체를 간파해 버리고는 불합격이라고 판정을 내리고 있다. 이 대목에서의 '착(錯)'은

활구가 아니라 '천평이 틀렸다'는 말이다.

　△ 설상가상이로군.　　정말이지 천평의 일이 꼬이고 꼬여도 이렇게까지 엉망으로 꼬일 수가 없다.

　◎ 천평은 더 이상 응수를 하지 않았다.　　천평은 이제 더 이상 어떻게 해볼 방법이 없었다. 그래서 그만 두손 두발 다 들고 서원에게 항복을 해버렸다. 말하자면 두 다리 뻗은 개구리 신세가 된 것이다.

　△ 저울 눈금을 ~ 알겠는가.　　처음부터 천평은 서원의 전략을 전혀 알지 못했다. 그래서 서원의 말뜻을 따라 분별심만을 일으켰을 뿐이다. 이제 천평의 목숨은 서원의 손아귀에 있다.

　◎ 서원이 말했다. "자, 여기서 여름 하안거를 보내며 상좌와 함께 이 '두 개의 착[兩錯]'에 대해서 이야기해 보자."　　서원은 천평에게 다시 한 번 더 분발할 기회를 주고 있다. 아아, 선지식의 마음은 이토록 간절하기 이를 데 없다. 이 간절한 마음의 은혜로움으로 하여 나 같은 쭉정이도 감히 이런 글을 쓸 수 있는 것이다.

　△ 서원은 늘상 ~ 버리지 않았는가.　　그러나 원오는 단호한 입장을 취하고 있다. 그 당시 천평이란 놈을 그냥 문밖으로 내쫓아 버렸어야 한다고 호통을 치고 있다. 서원의 이 간절한 마음이 지금 원오의 분노로 폭발하고 있다. 그러나 이 역시 또 다른 의미에서의 선지식의 은혜로움이라는 것을 우린 명심해야만 한다. ……그렇다. 문밖으로 쫓겨나 보지 않은 사람은 문안으로 들어갈 자격이 없다.

　◎ (그러나) 천평은 그 당시 즉시 떠나 버렸다.　　그런 천평은 서원의 이 간절한 마음을 읽지 못했다. 단지 자신의 자존심이 상한 것에 화가 나서 그만 그 길로 서원을 떠나가 버리고 말았다.

　△ 또한 수행자다운 ~ 맞는 건 아니다.　　천평의 행동거지를 보면 제법 수행자다운 기백이 있는 것 같다. 그러나 천평은 뭘 알고 서원을 떠난 것이 아니라 단지 화가 나서 떠났을 뿐이다. 그러므로 이런 것을 수행자다운 기백이라고 볼 수는 없다. 죽은 물고기 눈알을 여의주라고 말할 수는

없다.

◎ (천평은 그 뒤) 천평원에 머물 때 대중들에게 (이렇게) 말했다.

"내가 처음 행각할 때에 ~ (행각길에 오른 이 자체가) 일찍이(이미) 잘못됐다〔錯〕는 것을 알게 되었다."　　천평은 서원이 연거푸 두 번 '착(錯, 錯)'이라 했을 때 자신이 틀렸다고는 전혀 생각하지 않았다. 단지 자신이 틀린〔錯〕 점은 행각길에 오른 이 자체였다고 말하고 있다. 이처럼 천평은 끝끝내 서원의 이 연이은 활구(錯, 錯)를 간파하지 못했던 것이다.

△ (서원의) 이 두 개의 착〔兩錯〕은 ~ 만들고 있다.　　천평이여, 서원의 이 연이은 활구(錯, 錯)를 어떻게 할 것인가. 그대가 제아무리 많은 '착'〔兩錯〕을 운운하더라도 서원의 이 두 개의 '착'〔兩錯〕과는 아무런 관계가 없다는 이 사실을 아는가, 모르는가. 활활 타는 이 불〔活句〕 속을 통과하지 않고는 천평이여, 그대는 다시 태어날 수가 없다. 눈을 뜰 수가 없다.

【評　　唱】

〔評唱〕思明先參大覺하고 後承嗣前寶壽라 一日, 問「踏破化城來時如何닛고」 壽云「利劍은 不斬死漢이니라」 明云「斬이라하니」 壽便打하다 思明이 十回[1]道斬하니 壽十回[2]打云「這漢이 著甚死急이라 將箇死屍하야 抵他痛棒이라하고」 遂喝出하다 其時有一僧이 問寶壽云「適來問話底僧이 甚有道理니 和尙方便接他하소서」 寶壽亦打, 趕出這僧이라 且道寶壽亦趕這僧하니 唯當道他說是說非아 且別有道理아 意作麼生고 後來俱承嗣寶壽하니라 思明이 一日出見南院하니 院問云「甚處來오」 明云「許州來니다」 院云「將得什麼來오」 明云「將得箇江西剃刀하야 獻與和尙이니다」 院云「旣從許州來거니 因甚卻有江西

---

1) 十回 = 二十回(福本).
2) 十回(2字) = 二十回(福本).

剃刀오」 明이 把院手하고 掐一掐라 院云「侍者야 收取하라」 思明이 以衣袖拂一拂便行이라 院云「阿剌剌, 阿剌剌이라하니라」

【평창번역】

사명(西院思明)은 먼저 대각(魏府大覺)을 참례한 다음 뒤에 전보수(前寶壽)의 법을 이었다. 하루는 (사명이 전보수에게) 물었다.

"화성(化城)을 짓밟아 버렸을 때는 어떻습니까(단도직입적으로 나온다면 어떻게 대처하시렵니까)."

전보수가 말했다. "이검불참사한(利劍不斬死漢, 예리한 검으론 죽은 놈을 베지 않는다)."

사명이 말했다. "(이미 스님의 목이) 베어졌습니다."

(사명의 이 말을 듣자마자) 전보수는 즉시 (사명을) 후려쳤다. (이런 식으로) 사명은 열 번을 "(이미) 베어 버렸다"고 말했고 전보수는 열 번을 (사명을) 때리며 (이렇게) 말했다. "이 친구가 왜 이리 성급한가. 죽은 시체를 가지고 저 매서운 봉(棒)에 맞서고 있다니……."

(전보수는) 드디어 할(喝)을 한 다음 (사명을) 쫓아내 버렸다. 그때 (처음부터 끝까지 이 모습을 지켜보고 있던) 한 승이 있었는데 전보수에게 (이렇게) 말했다. "아까 질문을 했던 승(사명)에게는 대단한 이치가 있는 것 같습니다. 화상께선 방편을 써서 인도해 주십시오." (이 말을 들은) 전보수는 또한 이 승마저 후려쳐서 쫓아 버리고 말았다.

자, 일러 보라. 전보수가 또한 이 승마저 쫓아내 버렸으니 저(이 승)가 옳고 그름에 대해서 말한 것인가, (아니면 또 다른) 특별한 이치가 있었는가. (그대들) 뜻에는 어떤가. 그후 (이 두 사람은) 모두 전보수의 법을 이었다.

사명은 어느 날 (행각길에) 나서서 남원(南院)을 (찾아가) 뵈었다. 남원은 (사명에게 이렇게) 물었다.

"어디서 오는 길인가?"

사명이 말했다. "허주(許州)에서 오는 길입니다."

남원이 말했다. "무엇을 가지고 왔는가?"

사명이 말했다. "강서(江西)의 삭발용 칼〔剃刀〕을 가져왔는데 스님께 드릴까 합니다."

남원이 말했다. "(북쪽의) 허주에서 왔는데 왜 (남쪽) 강서의 삭발용 칼이 있는가?"

사명은 (재빨리) 남원의 손을 잡고는 한 번 긁었다.

남원이 말했다. "시자야, 삭발용 칼을 잘 간수하라."

(이 말을 들은) 사명은 옷소매를 펄럭이며 즉시 가 버렸다.

남원이 말했다. "화(굉장하군, 굉장해)!"

【평창해설】

여기선 서원사명의 예리한 기백을 잘 드러내고 있는 두 개의 공안을 언급하고 있다.

첫째는 전보수와 서원사명 사이에 오고 간 문답이다. 이 문답은 그야말로 일진일퇴의 불꽃 튀는 공방전으로 시종일관 이어지고 있다.

둘째는 서원사명과 남원 사이에 오고 간 문답이다. 여기선 서원사명의 변장술이 극명하게 드러나고 있다. 남원은 시종 방행의 입장을 취하고 있는 반면 서원은 방행에서 파주로 전술전략을 자유롭게 펼치고 있다.

【評　唱】

天平이 曾參進山主來라 爲他到諸方하야 參得些蘿蔔頭禪하야 在肚皮裏할새 到處에 便輕開大口道호대「我會禪會道라하고」常云「莫道會佛法하라 覓箇擧話人也無라하니」屎臭氣薰人하야 只管放輕薄이라

【평창번역】

　천평은 일찍이 진산주(進山主)를 찾아뵌 일이 있었다. (그후) 그는 모든 선원에 가서 이런 식의 사이비 선을 참구하여 (깨달았다는 생각이) 뱃속 가득 있었다. (그래서) 가는 곳마다 큰 소리로 (이렇게) 말했다. "나는 선을 알고 도를 안다."
　(또) 늘상 (이렇게) 말했다. "불법을 안다고 말하지 마라. 더불어 얘기할 사람을 찾아봐도 또한 없다." (천평은 이런 식으로) 사람들에게 구린내를 풍기며 제멋대로 경박한 짓을 했다.

【평창해설】

　천평에 대한 언급이다. 천평은 일찍이 진산주(進山主)라는 이를 찾아뵌 일이 있었는데 거기서 약간의 식견(識見, 안목)이 열렸다. 그후 천평은 자신이 깨달음을 얻었다는 자만심으로 가득 차서 가는 곳마다 사람을 눈아래로 보며 말을 함부로 지껄이곤 했다. 자신과 더불어 이야기할 상대가 없다고 한탄을 했다.

【評　　唱】

　且如諸佛未出世하고 祖師未西來하며 未有問答하고 未有公案已前에 還有禪道麽아 古人事不獲已하야 對機垂示어늘 後人이 喚作公案이니라 因³⁾世尊拈花하니 迦葉微笑라 後來阿難問迦葉호대「世尊傳金襴外에 別傳何法이닛고」迦葉云「阿難아」阿難이 應諾라 迦葉云「倒卻門前刹竿著하라하니」只如未拈花하며 阿難未問已前은 甚處得公案來오 只管被諸方冬瓜⁴⁾印子에 印定了하야 便道호대 我會佛法奇特이니

---

3) 因 = 因緣(福本).

莫敎人知라하나니라

【평창번역】

　예컨대 제불(諸佛)이 이 세상에 출현하지 않고 (달마) 조사가 서쪽(인도)에서 (중국으로) 오지 않으며 (선)문답이 있기 이전, 공안이 (아직) 있기 이전에 선도(禪道, 禪)가 있었는가.
　옛사람들(옛 조사들)은 부득이해서 상대의 눈높이에 맞춰 가르침을 내렸거늘 뒷사람들이 (이것을) '공안(公案)'이라 불렀던 것이다.
　부처가 (영산회상에서 한 송이) 꽃을 들었기 때문에 가섭이 미소를 지었다. 그 뒤에 아난이 가섭에게 물었다. "세존(부처)께서 (사형에게) 금란가사를 전해 준 것 외에 특별히 (또) 무슨 가르침을 전해 줬습니까?" 가섭은 "아난"하고 불렀다. (그러자) 아난은 ("예, 형님" 하고) 응답했다.
　가섭이 말했다. "문 앞의 찰간(당간)을 쓰러트려라〔倒卻門前刹竿著〕."
　(—라고 했으니) 예컨대 (부처가 영산회상에서 한 송이) 꽃을 들어 보이지 않고 아난이 (가섭에게) 묻지 않았던 그 이전은 어디에 '공안'이 있는가. 오직 이곳저곳〔諸方〕의 엉터리식 인가 증명으로 (도를 깨쳤다는) 인가(認可)를 받고서는 (이렇게) 말하고 있다. "나는 (이제) 불법의 대단한 곳을 알았다. 사람들로 하여금 절대로 (이를) 알지 못하게 하리라."

【평창해설】

　사실 엄밀한 의미에서 본다면 선문답이니 공안이니 하는 말도 사족에 불과하다. 부처가 출현하기 그 이전, 선(禪)이란 말이 있기 그 이전에는 '공안'이니 '활구'니 하는 말도 없었다. 그러나 사람들은 언어 이전의 이

---

4) 冬瓜(2字) = 蘿蔔(福本).

소식을 도무지 알지 못했다. 그래서 옛 선지식들은 부득불 우리의 눈높이로 내려와서 '선'이니 '공안'이니 '활구'니 하는 언어를 사용했던 것이다. 이어서 가섭과 아난 사이에 오고 간 최초의 선문답을 소개하고 있다. 이 문답(공안) 속에서는 가섭이 "아난" 하고 아난을 부르자 아난이 "예, 형님" 하고 대답한 곳이 핵심이다. 그러므로 아난의 이 대답을 통해서 이 공안의 활구를 간파하지 않으면 안 된다. ……그렇다. 부처가 가섭에게 연꽃을 들어 보이기 그 이전을 간파해야만 한다. 그래야만이 우린 저 활구의 한가운데로 진입해 들어갈 수가 있다. 그러나 이 활구의 체험이 전혀 없으면서 단지 약간의 이해만을 가지고 "난 깨달았다. 난 이 심오한 이치를 다른 사람들에게 절대로 말하지 않겠다"고 떠벌리는 사이비들이 너무나 많다.

【評　唱】

天平이 正如此라 被西院叫來, 連下兩錯하야 直得周憧惶怖하야 分疏不下하니 前不搆村, 後不迭店이라 有者道호대「說箇西來意가 早錯了也라하니」 殊不知西院這兩錯落處로다 諸人且道落在什麼處오 所以道호대 他參活句, 不參死句라하니라 天平이 擧頭하니 已是落二落三了也라 西院云錯이라하니 他卻不薦得當陽用處하고 只道我肚皮裏有禪이라하야 莫管他하고 又行三兩步라 西院又云錯이라하니 卻依舊黑漫漫地라 天平近前커늘 西院云「適來兩錯이 是西院錯가 是上座錯가」 天平云「從漪錯이라하니」 且喜沒交涉이로다 已是第七第八頭了也라 西院云「且在這裏度夏하며 待共上座商量這兩錯이라하니」 天平當時便行이라 似則也似나 是則未是로다 也不道他不是나 只是趕不上[5]이로다 雖然如是나 卻有些子衲僧氣息이라

---

5) 趕不上(3字) = 跳不出(福本).

【평창번역】

　천평이 바로 이런 식이었다. 서원에게 연거푸 두 번이나 '틀렸다'〔兩錯〕는 말을 듣고는 몹시 당황해서 아무 말도 못 했으니 (그야말로) 앞으로 나아갈 수도 뒤로 물러설 수도 없는 진퇴양난에 처하고 말았다. 어떤 이는 말하길 "서래의(西來意)를 말한 것이 이미 잘못됐다"고 했으니 서원의 이 양착(兩錯)의 참뜻을 전혀 모르고 (하는 말이다). 여러분은 자, 일러 보라. 그 참뜻이 어디에 있는가. 그러므로 (옛사람은 이렇게) 말했다. "저 활구를 참구하고 사구를 참구하지 마라." 천평은 (서원의 부름에) 고개를 들었으니 이미 제2류, 제3류에 떨어져 버리고 말았다. 서원은 "착(錯, 틀렸다)"이라고 말했다. (그러나) 저(천평)는 분명한 활용처(活用處)를 얻지도 못하고는 (속으로) 다만 (이렇게) 말했다. "내 뱃속에는 선이 있다." (그래서) 저(서원의 말)를 상관하지 않고 그대로 서너 걸음 (앞으로) 더 걸어갔다. 서원은 또 "착(錯, 틀렸다)"이라 했으니 (천평은) 여전히 (이 참뜻을) 전혀 몰랐던 것이다. 천평이 가까이 오자 서원은 말했다. "아까 (내가 말한) 이 두 개의 착〔兩錯〕은 서원의 착(錯, 틀림)인가, 상좌(上座, 천평)의 착(錯, 틀림)인가."

　천평은 말하길 "종의(從漪, 천평)의 착(錯, 틀림)"이라고 했으니 그 본뜻과는 전혀 맞지 않는다. (뿐만 아니라) 이미 제7류, 제8류로 전락해 버리고 말았다. 서원은 말했다. "자, 여기서 여름 하안거를 보내며 상좌와 함께 이 두 개의 착〔兩錯〕에 대해서 이야기해 보자." (그러나) 천평은 그 당시 즉시 떠나 버렸다. (천평의 이 행동이) 비슷하긴 하나 정확하게 맞는 건 아니다. 그러나 저(천평)가 (전적으로) 잘못되었다는 게 아니라 (서원을 감당하기엔) 역부족이었던 것이다. 비록 그렇긴 하나 오히려 조금은 수행자다운 기백이 있었다.

【평창해설】

본칙공안의 주인공 천평이 바로 이런 사이비의 본보기다. 천평은 '난 깨달았다'는 자만심에 가득 차서 서원의 두 개의 활구('착','착')를 전혀 감을 잡지 못했던 것이다. 그러나 천평에게는 그래도 선 수행자다운 약간의 기백은 남아 있었다. 왜냐하면 그는 그를 붙잡는 서원을 뿌리치고 즉시 떠나 버렸기 때문이다.

【評 唱】

天平이 後住院에 謂衆云「我當初行脚時에 被業風吹하야 到思明和尙處하니 連下兩錯이라 更留我度夏하야 待共我商量이라하니라 我不道恁麽時錯이라 我發足向南方去時에 早知道錯了也라하니」這漢也煞道나 只是落第七第八頭라 料掉沒交涉이로다 如今人聞他道호대「發足向南方去時에 早知道錯了也라하고」便去卜度道호대「未行脚時에 自無許多佛法禪道라 及至行脚하야 被諸方熱瞞이라 不可未行脚時에 喚地作天이며 喚山作水니 幸無一星事라하니」若總恁麽作流俗見解댄 何不買一片帽戴하야 大家過時오 有什麽用處리요 佛法不是這箇道理니라 若論此事댄 豈有許多般葛藤이리요 你若道호대 我會他不會라하야 擔一檐禪하고 遶天下走라도 被明眼人勘破하면 一點也使不著하리라 雪竇正如此頌出이라

【평창번역】

천평은 그 뒤 (행각을 끝내고) 천평원(天平院)에 머물 때 대중들에게 (이렇게) 말했다. "내가 처음 행각할 때에 업풍(業風)에 끌려 사명(思明, 西院) 장로(長老, 고승대덕)가 계신 곳에 이르러 연거푸 두 번 틀렸다〔兩錯〕

는 말을 듣게 되었다. (서원은) 다시 나를 붙잡고 여름 하안거를 지내면서 나와 더불어 (이 양착(兩錯)에 대해서) 토론해 보자고 했다. (그러나) 나는 이때 (내가) 틀렸다[錯]고는 말하지 않겠다. (그러나) 내가 발길을 돌려 남방(중국의 남쪽 지방)으로 갈 때 (행각길에 오른 이 자체가) 일찍이(이미) 잘못되었다는 것을 알게 되었다."

이 친구(천평)가 또한 제법 말을 잘하긴 했으나 아깝게도 제7류, 제8류에 떨어져 버리고 말았으니 문제의 핵심과는 전혀 관계가 없다.

지금 사람들은 저(천평)가 "발길을 돌려 남방으로 갈 때 (행각길에 오른 이 자체가) 일찍이(이미) 잘못되었다는 것을 알게 되었다"고 말한 것을 듣고는 (다음과 같이) 지레짐작하여 말하고 있다. "행각길에 오르지 않았을 때는 그 많은 불법(佛法)과 선도(禪道, 선)가 없었다. (그런데) 행각하면서부터 여러 곳에서 바보 취급을 당하게 되었다. 행각하지 않았을 때도 땅을 하늘이라 하고 산을 물이라 부르지 않았나니 다행히도 (잘못된 일이) 전혀 없었다." (그러나) 만일 모두가 이런 식으로 통속적인 견해를 갖는다면 어찌 한 개의 모자(갓)를 사 쓰고 통속적인 인간으로 살아가지 않는가. (도대체 이런 견해를) 어디에 쓰겠는가. 불법은 (절대로) 이런 이치가 아니다. 만일 이 일을 논한다면 어찌 그 많은 말이 필요하겠는가. 그대들이 만일 "난 (도를) 알고 저들은 (도를) 모른다"고 하면서 한짐 가득 선(禪)을 짊어지고(선을 안다는 자만심의 봇짐을 짊어지고) 천하를 누빌지라도 눈밝은 이에게 발각되면 전혀 그 힘을 발휘할 수가 없을 것이다.

설두는 바로(설두 역시) 이 같은 입장에서 송을 읊고 있다.

【평창해설】

천평은 그후 천평산(天平山)의 천평원에 머물며 제자들을 가르치게 되었다. 그때 그는 서원을 찾아갔던 일을 회상하며 이렇게 말했다. "내가 행각승이었을 때 서원을 찾아갔는데 서원은 내게 두 번씩이나 틀렸다[兩錯]

고 말했다. 그러나 난 내가 틀렸다[錯]고는 생각지 않는다. 그후 난 나 자신이 행각길에 오른 이 자체가 틀렸다[錯]는 것을 깨닫게 되었다." 천평은 결국 서원이 던진 두 개의 활구(錯, 錯)를 끝끝내 간파하지 못했던 것이다. 이처럼 천평식의 문자풀이(사구) 수준을 벗어나지 못한다면 벗이여, 이제 더 이상 선 수행은 그대에게 아무런 도움이 되지 않을 것이다. 그보다는 차라리 평범한 한 인간으로서 살아가는 편이 나을 것이다. 선의 활구(핵심)를 말하는 데는 그 많은 언어문자가 필요치 않다. 벗이여, 그대 자신이 '난 깨달았다'고 제아무리 자부한다 해도 눈밝은 이에게 발각되는 날이면 고양이 앞의 쥐 신세를 면치 못할 것이다. 진짜 임자를 만나게 되면 눈앞이 캄캄해져 버리고 말 것이다.

【頌】

〔頌〕禪家流가(漆桶, 一狀領過라) 愛輕薄하니(也有些子라 呵佛罵祖가 如麻似栗이로다) 滿肚參來用不著이라(只宜有用處라 方木不逗圓孔이니 闍黎與他同參이로다) 堪悲堪笑天平老여(天下衲僧跳不出이라 不怕旁人攢眉라 也得人鈍悶이로다) 卻謂當初悔行脚이라(未行脚已前錯了也라 踏破草鞋니 堪作何用고 一筆句下라) 錯, 錯(是什麼오 雪竇已錯下名言了也라) 西院淸風頓銷鑠이로다(西院在什麼處오 何似生고 莫道西院이요 三世諸佛, 天下老和尙이라도 亦須倒退三千始得이니라 於斯會得하면 許你天下橫行하리라) 復云「忽有箇衲僧이 出云錯이라하면(一狀領過라 猶較些子라) 雪竇錯이 何似天平錯고」(西院又出世라 據款結案이나 總沒交涉이로다 且道畢竟如何오 打云「錯」)

【송번역】

소위 선 수행자라는 이들은

먹칠통들이다. 한 장의 판결문으로 몰아 잡아 처단한다.
그 언행이 경박하기 이를 데 없나니
　　또한 (그들 가운데) 약간은 (진지한 이들도) 있다. 부처를 꾸짖고 조사를 헐
　　뜯는 자들이 무수히 많다.
뱃속 가득 '선'으로 차 있으나 쓸모가 없네
　　다만 활용처(活用處)가 있어야 한다. 각진 나무는 둥근 구멍에 맞지 않는
　　다. 설두 자네 역시 저(천평)와 한통속이군.
슬프구나, 우습구나, 천평 노인이여
　　천하의 수행자들도 (설두의 이 말에서) 벗어날 수가 없다. 옆 사람이 눈썹
　　찌푸리는 걸 두려워 않는다. 또한 사람을 우울하게 만들고 있다.
"애당초 행각했던 것을 후회한다"고 말하네
　　행각하기 그 이전에 이미 잘못돼 버렸다. (안목도 없으면서 행각한답시고)
　　신발만 떨어트렸으니 어디에 쓰겠는가. 일필로 쫙 선을 그어 말살해 버려라.
착(錯), 착(錯)
　　이게 무엇인가. 설두는 이미 '착(錯)'이라고 말해 버렸다.
서원의 청풍조차 흔적이 없네
　　서원은 어디에 있는가. 어떤 식으로 사라져 버렸는가. 서원을 들먹이지 마
　　라. 삼세제불과 천하의 거장〔老和尙〕들이라 해도 또한 삼천리 밖으로 급히
　　물러서야만 한다. 이에서 참뜻을 간파한다면 그대들께 주유천하(周遊天下)
　　를 허락하리라.
(설두는) 다시 말했다.
"만일 어떤 수행자가 나와서 '착(錯)'이라고 말한다면
　　한 장의 판결문으로 몰아서 처단한다. 제법이다.
설두의 '착(錯)'이 천평의 '착(錯)'에 비해서 어떻게 다른가."
　　서원이 또다시 출현했군. 자백서를 근거로 판결문을 작성한다. 모조리 본뜻
　　에 맞지 않는다. 자, 일러 보라. 필경 어떤가. (원오는 선상을) 치면서 말했
　　다. "착(錯)."

【송과 착어해설】

◎ 소위 선 수행자라는 이들은/ 그 언행이 경박하기 이를 데 없나니 약간의 선 수행을 했다는 사람들을 만나 보면 그 십중팔구가 안하무인이다. 부처도 필요없고 선지식도 필요없고 경전도 필요없노라고 지껄여 대고 있다. 그러나 벗이여, 이건 위험하다. 그대는 분명 부처는 부처다. 그러나 잘 익은 열매로서의 부처가 아니라 새싹도 움트지 않은 씨앗 부처일 뿐이다. 씨앗도 열매는 열매다. 그러나 씨앗과 열매 사이는 갓 태어난 어린 아기와 어른의 차이다. 이 양자가 사람이긴 매한가지지만 그러나 그 능력면에서는 하늘과 땅의 차이가 있다. 그러므로 벗이여, '필요없다' 는 말을 함부로 지껄여서는 안 된다. 선 수행자가 제일 조심해야 할 것은 자만심이다. 일단 이 자만심이 그대의 가슴에 자리잡게 되면 벗이여, 그대는 더 이상 앞으로 나아갈 수가 없다. 왜냐하면 이제 그 누구의 말도 그대의 귀에 들어오지 않기 때문이다.

△ 먹칠통들이다. ~ 처단한다.　'필요없다' (부처도 경전도 필요없다)고 떠드는 치들은 모두가 무지한 자들이다. 지혜의 눈이 전혀 열리지 않은 먹칠통들이다.

△ 또한 (그들 가운데) ~ 무수히 많다.　그러나 모든 선 수행자들이 이렇다는 건 아니다. 그 선 수행자들 가운데는 겸손한 이들도 있다. 수행이 깊어질수록 머리를 숙이는 그런 숨은 수행자들도 없는 건 아니다.

◎ 뱃속 가득 '선' 으로 차 있으나 쓸모가 없네　활구의 체험이 없다면, 단지 언어문자 풀이의 학습만으로는 역동적인 이 삶을 감당할 수가 없다.

△ 다만 활용처(活用處)가 ~ 한통속이군.　우리가 선 수행을 하는 것은 역동적인 이 삶과 하나가 되기 위해서이다. 그러나 역동적인 이 삶과 하나가 되지 못한다면 그건 잘못된 선 수행이다. 마치 각진 나무로 둥근 구멍을 막는 것과도 같다. 원오는 '설두 역시 천평과 한통속' 이라고 설두

를 깎아내리고 있다. 그러나 이는 반어적인 표현으로 봐야 한다.

◎ 슬프구나, 우습구나, 천평 노인이여　천평은 서원의 활구 두 개(錯, 錯)를 전혀 간파하지 못했다. 그래서 이것이 우습기도 하고 슬프기도 하다고 설두는 읊고 있다.

△ 천하의 ~ 만들고 있다.　대부분의 수행자들이 천평의 수준에서 벗어나지 못하고 있다. '난 깨달았다'는 이 자기착각에서 벗어나지 못하고 있다. 이것이 이 사실이 눈밝은 이를 우울하게 만들고 있다.

◎ "애당초 행각했던 것을 후회한다"고 말하네　천평이 말한 '행각을 후회한다'는 대목을 읊은 구절이다.

△ 행각하기 ~ 말살해 버려라.　천평이여, 천평이여, 그대가 행각길에 오르기 그 이전에 이미 잘못됐다는 이 사실을 알겠는가. 그저 형식적인 행각은 그대 신발만을 떨어트릴 뿐, 깨달음에는 아무런 도움이 되지 않는다.

◎ 착(錯), 착(錯)　설두 자신의 활구다. 설두는 여기서 서원의 방식으로 자신의 활구를 드러내 보이고 있다.

　　하늘을 배경으로 검 한 자루가 차가운 빛을 뿜어내고 있다.
　　(倚天寶劍刀光寒)

《종전초》

△ 이게 무엇인가. ~ 말해 버렸다.　설두는 이미 그 자신의 활구를 모두 드러내 보이고 말았다.

◎ 서원의 청풍조차 흔적이 없네　설두의 이 활구 앞에서는 서원의 활구마저 흔적도 없이 사라져 버린다. 왜냐하면 서원의 활구는 설두의 활구에 비해서 다소 속도감이 떨어지기 때문이다.

△ 서원은 어디에 ~ 물러서야만 한다.　서원뿐 아니라 삼세의 모든 부처들조차 설두의 이 활구 앞에서는 백기를 들 수밖에 없다. 왜냐하면 설

두의 활구는 그 어떤 것도 용납지 않기 때문이다.

△ 이에서 참뜻을 ~ 허락하리라.　　벗이여, 그대가 만일 설두의 이 활구를 간파할 수만 있다면 이제 그대는 자유다. 어디든 가고 싶은 대로 갈 수가 있다. 그러나 그와 동시에 설두의 이 활구를 간파하는 순간 그대의 발이 묶인다는 이 사실도 잊어선 안 된다. 왜 그런가. 왜 어디든 가고 싶은 대로 갈 수 있으면서 동시에 발이 묶인단 말인가. 벗이여, 이 상반된 모순의 관문을 뚫어라.

◎ (설두는) 다시 말했다. "만일 어떤 수행자가 나와서 '착(錯)'이라고 말한다면　　여기서의 '착(錯)'은 역시 활구다. 그러나 설두의 활구에 비하면 참신한 맛이 훨씬 떨어진다.

△ 한 장의 ~ 제법이다.　　설두와 이 승은 동일한 활구를 사용하고 있다. 비록 서원의 방식을 취하고는 있지만……..

◎ 설두의 '착(錯)'이 천평의 '착(錯)'에 비해서 어떻게 다른가."　　설두의 '착(錯)'은 활구요, 천평의 '착(錯)'은 사구다.

△ 서원이 ~ 맞지 않는다.　　설두의 활구 '착'을 통해서 서원의 기백이 되살아나고 있다. 천평은 그러나 이 활구를 '틀렸다(錯)'는 식의 사구로만 이해했다. 그러므로 서원과 설두의 '착'은 천평과는 아무 관계가 없다.

△ 자, 일러 보라. ~ "착(錯)."　　이 역시 원오 자신의 활구를 서원의 방식으로 드러낸 대목이다.

【評　　唱】

〔評唱〕「禪家流, 愛輕薄, 滿肚參來用不著이라하니」這漢會則會나 只是用不得이라 尋常에 目視雲霄道호대 他會得多少禪이라하나 及至向烘鑪裏纔烹하야는 元來一點使不著이로다 五祖先師道호대 「有一般人參禪은 如琉璃甁裏搗糍糕相似라 更動轉不得하며 抖擻不出하야 觸

著하면 便破라 若要活潑潑地댄 但參皮殼漏子禪하라 直向高山上하야 撲將下來라도 亦不破亦不壞하리라 古人道호대 「設使言前薦得이라도 猶是滯殼迷封이요 直饒句下精通이라도 未免觸途狂見이라하니라」 「堪悲堪笑天平老여 卻謂當初悔行脚이라하니」 雪竇道호대 堪悲他對人說不出이며 堪笑他會一肚皮禪호대 更使些子不著이니라

【평창번역】

"소위 선 수행자라는 이들은/ 그 언행이 경박하기 이를 데 없나니/ 뱃속 가득 '선'으로 차 있으나 쓸모가 없네."

(―라고 했으니) 이 친구(천평)가 알긴 알았으나 다만 쓸 줄을 몰랐던 것이다. 늘상 아주 자신 있게 저(천평)는 선을 잘 안다고 말했다. 그러나 불이 벌건 용광로 속에 넣어 삶아 보면(눈밝은 이를 만나게 되면) 전혀 힘을 쓰지 못한다. (그래서) 오조(오조법연) 선사는 (이렇게) 말했던 것이다. "일반 사람들의 참선 수행은 마치 유리병 속의 떡과도 같다. (자유롭게) 움직이지도 못하고 뿌리치고 나오지도 못하며 부딪치면 즉시 깨져 버린다. 만일 활발하고 역동적인 것을 원한다면 다만 활구선(活句禪)을 참구하라. (이 활구선은) 비록 높은 산 위에서 아래로 쳐서 떨어트리더라도 또한 부서지지 않는다." (그래서) 옛사람(風穴延沼)은 (이렇게) 말했다. "설령 말 이전에 깨달았더라도 아직 (완전히) 껍질을 벗지 못한 것이요, 비록 말을 통해서 정통했다 하더라도 어디서나 마구 독단적인 견해를 휘두르는 차원을 벗어나지 못할 것이다."

"슬프구나, 우습구나, 천평 노인이여/ 애당초 행각했던 것을 후회한다고 말하네." 설두는 말했다. "저(천평)가 사람(서원)을 상대하여 단 한 마디도 못한 것을 슬퍼한다. (그리고 또) 저(천평)가 뱃속 가득 선을 알고 있으면서도 (그 선을) 전혀 쓰지 못하는 것을 웃는 바이다."

【평창해설】

확실한 체험과 수행력이 없이 그저 약간의 안목이 열린 것만 가지고는, 그런 선(禪)은 역동적인 이 삶을 감당할 수가 없다. 안목이 활짝 열린 선지식을 만나게 되면 고양이 앞의 쥐 신세를 면할 수 없다. 그러므로 우린 선 수행을 다지고 또 다지며 묵묵히 가지 않으면 안 된다. 약간의 체험을 했다 하여 '난 깨달았다'고 떠벌리고 다니다가는 어느 귀신의 손에 잡혀갈지 알 수가 없다. 그러므로 우린 절대로 천평의 예를 뒤쫓아서는 안 된다.

【評　　唱】

「錯, 錯」這兩錯을 有者道호대「天平不會가 是錯이라하며」又有底道호대「無語底是錯이라하나니」有什麼交涉이리요 殊不知這兩錯은 如擊石火, 似閃電光이로다 是他向上人行履處라 如仗劍斬人에 直取人咽喉하야 命根方斷이라 若向此劍刃上行得하면 便七縱八橫하리라 若會得兩錯하면 便可以見西院淸風頓銷鑠하리라 雪竇上堂하야 擧此話了하고 意道호대 錯이라하니라 我且問你하노라 雪竇這兩錯[6]이 何似天平錯고 且參三十年하라

【평창번역】

"착(錯), 착(錯)."
(설두 자신의 활구인) 이 두 개의 착[兩錯]을 어떤 이는 (이렇게) 말한다. "천평이 알지 못했던 것이 착[錯]이다." 또 어떤 이는 (이렇게) 말한다.

---

6) 這兩錯(3字) = 這錯(福本·岩波文庫本). (← 從福本錯上兩字削(種電鈔).

"(천평이) 아무 말도 못 한 것이 착(錯)이다."(그러나 이런 식으로 안다면) 본뜻과는 전혀 맞지 않는다. 이 두 개의 착〔兩錯〕은 전광석화와도 같다는 것을 전혀 모르고 있다. 이는 저 향상인(向上人)의 행리처(行履處, 행동거지)라. 검으로 사람을 벨 때 곧바로 목을 쳐서 목숨을 끊어 버리는 것과도 같다. 만일 이 칼날 위로 갈 수만 있다면 (그대는 이제) 종횡무진으로 자유롭게 될 것이다. 만일 이 '두 개의 착〔兩錯〕'을 안다면 그 즉시 서원의 청풍조차 흔적도 없이 사라져 버린 것을 알게 될 것이다. 설두는 설법당에 올라 이 이야기를 하고 나서 의미심장하게 말하길 "착(錯)"이라 했다. 나(원오) 그대들께 묻노라. 설두의 이 두 개의 착〔兩錯〕이 천평의 착(錯)에 비해서 어떻게 다른가. 일단 30년은 더 수행하도록.

【평창해설】

설두는 송의 후반부에서 두 개의 착(錯, 錯)을 연발하고 있다. 그런데 이 두 개의 '착'은 서원 방식을 빌린 설두 자신의 활구라는 이 사실을 명심해야 한다. 우리가 만일 설두의 이 활구를 간파할 수만 있다면 천평에게 내던진 서원의 활구를 간파하기는 그리 어렵지 않다. 서원의 활구는 설두의 활구에 비해서 다소 속도감이 떨어지기 때문에 이빨이라도 비집고 들어갈 틈이 있다.

第 99 則
肅宗十身調御
숙종 황제, 충국사에게 묻다

【垂　　示】

垂示云「龍吟霧起하고 虎嘯風生이라 出世宗猷는 金玉相振이요 通方作略은 箭鋒相拄라 徧界不藏하고 遠近齊彰하며 古今明辨하나니 且道是什麼人境界오 試擧看하라」

【수시번역】

㉠ 용이 울면 안개가 피어오르고 범이 부르짖으면 바람이 인다.
㉡ 설법의 깊은 뜻[玄旨]은 훌륭한 조화를 이루고 방편에 통달한 전술 전략은 (서로가) 막상막하다.
㉢ 온누리에 감춘 것이 없으니 원근이 두루 빛을 뿌리며
㉣ 옛날과 지금이 분명하다.
㉤ 자, 일러 보라. 이게 어떤 사람의 경계(경지)인가. 시험삼아 거론해 보자.

【수시해설】

다섯 마디로 되어 있다.

첫째 마디(㉠) : 충국사와 숙종 황제의 의기투합된 상태를 읊고 있다.

둘째 마디(㉡) : 현묘한 충국사의 언어와 능수능란한 그의 전술전략을 읊고 있다.

셋째 마디(㉢) : 당당하기 이를 데 없는 숙종 황제의 물음에 대해서 읊고 있다.

넷째 마디(㉣) : 간절하기 이를 데 없는 충국사의 두 번째 대답을 읊은 대목이다.

다섯째 마디(㉤) : 본칙공안에 등장하는 두 주역(충국사와 숙종 황제)의 경지에 대해서 읊고 있다.

【本　　則】

〔本則〕擧　肅宗帝問忠國師호대「如何是十身調御닛고」(作家君王은 大唐天子니 也合知恁麼라 頭上捲輪冠이요 脚下無憂履이로다) 國師云「檀越踏毘盧頂上行하소서」(須彌那畔把手共行이라 猶有這箇在니라) 帝云「寡人不會니다」(何不領話오 可惜許로다 好彩不[1]分付라 帝當時便喝[2]이라 更用會作什麼오) 國師云「莫認自己淸淨法身하소서」(雖然葛藤이나 却有出身處라 醉後郞當愁殺人이로다)

【본칙번역】

숙종 황제가 충국사에게 물었다. "어떤 것이 십신조어(十身調御, 부처)입

---

1) 不 없음(福本).
2) 帝當時便喝 = 當時好與一喝(福本).

니까."

　　　작가종사인 임금은 (바로) 대당천자(大唐天子)니 또한 이렇게 알아야만 한다. 머리 위에는 보배의 관[寶冠]을 썼고 발에는 아주 멋진 신발[無憂履]을 신었다.

충국사가 말했다. "단월답비로정상행(檀越踏毘盧頂上行, 시주여, 비로자나불의 머리를 밟고 가소서)."

　　　수미산 저쪽에서 손잡고 같이 간다. 오히려 (아직) 이것(이 말씀)이 남아 있다.

숙종 황제가 말했다. "과인은 (이 뜻을) 잘 모르겠습니다."

　　　어찌 말을 못 알아듣는가. 애석하군. 다행히도 분부하지 않았다. 황제는 그 당시 즉시 일할(一喝)을 했어야 한다. (그런데) 안다, 모른다는 식의 말을 했으니 그걸 무엇에 쓰겠는가.

충국사가 말했다. "자신의 청정한 법신(法身)을 잘못 알지 마소서."

　　　말은 비록 이렇지만 그러나 (여기에) 깨달음의 장소가 있다. 술 취한 뒤의 갈지자걸음은 사람(숙종 황제)으로 하여금 몹시 불안한 마음을 갖게 한다.

【본칙과 착어해설】

◎ 숙종 황제가 충국사에게 물었다. "어떤 것이 십신조어(十身調御, 부처)입니까."　　십신조어(十身調御)란 부처의 다른 이름이다.

△ 작가종사인 ~ 신었다.　　당(唐)의 역대 황제 가운데 숙종만큼 구도열이 치열했던 황제는 없었다. 그러므로 숙종은 대당(大唐)의 황제이면서 동시에 열렬한 구도자였다.

◎ "단월답비로정상행(檀越踏毘盧頂上行, 시주여, 비로자나불의 머리를 밟고 가소서)."　　숙종 황제의 물음에 대한 충국사의 대답이다. 글자풀이로 본다면 '법신(비로자나)불의 경지마저 초월한 그것이 바로 진정한 의미에서의 부처'라는 뜻이다. 그러나 이 대목은 이런 식의 시구풀이만으로는

그 깊은 뜻을 도저히 간파할 수 없는 활구라는 이 사실을 알아야 한다.

△ 수미산 ~ 같이 간다.　　충국사는 지금 숙종 황제를 한 차원 끌어올리려고 이런 식의 활구를 던진 것이다.

△ 오히려 ~ 남아 있다.　　그러나 충국사의 활구 속에는 아직 흔적이 남아 있다. "비로자나불의 머리를 밟고 가소서"라는 이 '밟고 가다'가 남아 있다.

◎ "과인은 (이 뜻을) 잘 모르겠습니다."　　숙종 황제가 충국사에게 한 말이다. 숙종으로서는 도무지 충국사의 이 활구를 간파할 수가 없었던 것이다. 그래서 솔직하게 '잘 모르겠다'라고 말하고 있다. 과인(寡人)은 황제가 스스로를 낮출 때 사용하는 호칭이다.

△ 어찌 말을 ~ 애석하군.　　숙종이 충국사의 이 활구를 간파하지 못한 것은 너무나 애석한 일이다.

△ 다행히도 분부하지 않았다.　　충국사가 숙종에게 이치적으로 해설하지 않고 단도직입적인 활구로 대답했다는 이 사실이 너무나 다행스러운 일이 아닐 수 없다.

△ 황제는 ~ 무엇에 쓰겠는가.　　숙종이 만일 충국사의 활구를 간파했더라면 벽력같은 일할(一喝)을 했을 것이다. 그러나 그렇질 못하고 그저 '모르겠다'는 식으로 대답했다. 그러니 이런 김빠진 맥주를 어디에 쓴단 말인가.

◎ "자신의 청정한 법신(法身)을 잘못 알지 마소서."　　충국사가 숙종에게 한 말이다. '활구(단월답비로정상행)를 분명히 간파하지 않으면 안 된다'는 뜻이다.

△ 말은 비록 ~ 깨달음의 장소가 있다.　　숙종이 충국사의 활구를 '잘 모르겠다'고 말했는데 '잘 모르겠다'는 이 속에 암호(충국사의 활구)를 풀 수 있는 열쇠가 있다는 이 사실을 누가 안단 말인가.

△ 술 취한 뒤의 ~ 마음을 갖게 한다.　　여기서의 '술 취한 갈지자걸음의 장본인'은 충국사를 말한다. 그리고 그것을 바라보며 몹시 불안해하

고 있는 사람은 숙종 자신이다. 왜냐하면 충국사는 지금 '법신(비로자나)
불의 머리를 밟고 가라' 는 등 '자신의 법신을 잘못 알지 마라' 는 등 마치
취객처럼 횡설수설을 하고 있기 때문이다. 그러나 이 대목은 반어적인 표
현으로 봐야 한다. 반어적으로 충국사를 극찬한 대목으로 봐야 한다.

【評　　唱】

〔評唱〕肅宗皇帝在東宮時에 已參忠國師라 後來卽位하야 敬之愈
篤이라 出入迎送에 躬自捧車輦이라 一日, 致箇問端來하야 問國師云
「如何是十身調御닛고」師云「檀越踏毘盧頂上行하소서」國師平生에
一條脊梁骨硬如生鐵이어늘 及至帝王面前하야는 如爛泥相似라 雖然
答得廉纖이나 卻有箇好處라 他道호대「你要會得인댄 檀越須是向毘
盧頂顖上行始得이니라」他卻不薦하고 更道호대「寡人不會라하니」國
師後面에 㦲煞郞當落草하야 更注頭上底一句云「莫錯認自己淸淨
法身이라하니」所謂人人具足하고 箇箇圓成이라 看他一放一收, 八面
受敵하라

【평창번역】

　숙종 황제는 동궁에 있을 때(태자로 있을 때) 이미 충국사를 찾아뵌 일
이 있었는데 후에 즉위해서는 (충국사를) 존경하는 마음이 더욱 깊어졌다.
(황제는) 나가고 들어오며 (충국사를) 맞이하고 보낼 때는 몸소 (충국사가
탄) 수레와 가마를 떠받들곤 했다. 어느 날 (다음과 같은) 질문을 가지고
충국사에게 물었다. "어떤 것이 십신조어(十身調御, 부처)입니까." 충국사
는 (이렇게) 말했다. "단월답비로정상행(檀越踏毘盧頂上行, 시주여, 비로
자나불의 머리를 밟고 가소서)." 국사는 평생 동안 한 줄기 등뼈가 무쇠와
같이 강했거늘 (숙종) 황제의 면전에 이르러서는 진흙처럼 물러져 버리고

말았다. 비록 답이 자상했지만 그러나 이 속에 되려 아주 좋은 곳[好處, 깨달음의 계기가 될 수 있는 곳]이 있다. 즉 저(충국사)는 (이런 식으로) 말했던 것이다. "그대가 만일 내 말뜻을 알고자 한다면 시주는 비로자나불의 머리 위로 가지 않으면 안 된다." (그러나) 저(숙종 황제)는 (이 말뜻을) 알아차리지 못했으므로 다시 (이렇게) 물었다. "과인은 (이 뜻을) 잘 모르겠습니다." 국사는 뒤에 자신의 위치를 전혀 돌아보지 않고 상대의 입장에까지 내려가서 위(앞)의 한 구절('단월답비로정상행')에 주석을 붙여 이렇게 말했다. "자신의 청정한 법신(法身)을 잘못 알지 마소서." (이 '청정한 법신'은) 이른바 사람마다 모두 구족해 있고 개체마다 원만히 성취되어 있다. 한 번은 놔주고[放行] 한 번은 거둬들이며[把住] 자유자재로 사람을 다루는 저(충국사)의 (전술전략을) 보라.

【평창해설】

충국사의 가풍(家風)은 그 삼엄하기가 마치 무쇠의 성과도 같다. 그러나 지금 숙종을 상대해서는 지나칠 정도로 상대방(숙종)의 입장을 배려하고 있다. 이를 평창에서는 "진흙처럼 물러져 버리고 말았다"는 식으로 표현하고 있다. 충국사는 숙종이 간파하기 쉽도록 아주 자상하게 활구를 전개시켰다. 그러나 그럼에도 불구하고 숙종이 이를 간파하지 못하자 이번에는 그 활구에 주석을 붙여 '자신의 청정한 법신을 잘못 알지 마라'고 했다. 이렇듯 충국사는 방행과 파주의 전략을 자유자재로 사용하고 있다. 여기서의 방행이란 뒤의 말인 '자신의 청정한 법신을 잘못 알지 마라'는 말이다. 그리고 파주란 앞의 활구('단월답비로정상행')를 말한다.

【評　　唱】

不見道 善爲師者는 應機設敎하고 看風使帆이라 若只僻守一隅하면

豈能回互리요 看佗黃檗老善能接人하라 遇著臨濟하야는 三回便痛施
六十棒하니 臨濟當下에 便會去라 及至爲裵相國하야는 葛藤忒煞하니
此豈不是善爲人師리요 忠國師善巧方便接肅宗帝하니 蓋爲他有八面
受敵底手段이라 十身調御者는 卽是十種他受用身이라 法報化三身은
卽法身也라 何故오 報化非眞佛이요 亦非說法者라 據法身인댄 則一
片虛凝하야 靈明寂照라

【평창번역】

　다음과 같은 말을 그대는 익히 알고 있을 것이다.
　"좋은 스승이 될 수 있는 이는 상대의 정도에 따라 거기 적절한 가르침을 내리며 바람이 부는 것을 보고 배를 띄운다. (그러나) 만일 오직 한 입장만을 고수하고 있다면 어찌 (상대의 수준에 맞게) 자유자재로 대응할 수 있겠는가." 저 황벽 어르신네가 사람을 아주 잘 다루는 것을 보라. 임제를 만나서는 세 번에 걸쳐 60방망이를 내리쳤는데 임제는 즉시 깨달음을 얻었던 것이다. (그러나) 배상국(裵相國)을 대할 때는 너무 말이 많았나니 이것이 어찌 사람을 잘 다루는 스승의 솜씨가 아니겠는가.
　충국사는 (이렇듯) 아주 교묘한 방편(방법)으로 숙종 황제를 대했으니 분명히 저(충국사)에게는 자유자재한 수완이 있었던 것이다. 십신조어(十身調御)란 (부처의) 열 가지 타수용신(他受用身)이다. 법신, 보신, 화신의 삼신(法報化三身)은 법신 그 자체다. 왜냐하면 보신과 화신은 진정한 부처[眞佛]가 아니요, 또한 설법(說法)하는 자가 아니기 때문이다. 법신에 근거할 때는 '한 조각 (본성이) 텅 비고 응결하며 저 신령스러운 빛이 고요히[寂] 비치고[照] 있을 뿐'이다.

【평창해설】

　훌륭한 스승일수록 상대방의 기질에 맞는 가르침을 준다. 훌륭한 스승의 그 전형적인 본보기를 우리는 황벽에게서 찾을 수 있다. 황벽은 임제를 상대해서는 세 번에 걸쳐 60방망이 매질을 하여 깨닫도록 했다. 그러나 배휴(배상국)를 상대해서는 전혀 매질 따윈 하지 않고 그저 몇 번의 문답과 시문(詩文)을 통해서 그를 깨닫도록 했다. 여기 본칙공안의 주역인 충국사 또한 황벽에 못지않은 훌륭한 스승이다. 충국사는 숙종을 상대로 파주와 방행의 전술전략을 자유자재로 구사하고 있다. 다음은 십신조어(十身調御)에 관한 언급이다. 십신조어란 부처의 다른 이름이다. 이를 좀더 전문 용어로 풀이하자면 '부처의 열 가지 타수용신〔十種他受用身〕'을 말한다. 따라서 이 열 가지 타수용신은 부처의 삼신(三身) 가운데 두 번째인 보신(報身)에서 기인된 것이다. 그럼 먼저 삼신(三身)에 대하여 알아보자. 삼신이란 부처를 세 가지 측면에서 관찰한 것이다.

　첫째, 진리 그 자체로서의 부처. 이를 법신(法身)이라고 한다. 둘째, 진리의 역동화 현상(부사의한 초능력)으로서의 부처. 이를 보신(報身)이라 한다. 셋째, 인간으로서의 부처. 이를 화신(化身)이라 한다. 그런데 두 번째 보신(報身)에는 다음의 두 가지가 있다. ㉠ 부처 자신〔自〕의 초능력적인 모습. 우리 중생으로서는 이 모습을 볼 수가 없다. 이를 자수용신(自受用身)이라 한다. ㉡ 부처가 우리 중생〔他〕을 제도하기 위하여 우리 눈높이에 알맞게 그 자신을 한 단계 낮춰 나타낸 모습. 이를 타수용신(他受用身)이라 한다. 평창에서 말하고 있는 '열 가지 타수용신〔十種他受用身〕'이란 이 타수용신을 편의상 열 가지 명칭으로 분류한 것이다. 그렇다면 이 타수용신과 세 번째의 화신(化身)은 어떻게 다른가. 화신은 이 타수용신을 더욱 확장시킨 것이다. '화신(化身)'이란 '중생의 숫자만큼 (복사되어) 나타나는 부처의 다양한 모습'을 말하는 것이다. 그래서 이 화신을 지칭할 때는 보통 '천백억화신(千百億化身)'이라고 한다. 그러나 엄밀한 의미에서 본다면 법신과 보신과 화신은 제각각 분리되어 있는 게 아니다. 이 셋은 말하자면 법신의 세 가지 측면을 각각 별개로 분리한 것에 지나지 않는다. 법신의 세 가지 측면이란

첫째, 법신 그 자체의 영원불멸한 측면〔法身〕.

둘째, 법신 그 자체의 초능력적인 측면〔報身〕.

셋째, 법신 그 자체의 이타적인 측면〔化身〕.

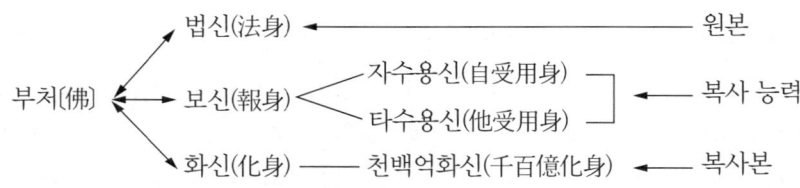

【評　　唱】

太原孚上座가 在揚州光孝寺하야 講《涅槃經》이라 有游方僧하니 卽夾山의 典座라 在寺阻雪하야 因往聽講이라 講至三因佛性, 三德法身하야 廣談法身妙理하니 典座忽然失笑어늘 孚乃目顧라 講罷에 令請禪者問云「某素智狹劣하야 依文解義라 適來講次에 見上人失笑하니 某必有所短乏處라 請上人說하라」 典座云「座主不問이면 卽不敢說이어니와 座主旣問하니 則不可不言이라 某實是笑座主不識法身이로다」 孚云「如此解說이 何處不是오」 典座云「請座主更說一徧하라」 孚曰「法身之理는 猶若太虛하야 竪窮三際하고 橫亘十方하며 彌綸八極하야 包括二儀라 隨緣赴感하야 靡不周徧이로다」 典座曰「不道座主說不是라 只識得法身量邊事하고 實未識法身在로다」 孚曰「旣然如是댄 禪者當爲我說하라」 典座曰「若如是댄 座主暫輟講하고 旬日於靜室中에 端然靜慮하고 收心攝念하야 善惡諸緣을 一時放卻하고 自窮究看하라」 孚가 一依所言하야 從初夜至五更하야 聞鼓角鳴하고 忽然契

悟라 便去叩禪者門하니 典座曰「阿誰오」孚曰「某甲이니다」典座咄
曰「敎汝傳持大敎하야 代佛說法이어늘 夜半爲什麼醉酒臥街오」孚
曰「自來講經은 將生身父母鼻孔扭捏이니다 從今日已後에는 更不敢
如是라하니」看他奇特漢하라 豈只去認箇昭昭靈靈하야 落在驢前馬後
리오 須是打破業識하야 無一絲毫頭可得이라도 猶只得一半在리라 古
人道호대「不起纖毫修學心하고 無相光中常自在라하니」但識常寂滅
底하고 莫認聲色하며 但識靈知하고 莫認妄想이니라 所以道호대 假使鐵
輪頂上旋이라도 定慧圓明終不失이라하니라

【평창번역】

태원부(太原浮) 상좌가 양주 광효사(光孝寺)에서 《열반경》을 강의하고 있었다. (그때 마침 거기에) 한 행각승이 와 있었는데 협산(夾山善會) 문하에서 전좌(典座, 공양주)를 맡고 있었다. (그가) 광효사에 머물 때 폭설이 와서 길이 막혀 버렸으므로 그는 (태원부 상좌의 열반경) 강의를 듣게 되었다. 강의가 삼인불성(三因佛性)과 삼덕법신(三德法身)에 이르자 (태원부 상좌는) 법신의 미묘한 이치에 대하여 널리 말했다. 그러자 전좌(행각승)가 갑자기 웃어 버렸으므로 태원부 상좌는 (놀라 그를) 쳐다봤다. 강의가 끝나자 (태원부 상좌는) 그 선승(행각승)에게 (이렇게) 물었다. "저는 본래 지혜가 좁고 옅어서 글자대로 뜻풀이를 했을 뿐입니다. 아까 제가 (열반경을) 강의할 때 스님께서 실소하는 것을 봤습니다. 제 강의 속에는 분명 잘못된 곳이 있을 것입니다. 스님께서 그것을 지적해 주시기 바랍니다."

전좌(행각승)가 말했다. "강사 스님께서 묻지 않았다면 말하지 않으려 했는데 강사 스님이 이미 물었으니 (제가) 말하지 않을 수 없습니다. 강사 스님께서 법신을 몰랐기 때문에 제가 웃었던 것입니다."

태원부 상좌가 말했다. "이런 해설이 어디가 잘못됐단 말입니까."

전좌가 말했다. "그렇다면 강사 스님께서 다시 한 번 더 (법신에 대해서)

말씀해 보시기 바랍니다."

태원부 상좌가 말했다. "법신의 이치는 마치 허공과도 같아서 시간적으로는 과거·현재·미래에 다했고 공간적으로는 시방에 두루했으며 천지에 충만하고 우주 만물을 포괄했습니다. 그리고 인연 따라 나아가고 감응하여 두루하지 않음이 없습니다."

전좌가 말했다. "강사 스님의 말이 잘못됐다는 뜻이 아닙니다. (강사 스님은) 다만 법신의 외형적인 면만을 알고 진짜 법신을 깨닫지 못했다는 것입니다."

태원부 상좌가 말했다. "그렇다면 선자(禪者, 선 수행자)께서 (그 진짜 법신에 대하여) 나에게 말해 주십시오."

전좌가 말했다. "만일 그렇다면 강사 스님께서는 잠시 동안 강의를 폐지하고 고요한 방에서 열흘 정도 정좌하고 앉아서 생각을 고요히 하십시오. 마음을 거둬들이고 생각을 안으로 모으십시오. 선과 악의 모든 인연을 일시에 놔 버리고 스스로 한번 (법신이 무엇인가를) 탐구해 보십시오."

태원부 상좌는 (전좌가) 말한 대로 정좌하고 앉아 있었다. 초저녁에서 오경(五更, 새벽 4시 전후)에 이르렀을 때 북소리와 뿔피리소리를 듣고 문득 깨달음을 얻었다. 그래서 (태원부 상좌는) 즉시 달려가서 선자(전좌)의 방문을 두드렸다.

전좌가 말했다. "누구냐."

태원부 상좌가 말했다. "접니다."

전좌는 혀를 차며 (이렇게) 말했다. "그대에게는 부처님 대신 (사람들에게) 설법하게 하는 (사명이) 주어졌거늘 무엇 때문에 이 야밤에 술 취해서 길거리에 누워 있는가."

태원부 상좌가 말했다. "지금까지의 강경(講經)은 몸을 낳아 준 부모의 콧구멍만을 만지작거린 것과도 같습니다(남의 콧구멍으로 호흡한 것과도 같습니다). (이후론) 다시 이렇게 하지 않을 것입니다."

(一라고 했으니) 저 대단한 친구를 보라. 어찌 다만 '소소영령한 것(정신

이 맑은 상태)'만을 알아서 주체성이 없이 남의 뒤만 따라다니는 종의 처지에 떨어졌겠는가. 비록 업식(業識, 습관적이며 타성적인 사고의 틀)을 타파해서 (번뇌망상의) 실오라기 하나 없다고 하더라도 오히려 그 절반밖에는 얻지 못한 것이다. 그러므로 옛사람(誌公和尙)은 (이렇게) 말했던 것이다. "수행한다거나 배운다는 마음(생각)을 털끝만큼도 일으키지 않고/ 형상 없는 빛 속에서 언제나 자유롭네." 다만 '상적멸(常寂滅, 번뇌가 완전히 멸진한 상태)'을 (분명히) 알고 소리와 형체를 ('상적멸'로) 잘못 알지 마라. 다만 '신령스러운 지혜〔靈知〕'를 (분명히) 알고 번뇌망상을 ('영지'로) 잘못 알지 마라. 그러므로 (영가는 '증도가'에서 이렇게) 말했던 것이다. "설령 무쇠 바퀴를 머리에 씌워 돌린다 해도/ 이 선정과 지혜〔定慧〕는 완벽하여 마침내 잃어버리지 않나니……."

【평창해설】

법신 그 자체는 언어와 사고를 초월해 있기 때문에 어떤 식의 설명도 불가능하다. 있다면 여기 오직 '텅 비고 신령스럽고 밝고 고요한〔一片虛凝 靈明寂照〕' 이 자리를 직접 체험해 보는 것이다. 이 대목에서는 태원부 상좌(太原孚 上座)와 협산의 전좌(夾山典座) 이야기를 통해서 법신 자리의 극적인 체험을 말하고 있다.

【評 唱】

達磨問二祖호대 「汝立雪斷臂하니 當爲何事오」 祖曰 「某甲心未安하니 乞師安心하소서」 磨云 「將心來하라 與汝安하리라」 祖曰 「覓心了不可得이니다」 磨曰 「與汝安心竟이라하니」 二祖忽然領悟라 且道正當恁麼時하야 法身在什麼處오 長沙云 「學道之人不識眞하니 只爲從前認識神이라 無量劫來生死本을 癡人喚作本來人이라하니」 如今人은 只

認得箇昭昭靈靈하야 便瞪眼努目하고 弄精魂하니 有什麼交涉이리요 只如他道호대 「莫認自己清淨法身은」 且如自己法身도 你也未夢見在어늘 更說什麼莫認고 教家는 以清淨法身으로 爲極則이어늘 爲什麼 卻不教人認고 不見道 認著依前還不是니라 咄, 好便與棒이로다 會得此意者는 始會他道莫認自己清淨法身하리라 雪竇嫌他老婆心切이나 爭奈爛泥裏有刺리요

【평창번역】

달마가 이조(혜가)에게 물었다. "자네가 눈 속에 서서 팔을 잘라 (내게 바쳤으니) 무슨 일 때문인가."

이조가 말했다. "제 마음이 편치 않습니다. 부디 스승님께서는 제 마음을 편안케 해주십시오."

달마가 말했다. "(그렇다면 그 편치 않은) 마음을 가져오너라. 자네를 위하여 편케 해주리라."

이조가 말했다. "마음을 찾아봐도 끝내 찾을 수 없습니다."

달마가 말했다. "(이제) 자네 마음은 편안해졌다."

(—라고 했으니 달마의 이 말에) 이조는 문득 깨달았다.

자, 일러 보라. 바로 이러한 때에 법신은 어디에 있는가. 장사(長沙)는 (이렇게) 말했다.

"도를 배우는 사람이 '진(眞, 本性·法身)'은 알지 못하고/ 다만 종전의 '식신(識神, 지각 작용)'을 (법신으로) 잘못 알고 있다/ 무량한 겁으로부터 이어 온 생사의 근원을/ 어리석은 이는 '본래인(本來人, 法身)'이라 부르고 있다."

(이처럼) 지금 사람들은 다만 이 '소소영령(昭昭靈靈, 정신이 맑은 상태)'을 경험하고는 즉시 두 눈을 똑바로 뜨고 눈알을 부라리며 기괴한 짓을 하나니 어찌 (법신의 참뜻을) 알 수 있겠는가. 이 문제는 그렇다 치고

저(충국사)가 말하길 "자신의 청정한 법신을 잘못 알지 마라"고 했으니 이를테면 자기 자신의 법신을 그대들은 꿈에도 보지(깨닫지) 못했거늘 다시 무엇을 '잘못 알아서는 안 된다'고 말하는가. 교가(敎家, 불교학자)는 '청정 법신'을 궁극적인 목표로 삼거늘 무엇 때문에 (이 '청정 법신'을) 사람들에게 정확하게 체험시키지 못하는가. 다음의 말을 그대는 익히 알고 있을 것이다. "알았다고 확신한다면 여전히 옳지 않다(모르고 있다)."

쯧쯧, 봉(棒)으로 사정없이 후려치리라. 이 뜻(棒으로 후려치는 이 뜻)을 간파한 자는 비로소 저(충국사)가 말한 (다음의 구절을) 알 수 있을 것이다.

"자신의 청정 법신을 잘못 알지 마라."

설두는 저(충국사)가 노파심이 너무 간절한 것을 싫어했지만 그러나 진흙 속에는 가시가 있는 것을 어찌하겠는가.

【평창해설】

여기선 달마와 이조혜가의 이야기를 통해서 법신 자리를 밝히고 있다. 어느 정도 선 수행을 하게 되면 정신이 가을하늘처럼 맑아진다. 정신이 가을하늘처럼 맑아진 이 상태를 일러 소소영령(昭昭靈靈)이라고 한다. 그런데 사람들은 이 소소영령한 상태를 저 법신 자리로 잘못 알고는 '난 깨달았다'고 큰소리치고 있다. 진정한 저 법신 자리에 이르기 위해서는 이 '소소영령'의 상태마저 박차고 훨씬 더 앞으로 나아가야만 한다. 그리하여 '난 깨달았다'는 이 생각이 흔적도 없이 지워져 버려야 한다. 그래서 충국사는 숙종에게 "자기 자신의 청정한 법신을 잘못 알지 마라"고 했던 것이다. 이처럼 충국사는 숙종을 향해서 너무나도 자상했다. 그러나 그 자상함 속에는 전광석화와도 같은 직관력이 번뜩이고 있다. 우리가 만일 충국사의 첫 번째 대답('단월답비로정상행')을 간파할 수만 있다면 그 자리가 바로 법신이 남김없이 드러난 자리라는 것을 알게 될 것이다. 평창문의 "진흙 속에 가시가 있다"는 말은 '충국사의 자상한 가르침 속에는 깨달음이 폭발할 수 있는 뇌관이 숨어 있다' 는 뜻이다.

【評　唱】

豈不見洞山和尙이 接人有三路하니 所謂玄路, 鳥道, 展手라 初機學道가 且向此三路行履라 僧問「師尋常敎學人行鳥道하니 未審如何是鳥道닛고」洞山云「不逢一人이니라」僧云「如何行이닛고」山云「直須足下無私[3]去니라」僧云「只如行鳥道는 莫便是本來面目否아」山云「闍黎因什麽顚倒오」僧云「什麽處是學人顚倒處닛고」山云「若不顚倒면 爲什麽認奴作郞고」僧云「如何是本來面目이닛고」山云「不行鳥道라하니」須是見到這般田地하야사 方有少分相應하리라 直下打疊하야 敎削迹吞聲이라도 猶是衲僧門下에는 沙彌童行見解在니라 更須回首塵勞하야 繁興大用始得이니라 雪竇頌云

【평창번역】

동산(洞山良价) 화상이 사람을 가르치는 데 세 길〔三路〕이 있다는 것을 왜 그대는 이미 알고 있지 않은가. 이른바 첫째, 현묘한 길〔玄路〕, 둘째, 새가 날아가는 길〔鳥道〕, 셋째, 손바닥을 펴 보임〔展手〕이 그것이다. 그러므로 도를 배우는 초심자는 우선 이 세 길을 향해서 나아가야만 한다.

(어떤) 승이 (동산에게) 물었다. "스님께선 늘상 도를 배우는 사람〔學人〕들에게 '새가 날아가는 길〔鳥道〕'로 가라고 가르치곤 했습니다. 그렇다면 도대체 어떤 것이 '새가 날아가는 길〔鳥道〕'입니까."

동산이 말했다. "불봉일인(不逢一人, 단 한 사람도 만나지 않는다)."

---

3) 私 = 糸(福本 · 祖堂集 六 · 傳燈錄 十五).

승이 말했다. "(그런 곳을) 어떻게 갑니까."

동산이 말했다. "직수족하무사거(直須足下無私去, 발자국의 흔적이 찍히지 않아야만 한다)."

승이 말했다. "그건 그렇고요. '새가 날아가는 길〔鳥道〕'로 간다는 것은 바로 본래면목(本來面目, 본래자기)이 아니겠습니까."

동산이 말했다. "대사는 왜 전도된 생각을 하는가."

승이 말했다. "어느 곳이 제가 전도된 곳입니까."

동산이 말했다. "만일 전도되지 않았다면 무엇 때문에 하인을 낭군으로 착각하는 건가."

승이 말했다. "어떤 것이 본래면목입니까."

동산이 말했다. "불행조도(不行鳥道, '새가 날아가는 길'로 가지 마라)."

(―라고 했으니) 그 견해가 이 정도의 경지에 이르러야만 하나니 그래야만 비로소 (본칙공안과) 약간의 공감처가 있을 것이다. 이 자리에서 즉시 (모든 것을) 해결해서 그 발자취와 기적을 없애 버릴 수 있다 하더라도 오히려 선 수행자의 입장에서 본다면 풋내기 초심자의 견해일 뿐이다. 그러므로 다시 번뇌망상 속으로 머리를 돌려 자유자재한 활동을 힘차게 전개시키지 않으면 안 된다. 설두는 송에서 이르기를……

【평창해설】

동산과 어떤 승의 문답을 통해서 법신 자리가 어떤 것인지를 극명하게 드러내 보이고 있다. 이 두 사람의 문답 가운데 동산의 대답인 "불봉일인(不逢一人), 직수족하무사거(直須足下無私去), 불행조도(不行鳥道)"는 모두 법신 자리를 드러낸 곳이다. 펄펄 살아 굽이치고 있는 활구 소식이다. 그러나 궁극적으로는 이 활구만을 지키고 앉아 있어선 안 된다는 것을 강조하고 있다. 이 활구를 가지고, 이 활구 체험을 가지고 번뇌망상의 바닷 속으로 뛰어 들어와 역동적인 삶을 살아가야만 한다는 것을 강조하고 있다. 깨닫고 난 후의 역동적인 삶, 이것을 저 십우도(十牛圖)에서는 수행의 마지막 단계인 '제10 입전수수(第十 入廛垂手)'라 부르고 있다. '입전수수'란 '울고 웃는 이 삶 속으로 들어와(入廛) 이타적으로 살아간다(垂手)'는 뜻이다.

【頌】

〔頌〕一國之師亦强名이니(何必空花水月고 風過樹頭搖라) 南陽獨許振嘉聲이라(果然坐斷要津이니 千箇萬箇中에 難得一箇半箇라) 大唐扶得眞天子하야(可憐生이라 接得堪作何用고 接得瞎衲僧濟什麽事[4]오) 曾踏毘盧頂上行이로다(一切人何不恁麽去오 直得天上天下니 上座作麽生踏고) 鐵鎚擊碎黃金骨하니(暢快平生이로다 已在言前이라) 天地之間更何物고(茫茫四海少知音이로다 全身擔荷이나 撒沙撒土라) 三千刹海夜沈沈하니(高著眼하라 把定封疆이로다 你待入鬼窟裏去那아) 不知誰入蒼龍窟고(三十棒一棒也少不得이니라 拈了也라 還會麽아 咄, 諸人鼻孔被雪竇穿了也[5]라 莫錯認自己淸淨法身하라)

【송번역】

'국사'라는 호칭 역시 어거지 이름이니
　　굳이 (이런 식으로) 허공 꽃(空花)과 물에 비친 달(水月)을 들먹일 필요가 있을까. 바람이 불면 나뭇잎이 흔들린다.
남양(南陽)이 홀로 그 명성을 떨쳤네
　　과연 요소(급소)를 제압하고 있다. 천 사람 만 사람 가운데 (남양의 충국사

---

4) 接得 ~ 麽事(9字) = 接得以下七字 從福本削(種電鈔).
5) 諸人 ~ 了也(10字) = 此十字評中語 誤入于此故削(種電鈔).

같은 이는) 한 사람의 절반 정도도 얻기 어렵다.
당(唐)은 참된 천자(天子)를 만났으니
　　멋지군. (이런 황제를) 맞아들여 어디 쓸 것인가. 이런 눈먼 수행자를 맞아
　　들여 무슨 일을 도모하겠는가.
일찍이 비로자나불의 머리를 밟고 갔네
　　여러분은 왜 이런 식으로 가지 못하는가. 천상천하 유아독존이다. 여러분은
　　어떻게 (저 비로자나불의 머리를) 밟을 것인가.
철퇴로 황금의 뼈를 깨부수나니
　　통쾌한 평생이다. 이미 (설두의 이) 말이 있기 이전이다.
이 천지 안에 또 무슨 물건이 있겠는가
　　망망한 이 세계 안에 지음인이 적구나. 온몸으로 무거운 짐을 졌다. 모래를
　　뿌리고 흙을 끼얹는다.
우주의 바다, 밤은 깊은데
　　잘 여겨보라. 자신의 영역을 굳게 지켜라. (또) 번뇌망상의 굴속으로 들어갈
　　참인가.
그 누가 저 창룡굴(蒼龍窟)로 들어가는가
　　30봉 가운데 단 한 방망이도 줄여 줄 수 없다. 이미 거론해 버렸다. 알겠는
　　가. 쯧쯧, 여러분의 콧구멍은 (이미) 설두에게 꿰뚫리고야 말았다. 자신의
　　청정한 법신을 잘못 알지 마라.

【송과 착어 해설】

◎ '국사'라는 호칭 역시 어거지 이름이니/ 남양(南陽)이 홀로 그 명성을
떨쳤네　　남양의 충국사에게는 '국사'라는 이름마저 필요치 않았다. 왜
냐하면 그는 깨달음의 절정에 있었기 때문에 이 세상의 어떤 명칭도 그를
부르기에는 적합하지 않았다.

　△ 굳이 (이런 식으로) ~ 나뭇잎이 흔들린다.　　이름이란 실체가 없다.

그것은 마치 눈병이 났을 때 허공에 보이는 꽃무늬 같은 것(空花)이요, 물에 비친 달의 그림자(水月) 같은 것이다. 그런데 사람들은 이 이름 석 자를 남기기 위해 별짓을 다 하고 있다. ……그렇다. 진정한 구도자는 결코 역사의 모래밭에 흔적을 남기지 않는다.

△ 과연 요소(급소)를 ~ 얻기 어렵다.   충국사처럼 그렇게 안목이 밝았던 선승은 많지 않았다. 그래서 원오는 '한 사람의 절반 정도도 얻기 어렵다'는 식의 강조법을 쓰고 있다.

◎ 당(唐)은 참된 천자(天子)를 만났으니   숙종만큼 그렇게 열렬했던 구도자 황제는 많지 않았다. 인간의 세계에선 대국의 황제요, 구도자의 세계에서도 타의 추종을 불허했으니 그야말로 진짜 황제가 아닐 수 없다.

△ 멋지군. ~ 도모하겠는가.   원오는 일단 '멋지군' 하고 숙종을 인정하고 있다. 그런 다음 느닷없이 한 방망이 내리치고 있다. 왜냐하면 진정한 수행자는 그 수행의 냄새마저 없애 버려야 하기 때문이다. 냄새를 풍기면 거기 파리 떼들이 달려든다.

◎ 일찍이 비로자나불의 머리를 밟고 갔네   숙종 황제를 극찬한 구절이다. 숙종의 안목을 극찬한 대목이다. 이 시구는 충국사의 활구 '단월답비로정상행'과는 다르니 혼동하지 말도록.

△ 여러분은 ~ 밟을 것인가.   그 누구든 비로자나불의 머리를 밟고 갈 수만 있다면 부처와 역대 조사들의 스승이 될 수 있다. 그러나 벗이여 보라. 이 세상 전체가 그대로 비로자나불이 아닌가. 비로자나불의 머리가 아닌가. '이 세상 전체가 그냥 이대로 비로자나불인 경지'에 이르게 되면 우린 누구나 절대적 존재(천상천하 유아독존)가 된다. 아니 '본래의 나'로 되돌아가게 된다. 그렇다면 어찌해야 그런 경지에 이를 수 있겠는가. 이것이 문제의 핵심이다.

◎ 철퇴로 황금의 뼈를 깨부수나니/ 이 천지 안에 또 무슨 물건이 있겠는가   이 시구 이후는 '자기 청정 법신을 잘못 알지 마라'는 충국사의 두 번째 말을 읊은 대목이다. 진정한 법신 자리는 이 청정 법신마저 깨부

쉬 버림으로써만이 가능하다. 그리하여 그 어떤 것도 더 이상 남아 있지 않을 바로 그때 비로소 우린 법신 자리에 가까이 접근했다고 할 수 있다.

△ 통쾌한 ~ 있기 이전이다.　설두의 이 시구는 너무나 통쾌하다. 그러나 설두의 이 시구가 있기 그 이전에 충국사는 이미 철퇴를 휘둘러 황금의 뼈(청정 법신)를 부숴 버리고야 말았다.

△ 망망한 ~ 무거운 짐을 졌다.　충국사가 황금의 뼈를 부숴 버린 이 곳을 아는 사람은 많지 않다. 설두는 지금 온 힘을 다하여 그런 충국사의 심정을 읊고 있다.

△ 모래를 ~ 끼얹는다.　그러나 원오의 입장에서 본다면 설두의 이런 시구마저 긁어 부스럼이다. 다 된 밥에 모래를 뿌리고 흙을 끼얹는 격이다.

◎ 우주의 바다, 밤은 깊은데　법신(비로자나불) 자리도 없고 부처도 없는('부처'라는 이 분별심도 없는) 그 본래 자리를 읊은 구절이다.

△ 잘 여겨보라. ~ 지켜라.　벗이여, 이 본래 자리를 잘 여겨보라. 이 본래 자리는 '텅 비고 신령스럽고 고요하므로〔一片虛凝 靈明寂照〕' 그 어떤 것도 용납지 않는다.

△ (또) 번뇌망상의 ~ 들어갈 참인가.　설두는 지금 본래 자리 쪽으로만 치우쳐 송을 읊고 있다. 그래서 원오는 이것을 경책하기 위해 이런 식으로 착어를 붙이고 있는 것이다.

◎ 그 누가 저 창룡굴(蒼龍窟)로 들어가는가　부처도 없고 중생도 없는 이 절대 자리에서 중생구제(창룡굴로 들어가는 것)란 가당치 않다.

△ 30봉 가운데 ~ 이미 거론해 버렸다.　원오는 절대 자리를 강조하고 있는 설두를 전폭적으로 지지하고 있다. 여기서의 30봉이란 이 절대 자리에서의 일체 부정을 뜻한다. 원오로서도 이제 더 이상 할 말이 없다. 그래서 "이미 거론해 버렸다"고 착어를 붙인 것이다.

△ 알겠는가. ~ 잘못 알지 마라.　벗이여, 설두의 이 마음을 알겠는가. 저 창룡굴(중생제도)을 부숴 버렸지만 그러나 여기 '부숴 버렸다'는

이것이 아직 남아 있다. 그래서 원오는 '쯧쯧' 하고 혀를 차고 있다. 그러나 여하튼 칼자루는 지금 설두의 손에 있다. 그러므로 우린 누구를 막론하고 설두의 사정권에서 벗어나기가 힘들다. 그렇다면 도대체 설두는 누구의 사정권에 들어가 있는가. 누구의 손아귀에 잡혀 있는가. 벗이여, 정신 바짝 차려야 한다. 바퀴의 중심축은 바로 그대 자신이다.

【評　唱】

〔評唱〕「一國之師亦强名, 南陽獨許振嘉聲이라하니」此頌이　一似箇眞贊相似라　不見道　至人無名이라하니　喚作國師라도　亦是强安名了라　國師之道는　不可比倫이라　善能恁麽接人하니　獨許南陽이　是箇作家라「大唐扶得眞天子, 曾踏毘盧頂上行이라하니」若是具眼衲僧眼腦댄　須是向毘盧頂上行이니　方見此十身調御라　佛謂之調御니　便是十號之一數也라　一身化十身하고　十身化百身하며　乃至千百億身이라도　大綱只是一身[6]이라　這一頌은　卻易說이라　後는　頌他道莫認自己淸淨法身이니　頌得水灑不著이라　直是難下口說이로다「鐵鎚擊碎黃金骨이라하니」此는　頌莫認自己淸淨法身이라　雪竇忒煞讚歎佗하야　黃金骨을　一鎚擊碎了也라「天地之間更何物고하니」直須淨躶躶, 赤灑灑하야　更無一物可得이니　乃是本地風光이라　一似三千刹海夜沈沈이로다　三千大千世界香水海中에　有無邊刹하고　一刹有一海하니　正當夜靜更深時에　天地一時澄澄地라　且道是什麼오　切忌作閉目合眼會니라　若恁麽會댄　正墮在毒海하리라「不知誰入蒼龍窟고하니」展脚縮脚이　且道是誰오　諸人鼻孔이　一時被雪竇穿卻了也로다

---

6) 一身(2字) = 十身(福本).

【평창번역】

"'국사'라는 호칭 역시 어거지 이름이니／남양(南陽)이 홀로 그 명성을 떨쳤네"라고 했으니 이 송(의 두 구절)은 마치 (충국사의) 진영(眞影, 초상화)에 붙인 시구와도 같다. "도가 지극히 높은 사람[至人]은 이름이 없다"는 (장자의 말을) 그대는 익히 알고 있을 것이다. 그러므로 (남양의 혜충 국사를) '국사(國師)'라고 호칭한 것도 또한 어거지로 갖다 붙인 이름일 뿐이다. (혜충) 국사의 도는 (그 누구와도) 견줄 수 없었다. 아주 멋지게 이런 식으로 사람을 맞이했으니 남양(의 혜충 국사)이야말로 진정한 작가종사였던 것이다.

"당(唐)은 참된 천자를 만났으니／일찍이 비로자나불의 머리를 밟고 갔네"라고 했으니 만일 안목 있는 수행자라면 비로자나불의 머리를 밟고 가지 않으면 안 된다. 그래야만 비로소 십신조어(十身調御, 부처)를 ('십신조어'라는 말을) 간파할 수 있을 것이다. 부처를 조어장부(調御丈夫)라고도 하는데 이는 (부처의) 열 가지 호칭 가운데 하나다. 한 몸[一身]이 열 몸[十身]으로 나타나고 열 몸이 백 몸[百身]으로 나타나며 내지 천억 백억의 몸으로 화현하더라도 (그 많은 화신들은) 결국 이 한 몸[一身]일 뿐이다. 이 하나의 송(송의 이 한 구절)은 비교적 설명하기가 쉽다. 이 뒤의 구절은 저(충국사)가 말한 "자신의 청정 법신을 잘못 알지 마라"는 말을 읊은 것인데 물을 뿌려도 젖지 않는 수쇄불착(水灑不著)의 경지를 읊었기 때문에 정확히 설명하기가 어렵다. "철퇴로 황금의 뼈를 깨부순다"고 했으니 이 구절은 "자신의 청정 법신을 잘못 알지 마라"는 말을 읊은 것이다. 설두는 (이처럼) 저(충국사)를 몹시 찬탄해서 '황금의 뼈'를 철퇴로 한 방에 깨부숴 버리고 말았다. "이 천지 안에 또 무슨 물건이 있겠는가"라고 했으니 적나라 적쇄쇄하여 단 한 물건도 얻을 게 없으니 이것이야말로 본지풍광(本地風光)이 아니고 무엇이겠는가. 이는 마치 '우주의 바다 밤이 깊고 깊은 것'과도 같다. 이 우주의 바다 안에는 또 수많은 세계가 있고 그 한 세계마다 하나의 바다가 있나니 참으로 밤은 고요하고 깊을 때에 이 천지는 일시에(그야말로) 고요하기 이를 데 없다. (그렇다면) 자, 일러 보라. 이것이 무엇인가. 두 눈을 감고 제발 (이런 식으로) 알려 하지 마라. 만일 이런 식으로 안다면 곧바로 깨달음 일변도의 편협된 상태에 떨어져 버리고 말 것이다. "그 누가 저 창룡굴(蒼龍窟)로 들어가는가"라고 했으니 다리를 펴기도 하고 또 오므리기도 하는 것이 자, 일러 보라. 이게 누군가. 여러분의 콧구멍은 모두 설두에게 (잡혀) 꿰뚫려 버리고야 말았다.

【평창해설】

송의 첫 번째 구절에서 네 번째 구절까지는 충국사와 숙종을 극찬한 대목이다. 이 가운데 첫 번째 구절과 두 번째 구절은 충국사를, 세 번째 구절과 네 번째 구절은 숙종을 칭찬한 곳이다.

다섯 번째 구절에서 끝 구절(여덟 번째 구절)까지는 "자신의 청정 법신을 잘못 알지 마라"는 충국사의 두 번째 말을 읊은 대목이다. 평창에서는 재차 '십신조어(十身調御)'란 말에 대해서 해설을 붙이고 있다. 그러나 이 부분은 '본칙의 평창'에서 이미 구체적인 설명을 했으므로 여기선 생략한다. 다만 "부처의 몸이 천백억 개로 나타나더라도 결국은 이 한 몸"이라는 문구에 대한 약간의 설명이 필요할 뿐이다. 부처는 이 세상의 각기 다른 중생들의 숫자만큼 그 자신을 복사시켜 나타내 보이는데 이를 화신(化身)이라고 한다. 화신이란 '일시적으로 복사되어 나타난 몸'이란 뜻으로서 연극에서 한 사람의 배우가 여러 배역의 인물로 분장을 하고 나타나는 것과도 같다. 한 장의 원본에서 무수히 복사되어 나온 카피(복사본)와도 같다. 그래서 부처의 화신을 일컬을 때는 보통 '천백억화신'이라고 하는 것이다. 천억 백억이나 되는 부처의 이 많은 화신들은 그러나 (법신으로서의) 부처 그 자신으로부터 파생되어 나온 굵고 가는 가지들에 불과하다. 복사품에 불과하다. 그래서 평창에서는 "(그 많은 화신들은) 결국 이

한 몸일 뿐이다"라고 말한 것이다.

"철퇴로 황금의 뼈를 깨부순다"는 다섯 번째 구절은 무슨 뜻인가. 진정한 의미에서의 법신 자리(본래 자리, 즉 황금의 뼈)는 법신이라는 이 관념마저 깨부순 곳에 있다. 그리하여 그 어떤 관념의 흔적이 하나도 없을 때 그때 비로소 우린 법신 자리에 이를 수가 있다. 이 법신 자리에서 본다면 용의 뿔을 꺾으려고 창룡굴(蒼龍窟)로 들어가는 것(중생구제를 하려는 것) 자체도 부질없는 짓이다. 그러나 이렇게 되면 이제 또다시 본래 자리, 그 깨달음의 함정에 빠져 영영 헤어날 수 없게 된다. 그러므로 우린 아무것도 없는 이 자리에서 다시 한 번 박차고 일어나 역동적인 이 삶 속으로 뛰어들어야 한다. 그럼으로써 우린 영원히 녹슬지 않게 된다. 영원히 꺼지지 않고 흐르는 불꽃이 된다. 자, 그렇다면 창룡굴(중생제도)로 들어가려고 다리를 펴기도 하고 또 오므리기도 하는 이것은 무엇인가. 이게 도대체 누군가. 벗이여, 이것이야말로 공격과 후퇴의 전술전략을 자유자재로 구사하고 있는 본래 주인공(본래의 나)이 아니겠는가.

第 100 則
巴陵吹毛劍
파릉의 취모검

【垂　　示】

垂示云「收因結果하니 盡始盡終이요 對面無私하니 元不曾說이라 忽有箇出來道호대『一夏請益이어늘 爲什麼不曾說고하면』『待你悟來向你道라하리라』且道爲復是當面諱卻가 爲復別有長處아 試擧看하라」

【수시번역】

㉠ 원인과 결과를 잘 마무리했으니 처음과 끝이 완벽하다. 마주해서 사사로움이 없으니 원래 (단 한 마디도) 말한 바가 없다.
㉡ 문득 어떤 이가 나와서 말하길 "하안거(한여름) 동안 저희들을 위하여 가르침을 내렸거늘 왜 말한 바가 없다고 하십니까"라고 묻는다면 (난 이렇게 말할 것이다.) "그대들이 깨닫게 되면 그때 가서 말해 주리라."
㉢ 자, 일러 보라. 목전에서 잘못됐는가, (아니면) 특별히 좋은 점[長處]이 있는가. 시험삼아 거론해 보자.

【수시해설】

세 마디로 되어 있다.

첫째 마디(㉠) :《벽암록》100칙 공안의 긴긴 탐구는 예서 끝난다. '처음과 끝이 완벽하다'는 것은 제1칙(처음)에서 제100칙(끝)까지의 탐구가 무사히 끝났다는 말이다. 원오는 평창을 통해 그야말로 많은 말을 쏟아 부었다. 때로는 반어적으로, 또 때로는 농담조로 그 언어의 칼날을 마구 휘둘러 댔다. 그런 원오가 지금 '난 한 마디도 말하지 않았다'고 딱 시치미를 떼고 있다. 벗이여, 이 소식을 알겠는가.

둘째 마디(㉡) : 원오는 줄곧 하안거(여름 90일) 동안 이 벽암록을 강의했다. 그 강의를 들은 누군가가 원오에게 "하안거 내내 저희들에게 벽암록을 강의하서 놓고 왜 단 한 마디도 말하지 않았다고 하십니까"라고 묻는다면 어떻게 대답할 것인가. "그대 자신이 직접 깨닫게 되면 그때 비로소 내 말뜻을 알 것이다"라고 원오는 말했다. 여기에서 원오는 직접 체험이 무엇보다 중요하다는 것을 다시 한 번 강조하고 있다.

셋째 마디(㉢) : 본칙공안이야말로 단 한 마디도 말한 사실이 없는 바로 그 경지를 극명하게 드러내고 있음을 강조하고 있다.

【本　　則】

〔本則〕擧　僧問巴陵호대 「如何是吹毛劍이닛고」(斬, 嶮이로다) 陵云 「珊瑚枝枝撐著月이니라」(光呑萬象이요 四海九州로다)

【본칙번역】

승이 파릉(巴陵)에게 물었다. "어떤 것이 취모검(吹毛劍)입니까."
　(목이) 베어졌다. 위험천만.

파릉이 말했다. "산호지지탱착월(珊瑚枝枝撐著月, 산호의 가지마다 달빛을 받아 빛나고 있다)."

그 빛이 삼라만상을 적시고 온누리에 빛나고 있다.

【본칙과 착어해설】

◎ 승이 파릉(巴陵)에게 물었다. "어떤 것이 취모검(吹毛劍)입니까." 취모검이란 명검(名劍)을 말한다. 털 한 오라기를 칼날 위에 불면 그대로 털이 잘라져 버릴 만큼 예리하다 하여 취모검(吹毛劍)이란 이름이 붙었다. 여기선 그처럼 날카롭고 빠른 직관력을 말한다.

△ (목이) 베어졌다. 위험천만.   취모검이라고 말하는 그 순간 그대로 목이 날아가 버리고 만다. 그러므로 누구든 이 취모검 가까이 접근해서는 안 된다. 그것은 너무나 위험천만한 일이다.

◎ 파릉이 말했다. "산호지지탱착월(珊瑚枝枝撐著月, 산호의 가지마다 달빛을 받아 빛나고 있다)."   이 승의 물음에 대한 파릉의 대답이다. '산호의 가지마다 달빛을 받아 빛나고 있다' 니……. 이 얼마나 환상적인 정경인가. ……그러나 벗이여, 파릉의 이 대답은 파릉 자신의 취모검을 드러내 보인 활구라는 것을 명심해야 한다. 활구가 너무나 환상적이고 탐미적이라서 까딱 잘못하다가는 그만 문학적인 탐미에 빠져 버리고 만다. 이 점을 염두에 두고 우린 파릉의 이 활구에 접근하지 않으면 안 된다.

△ 그 빛이 ~ 빛나고 있다.   이 검의 빛이 온누리에 충만해 있다. 아니 온누리 이 자체가 그대로 취모검이다. 이 취모검의 빛으로 빛나고 있다.

【評　　唱】

〔評唱〕巴陵은 不動干戈하고 四海五湖多少人의 舌頭를 落地라 雲

門接人이 正如此라 他是雲門的子니 亦各具箇作略이라 是故道호대
「我愛韶陽新定機, 一生與人抽釘拔楔이라하니」 這箇話正恁麼地也라
於一句中에 自然具三句하니 函蓋乾坤句요 截斷衆流句요 隨波逐浪
句라 答得也不妨奇特이로다 浮山遠錄公云「未透底人은 參句不如參
意요 透得底人은 參意不如參句라하나니라」 雲門下有三尊宿하야 答吹毛
劍호대 俱云了라하나라 唯是巴陵答이 得過於了字니 此乃得句也라 且
道了字與珊瑚枝枝撐著月이 是同是別가 前來道호대 「三句可辨, 一
鏃遼空이라하니」 要會這話댄 須是絶情塵, 意想淨盡이니 方見他道
「珊瑚枝枝撐著有이니라」 若更作道理하면 轉見摸索不著이라 此語는
是禪月懷[1]友人詩라 曰「厚似鐵圍山上鐵이요 薄似雙成仙體纈이라
蜀機鳳雛動蹴䠓하니 珊瑚枝枝撐著月이라 王凱家中藏難掘이요 顏回
飢漢愁天雪이라 古檜筆直雷[2]不折이요 雪衣石女蟠桃缺이라 佩入龍
宮步遲遲니 繡簾銀簟何參差오 即不知驪龍失珠하니 知不知[3]아」 巴
陵이 於句中取一句하야 答吹毛劍하니 則是快라 劍刃上吹毛試之하면
其毛自斷하나니 乃利劍謂之吹毛也라 巴陵이 只就他問處하야 便答這
僧話[4]하니 頭落也不知로다 頌云

【평창번역】

　파릉은 창끝 하나 움직이지 않고 천하인들의 말문을 틀어막아 버렸는
데 운문이 사람들을 상대하는 방식이 바로 이와 같았다. 저(파릉)는 운문
의 자손이니 또한 제각기 (독특한 운문식의) 전략을 갖췄던 것이다. 그렇기
에 (설두는 다음과 같이) 말했다. "나는 저 운문의 참신한 전략을 좋아하나

---

1) 懷 = 答(福本).
2) 雷 = 雪(福本).
3) 知不知 = 只不知(不二鈔), 知不知(福本).
4) 話 없음(福本).

니/ 일생 동안 사람들을 위하여 번뇌망상의 못과 쐐기를 뽑아 버렸네."
(파릉의) 이 말('산호지지탱착월')이 바로 이런 식(운문식)이었다. 한 글귀 속에 저절로 세 글귀가 갖춰져 있나니 (첫째는) 천지를 뒤덮는 글귀〔函蓋乾坤句〕, (둘째는) 망상의 흐름을 절단하는 글귀〔截斷衆流句〕, (셋째는) 말의 물결을 따라 굽이치는 글귀〔隨波逐浪句〕(―가 그것이다). (파릉의) 대답은 (이처럼) 정말 대단한 것이었다. 부산원록공(浮山遠錄公)은 (이렇게) 말했다. "(본칙공안을) 뚫지 못한 사람은 (본칙공안의) 글귀를 참구하는 것〔參句〕이 글뜻을 참구하는 것〔參意〕만 같지 못할 것이요, (본칙공안을 이미) 뚫은 사람은 (본칙공안의) 글뜻을 참구하는 것〔參意〕이 글귀를 참구하는 것〔參句〕만 같지 못할 것이다." 운문의 문하에는 세 분의 고승이 있었는데 "(어떤 것이) 취모검이냐"는 물음에 모두들 "요(了)"라고 대답했다. (그러나) 오직 파릉의 대답만이 이 '요(了)'자를 넘어가 버렸나니 이것(파릉의 대답)은 글귀를 얻은 것이다(뜻과 말을 동시에 얻은 것이다). 자, 일러 보라. '요(了)'자와 '산호지지탱착월'이 같은가 다른가. 앞서(제27칙의 송) 말하길 "세 글귀(운문의 三句)를 분별할 줄 안다면/ 화살 한 개가 허공을 뚫으리라"라고 했다. 이 말(본칙공안)을 알고자 한다면 정진(情塵, 감정 번뇌)이 끊어지고 의상(意想, 분별심)이 깨끗이 없어져 버려야만 하나니 (그래야만) 비로소 저(파릉)가 말한 '산호지지탱착월'이란 구절의 뜻을 간파할 수 있을 것이다. 그러나 만일 이치로 따지려 든다면 그럴수록 점점 더 알 수 없을 것이다. ('산호지지탱착월'이라는) 이 말은 선월(禪月)의 회우시(懷友詩에 나오는 구절)이다.

　　두껍기는 철위산 위의 무쇠와 같고
　　얇기는 쌍성선녀(雙成仙女)의 비단옷 같네
　　비단에 수놓인 봉황의 새끼는 걸음마다 움직이고
　　산호의 가지마다 달빛이 밝네〔珊瑚枝枝樽著月〕
　　왕개가(王凱家)에 깊이 숨겨져 있어 캐내기 어려우니

안회(顔回)와 같은 허기진 이는 눈 오는 걸 걱정하네
옛 소나무와도 같이 올곧은 붓은 우레로도 꺾을 수 없고
앵무새는 옥(玉)의 천도복숭아를 쪼네
패옥을 차고 용궁에 들어가니 걸음은 더디고
비단 발과 은 돗자리 높낮이로 깔렸네
알 수가 없음이여
용이 여의주를 잃은 사실을 아는가 모르는가.

 파릉은 (선월의) 이 시구 속의 한 구절을 가지고 취모검(을 묻는 말)에 대답했으니 정말 통쾌하기 그지없다. 칼날 위에다 털(한 오라기)을 불어 시험해 보면 그 털(한 오라기)이 잘라져 버리나니 그래서 예리한 명검을 취모(吹毛, 吹毛劒)라고 일컫게 된 것이다. 파릉은 저(이 승)의 물음에 즉시 ('산호지지탱착월'이라는 말로) 대답했다. (그러나) 이 승은 (자신의) 머리가 떨어진 것도 전혀 모르고 있다. (설두는) 송에서 이르기를……

【평창해설】

 일반적으로 선지식들이 수행자를 상대할 경우 수행자의 물음에 힘이 들어간 만큼 선지식의 대답 속에도 힘이 들어가게 마련이다. 그러나 여기 파릉의 경우는 전혀 다르다. 상대는 젖 먹던 힘까지 다 뽑아서 묻고 있는데 파릉은 전혀 힘을 들이지 않고 대답하고 있다. 그러나 어느 누구 한 사람 파릉의 이 대답에 맞설 자가 없다. 평창에서는 이것을 이렇게 말하고 있다. "파릉은 창끝 하나 움직이지 않고 천하인들의 말문을 틀어막아 버렸다." 파릉의 이 같은 전술전략은 운문에게서 비롯됐는데 그는 운문의 직계였다.
 이어서 평창은 부산원록공(浮山遠錄公)의 본칙공안에 대한 평을 싣고 있는데 이 부분이 아무래도 미심쩍다. 왜냐하면 전혀 안목이 없는 평이기

때문이다. 그는 말하길 "(본칙공안을) 뚫지 못한 이는 글귀〔參句〕보다는 글뜻〔參意〕을 참구할 것이요, (본칙공안을 이미) 뚫은 이는 글뜻〔參意〕보다는 글귀를 참구해야 한다〔參句〕"고 했다. 여기서의 글귀 참구(參句)는 활구를 지칭하는 것이요, 글뜻 참구〔參意〕는 사구를 지칭하는 것이다. 그렇다면 본칙공안을 뚫지 못한 이는 당연히 글뜻〔參意, 사구〕이 아니라 글귀〔參句, 활구〕를 참구해야 한다. 그리고 이미 본칙공안을 꿰뚫은 이는 글귀(활구)의 무쇠 관문을 뚫었기 때문에 글뜻(사구)을 음미해도 그 글뜻에 빠져 잘못되지 않는다. 그런데 부산원록공은 이와는 정반대로 말하고 있다. 그의 안목이 의심스럽다.

다음의 평창 대목도 뭔가 잘못된 곳이다.

"운문의 문하에는 세 분의 고승이 있었는데 '(어떤 것이) 취모검이냐'는 물음에 모두들 '요(了)'라고 대답했다."

운문 문하의 세 분 고승이란 동산수초(洞山守初), 나한광과(羅漢匡果), 파릉경감(巴陵顥鑑)을 말한다. '어떤 것이 취모검이냐'는 물음을 받고 이 세 사람은 각각 '금주객(金州客, 동산수초)', '요(了, 나한광과)', '산호지지탱착월(파릉경감)'이라 대답했다. 그런데 평창의 본문에서 "모두들 요(了)라고 대답했다〔俱云了〕"고 기록한 것은 잘못이다. '금주객'이라는 동산수초의 대답과 '요'라는 나한광과의 대답은 파릉의 그것에 비해서 언어의 세련미가 떨어진다. 뜻은 적중했지만 그러나 그 뜻에 비해서 전개시킨 활구 언어가 여기 미치지 못하고 있다. 오직 파릉만은 이 두 사람의 언어를 능가하고 있다. 말하자면 파릉은 뜻이 적중한 만큼 그 활구 언어도 여기 정비례하고 있다. 그렇다면 동산수초의 '금주객'과 나한광과의 '요'와 파릉의 '산호지지탱착월'은 같은가 다른가. 같다면 어디가 같고, 또 다르다면 어디가 어떻게 다른가.

벗이여, 이 매듭을 풀 수 있겠는가. '산호지지탱착월'이라는 이 말은 원래 선월(禪月)의 선시에 나오는 한 구절인데 파릉이 그것을 자신의 활구로 썼던 것이다. 그러나 이 '산호지지탱착월'이란 시구는 취모검을 드러내 보이는 데 정말 딱 들어맞는 말이다. 파릉은 자신의 활구로 이 구절을 쓰고 있으니 이 얼마나 통쾌한 일인가. 활구도 언어인 이상 쓰려면 적어도 이 정도는 써야 한다. 이 정도의 언어 감각은 있어야 한다. 그런 의미에서 선지식(선사)의 필수 조건은 시(詩)를 아는 것이다. 시적인 언어 감각을 갖추는 것이다. 생각해 보라. 시가 없는 곳에 어떻게 깨달음이, 그 깨달음의 언어가 가능하단 말인가. 그건 불가능한 일이다. 저 파릉이 "산호지지탱착월"이라 말하는 바로 그 순간 물음을 던진 승은 그대로 모가지가 날아가 버리고 말았다. 그러나 이 승은 그것을 전혀 모르고 있다. 아니 이 소식을 아는 이는 아무도 없다. 그렇다면 파릉의 목은 온전하단 말인가. 이 승의 모가지가 날아감과 동시에 파릉의 목도 떨어져 버린 이 소식을 도대체 누가 알 수 있단 말인가.

【頌】

〔頌〕要平不平하니(細若蚍蜉[5]라 大丈夫漢須是恁麼라) 大巧若拙이요 (不動聲色이니라 藏身露影이라) 或指或掌하니(看하라 果然這箇不是로다) 倚天照雪이라(斬, 覷著則瞎이니라) 大冶兮磨礱不下요(更用煅煉作什麼오 干將莫能來하라) 良工兮拂拭未歇이라(人莫能行이니 直饒干將出來라도 也倒退三千이니라) 別, 別(咄, 有什麼別處오 讚歎有分이니라) 珊瑚枝枝撐著月이로다(三更月落하니 影照寒潭이라 且道向什麼處去오 直得天下太平이로다 醉後郎當愁殺人[6]이라)

---

5) 蚍蜉(2字) = 芙渠(蜀本).
6) 三更 ~ 殺人(28字) = 光吞萬象(福本).

【송번역】

어지러움을 평정하려 하나니
    섬세하고 예리하기가 개미와 같다. 대장부라면 이래야만 한다.
극치에 달한 것은 오히려 치졸해 보이네
    소리와 모습에 전혀 동요하지 않는다. 몸을 숨겼으나 그림자가 드러났다.
혹은 손가락에, 혹은 손바닥에 있나니
    보라, 과연 이것이 아니다.
하늘에 기댄 검이 흰 눈빛을 뿜네
    (목이) 베어졌다. 보는 순간 (두 눈이) 멀어 버린다.
대야(大冶)도 (이 검을) 다룰 수 없고
    다시 (이 검을) 제련해서 뭘 할 것인가. 간장(干將) 같은 명인도 가까이 접근할 수 없다.
양공(良公)도 (이 검을) 닦느라 쉴 틈이 없네
    가까이 접근하지 마라. 간장(干將)이라 해도 급히 삼천리 밖으로 물러서야만 한다.
대단하군. 대단하군
    쯧쯧, 뭐가 그리 대단하단 말인가. (그러나) 칭찬받을 만도 하다.
'산호지지탱착월(珊瑚枝枝撑著月)'이여
    야삼경 달은 졌는데 그림자만 차가운 못에 비친다. 자, 일러 보라. (파릉의 참뜻은) 어디로 갔는가(어디에 있는가). 천하를 태평케 했다. 주정뱅이 비틀걸음, 보는 사람 애가 탄다.

【송과 착어해설】

◎ 어지러움을 평정하려 하나니   취모검이 칼집에서 나오는 것은 세상의 어지러움을 평정하기 위해서이다. 선지식이 그 자신의 활구(취모검)

를 드러내는 것은 무지의 이 어지러움을 없애 버리기 위해서이다.

　△ 섬세하고 ~ 이래야만 한다.　　파릉의 취모검(활구)은 그 섬세하고 예리하기가 마치 개미와도 같다. 개미는 보잘것없는 미물이지만 그러나 마침내는 그 견고한 벽조차도 뚫어 버린다. 이처럼 연약하고 섬세해 보이는 파릉의 활구가 마침내는 무지의 무쇠벽을 뚫어 버린다. 사내대장부라면 적어도 파릉 정도는 돼야 한다. 섬세함과 강인함을 동시에 갖춘…….

　◎ 극치에 달한 것은 오히려 치졸해 보이네　　파릉의 활구 '산호지지 탱착월'은 어찌 보면 그저 한 구절의 시구로밖에 보이지 않는다. 그것도 누구나 다 이미 알고 있는……. 그러나 언어가 그 극치에 이르게 되면 되려 치졸해 보이는 법이다. 왜냐하면 거기 기교가 모두 사라져 버렸기 때문이다. '기교의 극치는 기교가 없는 곳'이라는 이것을 깨닫기 위해서는 아직도 한참은 더 헤매지 않으면 안 된다.

　△ 소리와 ~ 동요하지 않는다.　　아름다운 소리와 멋진 모습에는 자연 마음이 움직인다. 그러나 그렇게 아름답지도 않고 멋지지도 않은 그런 모습에는 마음이 따라 움직이지 않는다. 그러나 우린 알아야 한다. 움직이는 것은 아직 그 절정에 이르지 못했기 때문이라는 이 사실을……. 움직임이 멎은 곳, 시간도 공간도 그리고 그대 자신의 숨소리마저 멎은 이 정적이야말로 그 절정이 아니겠는가.

　△ 몸을 숨겼으나 ~ 드러났다.　　파릉은 그 자신의 활구 속으로 잽싸게 숨어 버렸다. 그러나 그 몸을 숨기면 숨길수록 그 그림자는 더욱 드러나게 마련이다. 자, 그렇다면 벗이여, 파릉의 그림자가 드러난 곳이 어딘가.

　◎ 혹은 손가락에, 혹은 손바닥에 있나니　　그렇다면 이 취모검은 어디 있는가. 바로 내 손바닥에 있다. 내 손가락에 있다. 아니 아니, 이 누리 전체가 이 취모검이다.

　△ 보라, 과연 이것이 아니다.　　그러나 "이것이 취모검이다"라고 말하는 그 순간 취모검은 흔적도 없이 사라져 버리고 만다. 그래서 옛사람은

이런 식으로 말했다. "찾아보면 흔적 없지만 그러나 언제나 내 안에 있음이여."

◎ 하늘에 기댄 검이 흰 눈빛을 뿜네　　이 누리에 충만해 있으면서, 언제나 내 안에 있으면서 동시에 흔적 없는 것, 그것의 빛이 흰 눈빛처럼 반사하고 있다. 저 하늘을 비껴 검의 푸른 빛을 뿜어내고 있다.

△ (목이) 베어졌다. ~ 멀어 버린다.　　이 검을 보는 순간 우린 잠에서 깨어난다. 빛 그 자체가 된다. 이것을 원오는 반어적으로 "두 눈이 멀어 버린다"라고 말하고 있다.

◎ 대야(大冶)도 (이 검을) 다룰 수 없고/ 양공(良公)도 (이 검을) 닦느라 쉴 틈이 없네　　쇠를 잘 다루는 명장 대야조차도 이 검을 다룰 수 없고 간장(干將) 같은 검의 명공도 이 검에 가까이 접근할 수가 없다. 왜냐하면 이 검에 접근하는 자는 누구든 살아남지 못하기 때문이다. '살아남지 못한다'는 것은 '흔적도 없이 사라져 버린다'는 뜻이다.

△ 다시 (이 검을) ~ 접근할 수 없다.　　이 검은 원래부터 그 칼날이 시퍼렇게 살아 있기 때문이다. 누구든 접근하면 그 즉시 모가지가 날아간다.

△ 가까이 ~ 물러서야만 한다.　　그러므로 언어문자는, 분별심은, 철학 따위는 여기 얼씬할 수도 없다.

◎ 대단하군. 대단하군　　파릉의 취모검(활구)을 극찬한 구절이다.

△ 쯧쯧, ~ 칭찬받을 만도 하다.　　원오는 '쯧쯧' 혀를 차며 반어적으로 파릉의 칭찬에 가세하고 있다. 앞에선 깎아내리고 뒤에 가선 치켜올리는 식으로 파릉을 칭찬하고 있다.

◎ '산호지지탱착월(珊瑚枝枝樘著月)'이여　　파릉의 활구를 설두는 그대로 송의 끝 구절로 쓰고 있다.

△ 야삼경 ~ (어디에 있는가).　　'야삼경 달이 진 곳'은 일체의 분별심이 사라진 절대무(絶對無 → 본질)의 경지요, '내 그림자만 차가운 못에 비침'은 그 절대무를 박차고 나온 일체유(一切有 → 현상)의 상태다. 자, 그렇다면 파릉은 절대무의 경지에 있는가, 아니면 일체유의 상태에 있는

가. 아니면 '절대무'와 동시에 '일체유'의 경지에 있는가.

△ **천하를 태평케 했다.**   파릉의 이 활구는 어지러운 이 천하를 평정시켰다. 그러므로 더 이상의 왈가왈부는 이제 없다.

△ **주정뱅이 ~ 애가 탄다.**   그러나 눈먼 우리로서는 파릉이 마치 주정뱅이처럼 보인다. 그의 활구가 횡설수설처럼 들린다. 그의 본뜻을 간파해 내기가 쉽지 않으므로 우린 이쪽 언덕에서 그저 발만 동동 구를 뿐이다.

【評　唱】

〔評唱〕「要平不平, 大巧若拙이라하니」古有俠客하야 路見不平하면 以强凌弱할새 卽飛劍取强者頭라 所以宗師家眉藏寶劍하고 袖掛金鎚하야 以斷不平之事니라 大巧若拙이라하니 巴陵答處가 要平不平之事니 爲他語忒煞傷巧하야 返成拙相似라 何故오 爲佗不當面揮來하고 卻去僻地裏하야 一截에 暗取人頭나 而人不覺이니라 「或指或掌, 倚天照雪이라하니」會得則如倚天長劍이 凜凜神威라 古人道호대 「心月孤圓하야 光呑萬象하니 光非照境이요 境亦非存이라 光境俱忘하니 復是何物고하니」此寶劍이 或現在指上하며 忽現掌中이라 昔日慶藏主가 說到這裏하야 豎手云「還見麽라하니라」也不必在手指上也라 雪竇는 借路經過하야 敎你見古人意라 且道一切處가 不可不是吹毛劍也라 所以道호대 三級浪高魚化龍이어늘 癡人猶戽夜塘水라하니라

【평창번역】

"어지러움을 평정하려 하나니/ 극치에 달한 것은 오히려 치졸해 보이네"라고 (설두는 송을 읊었다). 옛적에 어떤 협객이 있었다. 그는 길을 가다가 강한 자가 약한 이를 능멸하는 모습을 보고는 즉시 검을 날려 강한

자의 머리를 베어 버린 일이 있었다. 그러므로 종사가(宗師家, 안목과 지도력을 겸비한 스승)는 그 눈썹 속에 보배의 검을 감추고 소매에는 철퇴를 넣고 다니며 불공평한 일들을 처단했던 것이다. (설두는 읊기를) "극치에 달한 것은 오히려 치졸해 보이네"라고 했다. 파릉의 대답이 불공평한 일을 공평케 하고자 했으나 저(파릉)의 말이 너무나 교묘하기 이를 데 없어 되려 치졸해 보이는 것과 같다. 왜냐하면 저(파릉)는 목전에서 (지혜의) 검을 휘두르지 않고 외진 곳에서 아무도 모르게 (칼을) 한 번 휘둘러 사람의 머리를 잘라 버렸으나 (머리 잘린) 사람조차 (그 사실을 미처) 깨닫지 못했기 때문이다. "혹은 손가락에, 혹은 손바닥에 있나니/ 하늘에 기댄 검이 흰 눈빛을 뿜네"(—라고 설두는 읊었다. 본칙공안의 참뜻을) 알게 되면 마치 하늘에 기댄 장검이 늠름하고 신비로운 위엄을 보이고 있는 것과도 같다. (그러므로) 옛사람(盤山寶積)은 (이렇게) 말했던 것이다. "마음 달이 외로 밝아/ 그 빛이 온누리를 적시네/ 달빛은 경(境, 경치)에 비치지 않으며/ 경(境) 또한 있는 것이 아니네/ 달빛과 경(境)을 모두 잊나니/ 이게 도대체 무슨 물건인가."

이 보배의 검이 혹은 손가락에 나타나기도 하고 문득 손바닥에 나타나기도 한다. 옛적에 경장주(慶藏主)가 법문을 하다가 이 대목에 이르자 (한) 손을 세우며 말하길 "보는가"라고 했다. (그러나 이 검이) 반드시 손가락 위에만 있는 것은 아니다. 설두는 (잠시) 옛사람의 말을 빌려서 그대들로 하여금 옛사람의 뜻을 간파하도록 했던 것이다. 자, 일러 보라. 이 모든 곳이 (그대로) 취모검이 아니어서는 안 된다.

그러므로 (제7칙 공안의 송에서는 이렇게) 말했다.

"삼단의 물결은 높아 고기는 이미 용이 되어 올라갔거늘/ 어리석은 이는 아직도 밤 연못의 물을 퍼올리고 있네."

【평창해설】

　선지식(선사)과 수행자의 선문답을 검객이 불의를 보고 칼을 뽑아 옳고 그름을 가리는 것에 비유하고 있다. 그렇다면 어느 정도의 수행력이 붙어 행각하는 수행자는 자신의 실력을 시험해 보기 위하여 칼 상대를 찾는 검객과 다를 바 없다. 수행자는 이렇듯 끝없는 행각 끝에 마침내 임자를 만나면 항복해 버리고 그의 밑에서 다시 수행을 계속하게 된다. 그리하여 이제 더 이상 싸울 상대가 없을 때 비로소 인연 닿는 곳으로 가서 법석을 열고 제자들을 가르치게 된다. 지금 본칙공안에서의 이 승도 그런 검객이다. 그는 파릉에게 도전장을 내고 한번 붙어 봤지만 파릉의 재빠른 칼솜씨에 그만 두 손 번쩍 들어 버리고 말았다. 이 승이 "어떤 것이 취모검이냐"고 묻자 파릉은 즉시 "산호지지탱착월"이라고 대답했다. 상식적인 입장에서 본다면 파릉은 당연히 이 승을 한 방망이 내리쳤어야 한다. 그러나 파릉은 그렇지 않고 빙 둘러서, 그것도 선월의 시구를 인용하여 음풍농월조로 응수하고 있다. 파릉의 이 전략은 얼핏 본다면 너무나 안이하고 치졸해 보인다. 전혀 박진감이 없어 보인다. 그러나 박진감이 없어 보이는 이 음풍농월조 속에 번개보다 더 빠른 비수의 칼날이 숨어 있다는 것을 누가 알겠는가. 이 승은 파릉의 이 숨은 칼에 그만 모가지가 날아가 버리고 말았다. 그러나 문제는 목이 떨어진 당사자조차 자신의 목이 날아갔다는 이 사실을 모른다는 데 있다.
　자, 그렇다면 파릉의 이 취모검(활구)은 도대체 어디 있는가. 이 세상 전체가, 이 세상에 있는 모든 것들이 파릉의 이 취모검 아닌 게 없다는 이 사실을 벗이여 명심하라. 평창은 다시 '제7칙 공안의 송'(삼단의 물결은 높아 고기는 이미 용이 되어 올라갔거늘/ 어리석은 이는 아직도 밤 연못의 물을 퍼올리고 있네)을 읊고 있는데 이게 무슨 뜻인가. '산호지지탱착월'을 통해서 파릉의 활구(취모검)가 송두리째 드러나 버렸거늘 어리석은 이들은 그것을 모르고 '산호지지탱착월'이란 이 문자풀이에만 몰두하고 있다는 뜻이다.

【評　唱】

《祖庭事苑》載〈孝子傳〉에 云 楚王夫人이 嘗夏乘涼하야 抱鐵柱感孕하고 後産一鐵塊라 楚王이 令干將鑄爲劍하야 三年乃成雙劍하니 一雌一雄이라 干將密留雄하고 以雌進於楚王하니 王秘於匣中이어늘 常聞悲鳴이라 王問群臣하니 臣曰「劍有雌雄이라 鳴者는 憶雄耳라하니」 王大怒하야 卽收干將殺之라 干將이 知其應하고 乃以劍藏屋柱中하고 因囑妻莫耶曰「日出北戶하면 南山其松이라 松生於石하니 劍在其中이로다」 妻後生男하니 名眉間赤이라 年十五에 問母曰「父何在오」 母乃述前事라 久思惟하야 剖柱得劍하고 日夜欲爲父報讎라 楚王도 亦募覓其人하야 宣言「有得眉間赤者는 厚賞之하리라」 眉間赤이 遂逃라 俄有客曰「子得非眉間赤邪아」 曰「然이니다」 客曰「吾甑山人也라 能爲子報父讎하리라」 赤曰「父昔無辜히 枉被荼毒이라 君今惠念하라 何所須邪아」 答曰「當得子頭幷劍하노라」 赤이 乃與劍幷頭라 客得之하야 進於楚王커늘 王大喜라 客曰「願煎油烹之하소서」 王이 遂投於鼎中하니 客詒於王曰「其首不爛이니다」 王方臨視어늘 客於後以劍擬王頭하니 墮鼎中이라 於是二首相囓이어늘 客恐眉間赤이 不勝하야 乃自刎以助之하니 三頭相囓일러니 尋亦俱爛[7]이니라〈川本無此楚王一段〉

【평창번역】

《조정사원(祖庭事苑)》(권3)에 실려 있는 〈효자전(孝子傳)〉에 보면 다음

---

7) 祖庭事苑 ~ 俱爛(315字, 이 문장 전체) = 此下引 祖庭事苑 然睦菴是圜悟同時人 是後人誤附錄者也 今從蜀本削(種電鈔).

과 같은 이야기가 있다.

　초왕(楚王)의 부인은 여름이면 늘 더위를 식히려고 쇠기둥을 껴안곤 했는데 (음양이) 감응하여 임신을 하게 되었다. 그 뒤 무쇠덩이 하나를 낳았는데 초왕은 간장(干將)으로 하여금 (이 무쇠덩이로) 검을 만들도록 했다. 3년이 지나 쌍검(雙劍, 두 자루의 검)이 만들어졌는데 하나는 암컷이고 또 하나는 수컷이었다. 간장은 수검을 감춰 두고 암검만을 초왕에게 바쳤다. 초왕은 (이 검을) 궤짝 속에 깊이 넣어 뒀는데 언제나 슬피 우는 소리가 들렸다. 왕이 신하들에게 물으니 (어떤) 신하가 (이렇게) 말했다. "검에는 암검과 수검이 있는데 우는 것은 수검을 그리워하기 때문입니다." (이 말을 들은) 왕은 몹시 화가 나서 즉시 간장을 죽여 버렸다. (그러나) 간장은 이 사실을 미리 알고는 검을 집기둥 속에 감춰 둔 다음 아내인 막야(莫耶)에게 (이렇게) 일러줬다. "해가 북쪽 창에 나오면(비치면) 남산의 그 소나무니 소나무는 돌에서 자라는데 검(劍)은 그 속에 있다." (그의) 아내는 아들을 낳았는데 이름이 미간적(眉間赤)이었다. 열다섯 살이 되자 그는 어머니에게 물었다. "아버지는 어디 계십니까." 어머니는 자초지종을 말해 줬다. 미간적은 오랫동안 곰곰이 생각하다가 기둥을 쪼개고 검을 얻은 다음 밤낮으로 아버지 원수를 갚으려고 별렀다. 초왕은 이 사실을 알고 사람을 동원하여 그를 찾으며 (다음과 같이) 선언했다. "미간적을 잡아 오는 자에겐 후하게 상을 주리라."

　미간적은 (이 사실을 알고) 도망갔다. 그런데 문득 어떤 객이 (미간적을 보고는) 이렇게 말했다. "자네는 미간적이 아닌가."

　미간적이 말했다. "그렇습니다만……."

　객이 말했다. "나는 증산 사람일세. 자네를 위해서 아버지 원수를 갚아 줄 수 있네."

　미간적이 말했다. "아버님은 옛적에(오래전에) 무고하게 죽임을 당했습니다. 한번 잘 생각해 보십시오. 어찌 그럴 필요까지 있었을까요."

　객이 말했다. "그렇다면 자네의 목과 검이 필요하네."

그래서 미간적은 검과 (자신의) 머리를 (베어) 줬다. 객(증산 사람)은 그것(검과 미간적의 머리)을 들고 초왕에게 갔다. 초왕은 아주 기뻐했다.

객이 말했다. "끓는 기름에 그것(미간적의 머리)을 삶으십시오."

초왕은 (미간적의 머리를 기름이 끓는) 가마솥 속에 던져 버렸다. 객은 왕을 속이기 위해서 (이렇게) 말했다. "머리가 뭉개지지 않습니다." 초왕은 (미간적의 머리를) 보기 위하여 (가마솥) 가까이 갔다. 그때 객이 뒤에서 검으로 초왕의 머리를 베어 가마솥에 던졌다. 그러자 머리 두 개가 서로 물어뜯으며 싸웠다. 객은 미간적이 이기지 못할까 걱정되어 자신의 목을 베어 미간적을 도왔다. 그래서 머리 셋이 서로 물어뜯으며 싸우다가는 이윽고 모두 문드러져 버리고 말았다.

【평창해설】

이 대목은 검의 명공(名工)인 간장(干將)에 대한 고사로서 본 평창과는 전혀 관계가 없다. 평창에선 이 부분을《조정사원(祖庭事苑)》에 근거해서 싣고 있는데《조정사원》의 저자는 원오와 동시대 사람인 목암(睦菴)이다. 그러므로 이 부분은 뒷사람 누군가가 여기 평창문에 끼워 넣은 것이 분명하다. 이 부분을 삭제해 버리면 평창의 문맥이 더욱 탄력을 받게 된다.《일야본(一夜本)》에는 이 부분이 없다. 그리고《종전초》에서도 이 부분을《촉본》에 근거하여 삭제해 버렸다〔祖庭事苑 然睦菴是 圜悟同時人 是後人誤附錄者也 今從蜀本削〕.

【評　　唱】

雪竇道호대「此劍이 能倚天照雪이라하며」尋常道호대「倚天長劍이 光能照雪이라하니」這些子用處는 直得大冶兮磨礱不下요 任是良工이라도 拂拭也未歇이니라 良工卽干將是也니 故事에 自顯이니라 雪竇頌

了하고 末後顯出道호대「別, 別이라하니」也不妨奇特이로다 別有好處니 與尋常劍不同이라 且道如何是別處오 「珊瑚枝枝撑著月이라하니」 可謂光前絶後라 獨據寰中에 更無等匹이로다 畢竟如何오 諸人頭落也라 老僧更有一小偈로다 萬斛盈舟信手拏러니 卻因一粒甕呑蛇로다 拈提百轉舊公案하야 撒卻時人幾眼沙오

佛果圜悟禪師碧巖錄卷第十 終

【평창번역】

설두는 말했다. "이 검이 하늘에 기대어 흰 눈빛을 뿜네." 보통은 말하길 "하늘에 기댄 장검이/ 능히 흰 눈빛을 뿜는다"라고 한다. 이것(취모검)의 사용처는 대야(大冶)도 다룰 수 없고 비록 양공(良工)이라 해도 닦기를 멈출 수가 없다. 양공은 즉 간장(干將)을 말하나니 고사에 모든 것이 분명하게 드러났다. 설두는 송을 마친 다음 끝에 가서 (자신의 감흥을) 드러내어 말하길 "대단하군, 대단하군"이라 했으니 정말 특이하다고 할 수 있다. (이 취모검은 이렇듯) 특별하고 대단한 곳이 있으니 보통의 검과는 같지 않다. (그렇다면) 자, 일러 보라. 어떤 것이 특별한 곳인가. "산호지지탱착월"이라 했으니 전무후무한 대답이라고 할 수 있다. 홀로 천자(天子)의 영지에 머무니 견줄 자가 없다. (그렇다면) 필경에는 어떤가. 여러분의 머리가 떨어졌다. (여기) 노승(원오)의 시 한 수가 있다.

　　만 섬 가득 곡식 싣고 배를 저어 가나니
　　한 톨의 쌀 때문에 뱀은 항아리에 갇혔네
　　옛 공안 일백 개를 들먹거려서
　　얼마나 많은 이들의 눈에 모래를 뿌렸는가.

【평창해설】

　파릉의 이 취모검(활구)은 간장(干將)과 같은 명공이라 해도 감히 함부로 다룰 수가 없다. 왜냐하면 이 취모검은 하늘을 배경으로 희고 푸른 빛을 내뿜고 있기 때문이다. 이 빛에 한번 쏘이게 되면 누구든 살아남을 수가 없기 때문이다. 자, 벗이여 파릉의 취모검인 이 '산호지지탱착월'을 어떻게 꿰뚫을 것인가. 어찌 보면 그저 찬란한 시구 같기도 하고 또 어찌 보면 음풍농월조 같기도 한 파릉의 이 취모검을 어떻게 휘어잡을 것인가. 움직이지 마라. 움직이는 순간 그대의 모가지가 그냥 날아가 버리고 만다. 멈추지 마라. 멈추는 바로 그 순간 그대의 모가지가 떨어져 버리고 만다. 자, 그렇다면 도대체 어찌해야 한단 말인가. ……산호지지탱착월.

　원오는 벽암록 100칙의 평창을 다 끝내고 마지막으로 한 수의 시를 읊고 있다. 그러나 이 시가 과연 원오의 작품인지는 석연치 않은 점이 있다. 그래서 선승 천주(天柱)도 이렇게 의문부호를 붙이고 있다. "노승은 이 게송을 (원오의 것으로) 받아들일 수 없다. 전혀 원오의 냄새가 나지 않는다. 그러므로 이것은 후대의 안목 없는 사람〔無眼者〕의 것이 분명하다." 그러나 평창의 마지막 시구이므로 일단 해설은 하고 넘어갈 수밖에 없다.

　첫째 구절 : (벽암록 100칙 공안을 위시한) 그 많은 공안들이야말로 불조(佛祖)의 혜명을 이어 온 그 뿌리라는 것이다. 여기서의 '만 섬 곡식'은 그 많은 공안들에, '배를 저어 감'은 불조의 혜명을 이어 감에 비긴 것이다.

　둘째 구절 : 그러나 이 많은 공안의 언어문자에만 집착하게 되면 공안들이 되려 족쇄가 된다는 것이다. 이것을 '뱀이 쌀을 먹으려 항아리 속으로 들어갔다가 다시는 나오지 못함'에 비기고 있다.

　셋째 구절 : 벽암록의 100칙 공안을 말하고 있다.

　넷째 구절 : 설두와 원오는 우리를 깨우쳐 주기 위하여 100칙 공안에 대한 송을 읊고 또 거기에다가 착어와 평창을 붙였다. 그러나 한 차원 높

은 곳에서 본다면 설두의 송과 원오의 평창은 사람들의 눈에 모래를 뿌리는 짓에 불과하다. 아니 "깨인 눈으로 본다면 팔만대장경과 1,700공안 전체가 눈 속의 모래먼지에 지나지 않는다〔正眼看來 八萬修多羅一千餘公案 皆是眼裏撒沙者也.《종전초》〕."

後　　序

　　雪竇頌古百則은 叢林學道의 詮要也라 其間에 取譬經論하며 或儒家文史하야 以發明此事하니 非具眼宗匠時爲後學擊揚剖析하면 則無以知之라 圜悟老師가 在成都時에 予與諸人으로 請益其說하니라 師後住夾山, 道林할새 復爲學徒扣之하야 凡三提宗綱하니 語雖不同이나 其旨一也라 門人掇而錄之하야 旣二十年矣나 師未嘗過而問焉일새 流傳四方하야 或致踳駁이라 諸方이 且因其言하야 以其道不能尋繹之하고 而妄有改作하면 則此書遂廢矣하리라 學者는 幸諦其傳焉하라

　　　　　宣和乙巳春暮　上休에 罕人關友無黨은 記하노라

【번　　역】

　　설두의 송고백칙(頌古百則)은 총림에서 도를 배우는 이들에게 아주 요긴한 말씀이다. (따라서) 이 말 속에는 경론(經論)에서 비유를 뽑아 오기도 하고 유가(儒家)의 문장과 역사서까지 인용해 가며 이 일(禪의 본질)을 밝혔다. 그러므로 안목이 있는 스승이 후학들을 위하여 해석하고 분석해 주지 않는다면 (그 뜻을) 알 수가 없다.

원오 노사(老師)가 성도(成都)에 계실 때 나와 여러 사람들이 (설두의 '송고백칙'에 대하여) 법문을 청했었다. 스님(원오)는 그후 협산(夾山)과 도림(道林)에 머문 적이 있었는데 (그때) 또다시 학도(學徒)들이 (스님에게 설두의 '송고백칙'에 대한) 법문을 청했다. (그래서 스님은 그때마다 법문을 해주곤 했는데) 이렇게 하여 (설두의 '송고백칙'을) 세 번씩이나 강의하게 되었다. 그러나 (그때마다) 말은 비록 같지 않았지만 그 뜻은 하나였다. 제자들이 (스님의 강의를) 모으고 기록한 지 20년이 됐으나 스님은 일찍이 (단 한 번도) 그 잘잘못을 묻지 않으셨다. 그래서 이 모음집(《벽암록》)이 사방으로 퍼지게 됐는데 때로는 (말의 순서가 바뀌어서) 뒤죽박죽이 되기도 했다. (그러나 뒷)사람들이 (이렇게 뒤섞인) 것을 읽어 보고는 '그 뜻을 잘 모르겠다'고 말하고 함부로 뜯어고친다면 이 책(《벽암록》)은 드디어 망가져 버리고야 말 것이다. 그러므로 도를 배우는 이들은 그 전하는 바를 자세히 살피기 바란다.

> 선화 을사(宣和乙巳, 1125년) 늦은 봄
> 상순(上旬)의 휴일에 모인(罕人)
> 관우무당(關友無黨)은 씀.

【해 설】

관우무당의 이 후서는 아주 중요하다. 왜냐하면 이 《벽암록》 강의가 원오 생시에 세 번에 걸쳐 강의했다는 대목이 있기 때문이다. 설두의 송고백칙(頌古百則, 옛 조사들의 100칙 공안에 설두가 각각 송을 붙인 것)을 착어(著語, 촌평)와 평창(評唱)을 붙여 강의한 것이 《벽암록》이 됐는데 원오는 제자들의 요청에 의해서 각각 세 번에 걸쳐 강의한 일이 있었다.

첫 번째 강의는 성도(成都)에서 행해졌는데 이때의 강의를 정리하여 출판한 것을 《촉본(蜀本)》(또는 川本)이라 한다.

두 번째 강의는 협산(夾山)에서 행해졌는데 이때의 강의를 정리하여 출판한 것을 《복본(福本)》이라 한다.

세 번째 강의는 도림(道林)에서 행해졌는데 이때의 강의를 정리하여 출판한 것을 《일야본(一夜本)》이라 한다. 이렇게 강의 때마다 활자화되어 책으로 출간, 세 개의 판본이 세상에 유포됐는데 원오는 이에 대하여 전혀 개의치 않았다. 그래서 원오 생시에 이미 세 개의 다른 《벽암록》 판본이 유통되게 된 것이다. 관우무당의 이 후서는 1125년(宣和乙巳)에 씌어졌는데 《벽암록》은 1127년(建炎丁未)에 초간됐다. 그리고 그로부터 20년 후(1147년, 紹興 17년) 원오의 제자인 대혜종고(大慧宗杲)에 의해서 《벽암록》 전 판본이 모두 소각되어 버렸다.

重刊圜悟禪師碧巖集疏

雪竇頌古百則을 圜悟重下注脚하고 單示蓁林하야 永垂宗旨는 經也요 學人機鋒이 捷出하야 大慧가 密室勘辨하야 知無實詣하고 毁梓不傳은 權也라 此書는 諸佛正眼이요 列祖大機라 兩經鉗鎚에 一無瑕纇라 玆欲與大慧長書로 並駕하고 同圜悟心要로 兼行하면 揭杲日於迷途하고 指南鍼於慧海하리니 快然一睹에 開彼群愚하리라 相與圓成하면 不無利益하리니 幸甚이로다 右伏以十七歲便悟雲門, 睦州하니 可道是口頭三昧로다 二百年에 不見碧巖이니 雪竇는 忽遭渠手下一交나 怎忘得弓冶裘箕리요 莫斷卻兒孫種草하니 隨人去脚跟後轉하면 誰下得釣龍鉤하리라 有箇具眼目底來하면 不看作繫驢橛하리라 此事當如筏喩니 他時에 自會筌忘하리라 家家門戶透長安하니 前者呼, 後者應이라 種種因緣은 歸大數니 昔之廢에 今之興이라 莫怪山僧口多하라 終是老婆心切이니라 不讀東土書하면 安知西來意리요 重興一代宗風하노니 雖無南去鴈이나 看取北來魚하면 便有十分消息이니라 持同文印하야 讀無盡燈하라 謹疏

今月　日疏

【번　　역】

　설두의 송고백칙을 원오 스님께서 거듭 주석을 붙여 총림에 내보여 길이 종지(宗旨, 근본 취지)로 삼은 것은 본래의 정도(正道)요, 학인(學人, 수행자)의 식견(識見, 안목)이 날카로워서 대혜(大慧宗杲)가 밀실에서 점검해 보니 실제로 경험한 바가 없음을 알고 경판(벽암록 판)을 불태워 (후세에) 전하지 않은 것은 임시방편이다.
　이 책(벽암록)은 제불(諸佛)의 올바른 안목이요, 조사들의 대기(大機, 큰 역량을 발휘할 수 있는 근거)다. 경(經, 벽암록)의 가르침 속에는 단 하나도 잘못됨이 없다. 그러므로 (이《벽암록》과) 대혜의《서장(書狀)》을 같이 보고 원오의《심요(心要)》를 곁들인다면 태양이 어두운 길에 높이 뜨고 지혜의 바다를 (항해하는) 지침이 되리니 한번 펼쳐 봄에 저 모든 어리석음이 사라질 것이다. 그리하여 우리 모두가 원만한 깨달음을 이룬다면 이 익됨이 없지 않으리니 이보다 더 다행스러움이 어디 있겠는가.
　이상을 삼가 살피건대 (대혜는) 17세 때 운문과 목주의 책을 보다가 깨달았으니 구두삼매(口頭三昧, 자유로운 언어 구사 능력)를 얻었다고 할 수 있다. (그로부터) 200년 동안《벽암록》을 볼 수 없었으니 설두(설두송고)는 문득 저(대혜)의 손에서 불타 버렸으나 어찌 가업(家業)의 전승(벽암록의 전승)까지야 잊었겠는가. 자손의 종자까지는 없애지 못했나니 사람이 (서로) 뒤따라 이어가다 보면 누군가가 용(龍)을 낚는 낚싯바늘을 내릴 것이다. 어떤 눈밝은 이가 온다면 (결코 사람을) 얽어매는 말뚝 따위는 만들지 않을 것이다. 이 일(본래자기를 찾는 일)은 '뗏목의 비유〔筏喩〕'와도 같나니 다른 날에 (고기 잡는) 통발을 잊는 소식을 스스로 알게 될 것이다. 집집마다 문(앞의 길)은 장안으로 통하니 앞사람이 부르면 뒷사람이 대답한다. 이 모든 인연은 정해진 흥망의 운세를 따르나니 옛적에는 불타 버렸지만 지금은 다시 (판각을 하여) 일으킨다. 산승이 말이 많다고 괴히 여기지 마라. 노파심이 간절한 때문이니라. 동토의 책〔東土書, 벽암록〕을 읽지 않으면 어찌 달마가 서쪽에서 온 뜻〔西來意〕을 알 수 있겠는가. 일대(一代)의 종풍(宗風, 禪風)을 거듭 일으키노니 비록 남쪽으로 날아가는 기러기는 없으나 북쪽에서 오는 고기를 본다면 반드시 충분한(기쁜) 소식이 있을 것이다. 동문인(同文印)을 가지고 (마음을 한데 모아) 무진등(無盡燈, 불립문자의 소식)을 읽는다. 삼가 소(疏)하노라.

【해 설】

이 소(疏)를 쓴 작자는 누군지 알 길이 없다. 다만 여기서 강조하고 있는 것은 다음의 두 가지다.
　첫째,《벽암록》을 강의한 원오의 노파심.
　둘째, 이《벽암록》을 불지른 대혜의 노파심.
　결과적으로 이 두 사람의 상반된 행위가 모두 옳았다는 것이다. 원오는 방행(放行)의 입장에서《벽암록》을 강의했고 대혜는 파주(把住)의 입장에서 이 벽암록을 불질렀다는 것이다. 여기서 말하고 있는 두 개의 경전〔兩經〕이란 무엇인가. 원오의《벽암록》과 이 벽암록을 불지른 대혜의 소각 그 자체를 말한다. 즉 대혜의 소각 자체를 또 하나의《활구 벽암록》으로 본 것이다. 이어서 수행자는 반드시 원오의《벽암록》과《심요(心要)》, 그리고 대혜의《서장(書狀)》을 공부하지 않으면 안 된다는 것을 강조하고 있다. 대혜가 벽암록을 불지른 뒤 200여 년이 지나서 장명원 거사에 의해서《벽암록》은 복간됐는데 이건 시절인연이 도래했기 때문에 그렇게 됐다는 것이다. 결론적으로 이 소(疏)는 벽암록을 공부하지 않으면 조사서래의(祖師西來意)를 간파할 수 없다는 것을 강조하고 있다.

跋

　　圓悟老祖가 居夾山時에 集成此書하야 欲天下後世에 知有佛祖玄奧하니 豈小補哉아 老妙喜가 深患學者不根於道하고 溺于知解하야 由是毁之라 謂其父子之間矛盾이 可乎아 今嵎中張居士가 重爲板行하니 果何謂哉아 覽者는 宜自擇焉하라

　　大德壬寅 中秋 住天童第七世法孫比丘淨日은 拜手謹書하노라

【번　　역】

　　원오 스님이 협산(夾山)에 계실 때 이 책(벽암록)을 만들었는데 그것은 후세사람들에게 불조의 깊은 뜻이 있다는 것을 알리기 위함이었다. (그러니 이것이) 어찌 작은 도움이겠는가. 수행자들이 도(道)에 근본을 두지 않고 아는 것〔知解〕에만 탐닉할까 심히 염려스러웠던 나머지 대혜 스님께서는 이 책을 없애 버렸다. (그렇다면 이 두 분의 상반된 행동을 일러) 부자지간의 모순이라고 말할 수 있겠는가. 이제 우중의 장거사〔嵎中 張居士〕가 거듭 판을 찍어 세상에 유통시키니 이를 과연 뭐라고 말해야만 하겠는가. (이 책을) 읽는 이는 마땅히 스스로 (이 문제를) 해결해 보라.

대덕임인(大德壬寅, 1302년) 가을에 천동사(天童寺)에 머무는
제7세 법손(第七世 法孫)
비구 정일(比丘 淨日)은 합장하고 삼가 씀.

【해　　설】

　비구 정일은 이 발문에서 벽암록을 강의한 원오와 이것을 불지른 대혜, 그리고 불탄 것을 다시 복간한 장명원 거사, 이 세 사람의 상반된 행동을 어떻게 봐야 하는가라고 우리를 향해 반문하고 있다. 굳이 구차한 변명이나 설명이 없어서 좋다.

後 序

圓悟禪師가 評唱雪竇和尙頌古一百則하니 剖決玄微하고 抉剔幽邃하며 顯列祖之機用하야 開後學之心源이라 況妙智虛凝하고 神機默運하면 晶旭輝而玄扃에 洞照하고 圓蟾升而幽室에 朗明이라 豈淺識而能致極哉리요 後大慧禪師가 因學人入室에 下語頗異하야 疑之하니 纔勘而邪鋒이 自挫하고 再鞠而納款이라 自降曰「我《碧巖集》中記來요 實非有悟라하니」因慮其後不明根本하고 專尙語言以圖口捷하야 由是火之하니 以救斯弊也라 然이나 成此書, 火此書가 其用心則一이라 豈有二哉리요 嵎中張明遠이 偶獲寫本後冊하고 又獲雪堂刊本及蜀本하야 校訂訛舛하야 刊成此書流通萬古라 使上根大智之士로 一覽而頓開本心하고 直造無疑之地하니 豈小補云乎哉아

延祐丁巳迎佛會日 徑山住持比丘希陵은 拜書以爲後序하노라

【번 역】

원오 선사가 설두 화상의 송고일백칙을 평창했으니 현묘한 뜻을 판단하고 깊고 그윽함을 드러냈으며 조사들의 역량과 그 전술전략〔機用〕을 펼

쳐 보여 후학들의 심원(心源)을 열어 줬다. 게다가 더욱이 미묘한 지혜가 모이고(虛凝하고) 신령스러운 역량〔神機〕이 말없이 움직이면 해는 현묘한 도의 길을 밝게 비추고 달은 솟아 그윽한 집에 낭랑히 비칠 것이다. 어찌 천박한 지식으로 (이런) 경지에 이를 수 있겠는가. 그후 대혜 선사가 (한) 학인(學人, 수행자)이 입실(入室)해서 하는 말이 이상하여 의심을 하게 됐다. (그래서 자세히) 점검해 보니 삿된 칼이 스스로 꺾였으며 재차 다그치자 (그 학인은) 자백하면서 이렇게 말했다. "제 말은 모두《벽암록》에서 인용한 것이요, 실제로 깨달음을 체험하지는 않았습니다." 이 일이 있은 그 후 (수행자들이) 근본(마음 자리)을 밝히려 하지 않고 오직 언어만을 숭상해서 말 잘하는 것만을 도모할까 염려스러워 (대혜 스님은) 이 책을 불질러서 그 폐단을 구했던 것이다. 그러나 이 책을 지으신 (원오 스님) 마음이나 이 책을 불지른 (대혜 스님) 마음이 그 마음은 하나요 어찌 둘이겠는가. 우중의 장명원이 우연히 (이 책의) 사본 뒷부분을 구했고 또《설당간본(雪堂刊本)》과《촉본(蜀本)》을 구해서 그 잘못된 곳을 바로잡아 이 책을 간행하여 만고에 유통케 했다. 기질이 강하고 지혜가 큰 사람〔上根大智之士〕들로 하여금 (이 책을) 한번 보는 즉시 본심을 깨닫고 곧바로 의심 없는 경지에 이르게 했으니 (이것이) 어찌 작은 보탬이라고 말할 수 있겠는가.

연우정사(延祐丁巳, 1317년) 영불회일(迎佛會日)에
경산 주지 비구 희릉(徑山住持 比丘希陵)은 절하고
글을 지어 후서(後序)라고 일컫는다.

【해 설】

비구 희릉의 이 후서는 앞의 발문(비구 정일)과는 정반대의 입장을 취하고 있다. 즉 원오와 대혜, 그리고 장명원의 입장을 모두 옳다고 말하고 있다.

跋

儒門의 子貢은 極有功於東家聖人이라 藉令良馬見鞭影而奔이라도 皆如瞠若乎後之顔子라 吾聖師가 遊乎何言之天이 久矣라 靈山會上에 四衆海集이나 世尊拈花宗旨를 諸人罔措라 獨迦葉尊者가 微爲之破顔하니 與吾敎中, 一唯之外에 口耳俱喪과 同一하야 頓徹懸悟라 當時曾參이 不直下剖擊忠恕之秘鑰이면 豈惟門人之惑이 滋甚이리요 千載之下에 何以祛一貫之迷雲乎아 異時成都佛果圜悟老禪이 笏夾山丈室하야 拈提雪竇頌古百則일러니 其大弟子杲上座가 懼學人泥於言句하고 辜負從上諸祖하야 取老和尙舌頭하야 一截倂付烈焰하니 煙而颺之拉𣠏堆라 自以巨壑太虛에 投置毫滴이라 如古德德山이 賣弄油糍婆前에 此疏鈔已埃하야 冷而無餘矣라 野火燒不盡하야 春風吹又生이라 花落碧巖하니 陽坡如繡라 歷過去劫하야 死灰復然하니 不知何許오 許多葛藤이 一一從嶺中張居士手栽無影樹子上하야 全體敗露하니 直得般若無說에 諸天雨花라 百七八十年에 衲僧이 驀地橫穿鼻孔하니 從前不曾嗅底寶熏이라 一旦에 水湧雲蒸하야 於八萬四千毛孔에 悉普悉徧하니 可謂甚深希有하고 難値難遇之事라 已而, 居士二子得心疾이라 或謂勤寶經을 杲上座燬板하니 居士不當拾遺燼이어늘 而日月光景之故로 受如是報라하니라 居士者疑其說하야 以質於予라 予謂

504

圓悟門人이 人人而杲上座라도 碧巖은 自碧이라 何得有說이리요 杲上座는 見月亡指하고 遂乃追尤古佛하야 毒潦亘天이라 倒卻刹竿하야 不放一綫하니 彼未嘗識月者는 誰將乘一指而示之리요 或者又謂호대 杲上座가 火此書하고 盟之社鬼者深重이라 居士二子之患이 正坐此라 予謂호대 當杲上座灼然秉炬時하야 煉得故紙通紅이나 何緣密室通風이리요 老勤巴의 命門舌根은 別自有不壞處라 一星迸散하야 明月空山일러니 張居士那裏得這消息來오 把天然一段西蜀錦機하야 依舊織作舊日花樣이라 意者컨대 主林神이 陰爲之地하야 訶護至今하니 料亦是此書合出世因緣時節이라 淸涼池上에 針芥相逢이라 則書寫讀誦하야 爲人演說之功으로 應獲殊勝福德이온 何況金石刻鏤하야 展轉流布리요 居士二子之心疾根本은 本不在此라 客作漢이 妄以情識卜度이어늘 居士緣其目前不足計拔之禍福하야 亦以情識卜度之하면 是相隨赴火坑也라 豈不冤哉아 《冥驗記》에 沛國周氏, 三子가 並瘖이라 一日에 有客이 造門曰「君可內省宿愆하라하니 忽猛憶兒時에 見燕窠三子하고 伺其母出하야 各以一蒺藜로 呑之하니 斯須共斃라 母還하야 悲鳴而去어늘 常自悔責이라 客曰「君이 旣知悔責인댄 罪今免矣라하니」 三子卽皆能言이라 然則居士二子之病風喪心도 得無亦有可悔恨之事乎아 談般若者가 若爲人輕賤이면 是人이 先世罪業으로 應墮惡道어든 以今世人輕賤故로 先世罪業이 卽爲消滅이라하니 居士는 能於此有省하면 縱無始劫來所造諸業이라도 當應時消滅하리니 卽君의 二子之心疾도 當如周氏三子之應時能言하리니 可以不疑니라 世尊住世四十九年에 六百函文字가 覆藏徧界라 若從杲上座之說인댄 萬年一念이라 更留踪跡作麼리요 向上禪林無限尊宿이 有兩句하니 最端的이라 曰「任你卽心卽佛이라도 我但非心非佛이라하니」 今而後에 有謗如來正法輪者어든 君但應之曰「任汝說杲上座底是라도 我只說勤老師底是라하라」 若不如是댄 卽恐潦卻面門하야 四百四病이 一時發矣하리니 將如居士二子心疾何오 不見古人道호대 「養子方知父母恩이라하니」 居士學佛知恩

하고 臨老懺悔하면 他日作家爐鞴하야 跳出丈六金身하리니 不知還見
勤老師眞箇揚眉豎拂否아 若還一句薦得하면 向道佛祖有誓, 罪不
重科라하니 莫殃及他家兒孫好니라 雖然如是나 且得沒交涉이로다

是年延祐丁巳中元日 海粟老人馮子振題

【번　　역】

　유문(儒門)의 자공(子貢)은 공자에게 대단한 공헌을 했다. 명마(名馬)는 채찍 그림자만 봐도 달리지만 그러나 나머지는 모두 "뒤에 남아 눈이 휘둥그레진다"고 말한 안자(顔子)와 같다.
　우리 성인(공자)께서 '말 없는 하늘[何言之天]'에 노니신 지가 오래되었다. 영산회상에 사부대중이 바닷물처럼 모였으나 세존의 '염화미소' 뜻은 그 누구도 몰랐었다. 오직 가섭 존자만이 (그 뜻을 알고) 웃었을 뿐이다. 이것은 우리 유문(儒門)에서 (공자가 '내 도는) 하나[一]로 관통한다'고 하자 (증자만이) "그렇다[唯]"고 수긍했을 뿐 그 나머지 사람들은 말하지도 못했고 알아듣지도 못했던 것과 동일해서 분명하고 철저하게 깨달은 예다. 당시 증자(曾子)가 그 즉시 "(이 말은) '충성스러움[忠]'과 '관대함[恕]'을 뜻한다"고 그 뜻을 밝혀내지 않았더라면 어찌 문인들의 미혹함만이 심했겠는가. 천 년 후에는 무엇으로 '하나로 관통한다'는 그 '하나'를 모르는 미운(迷雲)을 걷어낼 수 있겠는가.
　세월은 다르지만 성도(成都)의 불과원오(佛果圜悟) 선사께서 협산(夾山)의 방장실에서 자세하고 치밀하게 설두의 '송고백칙(頌古百則)'을 강의했다. 그런데 그의 큰제자 대혜종고(大慧宗杲)가 수행자들이 언어문자에만 빠져서 옛 조사들의 뜻을 저버릴까 염려해서 원오 스님의 말씀(벽암록)을 가져다 모두 불태워 버리자 연기가 그것을 모두 먼지더미로 날려 버렸다. (그러나 이는 말하자면) 티끌 한 오라기와 물방울 한 개를 허공에 던

진 것과 같다. 또한 덕산 스님이 떡 파는 할미 앞에서 (금강경) 소초(疏鈔)를 모두 불질러 재가 되어 싸늘하게 식어 없어졌던 것과도 같다. (그러나) 들불이 태워도 타지 않는 것이 있어 봄바람 불자 또 새싹이 움텄나니 꽃이 벽암(碧巖)에 떨어지자 양지바른 언덕에 수를 놓은 것 같았다. 기나긴 세월 흘러갔건만 죽은 재에서 (불씨가) 다시 되살아났으니 정말 뭐라고 말해야 할지 모르겠구나. (벽암록의) 그 많은 언어문자 한 구절 한 구절은 이 모두 우중(嵎中) 장거사가 손수 심은 그림자 없는 나무로부터 비롯됐으니 전체가 송두리째 드러나 버렸다. (그리하여) 반야무설(般若無說)에 천신(天神)들이 꽃비를 뿌리는 지경에까지 이르게 됐다. (벽암록이 불탄 지) 백칠팔십 년 뒤에 수행자들의 콧구멍이 느닷없이 옆으로 뚫렸으니 종전에는 일찍이 맡아 보지 못했던 소중한 향기다. 하루아침에 불처럼 용솟음치고 구름처럼 피어올라 수많은 털구멍마다 충만하니 아주 희유하고 만나기 어려운 일이다. 그런데 (장)거사의 두 아들이 마음 병(정신 이상)을 얻게 됐다. 그래서 (사람들은 이런 식으로) 말들을 하게 되었다. "《벽암록》을 대혜가 불태웠는데 장거사는 그 타다 남은 찌꺼기를 모아서는 안 된다. 그래서 시절인연이 되어 이런 과보를 받았다." 장거사는 이 말이 미심쩍어 내게 물어 왔다. 나는 이렇게 말했다. "원오의 문인들이 모두가 다 대혜라 하더라도《벽암록》은 어디까지나 벽암록일 뿐이다. 어찌 이런 말이 있을 수 있겠는가. 대혜는 달을 본 다음 (그 달을 가리키던) 손가락을 잊어버리고 드디어는 옛 부처를 꾸짖어서 그 독설의 불길이 하늘에까지 뻗쳤다. 찰간(刹竿)을 거꾸러트려서 아무것도 남기지 않았으니 저 달을 알지 못하는 자는 누가 한 손가락으로 그것(달)을 가리켜 보여 줄 것인가."

혹자는 또 이렇게도 말할 것이다. "대혜가 이 책(벽암록)을 태우고 사귀(社鬼, 고향을 수호하는 신)에게 단단히 맹세를 했다. 장거사 두 아들의 병은 바로 이 때문이다."

그러나 나는 다음과 같이 말하리라. "대혜가 (이 책을) 불태우려고 횃불을 잡았을 때 옛 종이는 모두 타 버리고 말았으나 왜 밀실에 바람이 통했는가. 원오 스님의 목숨과 혀(언어)는 특별히 불타지 않는 곳에 있었다. 한 별[一星]이 흩어져 버리자 달은 밝고 산은 비었는데 장거사는 어디서 이 소식을 얻었는가. 서촉(西蜀)의 비단 방직 기계로 옛날의 꽃무늬를 (다시) 짜냈다. 이를 생각건대 주림신(主林神, 불법을 보호하고 전파하는 신)은 은밀히 (이 책을) 보호해서 지금에 이르니 이를 헤아려 보건대 이 책이 세상에 나올 시절인연이 된 것이다. 청량지(淸凉池)에서 바늘과 겨자씨가 서로 만난 것처럼 희귀한 일이다. 이 책을 베껴쓰고 읽고 사람들에게 가르친다면 정말 무궁한 복덕을 얻을 것이다. 그런데 하물며 쇠나 돌에 새겨 널리 유포한 공덕이겠는가. 거사 두 아들의 마음 병 근원은 본시 이 때문(벽암록을 출간했기 때문)이 아니었다. 그런데 무지한 사람들은 제멋대로 지레짐작하여 떠들어대고 있다. 거사가 말로 설명할 수 없는 눈앞의 화복 때문에 제멋대로 지레짐작한다면 이 역시 서로를 이끌고 불구덩이로 들어가는 격이라 어찌 그 재앙을 면할 수 있겠는가.

《명험기(冥驗記)》라는 책에 다음의 이야기가 있다. ―패국(沛國)의 주씨(周氏)에게는 세 아들이 있었는데 모두 벙어리였다. 어느 날 어떤 길손이 대문 앞을 지나가다가 이렇게 말했다. "그대는 지난날의 허물(잘못)을 반성하라." (이 말을 들은 주씨는) 문득 어린아이 때의 일이 생각났다. 그는 제비 새끼 세 마리에게 어미 제비가 나간 틈을 타서 질려(가시) 열매를 한 개씩 줘서 먹게 했는데 이 때문에 제비 새끼들은 모두 죽어 버렸다. 어미 제비가 돌아와서 그것을 보고는 슬피 울다가 역시 죽어 버렸다. 그후로 그는 늘 이에 대한 죄책감을 느끼고 있었다. 이 말을 들은 나그네는 말했다. "그대가 이미 그 일을 뉘우쳤으니 이제 그 죄에서 벗어나게 될 것이다." (그후로) 세 아들은 모두 말을 하게 되었다.

그렇다면 장거사의 두 아들이 풍병(風病)을 앓고 상심하게 된 데에는 또한 (이런 식으로) 후회되는 일이 있는 것은 아닐까. "반야(般若)를 말하는 이가 만일 사람들에게 멸시를 당한다면 이 사람은 과거세의 죄업으로 악도(惡道)에 떨어질 판인데 현세에서 사람들에게 업신여김을 당한 때문에 과거세의 죄업이 소멸된다"(―고 《금강경》은 말하고 있다.) 그러므로 장거사도 이에서 살피는 바가 있다면 무시겁래로 지은 죄업이 모두 소멸할 것이다. 그렇게 되면 장거사 두 아들의 마음병도 저 주씨의 세 아들이 말을 한 경우처럼 깨끗이 나으리니 이는 의심의 여지가 없다.

(보리수 아래서 깨달음을 얻고 난 후) 세존(世尊, 부처)이 세상에 머물기 49년, 600여 함(函)이나 되는 문자(팔만대장경)가 온 세상에 두루 퍼졌다. 만일 대혜의 말을 따른다면 만년이 오직 한 생각〔萬年一念〕이니 다시 흔적을 남겨 무엇 할 것인가. 예로부터 선림(禪林, 禪家)의 수많은 조사들께서 (다음의) 두 구절을 말씀하셨는데 가장 적절한 표현이다. "그대는 비록 '마음이 부처'라 말하더라도 나는 다만 '마음도 아니요, 부처도 아니다'라고 말할 것이다."

지금 이후로 여래의 정법을 비난하는 자가 있거든 그대는 다만 이렇게 응수하라. "자넨 비록 대혜의 주장이 옳다고 한다 하더라도 나는 다만 원오 노사가 옳다고 말하리라." 만일 이런 식으로 응수하지 않는다면 얼굴이 타고 사백사병(四百四病)이 일시에 돋을까 걱정이 된다. 그러나 장거사 두 아들의 마음 병은 또 어찌한단 말인가.

(다음과 같은) 고인의 말을 그대도 익히 알고 있을 것이다. "자식을 키워봐야 부모의 은혜를 안다." 장거사가 불법(佛法)을 배워 은혜를 알고 노년이 되어 참회한다면 다른 날 작가종사의 가르침을 받아 장육금신(丈六金身, 부처)을 뛰어넘게 되리니 원오 노사의 진면목을 볼 수 있겠는가. 만일 이 한 구절〔一句〕에서 간파한다면 말하리라. "불조(佛祖, 부처와 조사)는 서원이 있어 거듭 죄를 벌하지 않는다. 타가(他家)의 후손들에게는 부디 재앙이 미치지 않도록 하라"고.

그러나 (이런 식의 말도 또한) 전혀 맞지 않는다.

연우정사(延祐丁巳, 1317년) 백중날(음 7월 15일)에
해속노인 풍자진(海粟老人 馮子振)은 씀.

【해　설】

　이 발문을 쓴 풍자진은 유학(儒學)에 조예가 깊었던 인물 같다. 우선 공자와 그의 제자들 이야기로부터 시작하여 염화미소 이야기를 상기시킨 다음《벽암록》에 대하여 본격적으로 언급하고 있다. 그런 다음 이《벽암록》을 불지른 대혜에 대하여 잠깐 언급하고는 이를 다시 복간한 장명원을 극구 칭찬하고 있다. 그러고는 이《벽암록》을 불지른 대혜의 태도가 옳지 않았다는 것을 강력하게 주장하고 있다. 이렇듯 원오의 입장을 두둔하고 대혜의 태도를 비판한 대목은 풍자진의 이 발문이 단연 돋보인다.

　《벽암록》을 복간할 당시 장명원의 두 아들이 정신 질환을 앓고 있었는데 사람들은 이를 '불탄 벽암록을 복간했기 때문에 받은 벌이라'고 수군거렸다. 그래서 장명원은 이를 풍자진에게 물어봤는데 풍자진은 다음과 같이 반박하고 있다. "두 아들의 정신 질환은 벌이 아니라 전생의 업보일 뿐이다." 풍자진은 당시 선의 거장이었던 중봉명본(中峰明本)과도 친교가 있었다고 한다.

석지현 스님은 1969년 중앙일보 신춘문예 詩 당선. 1973년 동국대학교 불교학과 졸업. 이후 인도, 네팔, 티벳 등 불교유적지를 답사했으며, 편·저·역서로는《禪詩》《禪詩감상사전》(전2권)《바가바드 기따》《우파니샤드》《반야심경》《숫타니파타》《법구경》《불교를 찾아서》《선으로 가는 길》《혜초의 길을 따라서(인도 순례기)》《어찌하여 나를 버리시나이까(예루살렘 순례기)》등이 있다.

碧巖錄 4

2007년 5월 15일 초판 1쇄 발행
2013년 6월 25일 초판 3쇄 발행

著 者: 圜悟克勤
譯註解: 釋 智 賢
발행자: 윤 재 승

발 행 처: 민 족 사
등록 제1-149. 1980. 5. 9.
서울 종로구 수송동 58번지 두산위브 파빌리온 1131호
전화 (02)732-2403~4, 팩스 (02)739-7565
E-mail//minjoksabook@naver.com

값 30,000원   ISBN 978-89-7009-567-7 04220
             ISBN 978-89-7009-563-9 (세트)